DELIUS KLASING

BUNDESREPUBLIK DEUTSCHLAND

SPORTBOOT-
FÜHRERSCHEIN BINNEN

Leitfaden
für die theoretische
und praktische Prüfung

für

- BEWERBER
- AUSBILDER
- PRÜFER

mit

- den amtlichen Prüfungsfragen sowie den Antworten
- übersichtlicher Darstellung aller Führerscheinbestimmungen von der Antragstellung bis zur Aushändigung des Führerscheins
- dem Text der Verordnung einschließlich der aktuellen Ergänzungen
- mehr als 300 meist mehrfarbigen Abbildungen und Grafiken

Die spezielle Lern- und Ausbildungshilfe

Enge Verbindung von Text und Bild und damit
leicht fassliche Darstellung des Stoffes
unter Berücksichtigung der Ausbildungspraxis

Vertiefung wichtiger Sachgebiete

Schwerpunktbildung nach den Erfordernissen der Ausbildung

Der amtliche Sportbootführerschein - Binnen

Mit Antriebsmaschine

Der sichere Weg zur Prüfung

Ministerialdirigent a. D. Kurt Graf

Ministerialrat a. D. Dr. Dietrich Steinicke

Delius Klasing Verlag

Bibliografische Information Der Deutschen Bibliothek

Die Deutsche Bibliothek verzeichnet diese Publikation in der Deutschen Nationalbibliografie; detaillierte bibliografische Daten sind im Internet über „http://dnb.ddb.de“ abrufbar.

ISBN 3-7688-1504-8
5. Auflage (Die bislang erschienenen Auflagen dieses Buches wurden vom Verlag Busse + Seewald GmbH & Co. KG, Herford, unter der ISBN 3-512-03207-9 herausgegeben.)

Grafik und Gestaltung: Prof. Christoph Drescher
Gesamtherstellung: Kunst- und Werbedruck, Bad Oeynhausen
Printed in Germany 2005

Delius Klasing Verlag, Siekerwall 21, D-33602 Bielefeld
Tel. 05 21/5 59-0, Fax 05 21/5 59-115
E-Mail: info@delius-klasing.de, www.delius-klasing.de

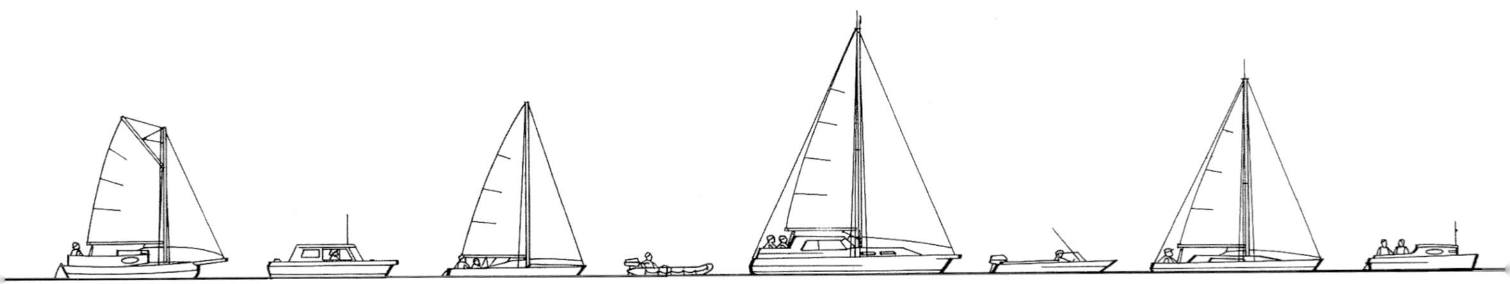

Allgemeine Sorgfaltspflicht

Über diese Verordnung hinaus hat jeder Verkehrsteilnehmer auf Binnenschifffahrtsstraßen alle Vorsichtsmaßnahmen zu treffen, welche die allgemeine Sorgfaltspflicht und die Übung der Schifffahrt gebieten, um insbesondere

a) die Gefährdung von Menschenleben,

b) die Beschädigung anderer Fahrzeuge oder Schwimmkörper, der Ufer, der Regelungsbauwerke sowie von Anlagen jeder Art in der Wasserstraße oder an ihren Ufern,

c) die Behinderung der Schifffahrt

zu vermeiden und

d) jede vermeidbare Beeinträchtigung der Umwelt zu verhindern.

(BinSchStrO, § 1.04)

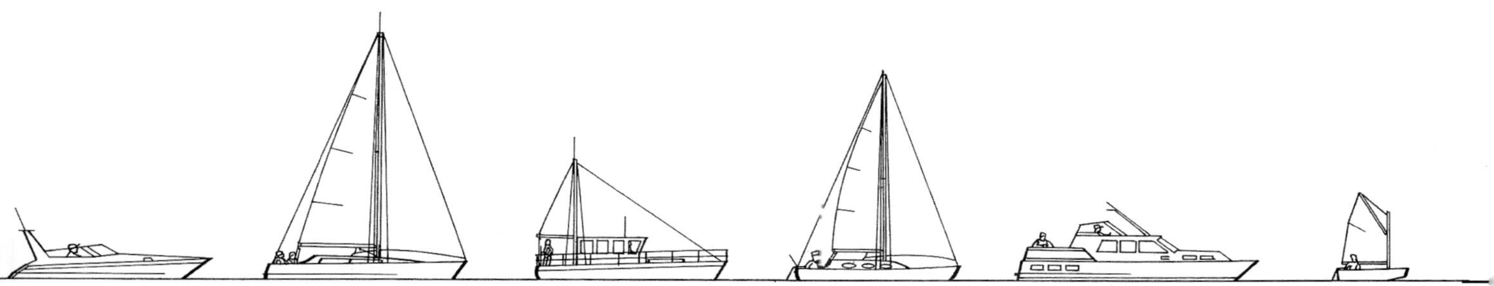

Vorwort zur 1. und 2. Auflage

Seit dem Inkrafttreten der Sportbootführerscheinverordnung–Binnen vom 21. März 1978, am 1. April 1979, gibt es auch auf den Binnenschifffahrtsstraßen des Bundes eine staatliche Führerscheinpflicht. Der Nachweis der Befähigung zum Führen von Sportbooten auf den Binnenwasserstraßen konnte ab 1. April 1979 durch den Motorbootführerschein A für Binnenfahrt des DMYV und durch den Führerschein für Binnenfahrt (A) des DSV erbracht werden. Mit Wirkung vom 1. April 1989 wurde aus rechtsstaatlichen Gründen mit der Verordnung über das Führen von Sportbooten auf Binnenwasserstraßen vom 22. März 1989 – wie im Seegebiet durch die Sportbootführerscheinverordnung–See – eine Fahrerlaubnis eingeführt, die durch den amtlichen Sportbootführerschein–Binnen nachgewiesen wird. Wie im Seebereich, wurde auch von der durch eine Änderung des Binnenschifffahrtsaufgabengesetzes geschaffenen Möglichkeit, juristische Personen des privaten Rechts mit der Durchführung der Verordnung zu beauftragen, Gebrauch gemacht und der DMYV und der DSV mit der Durchführung der Verordnung beauftragt.
Mit den am 1. April 1990 in Kraft getretenen Durchführungsrichtlinien hat das Bundesministerium für Verkehr, Bau- und Wohnungswesen (BMVBW) die beiden Verbände beauftragt, Bewerber zur Prüfung zuzulassen, die Prüfung abzunehmen und nach bestandener Prüfung die vorgeschriebenen, einheitlichen Führerscheine auszustellen.
Es ist sehr zu begrüßen, dass das BMVBW, aus dessen Hause, wenn auch von zwei verschiedenen Abteilungen, die Sportbootführerscheinverordnungen–See und –Binnen stammen, sehr weitgehend gleiche Anordnungen getroffen hat.
Die beiden Autoren des Werkes „Der amtliche Sportbootführerschein–See“, das sich inzwischen zu einem Standardwerk entwickelt hat, haben angesichts der vielen Parallelen beider Verordnungen auch dieses Werk bearbeitet und dabei die bewährte Systematik, Didaktik und Grafik übernommen.
Die grafische Gestaltung auch dieses Werkes hat der erfahrene Grafiker Professor Christoph Drescher übernommen. Damit ist sichergestellt, daß die einprägsame Visualisierung des erforderlichen Prüfungswissens beibehalten bleibt.
Für die binnenschifffahrtsspezifischen Fragen konnte als Mitarbeiter ein erfahrener Beamter der Wasserschutzpolizei des Rheinstromgebietes, der Erste Polizeihauptkommisar a. D. Robert Grünewald, gewonnen werden, der im Rahmen seiner ehrenamtlichen Verbandstätigkeit auch den Fragen- und Antwortenkatalog mitverfasst hat.
Im Hinblick darauf, dass der Sportbootführerschein–Binnen – abgesehen von dem Land Berlin – nur für Sportboote mit Antriebsmaschine über 3,68 kW vorgeschrieben ist, haben sich die Verfasser entschlossen, das Werk in zwei Bände aufzuteilen: „Sportbootführerschein–Binnen mit Antriebsmaschine“ und „Sportbootführerschein–Binnen mit Antriebsmaschine und Segeln“.
Aufbau und Gestaltung beider Werke konnten, ohne Urheberrechte zu verletzen, aus den vorgenannten, eingeführten Werken voll übernommen werden, sodass der interessierte Wassersportler sich mit drei Werken auf alle Bereiche des Wassersports in der Bundesrepublik Deutschland vorbereiten kann:

- im Binnenbereich mit den beiden neuen Werken „Der amtliche Sportbootführerschein–Binnen mit Antriebsmaschine“ und „Mit Antriebsmaschine und Segeln“
  „Rote Bücher“
- im Bereich der Seeschifffahrtsstraßen mit dem Werk „Der amtliche Sportbootführerschein–See“
  „Blaues Buch“

Vorwort zur 3. Auflage

Mit der 3. Auflage wird der Erweiterung der Binnenschifffahrtsstraße Main-Donau-Kanal bis zur Donau Rechnung getragen. Durch die seit der neuen Donauschifffahrtspolizeiverordnung erfolgten weiteren Angleichungen an die CEVNI (Europäische Rahmenvorschrift) sind verschiedene vom Deutschen Schifffahrtsrecht abweichende Festlegungen entfallen. Dadurch wird das auf Rhein, Mosel, Donau und nach der Binnenschifffahrtstraßen-Ordnung geltende Verkehrsrecht weitgehend vereinheitlicht und für den Bürger überschaubarer.

Vorwort zur 4. Auflage

Die 4. Auflage wurde erforderlich, weil die beauftragten Verbände, der Deutsche Motoryachtverband und der Deutsche Segler-Verband, die Grundlage für die theoretische Prüfung, soweit sie schriftlich durchgeführt wird, den seit Inkrafttreten der Sportbootführerscheinverordnung–Binnen vom 21. März 1978 unverändert geltenden Fragenkatalog mit Antwortempfehlungen an die geänderten Verhältnisse angepasst haben.
In diesem Zusammenhang wurden auch Korrekturen vorgenommen, die sich aus den Erfahrungen der langjährigen Prüfungstätigkeit der Verbände ergeben haben.

Die Autoren

Inhalt

Teil I Das Wichtigste über den Sportbootführerschein–Binnen

Teil II Die Fragen und Antworten

Teil III Die praktische Prüfung

Anhang

Weltenburg/Donau

Regensburg

Zeichenerklärungen, Abkürzungen, Gesetze, Verordnungen

1. Zeichenerklärungen

1 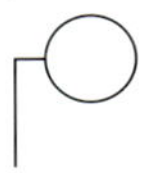 Licht, von allen Seiten sichtbar	7  Ball, Durchmesser mind. 0,60 m
2 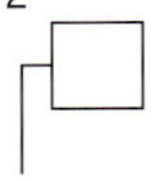 Licht, nur über einen beschränkten Horizontbogen sichtbar	8  Zylinder, mind. 0,80 m Höhe, 0,50 m Durchmesser
3 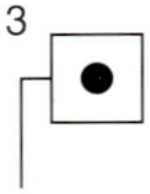 Licht, das dem Blick des Beschauers entzogen ist	9 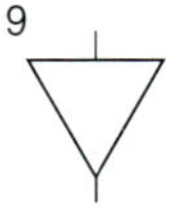 Kegel, Höhe, Grundflächendurchmesser mind. 0,60 m
4  Funkellicht	10 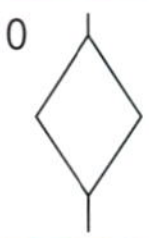 Doppelkegel, Höhe mind. 0,80 m, Grundflächendurchmesser mind. 0, 50 m
5  Gleichtaktlicht	11  Ein bei Annäherung anderer Fahrzeuge von segelnden Kleinfahrzeugen gezeigtes Licht
6  Flagge oder Tafel mind. 1 m Länge u. Breite, für Kleinfahrzeuge 0,60 m	12  Festes Licht (weiß oder farbig) Brücken, Schleusen usw.

 Kollisionskurs	 Beabsichtigter Kurs	Zurückgelegter Weg
Bei 7–10 genügt eine den Kleinfahrzeugen angemessene Größe		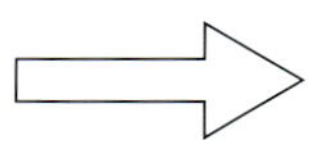 Windrichtung

2. Abkürzungen

ADAC	Allgemeiner Deutscher Automobilclub
Aw	Anstellwinkel
betr.	betreffend
BHO	Bundeshaushaltsordnung
BGBl.	Bundesgesetzblatt
BMVBW	Bundesministerium für Verkehr, Bau- und Wohnungswesen
BSH	Bundesamt für Seeschifffahrt und Hydrographie
BZRG	Bundeszentralregister
bzw.	beziehungsweise
cm	Zentimeter
d. h.	das heißt
DMYV	Deutscher Motoryachtverband
DSV	Deutscher Segler-Verband
DVFG	Deutscher Verband für Flüssiggas
E	Ost
ECE	Europäische Wirtschaftskommission der UNO
EG	Europäische Gemeinschaft
einschl.	einschließlich
Erl.	Erläuterung(en)
evtl.	eventuell
ff.	folgende
GG	Grundgesetz der Bundesrepublik Deutschland
ggf.	gegebenenfalls
GSG	Gerätesicherheitsgesetz
H	Höhe der Gezeiten
hPa	Hektopascal
HSW	höchst schiffbarer Wasserstand
i. d. F.	in der Fassung
KoA–See	Koordinierungsausschuss des Deutschen Motoryachtverbandes und des Deutschen Segler-Verbandes für die Durchführung der Sportbootführerscheinverordnung–See
km	Kilometer
kW	Kilowatt
KVR	Kollisionsverhütungsregeln
m	Meter
m^2	Quadratmeter
m^3	Kubikmeter

mm	Millimeter
N	Nord
o. Ä.	oder Ähnliches
PA	Prüfungsausschuss
PK	Prüfungskommission
PS	Pferdestärke
S.	Seite
S	Süd
t	Tonne
u. a.	unter anderem
UNO	United Nations Organization (Vereinte Nationen)
usw.	und so weiter
u. U.	unter Umständen
vgl.	vergleiche
VkBl.	Verkehrsblatt
VO	Verordnung
W	West
WSA	Wasser- und Schifffahrtsamt
WSD	Wasser- und Schifffahrtsdirektion
WSV	Wasser- und Schifffahrtsverwaltung
z. T.	zum Teil
z. B.	zum Beispiel

3. Gesetze, Verordnungen

BinSchAufgG	Binnenschifffahrtsaufgabengesetz in der Fassung der Bekanntmachung vom 5. Juli 2001 (BGBl. I S. 2026), zuletzt geändert durch Gesetz vom 21. August 2002 (BGBl. I S. 3322, 3338)
BinSchPatentV	Binnenschifferpatentverordnung vom 15. Dezember 1997 (BGBl. I S. 3066), zuletzt geändert durch Art. 2 der 5. Verordnung zur Änderung schifffahrtspolizeilicher Vorschriften vom 18. Dezember 2002 (BGBl. I S. 4580)
BinSchStrO	Binnenschifffahrtsstraßen-Ordnung vom 8. Oktober 1998 (BGBl. I S. 3148, 3317, 1999 S. 159), zuletzt geändert durch Art. 4 der 5. Verordnung zur Änderung schifffahrtspolizeilicher Vorschriften vom 18. Dezember 2002 (BGBl. I S. 4580)
BinnenSchUO	Binnenschifffahrts-Untersuchungsordnung vom 17. März 1988 (BGBl. I S. 238), zuletzt geändert durch Artikel 2 der 4. Verordnung zur Änderung schifffahrtspolizeilicher Vorschriften vom 28. Februar 2001 (BGBl. I S. 335)
BodenseeSchO	Verordnung über die Schifffahrt auf dem Bodensee (Bodensee-Schifffahrts-Ordnung) vom 31. März 1976 (Gesetzblatt für Baden-Württemberg S. 257), in der Fassung vom 1. Januar 2002.
Bordlichter	Verordnung über die Farbe und Lichtstärke der Bordlichter sowie die Zulassung von Signalleuchten in der Binnenschifffahrt (BordlichterV-Binnen) vom 28. November 2000 (BGBl. I S. 1680)
DonauSchPatentV	Verordnung über die Befähigungszeugnisse in der Donauschifffahrt vom 27. Mai 1993 (BGBl. I S. 741)
DonauSchPV	Donauschifffahrtspolizeiverordnung vom 27. Mai 1993 (BGBl. I S. 741), zuletzt geändert durch Verordnung vom 8. Oktober 1998 (BGBl. I S. 3148, 3153)
Gerätesicherheit	Gesetz über technische Arbeitsmittel (Gerätesicherheitsgesetz) in der Fassung der Bekanntmachung vom 23. Oktober 1992 (BGBl. I S. 1793)
MoselSchPV	Verordnung zur Einführung der Moselschifffahrtspolizeiverordnung vom 8. März 1995 (BGBl. II S. 1670), zuletzt geändert durch Artikel 4 der 5. Verordnung zur Änderung schifffahrtspolizeilicher Vorschriften vom 18. Dezember 2002 (BGBl. I S. 4580)
OWiG	Gesetz über Ordnungswidrigkeiten in der Fassung der Bekanntmachung vom 19. Februar 1987 (BGBl. I S. 602)
RadarpatentVO	Verordnung über die Erteilung von Radarpatenten vom 26. Juni 2000 (BGBl. II S. 818), zuletzt geändert durch Artikel 6 der 5. Verordnung vom 18. Dezember 2002 (BGBl. I S. 4580)
RheinPatVO	Verordnung über die Erteilung von Rheinschifferpatenten (Rheinschifferpatentverordnung) vom 15. Dezember 1997 (BGBl. II S. 2174)

RheinSchPV	Verordnung zur Einführung der Rheinschifffahrtspolizeiverordnung vom 19. Dezember 1994 (BGBl. II S. 3816), zuletzt geändert durch Artikel 3 der 5. Verordnung zur Änderung schifffahrtspolizeilicher Vorschriften vom 18. Dezember 2002 (BGBl. I S. 4580)
RheinSchUO	Rheinschiffsuntersuchungsordnung vom 19. Dezember 1994 (BGBl. II S. 3822), zuletzt geändert durch Artikel 9 der 4. Verordnung zur Änderung schifffahrtspolizeilicher Vorschriften vom 28. Februar 2001 (BGBl. I S. 335)
RiVerb-SpbootFüV –See	Richtlinien für den Deutschen Motoryachtverband und den Deutschen Segler-Verband nach § 4 Sportbootführerscheinverordnung–See in der Fassung der Bekanntmachung der Neufassung vom 20. Dezember 1996 (VkBl. 1997 S. 12), zuletzt geändert durch Erlass vom 14. Juli 1999 (VKBl. S. 564) und vom 10. Oktober 2002 (Änderungen des Fragen- und Antwortenkatalogs)
RiWSVSee	Richtlinien für die Wasser- und Schifffahrtsverwaltung des Bundes über die Durchführung der Aufgaben nach der Sportbootführerscheinverordnung–See vom 26. August 1994 (VkBl. S. 50)
RiVerbSpbootFüV –Bin	Richtlinien für den Deutschen Motoryachtverband und den Deutschen Segler-Verband über die Durchführung der Aufgaben nach § 11 SportbootFüV–Bin vom 21. Februar 1990 (VkBl. S. 156), geändert durch Erlass vom 27. Dezember 1993 BW 12/44.30.08–02 (VkBl. 1994 S. 42)
SchiffsregO	Schiffsregisterordnung vom 20. Dezember 1993 (BGBl. I S. 1134)
SportbootFüV–Bin	Verordnung über das Führen von Sportbooten auf den Binnenschifffahrtsstraßen (Sportbootführerscheinverordnung–Binnen) vom 22. März 1989 (BGBl. I S. 536, S. 1102), zuletzt geändert durch Art. 10 der 4. Verordnung zur Änderung schifffahrtspolizeilicher Vorschriften vom 28. Februar 2001 (BGBl. I S. 335)
SportbootFüV–See	Verordnung über die Eignung und Befähigung zum Führen von Sportbooten auf den Seeschifffahrtsstraßen in der Fassung der Bekanntmachung vom 3. März 1998 (BGBl. I S. 894), zuletzt geändert durch Artikel 1 und 2 der 10. Verordnung zur Änderung seeverkehrsrechtlicher Vorschriften vom 24. September 2002 (BGBl. I S. 3733)
StGB	Strafgesetzbuch vom 15. Mai 1871 in der Fassung vom 10. März 1987 (BGBl. I S. 945)
STVO	Straßenverkehrs-Ordnung vom 16. November 1970 (BGBl. I S. 1565)
VB Kat Bin–See	Allgemeine Verwaltungsvorschrift für die Erteilung von Buß- und Verwarnungsgeldern für Zuwiderhandlungen gegen strom- und schifffahrtspolizeiliche Vorschriften des Bundes auf Binnen- und Seeschifffahrtsstraßen sowie auf der Hohen See (Buß- und Verwarnungsgeldkatalog Binnen- und Seeschifffahrtsstraßen) vom 19. November 2001 (VkBl. S. 614 mit Sonderdruck B 8350)
VwKostG	Verwaltungskostengesetz vom 23. Juni 1970 (BGBl. I S. 821)
Wassermotorräder	Wassermotorräder-Verordnung vom 31. Mai 1995 (VkBl. S. 769), zuletzt geändert durch Artikel 9 der 5. Verordnung zur Änderung schifffahrtspolizeilicher Vorschriften vom 18. Dezember 2002 (BGBl. I S. 4580)
Wasserski	Verordnung über das Wasserskilaufen auf Binnenschifffahrtsstraßen (Wasserskiverordnung) vom 17. Januar 1990 (BGBl. I S. 107), zuletzt geändert durch Artikel 10 der 5. Verordnung zur Änderung schifffahrtspolizeilicher Vorschriften vom 18. Dezember 2002 (BGBl. I S. 4580)
WasStrG	Bundeswasserstraßengesetz in der Fassung der Bekanntmachung vom 4. November 1998 (BGBl. I S. 3294), geändert durch Gesetz vom 25. August 1998 (BGBl. I S. 2489)

Teil I

Das Wichtigste über den Sportbootführerschein – Binnen

Hinweis
Fundstellen mit §§-Bezeichnung beziehen sich jeweils auf die SportbootFüV-Bin.
Fundstellen ohne §§-Bezeichnung beziehen sich auf Richtlinien zur SportbootFüV-Bin.

Das Wichtigste über den Sportbootführerschein – Binnen

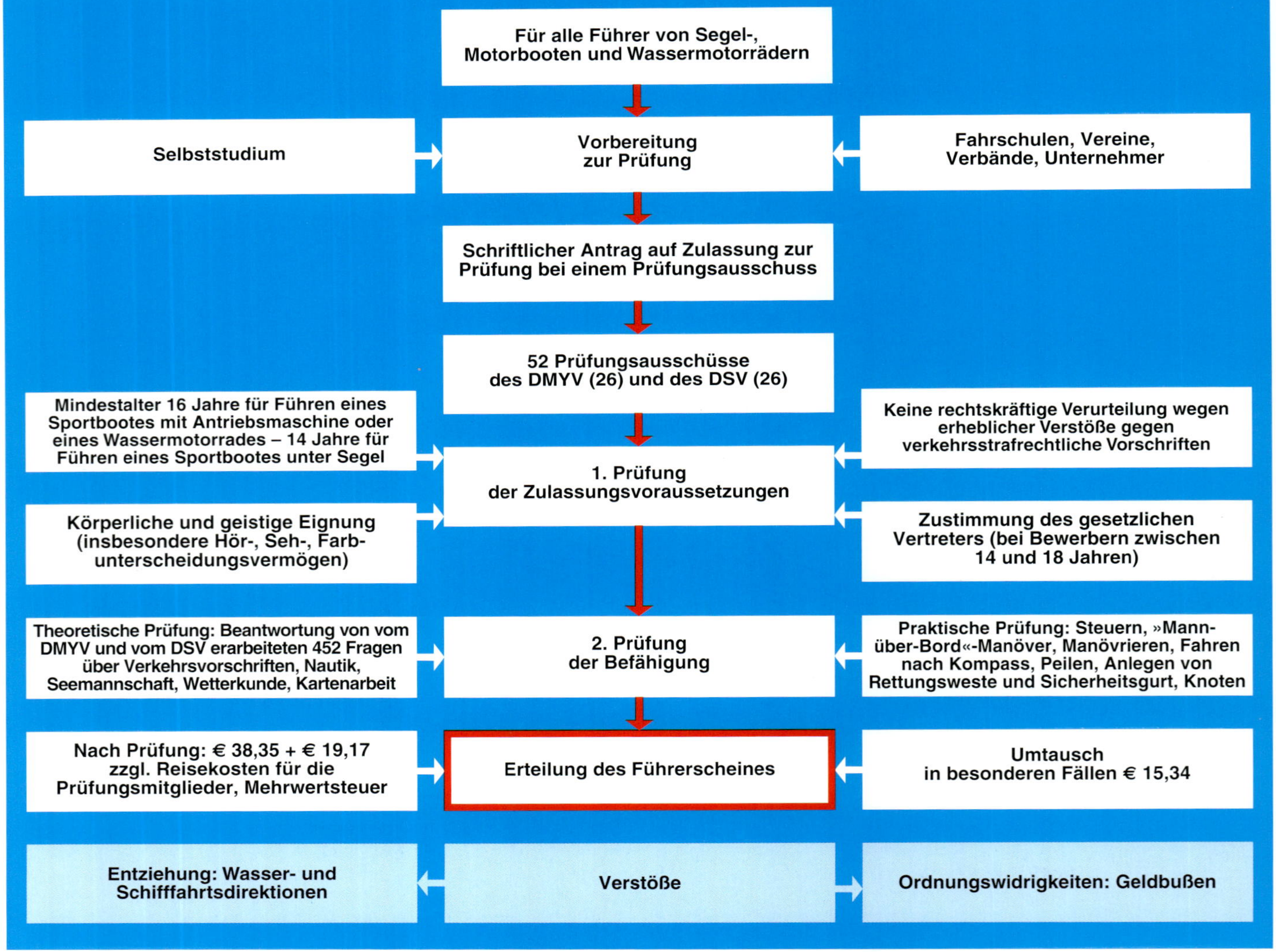

I. Inhalt und Umfang der Verpflichtung zum Besitz eines Sportbootführerscheins – Binnen

1. Warum ist der Sportbootführerschein – Binnen erforderlich?

Wer am Verkehr teilnimmt, gleichgültig ob im Straßen-, im Luft- oder im Schiffsverkehr, muss die Verkehrsregeln und die für das benutzte Fahrzeug geltenden Sicherheitsvorschriften kennen. Das Prinzip, die erforderlichen Kenntnisse durch Ausbildung, durch Erziehung und nicht durch Bestrafung zu erzielen, hat das BMVBW veranlasst, aufgrund des § 3a BinSchAufgG eine Führerscheinpflicht auf den Binnenschifffahrtsstraßen der Bundesrepublik Deutschland einzuführen. Zunächst konnte die Befähigung durch den Motorbootführerschein A für Binnenfahrt des DMYV oder durch den Führerschein für Binnenfahrt des DSV mit Motor nachgewiesen werden. Aus Gründen der Rechtsstaatlichkeit wurde dieses Verfahren aber mit Wirkung vom 1. April 1989 durch die Sportbootführerscheinverordnung – Binnen abgelöst, die den amtlichen Sportbootführerschein – Binnen als Nachweis der Fahrerlaubnis eingeführt hat.

2. Welche rechtliche Bedeutung hat der Sportbootführerschein – Binnen?

Der Sportbootführerschein – Binnen ist eine Fahrerlaubnis, der jeder bedarf, der ein Sportboot mit Antriebsmaschine auf den Binnenschifffahrtsstraßen führen will (§ 2 Abs. 1).

Der Sportbootführerschein – Binnen ist aber kein Befähigungszeugnis im Sinne der Patente der Berufsschifffahrt; er hat nur die Bedeutung eines Nachweises, dass der Inhaber die Fahrerlaubnis besitzt.

Der Sportbootführerschein – Binnen hat aber nicht nur nationale, sondern auch internationale Bedeutung. Gemäß der Resolution Nr. 40 der Hauptarbeitsgruppe „Binnenschifffahrt" der Wirtschaftskommission der Vereinten Nationen, wird der Sportbootführerschein – Binnen auch als internationales Zertifikat eingeführt. Er dient dem Führer von Sportfahrzeugen, genauso wie der Sportbootführerschein – See als international einheitlicher Nachweis seiner Qualifikation im Ausland. Vom BMVBW wurde bei der Umsetzung dieser Resolution sichergestellt, dass das internationale Zertifikat nicht als besonderes Papier mitgeführt werden muss, sondern dass es in den amtlichen Sportbootführerschein – Binnen integriert wurde.
Mit dem neuen in einem einzigen Zertifikat verbundenen internationalen und nationalen Führerschein wird die Kontrolle im Ausland erheblich erleichtert, da das Formular mehrsprachig ist und Fälschungen ausgeschlossen sind (Abb. S. 226).

3. Wo ist der Sportbootführerschein – Binnen erforderlich?

Der Sportbootführerschein – Binnen ist auf den Binnenschifffahrtsstraßen der Bundesrepublik Deutschland – mit Ausnahme auf der Elbe im Hamburger Hafen – erforderlich. Binnenschifffahrtsstraßen sind die Wasserstraßen nach § 1 Abs. 1 Nr. 2 des BinSchAufgG. Diese Binnenschifffahrtsstraßen sind in der Übersicht auf der nächsten Seite schematisch dargestellt.

Auf folgenden Binnenschifffahrtsstraßen ist für das Führen von Sportbooten eine Fahrerlaubnis nur erforderlich für Sportboote
1. unter Segel auf den Binnenschifffahrtsstraßen nach Anlage 2, s. S. 227.
2. mit Antriebsmaschine, deren größte Nutzleistung weniger als 3,69 kW beträgt, auf den Binnenschifffahrtsstraßen nach Anlage 3, s. S. 227.

Hinsichtlich des Befahrens der Binnenschifffahrtsstraßen im Großraum Berlin vgl. Nr. 6, S. 24.

4. Wer muss einen Sportbootführerschein – Binnen haben?

Einen Führerschein muss jeder besitzen, der ein Sportboot (Segel-, Motorboot oder Wassermotorrad) mit Antriebsmaschine führen will, das mit einer Antriebsmaschine ausgerüstet ist, deren Nutzleistung 3,69 kW oder mehr beträgt.

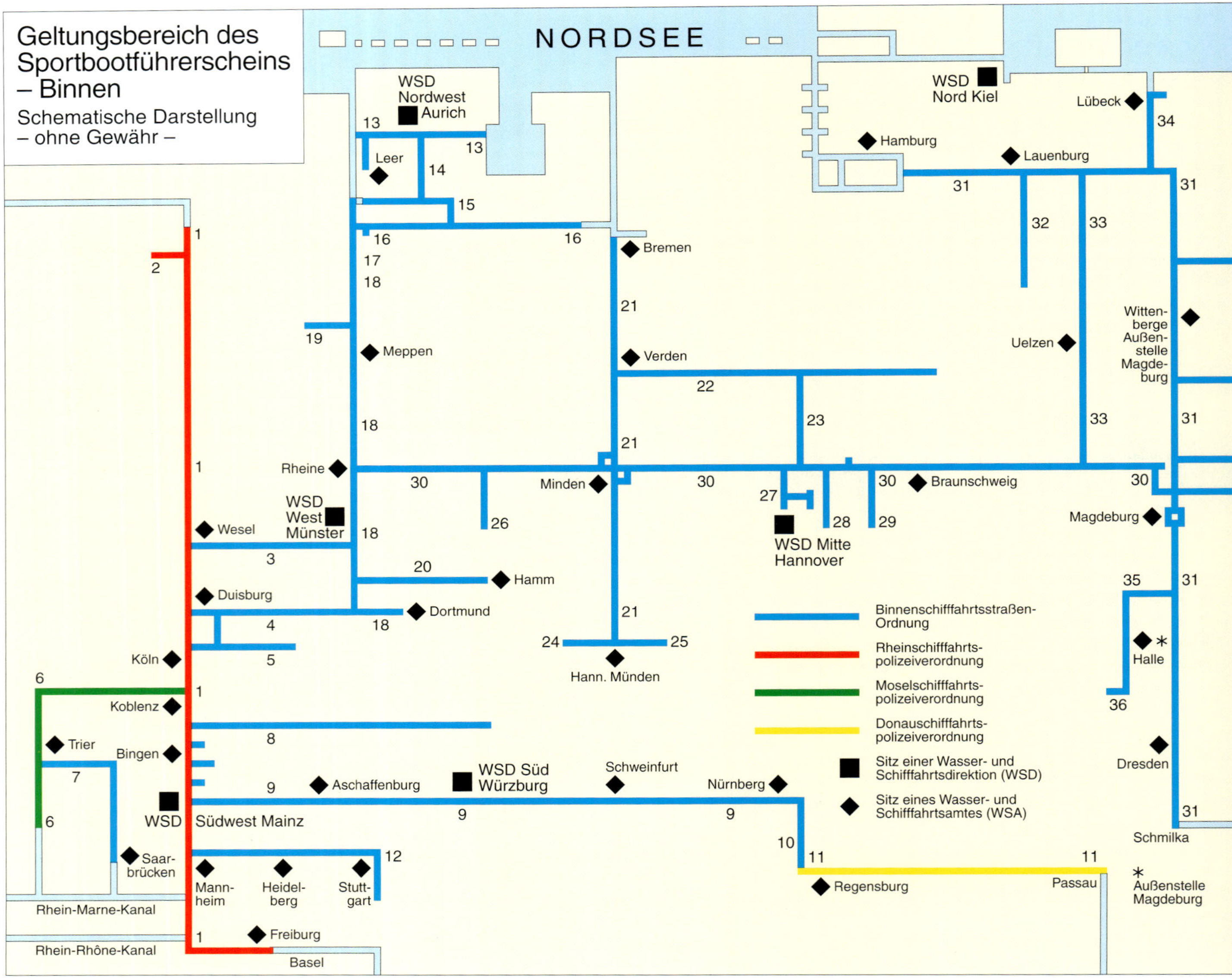
Geltungsbereich des Sportbootführerscheins – Binnen
Schematische Darstellung – ohne Gewähr –
NORDSEE
WSD Nordwest Aurich
Leer
WSD Nord Kiel
Lübeck
Hamburg
Lauenburg
Bremen
Meppen
Verden
Uelzen
Witten-berge Außen-stelle Magde-burg
Rheine
Minden
Braunschweig
WSD West Münster
WSD Mitte Hannover
Magdeburg
Wesel
Hamm
Duisburg
Dortmund
Köln
Hann. Münden
Halle
Koblenz
Trier
Bingen
Dresden
Aschaffenburg
WSD Süd Würzburg
Schweinfurt
Nürnberg
WSD Südwest Mainz
Saar-brücken
Mann-heim
Heidel-berg
Stutt-gart
Regensburg
Passau
Schmilka
Rhein-Marne-Kanal
Rhein-Rhône-Kanal
Freiburg
Basel
* Außenstelle Magdeburg
Binnenschifffahrtsstraßen-Ordnung
Rheinschifffahrts-polizeiverordnung
Moselschifffahrts-polizeiverordnung
Donauschifffahrts-polizeiverordnung
Sitz einer Wasser- und Schifffahrtsdirektion (WSD)
Sitz eines Wasser- und Schifffahrtsamtes (WSA)

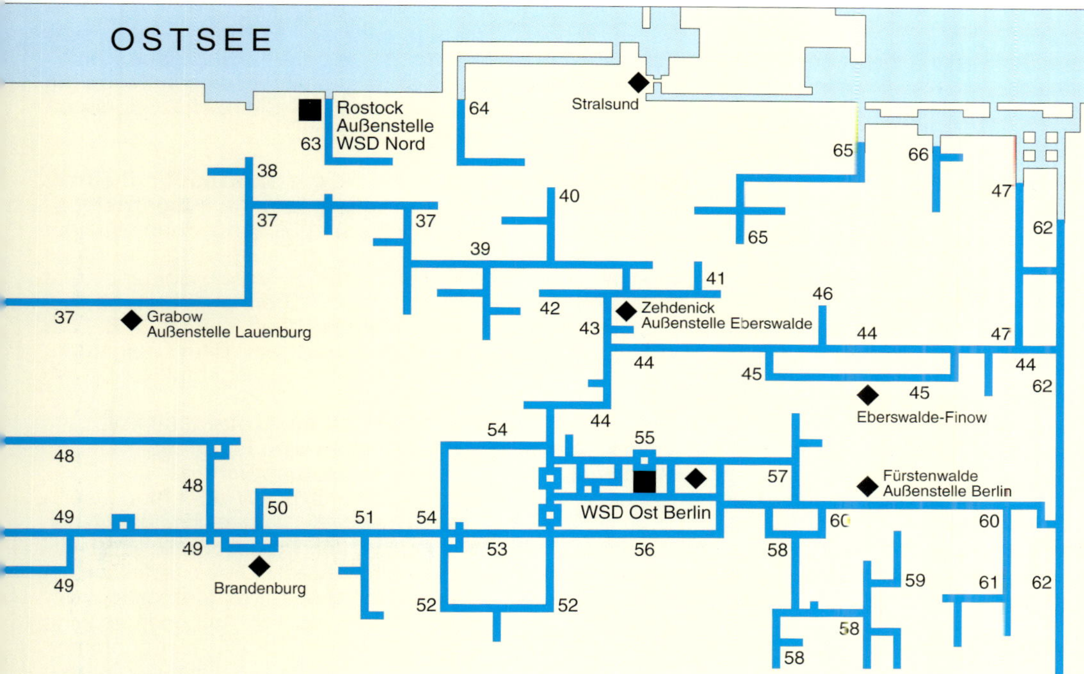

1 Rhein
2 Schifffahrtsweg Rhein-Kleve
3 Wesel-Datteln-Kanal
4 Rhein-Herne-Kanal
5 Ruhr
6 Mosel
7 Saar
8 Lahn
9 Main
10 Main-Donau-Kanal
11 Donau
12 Neckar
13 Ems-Seitenkanal Oldersum–Emden, Ems-Jade-Kanal
14 Nordgeorgsfehn-Kanal
15 Leda–Elisabethfehn-Kanal
16 Küstenkanal
17 Ems
18 Dortmund-Ems-Kanal
19 Haren-Rütenbrock-Kanal
20 Datteln-Hamm-Kanal
21 Weser
22 Aller
23 Leine
24 Fulda
25 Werra
26 Stichkanal Osnabrück
27 Stichkanal Hannover-Linden bis zum Schnellen Graben
28 Stichkanal Hildesheim
29 Stichkanal Salzgitter
30 Mittellandkanal mit Nord- und Südabstieg zur Weser und Abstiegskanal Rothensee
31 Elbe
32 Ilmenau
33 Elbe-Seitenkanal
34 Elbe-Lübeck-Kanal
35 Saale
36 Unstrut
37 Müritz-Elde-Wasserstraße mit Plauer See, Kölpin- und Müritzsee, Ziegelsee
38 Störkanal mit Schweriner See
39 Müritz-Havel-Wasserstraße mit Rheinsberger Gewässern
40 Obere Havelwasserstraße mit Kammerkanal
41 Templiner-, Feldberger und Lychener Gewässer
42 Wentowkanal und Großer Wentowsee
43 Obere Havel, Voss- und Malzer Kanal
44 Havel-Oder-Wasserstraße und Gewässer, mit Oranienburger Kanal, Veltener Stichkanal und Alter Oder
45 Finowkanal
46 Werbellinkanal und Werbellinsee
47 Hohensaaten-Friedrichsthaler Wasserstraße mit Schwedter Überfahrt und West-Oder
48 Havel, Gneversdorfer Vorfluter, Rathenower Schleusenkanäle
49 Havel-Elbe-Kanal, Niegripper und Pareyer Verbindungskanal
50 Brandenburger Havelgewässer mit Silo-Kanal, Beetz-See
51 Untere Havel, Emster Gewässer und Seen
52 Potsdamer Havel und Seen
53 Sacrow-Paretzer-Kanal
54 Havelkanal
55 Berliner Gewässer, Kanäle und Seen
56 Teltowkanal
57 Müggelspree, Müggelsee, Rüdersdorfer Gewässer, Gosener Kanal, Seddinsee
58 Dahme, Notte-Kanal, Krossinsee, Teupitzer Gewässer
59 Storkower Gewässer, Scharmützelsee
60 Spree-Oder-Wasserstraße mit Stichkanälen, Ruhlebener Altarm, Spree-Kanal, Rummelsburger See
61 Spree, Schwielochsee, Neuendorfer See
62 Oder
63 Warnow
64 Recknitz
65 Peene mit Kummerower See
66 Uecker

4.1. Wer ist Fahrzeugführer?
Fahrzeugführer im Sinne der Sportboot-FüV-Bin ist, wer für das Befolgen der schifffahrtspolizeilichen Vorschriften verantwortlich ist. Der Eigentümer oder der Führer eines Sportbootes darf weder anordnen noch zulassen, dass jemand sein Boot führt, der nicht Inhaber der Fahrerlaubnis ist (§ 2 Abs. 4 S. 1). Steht der Fahrzeugführer bei Fahrtbeginn noch nicht fest, so ist der Fahrzeugführer, der den Sportbootführerschein – Binnen besitzen muss, von den Beteiligten festzulegen, was zweckmäßigerweise im Log- bzw. Schiffstagebuch festzuhalten ist.

Ein Sportboot im Sinne der Sportboot-FüV–Bin führt nicht, wer es unter Aufsicht des Inhabers einer Fahrerlaubnis für die jeweilige Antriebsart fortbewegt. In diesem Fall ist Führer allein der Beaufsichtigende (§ 2 Abs. 4 S. 2 und 3). Der Fahrzeugführer kann sich also beim Steuern des Fahrzeugs oder bei der Bedienung des Motors Hilfspersonen bedienen, die dann keiner Fahrerlaubnis bedürfen, wenn sie nach den Anweisungen und unter Aufsicht des Fahrzeugführers tätig werden und die Möglichkeit besteht, dass dieser sofort Einfluss auf die Schiffsführung nehmen kann. In diesem Fall ist dann der Fahrzeugführer die allein beaufsichtigende und anweisungsberechtigte Person – vgl. Fragen Nrn. 9 bis 11.

4.2. Was ist ein Sportboot?
Sportboote im Sinne der SportbootFüV–Bin sind Fahrzeuge, die von ihren Bootsführern gewöhnlich für Sport- oder Erholungszwecke nicht gewerbsmäßig verwendet werden und weniger als 15 m Länge haben. Ausgenommen sind Fahrzeuge, die durch Muskelkraft oder nur hilfsweise mit einem Treibsegel von höchstens 3 m² Fläche fortgewegt werden.
Sportboote sind nicht nur die konventionellen Wasserfahrzeuge, wie Verdränger und Gleiter, sondern auch Fahrzeuge mit halb oder ganz aus dem Wasser herausragenden Fahrzeugkörpern (Tragflächen-, Luftkissen-, Amphibienfahrzeuge), die heute schon serienmäßig hergestellt werden. Solche neuartigen motorisierten Wassersportgeräte, die als Personal Water Craft wie „Wasserbob“, „Wasserscooter“, „Jetbike“ oder „Jetski“ bezeichnet werden, sind unter dem Spezialbegriff „Wassermotorrad“ zusammengefasst und dem Sportboot gleichgestellt worden. Dagegen sind aufblasbare Schwimmhilfen und Badematratzen nicht als Sportboote im Sinne der Verordnung anzusehen.

Was den Einsatz für „Sport- oder Erholungszwecke“ der Sportboote betrifft, der weit auszulegen ist, so kommt es auf den gewöhnlichen Einsatz im Einzelfall an. Da es auf die Bauart nicht ankommt, können auch umgebaute Fahrzeuge der Berufsschifffahrt Sport- und Erholungszwecken dienen. Hier muss jedoch im Einzelfall genau geprüft werden, ob sie nicht weiterhin für gewerbliche Zwecke oder ähnliche Einsätze verwendet werden. Der Sportbootcharakter geht auch dann verloren, wenn die Verwendung für Sport- oder Erholungszwecke gewerbsmäßig erfolgt. Das hat dann zur Folge, dass das Fahrzeug den Sicherheitsvorschriften und den Besetzungsregeln für die gewerbliche Schifffahrt unterliegt.

Die Verwendung von Fahrzeugen für Sport- oder Erholungszwecke ist gewerbsmäßig, wenn die Nutzung des Bootes auf Dauer in der Absicht zu Gewinnerzielung erfolgt. Ein Indiz für die Gewerbsmäßigkeit kann die entgeltliche Beschäftigung von Personen als Schiffsbesatzung usw. sein. Die Überlassung des Fahrzeugs an einen Freund zu einer Bootstour z. B. ist noch keine gewerbsmäßige Nutzung. Es kommt daher sehr auf die genauen Umstände des Einzelfalles an, ob es sich in diesen Fällen um ein Sportboot im Sinne der Sportboot-FüV–Bin handelt.

4.3. Wann ist ein Sportboot mit einer Antriebsmaschine ausgerüstet?
Ein Sportboot ist nicht nur dann mit einer Antriebsmaschine ausgerüstet, wenn es einen eingebauten Motor oder einen fest angebrachten Außenbordmotor besitzt, sondern auch dann, wenn z. B. der Außenbordmotor an Bord mitgeführt, aber noch nicht fest angebracht ist.

4.4. Wann hat ein Motor 3,69 kW oder mehr und ist damit fahrerlaubnispflichtig?
Ein Motor hat 3,69 kW oder mehr, wenn dessen größte nicht überschreitbare Nutzleistung an der Propellerwelle 3,69 kW oder mehr beträgt. Diese Definition ist mittelbar in § 3 Abs. 1 Nr. 2 enthalten, wonach Sportboote mit Antriebsmaschine von weniger als 3,69 kW ausgenommen sind. Zu der Frage, welche Motoren 3,69 kW oder weniger haben, hat das BMVBW auf Wunsch der Industrie zur Erleichterung des Handels und der Kontrollen durch die Wasserschutzpolizei eine so genannte Freiliste herausgegeben, die berichtigt und auf dem neuesten Stand gehalten wird und die auch im Geltungsbereich der SportbootFüV–Bin gilt. Die Freiliste wird beim Bundesamt für Seeschifffahrt und Hydrographie geführt (vgl. S. 21/22).

4.5. Wie wird die Leistung des Motors festgestellt?
Die Leistungsprüfung ist nach den Bestimmungen der DIN 1941 „Abnahmeprüfung von Hubkolben-Verbrennungsmotoren“ durchzuführen. Die blockierte Leistung an

der Propellerwelle, die als größte nicht überschreitbare Nutzleistung nach DIN 6271 „Hubkolben-Verbrennungsmotoren, Normbezugsbedingungen und Angaben über Leistung, Kraftstoff- und Schmierölverbrauch“ dauernd abgegeben werden kann, ist unter Berücksichtigung der dort unter Nr. 5 genannten Normbezugsbedingungen anzugeben. Bei Fahrzeugen mit Luftschraubenantrieb sind der blockierten Leistung an der Propellerwelle die blockierte Leistung an der Welle der Luftschraube, und bei Fahrzeugen mit Pumpenantrieb die blockierte Leistung an der Rotorwelle der Pumpe gleichzusetzen.

Den Nachweis, dass der Motor 3,68 kW oder weniger leistet, hat der Fahrzeugführer bzw. der Hersteller oder Importeur zu führen und durch ein Gutachten eines anerkannten Sachverständigen zu belegen. Als Sachverständige sind insbesondere zugelassen

- Institute, Technische Hochschulen (Universitäten),
- Fachhochschulen und
- Technische Überwachungsvereine.

4.6. Welche Sportboote sind fahrerlaubnisfrei?

Keiner Fahrerlaubnis nach der SportbootFüV–Bin bedürfen außerhalb Berlins Führer von Sportbooten, deren Antriebsmaschine eine Nutzleistung von 3,68 kW oder weniger besitzt (§ 3 Abs. 1 Nr. 2). Aus der Aufzählung der in dieser Vorschrift genannten Wasserstraßen folgt, dass die Fahrerlaubnispflicht für Segelboote und kleine Motorboote nur gilt, wo allein der allgemeine Teil der BinSchStrO anzuwenden ist. Das ist zur Zeit nur in Berlin der Fall – vgl. Darstellung der Binnenschifffahrtsstraßen des Bundes, S. 18/19.

Liste der führerscheinfreien Sportbootmotoren, die 3,68 kW (5 PS) oder weniger leisten (Freiliste*)

lfd. Nr.	Hersteller	Typ**	Größte Nutzleistung nach DIN 6271	Bemerkungen
1	Aspera Motors	MEP 7	**2,13 kW**	
2	BMW	D 5	**3,57 kW**	
3	Chrysler	6 HP (60; 61; 62; 64; 67)	**3,64 kW**	
4	Evinrude	6 (BG; BGL)	**3,68 kW**	
5	Evinrude	6 (BE; BF; BFL; DR; DRL)	**3,60 kW**	baugleich mit 13
6	Force	3 (MH)	**2,20 kW**	
7	Force	5 (MH)	**3,68 kW**	
8	Honda	50 EH	**3,40 kW**	ab Ser.-Nr. BF 75-120 0001 **3,53 kW**
75	Honda	BF 2	**1,48 kW**	
76	Honda	BF 4.5	**3,29 kW**	
77	Honda	BF 5	**3,66 kW**	
78	Honda	BF 6	**3,68 kW**	Leistungsred. d. Drosselklappe
79	Honda	BF 6 CH	**3,67 kW**	Leistungsred. d. Blende
80	Honda	BF 8	**3,68 kW**	Leistungsred. d. Blende In.dm 10 mm mit Vergaser-Hauptdüse Größe 98
9	Johnson	3.3	**2,58 kW**	
10	Johnson	CD (22; 23; 24; 25)	**3,38 kW**	
11	Johnson	6R (69; 70; 71; 72); 6BR 73; 6BA (74; 75)	**3,38 kW**	
12	Johnson	6 (BG; BGL)	**3,41 kW**	
13	Johnson	6 (BF; BFL; DR; DRL)	**3,60 kW**	baugleich mit 5
81	Johnson	J6R	**3,64 kW**	Leistungsred. d. Vergaser-Hauptdüse Id. Nr. 31
14	König	4,206910	**1,82 kW**	
15	Mariner	2 (M)	**1,47 kW**	baugleich mit 58
16	Mariner	2 (M; MH) Lightning	**1,18 kW**	baugleich mit 26
17	Mariner	2.5 (M)	**1,84 kW**	baugleich mit 28
18	Mariner	3.3 (MH)	**2,26 kW**	
19	Mariner	4 (M; ML; MH)	**2,66 kW**	baugleich mit 61
20	Mariner	F4 (4 HP)	**3,19 kW**	baugleich mit 36
21	Mariner	F5 (5 HP)	**3,68 kW**	baugleich mit 37
22	Mariner	5 (M; ML; MH)	**3,27 kW**	baugleich mit 65
23	Mariner	6 (M: ML)	**3,55 kW**	ab Ser.-Nr. 000777/6D (Normalschaft) bzw. 300293/6D (Langschaft) **3,49 kW** ab Modelljahr 87 Leistg. **> 3,68 kW**
24	Mariner	6 (B; BL)	**3,56 kW**	baugleich mit 23 und 68
25	Mariner	6 (M/ML) –3,68 kW	**3,68 kW**	baugleich mit 40
26	Mercury	2 (M; MH) Lightning	**1,18 kW**	baugleich mit 16
27	Mercury	MERC 2.2 (M)	**1,55 kW**	
28	Mercury	MERC 2.5 (M)	**1,84 kW**	baugleich mit 17
29	Mercury	3,3	**2,32 kW**	
30	Mercury	MERC 3,5 (M; ML)	**1,92 kW**	
31	Mercury	MERC 3,6	**1,92 kW**	
32	Mercury	MERC 4	**2,08 kW**	bis einschl. Modelljahr 78: MERC 40

Fortsetzung der Freiliste auf Seite 22

Fortsetzung von Seite 21

lfd. Nr.	Hersteller	Typ**	Größte Nutzleistung nach DIN 6271	Bemerkungen
33	Mercury	MERC 4 (M; ML; MLSP)	**2,65 kW**	
34	Mercury	MERC 4 (M; ML)	**2,96 kW**	ab Modelljahr 87
35	Mercury	MERC 4,5	**2,65 kW**	bis einschl. Modelljahr 78; MERC 45
36	Mercury	F4 (4 HP)	**3,19 kW**	baugleich mit 20
37	Mercury	F5 (5 HP)	**3,68 kW**	baugleich mit 21
38	Mercury	MERC 5 (ML; MH)	**3,68 kW**	
39	Mercury	MERC 6	**3,39 kW**	ab Modelljahr 87 Leistung > **3,68 kW**
40	Mercury	MERC 6–3,68 kW	**3,68 kW**	baugleich mit 25
41	Selva	5 (S125; SI)	**3,50 kW**	
42	Selva	5S (S130)	**3,50 kW**	
43	Suzuki	DT 2,2 (S)	**1,84 kW**	
44	Suzuki	DT 4	**3,45 kW**	
45	Suzuki	DT 5Y (neu)	**3,68 kW**	Leistungsred. d. Blende
46	Suzuki	DT 5Y (alt)	**3,60 kW**	
47	Suzuki	DT 6 (S/L)	**3,50 kW**	
72	Suzuki	DF 4	**2,96 kW**	
73	Suzuki	DF 5	**3,64 kW**	
48	Tohatsu	M2.5A (A2; S/L)	**1,55 kW**	baugleich mit 27
49	Tohatsu	M3.5A (B2; S/L)	**2,70 kW**	
50	Tohatsu	M3.5B	**2,58 kW**	
51	Tohatsu	MF4 A (SS; SL)	**3,19 kW**	baugleich mit 20 und 36
52	Tohatsu	MF5 A (2)(SS;SL)	**3,68 kW**	baugleich mit 21 und 37
53	Tohatsu	M5 B (S/L)	**3,68 kW**	baugleich mit 38
54	Tohatsu	M6 B (S/L)	**3,53 kW**	in älteren Listen mit M8 bez.
55	Tomos	3; 4; 4-electr.	**1,82 kW**	
56	Tomos	4.8	**2,58 kW**	
57	Volvo Penta	VP R 75	**3,60 kW**	baugleich mit 8
58	Yamaha	2 (A; B)(MH; S)	**1,47 kW**	
74	Yamaha	F 2,5 A (MH)	**1,83 kW**	
59	Yamaha	3 A MH (MALTA)(S/L)	**2,20 kW**	
60	Yamaha	3,5 (A;AC)	**2,38 kW**	
61	Yamaha	4 A (CS; S; MH)	**2,66 kW**	S: mit separatem Tank
62	Yamaha	P65	**2,38 kW**	
63	Yamaha	P95; 5B	**2,83 kW**	
64	Yamaha	F4 A MH (S)	**2,94 kW**	
65	Yamaha	5 (C; SL; S; MH)	**3,27 kW**	S: mit separatem Tank
66	Yamaha	6A	**3,48 kW**	
67	Yamaha	6D (M; MH; S/L)	**3,48 kW**	ab Modelljahr 84 **3,49 kW**
68	Yamaha	6B (S/L)	**3,56 kW**	ab Ser.-Nr. 250746 (Normalschaft) bzw. 550301 (Langschaft) **3,38 kW**
69	Yamaha	F6B	**3,66 kW**	Leistungsred. von **5,88 kW** auf **3,66 kW** mittels Vergaser/69F-14301-20 und CDI/69F-85540-00
70	Yamaha	F6B (MH, Serie 03)	**3,68 kW**	bei Drosselklappenwinkel 26,9 Grad
71	Zündapp	304 – (03; 04)	**3,38 kW**	

* herausgegeben vom Bundesamt für Seeschifffahrt und Hydrographie, Stand April 2003 (aktuelle Liste im Internet: www.bsh.de/Freiliste)

** Die Bezeichnungen in Klammern sind ergänzende, den Umfang der Freistellung kennzeichnende Angaben zu den verschiedenen Ausführungsarten des Motortyps.

5. Welche Kleinfahrzeuge gelten als Wassermotorräder?

Das Bundesministerium für Verkehr, Bau- und Wohnungswesen hat nachstehendes Verzeichnis der Kleinfahrzeuge veröffentlicht, die als Wassermotorräder gelten.

Hersteller	Modell
Sea Doo Bombardier	GT/GTS (580–718 ccm) GTi (720 ccm) GTX (580–782 ccm) GSX (782–952 ccm) SP/SPi (580–718 ccm) SPX (580–782 ccm) XP (580–782 ccm) GS (718 ccm) HX (718 ccm)
Kawasaki	Tandem Sport X 2 X 4/X 4i/X 4i R
Hersteller	**Modell**
Kawasaki	750 SS 750 SS Xi 750 ST 750 STS 750 XI 750 XIR 750 Zxi 900 Zxi 1000 Zxi 900 STX 1000 STX JS 300/300 SX
Hersteller	**Modell**
Kawasaki	JS 440 JS 550/550 SX JS 650 SX JS 750 SX JS 750 SXI
Yamaha	Manne Jet 650 S Wave Blaster Wave Blaster II Wave Runner 500 Wave Jammer Wave Runner III Wave Runner III GP Wave Raider 700 Wave Raider Deluxe Wave Raider 760

Hersteller	Modell
Yamaha	Wave Raider 1100 Wave Venture 700 Wave Venture 760 Wave Venture 1100 Wave Runner GP 1200 Wave Runner GP 760 Super Jet (650–700 ccm) FX 1
Polaris	Humcane SL 650/650 STD SL 700 SL 700 Deluxe SLT 700 SL 750 SLT 750 SL 780 SLT 780 SLX 780 SLTX SLX Pro 785 SL 900 SLTX 1050
Tigershark	Barracuda Tigershark Daytona Daytona 700 Daytona 1000 Monte Carlo Monte Carlo 640 Monte Carlo 770 Monte Carlo 1000 Montego (Deluxe)
Wet Jet	Duo 300 Duo 300 ZX Duo 300 Kraze Duo ZX Kraze
Thunderjet	F 14 F 15
Fa. A. Möricke	Water Cats

6. Welche Regelung gilt für das Befahren der Gewässer im Land Berlin?

Die früher nach Berliner Landesrecht geltenden Regelungen der Erlaubnispflicht für Segeln, Surfen und Führen von Motorbooten – 3,68 kW oder weniger – sind in den Geltungsbereich der Sportboot-FüV–Bin einbezogen worden. Am Umfang der Erlaubnispflicht für das Befahren von Binnenschifffahrtsstraßen außerhalb Berlins hat sich aber nichts geändert, d. h., Segeln, Surfen und Motorbootfahren mit 3,68 kW oder weniger ist außerhalb Berlins auch weiterhin erlaubnisfrei.

Der Bewerber soll bei der Prüfung für die Fahrerlaubnis für ein Sportboot unter Segel das 14. Lebensjahr vollendet haben. Ist das vorgeschriebene Alter am Tag der Prüfung noch nicht erreicht, darf die Fahrerlaubnis erst erteilt werden und der Führerschein ausgehändigt werden, wenn das 14. Lebensjahr vollendet ist.

Seit dem Beitritt der ehemaligen DDR zur Bundesrepublik Deutschland am 3. Oktober 1990 gelten die vorstehenden Regelungen im Land Berlin einschließlich des Teils, in dem das Grundgesetz davor nicht galt, d. h. in Gesamtberlin (Art. 8, Anlage I, Kapitel XI, Sachgebiet Nr. 6 des Einigungsvertrages vom 31. August 1990).

7. Wer bedarf keiner Fahrerlaubnis?

Keiner Fahrerlaubnis nach der SportbootFüV–Bin beim Führen eines Sportbootes mit Antriebsmaschine bedürfen Inhaber folgender höherwertiger Berufsschifferpatente bzw. Befähigungszeugnisse (§ 3 Abs. 2):

- Schifferpatent für den Bodensee der Kategorien B und C oder den Hochrhein (§ 3 Abs. 2 Nr. 1)
- Im Geltungsbereich dieser Verordnung erteilte amtliche Berechtigungsscheine zum Führen eines mit Antriebsmaschine ausgerüsteten Dienstfahrzeugs auf den Binnenschifffahrtsstraßen oder anderen Binnengewässern außerhalb der Seeschifffahrtsstraßen (§ 3 Abs. 2 Nr. 2)
- Amtliche Berechtigungsscheine zum Führen eines mit Antriebsmaschine ausgerüsteten Dienstfahrzeugs auf den Seeschifffahrtsstraßen, die in dem Geltungsbereich dieser Verordnung vor dem 1. April 1978 erteilt worden sind (§ 3 Abs. 2 Nr.3)
- Befähigungszeugnisse der Gruppen A und B der Schiffsbesetzungs- und Ausbildungsordnung vom 19. August 1970 (BGBl. I S. 1253) für die Seeschifffahrt, die vor dem 1. April 1978 erteilt worden sind (§ 3 Abs. 2 Nr. 4)
- Rhein- oder Binnenschifferpatente (§ 3 Abs. 2 Nr. 5)

Die Inhaber vorstehender Befähigungsnachweise erhalten auf Antrag ohne Prüfung einen Sportbootführerschein–Binnen für die jeweilige Antriebsart ausgestellt (§ 8).
Vgl. die Übersicht zu § 3 Abs. 2 Nrn. 2 und 3.

8. Welche Befähigungsnachweise ersetzen die vorgeschriebene Fahrerlaubnis (Fortgeltung früherer Befähigungsnachweise)?

Die folgenden Befähigungsnachweise ersetzen die vorgeschriebene Fahrerlaubnis (§ 4):

- Befähigungsnachweis nach der Sportbootführerscheinverordnung–Binnen vom 21. März 1978
- Sportbootführerschein nach der Sportbootführerscheinverordnung–See vom 20. Dezember 1973, der vor dem 1. 4. 1978 erteilt worden ist
- Motorbootführerschein nach der Motorbootführerscheinverordnung vom 17. Januar 1967

Die Inhaber vorstehender Befähigungsnachweise erhalten auf Antrag ohne Prüfung einen Sportbootführerschein–Binnen für die jeweilige Antriebsart ausgestellt (§ 8).

9. Mit welchen sonstigen Befähigungsnachweisen und Berechtigungsscheinen kann der für die Fahrerlaubnis erforderliche Befähigungsnachweis auch sonst noch geführt werden?

Bei den nachfolgenden Befähigungsnachweisen und Berechtigungsscheinen gilt nur der für die Fahrerlaubnis nach der SportbootFüV–Bin vorgeschriebene Befähigungsnachweis als erbracht (§ 3 Abs. 3). Sie befreien also nicht von dem Erfordernis einer Fahrerlaubnis. Gegen Vorlage eines der nachfolgenden Befähigungsnachweise wird dem Inhaber auf Antrag ohne Ablegung einer Prüfung eine Fahrerlaubnis erteilt, sofern er die allgemeinen Anforderungen nach § 5 Abs. 1 Nrn. 1–3 erfüllt (§ 8):

- Im Geltungsbereich der SportbootFüV–Bin nach anderen Vorschriften erteilte amtliche Befähigungsnachweise zum Führen eines Fahrzeugs mit Antriebsmaschine oder unter Segel auf Binnengewässern außerhalb der Seeschifffahrtsstraßen für die jeweilige Antriebsart, soweit der BMVBW diesen als Befähigungsnachweis anerkannt hat (§ 3 Abs. 3 Nr. 1a) (vgl. Übersicht auf den nächsten Seiten)
- Schifferpatente für den Bodensee der Kategorien A und D für die jeweilige Antriebsart (§ 3 Abs. 3 Nr. 1b)
- Von einer als gemeinnützig anerkannten Körperschaft erteilte und vom BMVBW anerkannte Berechtigungsscheine zum Führen von Wasserrettungsfahrzeugen (§ 3 Abs. 2 Nr. 2)

Übersicht über die Befähigungsnachweise und Berechtigungsscheine, deren Inhaber eine Fahrerlaubnis ohne Prüfung erhalten
(VkBl. 1989 S. 658; 1990 S. 254; 2002 S. 81; 2003 S. 787 und S. 834)

1. Für den Bereich der Binnenschifffahrtsstraßen (§ 3 Abs. 2 Nr. 2)

Bezeichnung	Ausstellende Behörde
Ausbildungsnachweis mit Prüfungszeugnis und dem Vermerk: „Der Inhaber hat die Bootsführerscheinprüfung bestanden und ist berechtigt, motorisierte Wasserfahrzeuge des Bundesgrenzschutzes und der Bereitschaftspolizeien der Länder zu führen“ (erteilt bis 31. 3. 1978)	Bundesministerium des Innern (BGS) Innenminister/Senatoren für Inneres der Länder (Bereitschaftspolizei)
Bootsfahrlehrerschein des Bundesgrenzschutzes und der Bereitschaftspolizeien der Länder (erteilt ab 1. 4. 1978)	Bundesministerium des Innern (BGS) Innenminister/Senatoren für Inneres der Länder (Bereitschaftspolizei)
Bootsführerschein – Binnen des Bundesgrenzschutzes und der Bereitschaftspolizeien der Länder (erteilt ab 1. 4. 1978)	Bundesministerium des Innern (BGS) Innenminister/Senatoren für Inneres der Länder (Bereitschaftspolizei)
Bootsführerschein – See/Binnen des Bundesgrenzschutzes und der Bereitschaftspolizeien der Länder	Bundesministerium des Innern (BGS) Innenminister/Senatoren für Inneres der Länder (Bereitschaftspolizei)
Betriebsberechtigungsschein für Pioniermaschinen der Gruppe I	Bundesministerium der Verteidigung
Lehrberechtigungsschein für Pioniermaschinen der Gruppe I	Bundesministerium der Verteidigung
Prüfberechtigungsschein für Pioniermaschinen der Gruppe I	Bundesministerium der Verteidigung
Berechtigungsschein für das Führen von Motor-Wasserfahrzeugen des Katastrophenschutzes auf Binnenschifffahrtsstraßen	Bundesamt für Zivilschutz
Bescheinigung über die erfolgreiche Teilnahme an einem Einweisungslehrgang für Beamte des Wasserzolldienstes und über die Berechtigung zum Führen von Zollbooten auf Binnenschifffahrtsstraßen oder anderen Binnengewässern außerhalb der Seeschifffahrtsstraßen	Oberfinanzdirektion
Bootssteuerzeugnis der Wasserschutzpolizei Baden-Württemberg	Wasserschutzpolizeidirektion Baden-Württemberg
Bootsführerzeugnis der Wasserschutzpolizei Baden-Württemberg	Wasserschutzpolizeidirektion Baden-Württemberg
Befähigungszeugnis zum Führen eines Fahrgastschiffes	Bayerisches Staatsministerium der Finanzen
Befähigungszeugnis zum Führen von Dienstbooten der Wasserschutzpolizei in Bayern	Wasserschutzpolizeiinspektion Bayern
Feuerwehr-Motorboot-Führerschein für Binnenfahrt	Bayerisches Landesamt für Brand- und Katastrophenschutz
Bescheinigung über die erfolgreiche Teilnahme an einem wasserschutzpolizeilichen Einweisungslehrgang	Wasserschutzpolizeischule Hamburg
Befähigungsnachweis zum Führen von Polizeibooten (erteilt bis 1. 6. 1977)	Hessisches Wasserschutzpolizeiamt
Bootsführer- und Maschinenleiterzeugnis (erteilt ab 1. 6. 1977)	Hessisches Wasserschutzpolizeiamt
Befähigungsnachweis für Streckenbootsführer	Der Kommandeur der Wasserschutzpolizei bei der Bezirksregierung Weser–Ems

Befähigungsnachweis für Hafenbootsführer	Der Kommandeur der Wasserschutzpolizei bei der Bezirksregierung Weser–Ems
Polizei-Bootssteuerschein	Präsidium der Wasserschutzpolizei Nordrhein-Westfalen
Feuerwehr-Bootssteuerschein	Präsidium der Wasserschutzpolizei Nordrhein-Westfalen
Bootsführerzeugnis der Wasserschutzpolizei Rheinland-Pfalz	Wasserschutzpolizeiamt Rheinland-Pfalz
Matrosen-/Bootsmannsbrief der Binnenschifffahrt	Industrie- und Handelskammern
Nachweiskarte über die Eignung und Befähigung zum Führen von Dienstfahrzeugen und Dienstbooten	Landespolizeischule Hamburg
Feuerwehr-Motorbootführerschein – Binnen	Landesfeuerwehrschule Baden-Württemberg in Bruchsal
Feuerwehr-Motorbootführerschein für Binnenfahrt	Hessische Landesfeuerwehrschule in Kassel
Berechtigungsschein für das Führen von Motorbooten der Feuerwehr auf Binnenschifffahrtsstraßen	Landesfeuerwehrschule Rheinland-Pfalz in Koblenz
Berechtigungsschein für das Führen von Motorbooten der Feuerwehr auf Binnenschifffahrtsstraßen	Feuerwehr- und Katastrophenschutzschule Rheinland-Pfalz
Berechtigungschein zum Führen von Dienstbooten der Wasserschutzpolizei des Landes Berlin	Der Polizeipräsident in Berlin, Referat Wasserschutzpolizei
Bescheinigung zum Führen von motorgetriebenen Wasserfahrzeugen der technischen Einsatzabteilung der Polizei	Der Polizeipräsident in Berlin
Qualifikationsnachweis als Matrose, Steuermann usw. der Binnenschifffahrt	Wasser- und Schifffahrtsamt
Dienstberechtigungsschein der Berufsfeuerwehr der Stadtverwaltung Dresden	Landeshauptstadt Dresden Direktor der Feuerwehr
Feuerwehrbootsführerschein	Leiter der Feuerwehr der Stadt Duisburg
Amtlicher Berechtigungsschein zum Führen von Dienstfahrzeugen der Feuerwehr	Stadt Bochum – Der Oberbürgermeister –
Feuerwehr-Bootsführerschein	Stadt Meerbusch
Bootsführerschein Feuerwehr für Binnenfahrt	Stadt Hattingen, Feuerschutzamt

2. Für den Bereich der Seeschifffahrtsstraßen (§ 3 Abs. 2 Nr. 3)

Ausbildungsnachweis mit Prüfungszeugnis und dem Vermerk: „Der Inhaber hat die Bootsführerprüfung bestanden und ist berechtigt, motorisierte Wasserfahrzeuge des Bundesgrenzschutzes und der Bereitschaftpolizeien der Länder zu führen" (erteilt bis 31. 3. 1978)	Bundesministerium des Innern (BGS) Innenminister/Senatoren für Inneres der Länder (Bereitschaftspolizei)
Führerschein der Marine für Segelboote und Kraftboote mit der erteilten Erlaubnis für Kraftboot (Kraftbootführerschein der Marine)	Bundesministerium der Verteidigung
Betriebsberechtigungsschein für Pioniermaschinen der Gruppe I mit Zusatzprüfung für Seeschifffahrtsstraßen, Küstengewässer und NOK	Bundesministerium der Verteidigung
Lehrberechtigungsschein für Pioniermaschinen der Gruppe I mit Zusatzprüfung für Seeschifffahrtsstraßen, Küstengewässer und NOK	Bundesministerium der Verteidigung

Prüfberechtigungsschein für Pioniermaschinen der Gruppe I mit Zusatzprüfung für Seeschifffahrtsstraßen, Küstengewässer und NOK	Bundesministerium der Verteidigung
Berechtigungsschein für das Führen von Motor-Wasserfahrzeugen des Katastrophenschutzes auf Seeschifffahrtsstraßen	Bundesamt für Zivilschutz
Ausweis zur selbständigen Führung eines Dienstfahrzeuges der Wasserschutzpolizei	Wasserschutzpolizeidirektion Bremen
Befähigungsnachweis für Küstenbootsführer	Der Kommandeur der Wasserschutzpolizei bei der Bezirksregierung Weser–Ems
Befähigungsnachweis für Küstenbootssteuerer	Der Kommandeur der Wasserschutzpolizei bei der Bezirksregierung Weser–Ems

10. Welche Regelung gilt für Personen mit Wohnsitz im Ausland?

Personen mit Wohnsitz im Ausland, die sich nicht länger als 1 Jahr in der Bundesrepublik Deutschland aufhalten, bedürfen keiner Fahrerlaubnis (so genannte Gastregelung). Ist in dem Staat ihres Wohnsitzes für das Führen von Sportbooten auf Binnengewässern ein Befähigungsnachweis amtlich vorgeschrieben oder wendet dieser Staat die Resolution Nr. 40 ECE (TRANS/SC. 3/147, VkBl. 2000 S. 197) an, gilt Satz 1 nur, wenn diese Personen Inhaber des Befähigungsnachweises oder des Internationalen Zertifikats nach der Resolution Nr. 40 ECE für die jeweilige Antriebsart sind, und nur, soweit Gegenseitigkeit gewährleistet ist; das Bundesministerium für Verkehr, Bau- und Wohnungswesen macht im Verkehrsblatt bekannt, welche Staaten die Resolution Nr. 40 ECE anwenden (§ 3 Abs. 1 Nr. 1).

Vgl. die nachfolgende Übersicht über Führerscheinpflicht auf ausländischen Binnengewässern. (Übersicht für den Seebereich siehe Graf/Steinicke „Der amtliche Sportbootführerschein – See“, Delius Klasing Verlag.)

Belgien	keine Führerscheinpflicht
Dänemark	keine Führerscheinpflicht
Finnland	keine Führerscheinpflicht für Ausländer
Frankreich	Wegen der § 3 Abs. 1 Nr. 1 entsprechenden Rechtslage müssen ausländische Bootsführer das Befähigungszeugnis besitzen, das in ihrem Heimatland für das Befahren vergleichbarer Gewässer vorgeschrieben ist. Für in Frankreich beheimatete Fahrzeuge gelten die französischen Vorschriften. Beim Grenzübertritt genügt nur für Fahrzeuge bis 15 m Länge, bis 20 km/h erreichbare Höchstgeschwindigkeit und bis zu 15 Personen Transportkapazität ein nach der Resolution Nr. 13 (rev) der ECE ausgestelltes Dokument. Für die übrigen Fahrzeuge ist vielmehr das gesetzlich neu eingeführte Flaggenzertifikat erforderlich.
Griechenland	Führerscheinpflicht besteht für das Führen von Sportbooten, deren Geschwindigkeit 15 km/h übersteigt. Für die Anerkennung bedürfen ausländische Führerscheine der Bestätigung durch das Hafenamt. Nach dem Chartergesetz Nr. 438/76 muss nicht nur der Schiffsführer, sondern auch ein weiteres Besatzungsmitglied im Besitz eines für das Fahrtgebiet vorgeschriebenen Befähigungsnachweises sein.
Großbritannien	keine Führerscheinpflicht
Italien	Führerscheinpflicht besteht. Ausländische Bootsfahrer müssen das nautische Befähigungszeugnis besitzen, das in ihrem Heimatland für das Befahren vergleichbarer Gewässer vorgeschrieben ist. Das gilt auch für Charterboote unter italienischer Flagge.

Kroatien	Führerscheinpflicht besteht. Ausländische Bootsführer müssen ein Befähigungszeugnis besitzen, das in ihrem Heimatland für das Befahren vergleichbarer Gewässer vorgeschrieben ist. Unabhängig davon ist eine Fahrerlaubnis (permit of navigation) erforderlich.
Niederlande	Es gibt auch in Holland einen Sportbootführerschein: *„klein vaarbewijs"*, und zwar für Boote mit einer Länge von 15 m und mehr (ausgenommen Rhein, Waal und Lek) und für Motorboote, die weniger als 15 m lang sind und schneller fahren können als 20 km/h. Wer ein kleineres (langsameres) Boot fährt, braucht nach wie vor keinen Schein. Auf den Binnenschifffahrtsstraßen ist anerkannt der *Sportbootführerschein Binnen* (reicht nicht für Westerschelde, Oosterschelde, IJsselmeer, Waddenzee, Ems und Dollart) oder der *Sportbootführerschein See,* der für *alle* Gewässer gilt. Das *Sportpatent* für den Rhein und das *Sportschifferzeugnis* werden anerkannt für Fahrten auf Rhein, Waal, Pannerdens Kanaal und Lek.
Österreich	Führerscheinpflicht besteht für Fahrzeuge mit einer Antriebsleistung von 4,4 kW (6 PS) und mehr, nicht für Segelfahrzeuge (§§ 122, 123 Abs. 1 Nr. 5, 9 des Schifffahrtsgesetzes 1990; (österreichisches BGBl. 1989, S. 1039). Dieses Gesetz, das außerhalb des Bodensees gilt, führt mit Wirkung vom 1. 1. 1990 eine den deutschen Vorschriften nahezu entsprechende „Touristenklausel" ein (§ 123 Abs. 1 Nr. 1, Abs. 3 Nr. 2). Der deutsche Sportbootführerschein – Binnen ist damit anerkannt. Zu beachten ist allerdings, dass § 2 Nr. 2 und 3 das Sportfahrzeug anders definiert: Maßgeblich ist allein die Höchstlänge von 15 m (entsprechend DonauSchPV). Damit gelten Fahrzeuge unter 15 m^3 Wasserverdrängung, aber über 15 m Länge nicht mehr als Sport- und Kleinfahrzeuge, sodass ein höherwertiges Patent erforderlich wird. Ein Bodenseeschifferpatent wird auf anderen österreichischen Gewässern nur bei österreichischen Schiffsführern akzeptiert (§ 123 Abs. 1 Nr. 3)
Schweden	keine Führerscheinpflicht
Schweiz	Führerscheinpflicht besteht für das Führen von Fahrzeugen mit einer Motorleistung von mehr als 6 kW (8,16 PS) oder mit einer Segelfläche von mehr als 15 m^2. Die Verordnung über die Schifffahrt auf schweizerischen Gewässern vom 8. November 1978 anerkennt ausländische Befähigungsnachweise, die für das Befahren vergleichbarer Gewässer vorgeschrieben sind. Auf dem Bodensee gelten ebenso wie auf den deutschen und österreichischen Teilen die Patentvorschriften der Bodensee-Schifffahrts-Ordnung.
Spanien	Führerscheinpflicht besteht für alle Fahrzeuge mit Ausnahme von Ruder- und Schlauchbooten, die mit einem Außenbordmotor mit einer Leistung von weniger als 4 PS ausgerüstet sind. Das Gesetz vom 6. März 1969 legt dabei „Steuer-PS" zugrunde, die mit unterschiedlichen Faktoren für 2- und 4-Takt-Motoren errechnet werden müssen. Dies bedeutet, dass die Führerscheinpflicht erst bei einer Antriebsleistung von etwa 9 PS beginnt. In jedem Fall ist jedoch eine Fahrerlaubnis erforderlich.
Türkei	keine befahrbaren Binnengewässer
Ungarn	Führerscheinpflicht besteht. Deutsche Sportbootführerscheine werden anerkannt.

II. Beauftragung des DMYV und des DSV

Der DMYV und der DSV sind beauftragt (§ 11 Abs. 1) mit der

- Entscheidung über Anträge auf Zulassung zur Prüfung und Erteilung der Fahrerlaubnis (§ 6 Abs. 1),
- Abnahme der Prüfungen, Erteilung der Fahrerlaubnisse (§§ 7, 8),
- Ausstellung von Ersatzausfertigungen (§ 9),
- Erteilung erforderlicher Auflagen (§ 5 Abs. 3),
- Erhebung festgesetzter Kosten (§ 12).

Diese Aufgaben sind Hoheitsaufgaben. Durch § 3a BinAufgG hat der Gesetzgeber jedoch die Möglichkeit geschaffen, Wassersportorganisationen des privaten Rechts mit der Durchführung hoheitlicher Aufgaben zu beauftragen (sog. beliehene Unternehmen).

Beide Verbände unterstehen bei der Erfüllung der übertragenen Aufgaben der Aufsicht des BMVBW. DMYV und DSV haben diese Aufgaben nach Maßgabe der Verordnung und der ebenfalls vom BMVBW erlassenen Durchführungsrichtlinien wahrzunehmen, wobei sie sie ganz oder teilweise gemeinsam durchführen können (§ 11 Abs. 2)

III. Die Zulassung zur Prüfung

1. Welche Voraussetzungen müssen erfüllt sein?

Voraussetzung für die Zulassung zur Prüfung (§§ 5, 6)

Voraussetzungen für die Zulassung zur Prüfung (§ 5 Abs. 1)

- Mindestalter 16 Jahre
- Körperliche und geistige Tauglichkeit
- Zuverlässigkeit

1.1 Wie alt muss der Bewerber sein?

Der Bewerber soll bei der Prüfung für die Fahrerlaubnis für ein Sportboot mit Antriebsmaschine das 16. Lebensjahr vollendet haben. Die Zulassung zur Prüfung darf frühestens 3 Monate vor der Erreichung der vorstehenden Altersgrenze erfolgen. Ist das vorgeschriebene Alter am Tag der Prüfung noch nicht erreicht, darf die Fahrerlaubnis erst dann erteilt und der Führerschein ausgehändigt werden, wenn das 16. Lebensjahr vollendet ist. Die praktische Prüfung unter Maschinenantrieb kann auch einem Prüfling unter 16 Jahren abgenommen werden, da dieser nicht Rudergänger im Sinne der Polizeiverordnungen ist (2.1.2).

1.2 Wann ist ein Bewerber zum Führen eines Sportbootes körperlich und geistig tauglich?

Der Bewerber besitzt die zum Führen eines Sportbootes erforderliche körperliche und geistige Tauglichkeit, wenn er

- ein ausreichendes Seh- und Farbunterscheidungsvermögen besitzt,
- das erforderliche Hörvermögen besitzt und
- keine sonstigen die Tauglichkeit beeinträchtigenden Befunde vorliegen.

Hör-, Seh- und Farbunterscheidungsvermögen

Anlage 4,5

Das erforderliche Hörvermögen ist vorhanden, wenn Sprache in gewöhnlicher Lautstärke in 3 m Entfernung mit dem jeweils dem Untersucher zugewandten Ohr und in 5 m Entfernung mit beiden Ohren zugleich ohne Hörhilfe verstanden wird.
Werden diese Mindestanforderungen nicht erreicht, muss auf dem besseren Ohr mindestens Umgangssprache aus 5 m Entfernung verstanden werden.
Untersuchungen, die vergleichbare Werte mittels eines audiometrischen Verfahrens bestätigen, sind zulässig.

Die Sehschärfe muss mit oder ohne Sehhilfe mindestens noch 0,7 auf dem einen und 0,5 auf dem anderen Auge betragen. Dabei muss auch das Auge mit der geringeren Sehschärfe ohne Korrektur noch ein ausreichendes Orientierungsvermögen besitzen. Als Sehhilfe sind auch Kontaktlinsen oder Haftschalen zugelassen. Die ärztliche bzw. augenärztliche Untersuchung soll nach DIN 58220 und ein- und beidäugig erfolgen. Ist die beidäugige Sehschärfe besser als die jedes Einzelauges, kann die beidäugige Sehschärfe angesetzt werden.
Erreicht die Sehschärfe diese Werte nicht, sind folgende Mindestanforderungen zu erfüllen:
Die Sehschärfe auf einem Auge muss mit oder ohne Sehhilfe mindestens 1,0 betragen.
Das Auge mit der besseren Sehschärfe darf keine fortschreitende Augenerkrankung haben.
Die campimetrische Untersuchung muss beiderseits freie Gesichtsfeldaußengrenzen und darf keine pathologischen Skotome ergeben.

Das Farbunterscheidungsvermögen ist ausreichend, wenn die Farbtafeln zweier anerkannter Systeme (Farbtafeln nach Velhagen, Ishihara oder Bostroem) oder die Farbentestscheibe Nr. 173 richtig und schnell erkannt werden. In Zweifelsfällen muss eine augenärztliche Untersuchung mit dem Anomaloskop durchgeführt werden. Ergibt diese Untersuchung keine Farbentüchtigkeit (normale Trichromasie mit einem Anomalquotienten zwischen 0,7 und 1,4), ist nur eine Grünschwäche (Deuteranomalie mit einem Anomalquotienten zwischen 1,4 und 6,0) zulässig.

Über das Vorliegen eines ausreichenden Hör-, Seh- und Farbunterscheidungsvermögens ist ein ärztliches Zeugnis vorzulegen. Das Zeugnis muss vor der Prüfung beim PA vorliegen (§ 5, Abs. 1, 2.1.3 RiVerb – Formular Anlage 4 zu den RiVerb).

Darüber hinaus dürfen keine Krankheiten oder körperlichen Mängel vorliegen, die den Bewerber als Schiffsführer untauglich erscheinen lassen. Anzeichen hierfür können sein:

Körperliche und geistige Mängel Anl. 4 RiVerb

- Anfallsleiden jeglicher Ursache
- Krankheiten jeglicher Ursache, die mit Bewusstseins- und /oder Gleichgewichtsstörungen einhergehen
- Erkrankungen oder Schäden des zentralen oder peripheren Nervensystems mit wesentlichen Funktionsstörungen, insbesondere organische Krankheiten des Gehirns oder des Rückenmarks und deren Folgezustände, funktionelle Störungen nach Schädel- oder Hirnverletzungen, Hirndurchblutungsstörungen
- Störungen oder erhebliche Beeinträchtigungen der zentralnervösen Belastbarkeit und/oder der Vigilanz
- Gemüts- und/oder Geisteskrankheiten, auch außerhalb eines akuten Schubes
- Diabetes mellitus mit nicht regulierbaren, erheblichen Schwankungen der Blutzuckerwerte
- erhebliche Störung der Drüsen mit innerer Sekretion, insbesondere der Schilddrüse, der Epithelkörperchen oder der Nebennieren
- schwere Erkrankungen der blutbildenden Systeme
- Bronchialasthma mit Anfällen
- Erkrankungen und/oder Veränderungen des Herzens und/oder des Kreislaufes mit Einschränkungen der Leistungs- bzw. Regulationsfähigkeit, Blutdruckveränderungen stärkeren Grades, Zustand nach Herzinfarkt mit erheblicher Reinfarktgefährdung
- Neigung zu Gallen- oder Nierenkoliken
- Gliedmaßenmissbildungen sowie Teilverlust von Gliedmaßen mit Beeinträchtigung der Greiffähigkeit und/oder der Stand- bzw. Gangsicherheit
- Erkrankungen bzw. Unfallfolgen, die zu erheblicher Einschränkung der Beweglichkeit, Verlust oder Herabsetzung der Kraft eines für die Durchführung der Tätigkeit wichtigen Gliedes führen
- chronischer Alkoholmissbrauch bzw. Alkoholkrankheit, Betäubungsmittelsucht und/oder andere Suchtformen

Wenn die mit der mangelnden Tauglichkeit verbundenen Gefahren nicht durch Auflagen (Hilfsmittel, technische Spezialvorrichtungen, bestimmtes Verhalten) ausgeglichen werden können, so kann der Bewerber nicht zur Prüfung zugelassen werden. In Zweifelsfällen, z.B. bei Querschnittslähmung, ist der Bewerber unter Vorbehalt zur Prüfung zuzulassen und die körperliche Tauglichkeit anschließend erst im Rahmen der praktischen Prüfung festzustellen (§ 5, 2.1.3 RiVerb).

1.3 Unter welchen Auflagen können Bewerber mit beschränkter Tauglichkeit zugelassen werden?

Bewerbern, die bedingt tauglich sind, kann die Fahrerlaubnis unter Auflagen erteilt werden, die im Sportbootführerschein eingetragen werden (§ 5 Abs. 3).

Wird von einem Bewerber die erforderliche Sehschärfe nur mit Sehhilfe erreicht, so wird ihm die Auflage erteilt, eine gegen Verlust besonders gesicherte Brille oder andere Sehhilfe bei der Führung des Sportbootes ständig zu tragen und – ausgenommen bei der Führung eines Segelsurfbrettes – eine Ersatzsehhilfe mitzuführen. Zusätzlich ist der Führerschein des Bewerbers mit einem Stempel folgenden Inhalts zu versehen:

Brille mit Sicherung oder andere Sehhilfe ist zu tragen; Ersatz ist mitzuführen

(§ 5, 4.2.1 RiVerb).

Wenn ein Bewerber die Anforderungen an das Hörvermögen nicht erfüllt, ist ein Ausgleich durch eine Hörhilfe in der Regel nicht zulässig. Dem Bewerber kann aber die Auflage erteilt werden, eine zweite Person an Bord mitzunehmen. Zusätzlich ist der Führerschein des betreffenden Bewerbers mit einem Stempel folgenden Inhalts zu versehen:

Zweite Person mit ausreichendem Hörvermögen muss an Bord sein

(§ 5 Abs. 3, 4.2.2 RiVerb).

Eine Hörhilfe kann zugelassen werden, wenn nachgewiesen ist, dass sie die Frequenzbereiche von 500, 1000 und 2000 Hertz/40 Dezibel abdeckt und den Raumklang ausreichend wiedergibt. Der Führerschein des Bewerbers ist mit einem Stempel folgenden Inhalts zu versehen:

Hörhilfe ist zu tragen

(§ 5, 4.2.2 RiVerb).

Andere technische Hilfsmittel können zugelassen werden, wenn nachgewiesen ist, dass die mit dem Mangel der Hörfähigkeit verbundene Verkehrsschwäche ausgeglichen wird (§ 5 Abs. 3,4.2.2 RiVerb).
Werden beim Hör- und Sehvermögen nur die Mindestanforderungen nach Anlage 4 (s. S. 32) oder die Ausnahmebestimmungen nach Anlage 4 erfüllt, so wird die Auflage erteilt, durch eine im Abstand von 2 Jahren durchzuführende fachärztliche Wiederholungsuntersuchung nachzuweisen, dass die Mindestvoraussetzungen noch vorliegen. Die Frist kann auf Vorschlag des Augenarztes bis auf 4 Jahre verlängert oder bis auf 1 Jahr verkürzt werden.

Der Führerschein des Bewerbers ist dann mit einem Stempel folgenden Inhalts zu versehen:

Wiederholungsuntersuchung im ...
(Monat/Jahr)

Erreicht der Bewerber nur die Mindestvoraussetzungen für das Sehvermögen, ist der Führerschein mit einem Stempel folgenden Inhalts zu versehen:

Darf keine Wasserskiläufer ziehen

(§ 5, 4.2.3 RiVerb).

Leidet ein Bewerber unter Krankheiten oder körperlichen Mängeln nach Anlage 4, die Bedenken gegen die Tauglichkeit begründen, die Tauglichkeit aber nicht ausschließen, ist ihm die Auflage zu erteilen, durch eine im Abstand von zwei Jahren durchzuführende ärztliche Wiederholungsuntersuchung nachzuweisen, dass die Voraussetzungen für die Tauglichkeit noch vorliegen. Die Frist kann auf Vorschlag des Arztes verkürzt werden.

Leidet der Bewerber unter körperlichen Mängeln, bei denen die mit ihnen verbundenen Gefahren durch bestimmte Vorrichtungen oder bestimmtes Verhalten ausgeglichen werden können, ist ihm die Auflage zu erteilen, dass er ein Sportboot nur unter Benutzung der genau bezeichneten Vorrichtung oder unter Beachtung des genau vorgeschriebenen Verhaltens führen darf (2.1.3, 4.2.3 RiVerb).

1.4 Wann besitzt ein Bewerber die erforderliche Zuverlässigkeit zum Führen eines Sportbootes?

Tatsachen, die Zweifel an der Zuverlässigkeit begründen können und bei der Beurteilung eines Führungszeugnisses zu berücksichtigen sind, sind insbesondere:

- rechtskräftige Bestrafung wegen Gefährdung des Schiffsverkehrs,
- wiederholte mit Geldbuße geahndete Zuwiderhandlungen gegen schifffahrtspolizeiliche Vorschriften,
- rechtskräftige Bestrafung wegen Verstoßes gegen andere Verkehrsstraftatbestände,
- im Einzelfall rechtskräftige Bestrafung wegen Verstoßes gegen andere Straftatbestände oder wiederholte mit Geldbuße geahndete erhebliche Zuwiderhandlungen gegen andere verkehrsrechtliche Vorschriften, soweit daraus ein Rückschluss auf das künftige Verhalten des Antragstellers im Schiffsverkehr zu ziehen ist,
- Kenntnis von der Teilnahme am Verkehr unter erheblicher Wirkung alkoholischer Getränke oder anderer berauschender Mittel auch ohne (abgeschlossenes) Straf- oder Bußgeldverfahren, sofern der Antragsteller nicht suchtkrank und deshalb untauglich ist (RiVerb 2.1.4).

1.5 Wie und wo ist der Antrag auf Zulassung zur Prüfung und Erteilung der Fahrerlaubnis zu stellen?

Die Zulassung zur Prüfung erfolgt nur auf Antrag bei einem der Prüfungsausschüsse des DMYV oder DSV (§§ 6 Abs. 1, 11 Abs. 2; vgl. Antragsformular Anlage 3 RiVerb).

Der Antrag ist schriftlich an den vom Bewerber ausgewählten PA – Zusammenstellung der PA vgl. Anhang – zu richten. Dem Antrag sind beizufügen (§ 6 Abs. 2 und 3, 2.1.1 RiVerb):

- ein neueres Lichtbild (38 x 45 mm), ohne Kopfbedeckung im Halbprofil,
- ein ärztliches Zeugnis über die Tauglichkeit (Formular) – nicht älter als 12 Monate –,
- die Fotokopie eines gültigen Kraftfahrzeug-Führerscheins, wenn spätestens bei der Prüfung das Original des Führerscheins oder eine beglaubigte Kopie (nicht älter als 6 Monate) vorgelegt wird oder,
- auf Verlangen des PA ein Führungszeugnis nach den Vorschriften des BZRG – nicht älter als 6 Monate –,
- wenn der Bewerber keinen Kfz-Führerschein besitzt, ein Führungszeugnis für Behörden nach den §§ 31, 30 Abs. 5 BZRG, (nicht älter als 6 Monate),
- die Erklärung auf dem Antrag, ob dem Bewerber der Sportbootführerschein – See oder – Binnen bereits einmal entzogen worden ist,
- der Nachweis über die Bezahlung der Prüfungsgebühren.

2. Wann und durch wen erfolgt die Zulassung zur Prüfung

Die Vorsitzenden der PAs des DMYV und des DSV entscheiden über Anträge auf Zulassung zur Prüfung, wenn alle Unterlagen vorliegen (§ 6 Abs. 4,2.1.1 RiVerb).

Der Bewerber kann auch zur Prüfung zugelassen werden, wenn das verlangte Führungszeugnis noch nicht vorliegt, aber die Beantragung nachgewiesen ist. In diesem Fall erhält der Bewerber nach bestandener Prüfung die Fahrerlaubnis durch den Sportbootführerschein–Binnen erst, wenn das Führungszeugnis eingegangen ist und keinen Anlass zu Zweifeln an der Zuverlässigkeit erkennen lässt.

Der Vorsitzende des PA hat bei jedem Antrag zu prüfen, ob die Zulassungsvoraussetzungen gegeben und Fristen einzuhalten sind, die eine Zulassung verhindern (§ 7 Abs. 4 S, 2, 2.2 RiVerb). Bei Zweifeln hinsichtlich der körperlichen Tauglichkeit kann der Vorsitzende des PA zusätzlich die Vorlage eines fach- oder hilfsweise amtsärztlichen Zeugnisses anfordern (§ 5 Abs. 2 S. 2).

Sind Zweifel an der geistigen Tauglichkeit des Bewerbers oder aufgrund seines bisherigen Verhaltens im Verkehr begründet, kann der Vorsitzende die Vorlage eines Zeugnisses eines medizinisch-psychologischen Institutes oder eines sonstigen fach- oder amtsärztlichen Zeugnisses anfordern.

Eine förmliche Zulassung ist nicht erforderlich. Sie kann auch gegen die Ladung zur Prüfung erfolgen (2.2 RiVerb).

3. Wie kann man sich gegen die Nichtzulassung rechtlich wehren?

Ist die Zulassung zur Prüfung zu versagen, hat der Vorsitzende dem Bewerber einen schriftlichen Bescheid mit Gründen, Kostenentscheidung und Rechtsbehelfsbelehrung zu erteilen (§§ 37–39, 41 Verwaltungsverfahrensgesetz – Anlage 8 R Verb). Dieser Bescheid ist ein Verwaltungsakt, der im Widerspruchsverfahren und vor den Verwaltungsgerichten angefochten werden kann (2.2 RiVerb)
Legt der Betroffene Widerspruch gegen eine Entscheidung des PA ein, haben die beauftragten Verbände die Entscheidung zu überprüfen. Halten sie den Widerspruch für begründet, helfen sie ihm ab, d h. sie ändern die Entscheidung des PA im gewünschten Sinne ab, indem der Ablehnungsbescheid aufgehoben und der Bewerber zur Prüfung zugelassen wird. Halten die Verbände den Widerspruch nicht für begründet, erlassen sie einen Widerspruchsbescheid mit Begründung, Kostenrechnung und Rechtsbehelfsbelehrung (2.3 – Formular Anlage 5 RiVerb).

IV. Erwerb der erforderlichen Befähigung

1. Wer bildet aus?

Die Ausbildung der Bewerber ist gesetzlich nicht geregelt. Es bleibt dem Bewerber überlassen, wie er sich die erforderlichen Kenntnisse aneignet. Nach den bisherigen Erfahrungen erfolgt die Ausbildung durch Selbstvorbereitung neben der Ausbildung in Ausbildungsstätten der beiden Wassersportverbände (DMYV, DSV) und in privaten, gewerblichen Einrichtungen (Schulen).

Dafür steht dem Bewerber mit dem vorliegenden Werk ein übersichtlicher und klarer Ausbildungsleitfaden zur Verfügung, der ihm das für die Prüfung erforderliche Wissen vermittelt und auf den er sich verlassen kann. Dies ist deshalb von Bedeutung, da eine Berufung auf fehlende Grundlagen oder auf unrichtiges Ausbildungsmaterial in der Prüfung nicht möglich ist.

2. Wo gibt es Ausbildungsstätten?

Da die Durchführung von Ausbildungskursen amtlich nicht geregelt ist, kann ein umfassender Überblick über die einzelnen Ausbildungstätten nicht gegeben werden. Einen gewissen Hinweis geben aber die Verzeichnisse der von den Verbänden (DMYV, DSV) anerkannten Ausbildungsstätten, die jährlich auf den neuesten Stand gebracht werden (vgl. z. B. das „Handbuch für den Wassersport“ des DMYV, das alle zwei Jahre erscheint und beim DMYV bezogen werden kann; vgl. Seite 204).

Welche Kenntnisse sich der Bewerber über das für die Führerscheinprüfung erforderliche Wissen hinaus freiwillig aneignet, um sich oder sein wertvolles Fahrzeug zu schützen, bleibt ihm überlassen.

Er sollte sich hierbei bewusst sein, dass es sich bei den vorgeschriebenen Kenntnissen nur um ein Mindestwissen handelt, das ihn in die Lage versetzen soll, sich richtig im Verkehr zu verhalten.

Der größte Teil der Bewerber bereitet sich jedoch nicht im Selbststudium vor, sondern lässt sich in den vielen Ausbildungseinrichtungen das erforderliche Wissen vermitteln. Was die Qualität der verschiedenen Ausbildungseinrichtungen betrifft, so muss der Bewerber selbst darauf achten, ob die Ausbilder geeignet und befähigt sind, das vorgeschriebene Wissen zu vermitteln.

V. Die Durchführung der Prüfung

1. Wer prüft?

Die Prüfung wird von den PAs abgenommen, die von den beauftragen Verbänden gebildet werden (§§ 6, 7). Die Prüfungsausschüsse des DMYV und des DSV sind in Anhang 2 und 3 genannt.

Die Prüfung wird von einer Kommission abgenommen, die aus einem Vorsitzenden und zwei Beisitzern der beiden Verbände besteht, die von den beiden Verbänden bestellt werden. Die Kommission darf nicht mehrheitlich mit an der Ausbildung der Bewerber beteiligten Prüfern besetzt werden (§ 7 Abs. 2, 3.2.1 RiVerb).

2. Wo wird geprüft?

Der Ort und der Zeitpunkt der Prüfung werden von dem Vorsitzenden des PA festgelegt, bei dem der Bewerber den Antrag zur Prüfung gestellt hat. Prüfungsorte und -termine sind unter Beachtung des Grundsatzes der Wirtschaftlichkeit zu bestimmen (§ 7 BHO, 3.2.2 RiVerb).

3. Wie wird geprüft?

Der PA beschließt mit Stimmenmehrheit (§ 7 Abs. 2). Der Vorsitzende hat dafür zu sorgen, dass die Prüfung an einem geeigneten Ort durchgeführt wird, der sowohl genügend große und geeignete Räume als auch ein geeignetes Gewässer und einen Bootsanleger für die praktische Prüfung aufweisen muss (3.2.2 RiVerb).

3.1 Vorbereitung zur Prüfung

Die Prüfungsteilnehmer sind schriftlich zu laden – Formular Anlage 6 RiVerb –. Mit der Ladung ist auf die Kostenfolge im Falle eines unentschuldigten Fernbleibens hinzuweisen (7.1.6 RiVerb).

Der Bewerber kann auf die Einhaltung einer Ladungsfrist und auf die Schriftform verzichten. Mit seiner Zustimmung kann die Ladung auch an die Ausbildungsstätte gerichtet werden, was der Bewerber bereits im Antragsformular erklären kann. Die Zahl der Bewerber sollte 40 Personen nicht überschreiten (3.2.2 RiVerb).

Wird die Prüfung aus wichtigem Grund nicht an einem Tag abgeschlossen, muss der fehlende Prüfungsteil spätestens innerhalb eines Jahres nachgeholt werden.

3.2 Welche Kenntnisse müssen in der theoretischen Prüfung nachgewiesen werden?

Die theoretische Prüfung soll zeigen, ob der Bewerber über ausreichende Kenntnisse der für das Führen eines Sportbootes der jeweiligen Antriebskraft maßgebenden schifffahrtspolizeilichen Vorschriften verfügt und ob er die zu seiner sicheren Führung erforderlichen nautischen und technischen Kenntnisse hat (§ 7 Abs. 1,3.1.1 RiVerb). Der Inhalt der theoretischen Prüfung ergibt sich aus der folgenden Tabelle. Die Antriebsarten der in Frage kommenden Sportboote sind Grundlage für die Gestaltung der Prüfungsanforderungen, die Inhalt der Prüfung sind. Der Teil A (Allgemeiner Teil) gilt für alle Arten der fahrerlaubnispflichtigen Sportboote und ist auch für Surfer mit bestimmten Erleichterungen – Fragen sind mit einem Stern gekennzeichnet – anzuwenden. Die Teile B, C und D betreffen die speziellen Antriebsarten wie Motor (Antriebsmaschine), Segeln und Surfen. Hinzuweisen ist jedoch darauf, dass der Sportbootführerschein – Binnen für Motorboote von weniger als 3,69 kW, für Segelboote und für Surfer nur auf den Gewässern im Großraum Berlin erforderlich ist.

Aus diesem Aufbau des Prüfungsstoffes ergeben sich die nachfolgenden Prüfungsmöglichkeiten:

Inhalt der Prüfung			
Allgemeiner Teil alle Antriebsarten Surfer nur teilweise (Teil A)	Besonderer Teil		
	mit Antriebsmaschine (Teil B)	Segeln (Teil C)*	Surfen (Teil D)*
● **Maßgebende schifffahrtspolizeiliche Vorschriften,** insbesondere Binnenschifffahrtsstraßen-Ordnung einschließlich Ergänzungs- und Anwendungsverordnung (Berlin), Rhein-, Mosel- und Donauschifffahrtspolizeiverordnung, örtliche Sondervorschriften und Schifffahrtszeichen. ● **Wetterkunde** Kenntnisse über Gebrauch des Barometers, unsichtiges Wetter, Fronten, Gewitter, Wind, Wasserstände. ● **Seemannschaft** Umweltschutz („10 Goldene Regeln für das Verhalten von Wassersportlern in der Natur"), Behandlung von Tauwerk und Beherrschung der wichtigsten Knoten: Achtknoten, zwei halbe Schläge, Kreuzknoten, einfacher Schotstek, doppelter Schotstek, Palstek, Stopperstek, Slipstek, Webeleinenstek, Kopfschlag, Belegen einer Klampe.	● **Fahrzeugkunde** Gleiter, Verdränger, Sog und Wellenschlag, Bauart der Antriebsmaschine (Inbord/Außenbord), Z-Antrieb, Wellenantrieb, Wendegetriebe, Propeller (Schraube), Drehrichtung und Ruderwirkung; Grundkenntnisse über: Wirkungsweise von Schmierstoff- und Kühlkreislauf und deren Überwachung; Bedeutung von elektrischen Schaltern; Sicherheitsmaßnahmen beim Tanken; Pflege und Wartung von Batterien; Maßnahmen bei Öl- und Kraftstoff-Leckagen; Brandbekämpfung, Feuerlöscher und deren Pflege und Wartung. ● **Fahrzeugführung** Steuern nach Schifffahrtszeichen und anderen Objekten oder nach Kompass; Manövrieren: Ablegen, Anlegen, Begegnen, Festmachen, Wenden auf engem Raum, „Mann-über-Bord"-Manöver mithilfe eines treibenden Gegenstandes, Rückwärtsfahrt, Ankermanöver, Verhalten beim Anlaufen von Häfen, Verhalten bei der Fahrt im Strom. ● **Verhalten in besonderen Situationen:** beim Fahren im Schlepp, im Bereich von Sperrwerken und Schleusen. ● **Verhalten gegenüber großen Schiffen**	● **Fahrzeugkunde** Bau und Ausrüstung von Segelbooten, gebräuchlichste Segelbootarten, Bauweise der Segelboote, Takelung und Segelgrundkenntnisse. ● **Segeltheorie,** insbesondere Segelstellungen und Wirkungsweisen des Windes. ● **Fahrzeugführung** Segelkommandos, Segelklarmachen, Segelsetzen, Segelbergen, Reffen und Ausreffen; Steuern nach Schifffahrtszeichen und anderen Objekten oder nach Kompass. Manövrieren: An- und Ablegen, Festmachen, an die Boje gehen bzw. von der Boje gehen. Abfallen und Anluven, Wenden und Halsen, Ankermanöver, „Mann-über-Bord"-Manöver mit Hilfe eines treibenden Gegenstandes. ● **Verhalten in besonderen Situationen:** beim Fahren im Schlepp, im Bereich von Brücken, Sperrwerken und Schleusen. ● **Verhalten gegenüber großen Schiffen**	● **Fahrzeugkunde** Bau und Ausrüstung von Segelsurfbrettern, gebräuchlichste Bretttypen. Grundkenntnisse über Rigg, Segel und Surfbekleidung. ● **Segelsurftheorie** Kenntnisse über Segelsurftheorie, insbesondere über Segelstellungen und Wirkungsweisen des Windes sowie Segelsteuerungen. ● **Fahrzeugführung** Auf- und Abriggen, Schotstart, Abfallen, Anluven, Wenden, Halsen und Notstopp. ● **Verhalten in besonderen und Notsituationen** beim Fahren im Schlepp, bergungsfähiges Zusammenlegen des Riggs. ● **Verhalten gegenüber großen Schiffen**

* vgl. I.5 (Pflicht nur im Land Berlin)

3.3 Wie wird die theoretische Prüfung durchgeführt?

Die theoretische Prüfung ist grundsätzlich schriftlich durchzuführen; eine mündliche Prüfung kann erfolgen. Jedem Bewerber ist ein Fragebogen zur schriftlichen Beantwortung vorzulegen. Gegenstand einer mündlichen Prüfung ist nur der von den beauftragten Verbänden in dem Fragenkatalog festgelegte Prüfungsstoff. Es sollen keine Fragen gestellt werden, die in der schriftlichen Prüfung nicht richtig beantwortet worden sind.

Die Verbände haben Sorge dafür zu tragen, dass die Prüfungszeiten einheitlich festgelegt werden. Hilfsmittel (Bücher, Ausarbeitungen usw.) dürfen bei der Beantwortung der Fragebogen nicht verwendet werden. Die Verwendung solcher Hilfsmittel oder die Durchführung sonstiger Schwindelmanöver stellen einen Täuschungsversuch dar und führen zum Ausschluss des Bewerbers von der Prüfung: Die Prüfung gilt dann als nicht bestanden. Der Vorsitzende hat daher vor Beginn der Prüfung die Bewerber über die Folgen eines solchen Täuschungsversuchs zu belehren. Die Prüfung ist von mindestens einem – an der Ausbildung nicht beteiligten – Mitglied der Prüfungskommission zu beaufsichtigen (3.2.3.1 RiVerb).

Die Fragen sind dem vom DMYV und vom DSV gemeinsam erarbeiteten und herausgegebenen Katalog entnommen und je nach ihrem Schwierigkeitsgrad mit jeweils ● oder ●● oder ●●● Punkten bewertet. Die ebenfalls in diesem Katalog enthaltenen Antworten sind Empfehlungen an die Prüfer. Sie sind Modellantworten für die Bewertung der von den Bewerbern gegebenen Antworten und sollen einen einheitlichen Prüfungsmaßstab gewährleisten. Die Antwort braucht daher nicht wörtlich mit der gegebenen Antwort übereinzustimmen. Die Bewertung der Beantwortung richtet sich danach, in welchem Umfang die gegebenen Antworten mit dem sachlichen Inhalt der Modellantwort übereinstimmt (3.2.3.1 RiVerb).

3.4 Welche Fähigkeiten müssen in der praktischen Prüfung nachgewiesen werden?

Der PA hat sich in der praktischen Prüfung davon zu überzeugen, ob der Bewerber zur praktischen Anwendung der zur sicheren Führung eines Sportbootes erforderlichen Kenntnisse fähig ist (3.2.3.2 RiVerb).

Es sollten mindestens die folgenden Grundkenntnisse in der Praxis beherrscht werden:

- Steuern nach Schifffahrtszeichen und anderen Objekten oder nach Kompass
- Manövrieren (Ablegen, Anlegen, Festmachen, Wenden auf engem Raum, „Mann-über-Bord"-Manöver mithilfe eines treibenden Gegenstandes)
- Wichtige Knoten (Achtknoten, halber Schlag, zwei halbe Schläge, Kreuzknoten, einfacher Schotstek, doppelter Schotstek, Palstek, Stopperstek, Slipstek, Webeleinenstek, Belegen von Enden)
- Anlegen einer Rettungsweste

3.5 Wie wird die praktische Prüfung durchgeführt?

Die praktische Prüfung kann zunächst von nur einem Prüfer durchgeführt werden, der nicht an der Ausbildung des Bewerbers beteiligt gewesen sein darf. Dieser hat sodann den anderen Prüfern Bericht über den Verlauf des begutachteten Prüfungsteils zu erstatten und einen Bewertungsvorschlag zu unterbreiten. Halten die übrigen Mitglieder die vorgeschlagene Bewertung nach dem Verlauf der bisherigen Prüfung für zutreffend, schließen sie sich dem Vorschlag ohne Fortsetzung der praktischen Prüfung an. Bestehen Zweifel an dem Entscheidungsvorschlag, ist die Prüfung fortzusetzen.

Für die praktische Prüfung soll ein Gewässer gewählt werden, das entweder eine Binnenschifffahrtsstraße ist oder wenigstens in etwa vergleichbare Verhältnisse aufweist. Für die praktische Prüfung unter Maschinenantrieb hat der Bewerber ein Sportboot mit mehr als 3,68 kW Nutzleistung zu stellen (3.2.3.2 RiVerb).

Die Prüfungskommission kann ein Sportboot ablehnen, wenn es nicht verkehrssicher oder aufgrund seiner Bauart, Größe und Tragfähigkeit für die Durchführung der Prüfung ungeeignet ist (§7 Abs. 3). Auf dem Sportboot müssen ein Anker mit ausreichender Leine oder Kette, ein Bootshaken, ein Rettungsring, ein Feuerlöscher und gegebenenfalls zwei Stechpaddel sowie für jede an Bord befindliche Person eine zugelassene Rettungsweste vorhanden sein.

Während der Prüfungsfahrt haben anleitende oder unterstützende Maßnahmen, die dem Zweck der Prüfung zuwiderlaufen, zu unterbleiben. Ergibt die praktische

Prüfung, dass der Bewerber die vorgeschriebenen Manöver und Tätigkeiten nicht beherrscht oder die Vorschriften nicht anwenden kann, so gilt die Prüfung als nicht bestanden.

Rudergänger im Sinne des § 1.09 BinSchStrO, Rhein/MoselSchPV bleibt der Schiffsführer, der ebenso wie der Prüfer die Tätigkeit des Prüflings überwacht und sich in unmittelbarer Nähe des Ruders aufhält, sodass er jederzeit in der Lage ist, das Ruder selbst zu übernehmen und notwendige Anweisungen zu geben. Den Kurs des Bootes bestimmt der Prüfer, der dem Prüfling im Einzelnen die auszuführenden Manöver aufgibt (3.2.3.2 RiVerb).

3.6 Wann kann auf die praktische Prüfung verzichtet oder hiervon befreit werden?

Auf die praktische Prüfung kann verzichtet werden, wenn der Bewerber die erforderlichen Kenntnisse und Fähigkeiten für die sichere Führung eines Sportbootes mit Maschinenantrieb auf den Binnenschifffahrtsstraßen in einer anderen amtlichen Prüfung nachgewiesen hat. Eine Fotokopie dieses Befähigungszeugnisses ist zu den Unterlagen zu nehmen. Solche Zeugnisse, sofern sie nach dem 31. 3. 1978 – im Land Berlin bis zum Inkrafttreten der SportbootFüV – Bin – erteilt worden sind, sind:

- Sportbootführerschein – See
- Amtlicher Berechtigungsschein zum Führen eines mit Antriebsmaschine ausgerüsteten Dienstfahrzeugs auf den Seeschifffahrtsstraßen nach der vom Bundesministerium für Verkehr, Bau- und Wohnungswesen herausgegebener Liste
- Befähigungszeugnis der Gruppen A und B der SBAO vom 19. August 1970
- Befähigungszeugnis nach der Schiffsoffiziersausbildungsverordnung vom 11. Februar 1985 (§ 7 Abs. 5, 3.2.3.3 RiVerb)

Inhaber eines nach der Resolution Nr. 40 ECE ordnungsgemäß ausgestellten Internationalen Zertifikats sind beim Erwerb einer Fahrerlaubnis vom praktischen Teil der Prüfung für die jeweilige Antriebsart befreit (vgl. I Nr. 2).

3.7 Wie wird das Ergebnis der Prüfung festgestellt?

Die Prüfung ist so lange durchzuführen, bis sich die Prüfer ein ausreichendes Urteil gebildet haben (3.2.1). Der Bewerber hat die Prüfung nur bestanden, wenn er die erforderlichen Kenntnisse und Fähigkeiten durch die theoretische und praktische Prüfung nachgewiesen hat. Der Prüfungsausschuss beschließt mit Stimmenmehrheit. Über den Prüfungsverlauf ist für jeden Bewerber eine Ergebnisniederschrift zu erstellen (§ 7 Abs. 2, 3.2.3.4 – Anlage 7).

VI. Ausübung der Fachaufsicht über die beauftragten Sportbootverbände

Die den beiden Sportverbänden übertragenen Hoheitsaufgaben verpflichten den Staat als Auftraggeber, diese Tätigkeiten zu beaufsichtigen (§ 11 Abs. 1). Die Fach- und Rechtsaufsicht hat sich dabei sowohl auf die Gesetzmäßigkeit als auch auf die Zweckmäßigkeit der Ausübung der Hoheitsbefugnisse zu erstrecken.

1. Welche Behörden sind zuständig?

Der DMYV und der DSV unterliegen der Fach- und Rechtsaufsicht durch das Bundesministerium für Verkehr, Bau- und Wohnungswesen. Die Aufsicht erstreckt sich insbesondere auf die einheitliche und gleichmäßige Durchführung des den Verbänden erteilten Auftrags. Dazu gehört auch die stichprobenartige Kontrolle von einzelnen Prüfungen (§ 11 Abs. 1, 8).

2. Welchen Umfang hat die Fachaufsicht?

Grundsätzlich haben die Organe der Fachaufsicht darauf zu achten, dass die Richtlinien eingehalten werden. Sie haben insbesondere darauf zu achten, dass bei der Prüfung niemand, insbesondere wegen der Zugehörigkeit oder Nichtzugehörigkeit zu einem Verein, bevorzugt oder benachteiligt wird (3.2.1 RiVerb).

3. Wer führt die Aufsicht bei Prüfungen außerhalb des Geltungsbereichs des SportbootFüV–Bin?

Sofern die beauftragten Verbände Prüfungen außerhalb des Geltungsbereichs der SportbootFüV–Bin abnehmen, sind die Prüfungstermine so rechtzeitig bekannt zu geben, dass auch dort im Einzelfall die unangemeldete Teilnahme an der Prüfung durch die Aufsichtsbehörden möglich ist.

Die in Betracht kommenden Prüfungsorte, die nur das europäische Ausland und Mittelmeeranliegerstaaten erfassen dürfen, sind mit dem BMVBW abzustimmen. Es muss aber sichergestellt sein, dass die Erteilung der Fahrerlaubnis und die Ausstellung des Sportbootführerscheins – Binnen ausschließlich im Geltungsbereich der Verordnung erfolgen (§ 8 Abs. 2).

VII. Verwaltungsmaßnahmen nach Abschluss der Prüfung

1. Wann und wie wird der Sportbootführerschein ausgestellt?

Nach bestandener Prüfung ist dem Bewerber die vom Vorsitzenden oder seinem Stellvertreter unterschriebene Fahrerlaubnis auszuhändigen oder auf dessen Wunsch mit Einschreiben zuzustellen. Besteht ein Bewerber die Prüfung nicht, so hat ihm der Vorsitzende das Ergebnis mündlich mitzuteilen und zusätzlich eine schriftliche Rechtsbehelfsbelehrung zu erteilen (4.1 – Anlage 8 RiVerb).

2. Wann ist der Sportbootführerschein – Binnen unter Auflagen zu erteilen, wie werden die Auflagen überwacht, wann kann er entzogen werden und wann ruht die Fahrerlaubnis?

Bewerbern, die beschränkt tauglich sind, kann die Fahrerlaubnis unter Auflagen erteilt werden, soweit dadurch die mit der mangelnden Eignung verbundenen Gefahren durch den Bewerber ausgeglichen werden können (§ 5 Abs. 3, 4.2.4 RiVerb).

Neben der Eintragung im Führerschein (vgl. Abschnitt III 1.3) werden die Auflagen vom PA dem Führerscheininhaber durch einen schriftlichen Bescheid mit Rechtsmittelbelehrung mitgeteilt. Die Erteilung der Auflagen ist ein selbstständiger Verwaltungsakt, der unabhängig von der Fahrerlaubnis angefochten werden kann. Für die nachträgliche Erteilung der Auflagen oder die Neuerteilung der Auflagen sind der DMYV und der DSV zuständig. Wird aufgrund einer Wiederholungsuntersuchung, einer polizeilichen Kontrolle oder auf andere Weise festgestellt, dass Anlass zu der Annahme besteht, dass neben dem Erwerb der Fahrerlaubnis eine Beschränkung der körperlichen oder geistigen Tauglichkeit eingetreten oder dass eine angeordnete Wiederholungsuntersuchung nicht durchgeführt worden ist, ist der Führerscheininhaber von den beauftragten Verbänden aufzufordern, sich innerhalb einer angemessenen Frist zur Überprüfung seiner Tauglichkeit einer fachärztlichen Untersuchung zu unterziehen und ein Zeugnis vorzulegen.

Erweist sich der Inhaber der Fahrerlaubnis zum Führen von Sportbooten als untauglich oder unzuverlässig, ist ihm die Fahrerlaubnis zu entziehen (vgl. § 10).

Die zuständige Behörde kann unter bestimmten Voraussetzungen das Ruhen der Fahrerlaubnis befristet oder unbefristet anordnen, bis bestimmte Anforderungen erfüllt sind (vgl. § 10a). Sind dringende Gründe für die Annahme vorhanden, dass eine Erlaubnis entzogen oder das Ruhen der Fahrerlaubnis angeordnet wird, so kann der Sportbootführerschein – Binnen oder ein anderes Befähigungszeugnis vorläufig sichergestellt werden (vgl. § 10b).

3. Wie kann man sich gegen das Nichtbestehen der Prüfung rechtlich wehren?

Erteilung und Nichterteilung der Fahrerlaubnis sind Verwaltungsakte. Sie können nach Durchführung eines Vorverfahrens (Widerspruchsverfahren) vor den Verwaltungsgerichten angefochten werden (§§ 40, 42 VwGO).

Legt ein Betroffener Widerspruch gegen die Nichterteilung einer Fahrerlaubnis ein, haben die beauftragten Verbände die Entscheidung zu überprüfen. Halten sie den Widerspruch für begründet, helfen sie dem Widerspruch ab mit der Folge, dass der Führerschein erteilt wird. Halten sie den Widerspruch nicht für begründet, erlässt der DMYV oder der DSV einen Widerspruchsbescheid mit Kostenrechnung und Rechtsbehelfsbelehrung (2.3, Anlage 5 RiVerb). Für diese Maßnahmen sind die beauftragten Verbände deshalb selbst zuständig, da die nächst höhere Behörde, nämlich das BVMBW, oberste Bundesbehörde ist (§ 73, Abs. 1, Nr. 2 VwGO). Das vorstehende Verfahren gilt auch dann, wenn die Ausstellung eines Sportbootführerscheins ohne Prüfung verweigert wird (vgl. Abschn. VIII).

Der DMYV und der DSV haben durch geeignete Maßnahmen sicherzustellen, dass das bei allen Widerspruchsentscheidungen auszuübende Ermessen oder die Ausfüllung bestehender Beurteilungsspielräume nach einer einheitlichen Verwaltungspraxis erfolgt. Bei Widersprüchen grundsätzlicher Bedeutung ist die Entscheidung im gegenseitigen Einvernehmen zu treffen (2.3 Abs. 2 RiVerb).

4. Welche Kosten werden für die einzelnen Amtshandlungen erhoben?

Die Kosten sollen den Aufwand der Verwaltung, einschließlich der beauftragten Verbände, decken (Kostendeckungsprinzip). Zusätzlich zu den Kosten wird die gesetzlich vorgeschriebene Mehrwertsteuer erhoben. Der Bundesanteil, der den Aufwand der Verwaltung abdecken soll, ist nicht mehrwertsteuerpflichtig (7.1 RiVerb).

Reisekosten sind nach den Vorschriften des Bundesreisekostengesetzes in jeweils gültiger Fassung für die Mitglieder des Prüfungsausschusses als Auslagen zu erheben. Dabei ist für Tages- und Übernachtungsgelder die Reisekostenstufe B zugrunde zu legen. Fahrtkosten sind bei Benutzung öffentlicher Verkehrsmittel in tatsächlich entstandener Höhe, bei Benutzung privater Kraftfahrzeuge nur nach Maßgabe des § 6 BRKG erstattungsfähig. Im Interesse der Bewerber wird darauf zu achten sein, dass die Prüfungen nicht ohne genügenden sachlichen Grund und gegen das Interesse der Bewerber an anderen Orten stattfinden. Reisekosten sind anteilig auch von denjenigen Prüflingen zu zahlen, die unentschuldigt einem solchen Prüfungstermin ferngeblieben sind. Zur Zahlung von Gebühren sind sie jedoch nicht verpflichtet. Erfolgt nach erneuter Ladung wiederum keine Teilnahme, fallen zusätzliche Gebühren an.

Kosten (Gebühren und Auslagen) (§ 12)		
	Tatbestand	€
1.	Abnahme der Prüfung	38,35
2.	Abnahme nur theoretische Prüfung	19,17
	Abnahme nur praktische Prüfung	19,17
3.	Erteilung der Fahrerlaubnis und Ausstellung des Sportbootführerscheins	15,34
4.	Erteilung der Fahrerlaubnis ohne Prüfung	10,23
5.	Nachträgliche Auflagen	5,88
6.	Ablehnung eines Antrags	9,71
7.	Entziehung der Fahrerlaubnis	43,46 bis 127,82
8.	Reisekosten der Prüfer	–

5. Wie werden die Kosten erhoben?

Die Kosten werden mit Ausnahme der Kosten für die Entziehung der Fahrerlaubnis von den Prüfungsausschüssen festgesetzt und eingezogen.
Kostenschuldner ist,

- wer die Amtshandlung veranlasst oder zu wessen Gunsten sie vorgenommen wird,
- wer die Kosten durch eine vor der zuständigen Behörde abgegebene oder ihr mitgeteilte Erklärung übernommen hat (§ 13 VWKG).

Die Gebührenschuld entsteht, soweit ein Antrag notwendig ist, mit dessen Eingang, im Übrigen mit der Beendigung der gebührenpflichtigen Amtshandlung. Die Verpflichtung zur Erstattung von Auslagen entsteht mit der Aufwendung des zu erstattenden Betrages (§11 VWKG).

VIII. Ahndung von Verstößen gegen die Sportbootführerscheinverordnung – Binnen

Verstöße oder Zuwiderhandlungen gegen Vorschriften können durch Strafen oder Geldbußen geahndet werden. Die Strafbarkeit einer Tat wird im Strafgesetzbuch und in Nebenstrafgesetzen bestimmt. Die Möglichkeit, eine Zuwiderhandlung mit einer Geldbuße zu ahnden, ist im Ordnungswidrigkeitengesetz geregelt. Strafe und Ordnungswidrigkeit unterscheiden sich durch ihren Unrechtsgehalt. Straftat ist das kriminelle Unrecht, Ordnungswidrigkeit das so genannte Verwaltungsunrecht. Die Bezeichnung „Ordnungswidrigkeit" bringt zum Ausdruck, dass es sich bei diesem Unrecht um Verstöße gegen Gebots- oder Verbotsvorschriften handelt, die im Wesentlichen ordnungssetzende oder -erhaltende Bedeutung haben. Im Gegensatz dazu wird als Straftat die Verletzung von Rechtsvorschriften gewertet, die den Schutz der Grundlagen der Gesellschaftsordnung und sonstiger für das sittliche Zusammenleben von Menschen wesentlicher Rechtsgüter bezwecken.

Die Ordnungswidrigkeit ist also nicht ein Weniger gegenüber der Straftat, sondern etwas anderes. Sie ist ihrem Charakter nach keine Sühne für ein Verschulden; sie soll ausgesprochen werden, wenn der Betroffene einsichtig ist und der erzieherische Zweck dadurch erreicht wird. Sie hat keine herabsetzende Wirkung – keine Eintragung in das Strafregister – und kann nicht in eine Ersatzfreiheitsstrafe umgewandelt werden.

Demgemäß bestehen auch gegenüber der Straftat erhebliche Unterschiede in den Verfahrensvorschriften. Es werden nur Verwaltungsbehörden tätig, die im Gegensatz zu den Justizbehörden, für die grundsätzlich Strafverfolgungszwang besteht (Legalitätsprinzip), nach pflichtgemäßem Ermessen zu entscheiden haben, ob sie eine Geldbuße festsetzen wollen oder nicht (Opportunitätsprinzip). Die Grenzen des pflichtgemäßen Ermessens sind gesetzlich nicht näher bestimmt (§ 47 OWiG).

Im Hinblick darauf, dass es sich bei der Sportbootführerscheinverordnung – Binnen um polizeiliche Gebots- und Verbotsvorschriften handelt, hat der Gesetzgeber Zuwiderhandlungen dagegen als Ordnungswidrigkeiten eingestuft, die mit einem Bußgeld geahndet werden.

Ordnungswidrigkeiten (§ 13)

lfd. Nr. des Bußgeldkataloges	Tatbestand	Zuwiderhandlung gegen §§ der SportbootFüV–Bin	Betroffener	Ordnungswidrigkeit nach § 13 SportbootFüV–Bin	Verwarnungsgeld Euro	Geldbuße Euro
1	2	3	4	5	6	7
24.310000	Führen eines Sportbootes ohne die erforderliche Fahrerlaubnis	2 Abs. 1	Jedermann	Nr. 1	–	125
24.320000	Anordnen oder zulassen, dass jemand ein Fahrzeug ohne die erforderliche Fahrerlaubnis führt	2 Abs. 4 S. 1	Eigentümer	Nr. 3	–	125
24.330000	Nichtmitführen eines Befähigungsnachweises	2 Abs. 3	Schiffsführer	Nr. 2	10	50
24.340000	Verstoß gegen eine vollziehbare Auflage	5 Abs. 3 S. 1, 2, 4	Schiffsführer	Nr. 4	10	25 bis 150
24.350000	Nicht oder nicht rechtzeitig abliefern des Sportbootführerscheins	10 Abs. 3 S. 2, 3	Schiffsführer	Nr. 5	–	100
24.360000	Führen eines Sportbootes, obwohl das Ruhen der Fahrerlaubnis angeordnet ist	10a Abs. 1, auch i.V.m. Abs. 5 S. 4	Schiffsführer	Nr. 6	–	100

IX. Welche Maßnahmen erfolgen nach Ausstellung eines Sportbootführerscheins–Binnen?

1. Änderungen der Eintragungen im Führerschein, die sich im Laufe der Zeit ergeben, können von dem DMYV oder dem DSV berichtigt werden. Die Tatsache der einzutragenden Änderung hat der Inhaber des Sportbootführerscheins–Binnen durch Vorlage der Urkunde nachzuweisen (Heiratsurkunde, Bescheinigung des Einwohnermeldeamtes usw.). Kosten werden nicht erhoben. Auf Wunsch kann nach § 9 auch ein neuer Führerschein ausgestellt werden. Wenn der Führerscheininhaber die Ausstellung eines neuen Führerscheins beantragt, ist der bisherige Führerschein einzuziehen und hierfür Gebühren zu erheben (5.1 RiVerb).

2. Der DMYV und der DSV können auf Antrag Ersatzausfertigungen ausstellen, wenn der Antragsteller als Inhaber des Führerscheins anhand der Unterlagen identifiziert wird, aber nur, wenn der Führerschein unbrauchbar geworden ist oder wenn glaubhaft gemacht wird, dass er gestohlen oder verloren gegangen ist. Der Sportbootführerschein ist unbrauchbar geworden, wenn er unleserlich geworden oder teilweise beschädigt ist oder sonst als Urkunde im Rechtsverkehr nur erschwert verwendet werden kann. Ist der Sportbootführerschein gestohlen worden, hat der Antragsteller nachzuweisen, dass er den Diebstahl bei der Polizei angezeigt hat. Ist der Sportbootführerschein verloren gegangen oder sonst abhanden gekommen, hat er diese Tatsache – z. B. durch Angabe von Zeugen – glaubhaft zu machen und durch eine schriftliche Versicherung zu bestätigen (5.2 RiVerb).

3. Vom DMYV und vom DSV wird eine gemeinsame Zentralkartei über die ausgestellten Führerscheine geführt (5.3, 4.3 RiVerb). Auskünfte aus der Zentralkartei dürfen nur an das Bundesministerium für Verkehr, Bau- und Wohnungswesen, an die Wasser- und Schifffahrtsdirektionen, an Gerichte, Seeämter, Staatsanwaltschaften und Polizeibehörden erteilt werden, soweit dies im öffentlichen Interesse liegt und gesetzliche Vorschriften dem nicht entgegenstehen. Der DMYV und der DSV sind gegenüber den genannten Stellen nicht nur zur Auskunftserteilung berechtigt, sondern auch verpflichtet. Die Erteilung von Auskünften an nicht genannte Behörden ist ausgeschlossen, auch wenn sie dort amtlichen Zwecken dienen sollten (5.4 RiVerb).

X. Ausstellung eines Sportbootführerscheins ohne Prüfung

Gegen Vorlage eines der folgenden Befähigungszeugnisse, Berechtigungsscheine, Prüfungszeugnisse oder Führerscheine wird dem Inhaber auf Antrag ohne Ablegung einer Prüfung eine Fahrerlaubnis erteilt und ein Sportbootführerschein–Binnen ausgestellt, sofern die allgemeinen Anforderungen nach § 5 Abs. 1 Nr. 1–3 vorliegen (§8, RiVerb 6):

Übersicht über die Befähigungsnachweise, die aufgrund landesrechtlicher Vorschriften erteilt werden und bei denen der Befähigungsnachweis als erbracht gilt (§ 3 Abs. 3 Nr. 1a)

Land	Bereich	Umfang	Anerkennung als Sportbootführerschein–Binnen
Baden Württemberg	1. Bodensee (GBl. 1976, S. 257)	eigenes Patent; Patentpflicht für Boote mit Maschinenleistung > 6 PS (4,4 kW) oder Segelfläche > 12 m^2	ja
	2. Hochrhein (GBl. 1978, S. 594)	eigenes Patent; Patentpflicht für Fahrzeuge > 15 m^3 Wasserverdrängung	ja
	3. Nebengewässer des Rheins	kein eigenes Patent; Übernahme der Bundesregierung	nein
	4. übrige Landesgewässer	–	nein

Land	Bereich	Umfang	Anerkennung als Sportbootführerschein – Binnen
Bayern	1. Bodensee (GVBl. 1988, S. 382) 2. übrige Landesgewässer	wie Baden-Württemberg Patentpflicht für Sportboote wurde aufgehoben (GVBl. 1981, S. 35); Regelung ausschließlich durch wasserrechtliche Erlaubnis	nein
Berlin	Landesgewässer (GVBl. 1986, S. 2022)	eigenes Patent; Patentpflicht für alle Motorboote und Segelboote mit mehr als 3 m² Segelfläche	ja; nur Motorboote
Bremen	Landesgewässer	für Sportboote keine Patentpflicht	–
Hamburg	Hafen und übrige Landesgewässer (Gesetz: GVBl. 1986, S. 37; Verordnung: GVBl. 1979, S. 227)	eigenes Patent nach Verordnung über Befähigungszeugnisse in der Hafenschifffahrt; inzwischen Bundesregelung übernommen	ja; nur vor 1. 4. 1978 erteilte Patente oder Fährführerscheine
Hessen	Landesgewässer	keine Patentpflicht	–
Niedersachsen	1. Dümmer und Steinhuder Meer (Nds. MBl. 1988, S. 527) 2. Maschsee (ABl. RB Hannover 1977, S. 146) 3. Binnenschifffahrtsweg Elbe-Weser (ABl. RB Lüneburg 1982, S. 82) 4. übrige Landesgewässer	eigenes Patent; („Steinhuder-Meer-Schein“), Patentpflicht für Segelsurfbretter, Segelboote > 6 m² Segelfläche und Motorboote kein eigenes Patent; Patentpflicht für Segelsurfbretter und Segelboote; Motorboote verboten kein eigenes Patent; Patentpflicht für Sportfahrzeuge > 15 m³ Wasserverdrängung keine Patentpflicht	ja; nur Motorboote nein nein nein
Nordrhein-Westfalen	1. Ruhr (Ruhrschifffahrt ABl. RB Düsseldorf 1981, S. 54; Sportboote ABl. RB Düsseldorf 1979, S. 172) 2. Talsperrenverband Eifel-Ruhr (ABl. Aachen 1970, S. 70) 3. übrige Landesgewässer	eigenes Patent; Patentpflicht für Motorboote kein eigenes Patent; Patentpflicht für Segelboote mit mehr als 5 m² Segelfläche; Motorboote verboten für Sportboote keine Patentpflicht	ja (Ruhrschifferpatent); nein, weil kein eigener Sportbootführerschein nein nein
Rheinland-Pfalz	1. Stausee Bitburg (StAnz. 1972, S. 130) 2. übrige Landesgewässer	kein eigenes Patent; Patentpflicht für Segelboote mit mehr als 5 m² Segelfläche; Motorboote verboten für Sportboote keine Patentpflicht	nein nein
Saarland	Landesgewässer	für Sportboote keine Patentpflicht	nein
Schleswig-Holstein	Landesgewässer	für Sportboote keine Patentpflicht; bei Motorbooten teilweise Mindesalter 16 Jahre	nein

Teil II

Die Fragen und Antworten

Die mit * gekennzeichneten Fragen gelten für die Surfprüfung, Teil A.

Hinweis
Wenn in den Erläuterungen unter „Vorschriften“ keine der 4 Verkehrsordnungen angegeben ist, sind die Vorschriften gleichlautend, andernfalls wird die spezielle Verkehrsordnung angegeben

A Allgemeiner Teil

A1 Allgemeines

1.1 Schifffahrtspolizeivorschriften

1*

Welches sind die wichtigsten Verordnungen zur Regelung des Verkehrs auf den Binnenschifffahrtsstraßen?

Antwort: ●●●

Binnenschifffahrtsstraßen-Ordnung
Rheinschifffahrtspolizeiverordnung
Moselschifffahrtspolizeiverordnung
Donauschifffahrtspolizeiverordnung
Wassermotorräder-Verordnung
Wasserski-Verordnung

2*

In welchen Vorschriften sind die Gewässer, auf denen die Binnenschifffahrtsstraßen-Ordnung mit den jeweiligen Sondervorschriften gilt, aufgeführt?

Antwort: ●●

Im Teil II der Binnenschifffahrtsstraßen-Ordnung und den dazu erlassenen Regelungen für vorübergehende Abweichungen (Drei-Jahres-Verordnungen).

Zu Fragen 1 und 2:
Binnenschifffahrtsstraßen und Seeschifffahrtsstraßen sind Bundeswasserstraßen. Für den Erlass der Verkehrsvorschriften (Rechtsverordnungen) ist das Bundesministerium für Verkehr, Bau- und Wohnungswesen zuständig (§ 3 BinSchAufG). Für Binnenschifffahrtsstraßen, die auch fremdes Hoheitsgebiet berühren, wurden jeweils internationale Kommissionen gebildet, die sicherstellen, dass in allen Anliegerstaaten einheitliche Vorschriften gelten. Es sind dies die Rheinzentralkommission, die Moselkommission und die Donaukommission. In diesen Kommissionen ist jeder Anliegerstaat vertreten. Hieraus ergibt sich die Notwendigkeit des Erlasses von vier Rechtsverordnungen, und zwar der

Binnenschifffahrtsstraßen-Ordnung

Rheinschifffahrtspolizeiverordnung

Moselschifffahrtspolizeiverordnung

Donauschifffahrtspolizeiverordnung

Die BinSchStrO gilt mit Ausnahme des Rheins, der Mosel und der Donau auf allen übrigen deutschen Binnenschifffahrtsstraßen/Bundeswasserstraßen, wobei notwendige örtliche Sonderregelungen in den Kapiteln 10 bis 27 BinSchStrO enthalten sind.
Wenn auf die Sonderbestimmungen der Kapitel 10 bis 27 hinzuweisen ist, erfolgt dies durch die Angabe der jeweiligen §...01.

Darüber hinaus gelten für spezielle Wassersportarten die

Wassermotorräder-Verordnung

Wasserski-Verordnung

Damit der Fahrzeugführer sich stets über das zu befahrende Flussrevier informieren kann, **sollte die dort geltende Verkehrsvorschrift an Bord vorhanden sein.** Bei Fahrzeugen, auch Sportbooten, ab 20 m Länge ***muss*** die betreffende Verkehrsvorschrift stets mitgeführt werden.

Hinweise:
Darstellung der Binnenschifffahrtsstraßen mit farblicher Hervorhebung der jeweils geltenden Verkehrsordnungen siehe in Abschnitt I.3
Beachte: Erläuterungen in Teil I.3–4
Vorschriften: §§ 1.01 (14), 1.11

1.2 Pflichten des Fahrzeugführers vor Fahrtantritt

3* **Welche Verpflichtung haben Sie, wenn Sie ein Ihnen unbekanntes Revier befahren wollen?**	Antwort: ●●● **1. Ich informiere mich über die dort geltenden Vorschriften, Fahrwasserbezeichnungen, Sonderregelungen.** **2. Ich beschaffe mir das erforderliche Kartenmaterial.**
4* **Weshalb muss sich der Schiffsführer vor dem Befahren fremder Gewässer über die dort geltenden Vorschriften informieren?**	Antwort: ●●● **Damit er die dort möglichen Abweichungen der Verkehrs-, Führerschein- und Zulassungsvorschriften sowie mögliche Fahrverbote für Teile der Wasserflächen oder zu bestimmten Zeiten berücksichtigen kann.**
5* **Wo kann man Verkehrsbeschränkungen erfahren und nähere Informationen über bestimmte Binnenschifffahrtsstraßen erhalten?**	Antwort: ●● **Bei den Dienststellen der Wasser- und Schifffahrtsverwaltung und der Wasserschutzpolizei.**
6* **Bei welchen Dienststellen erhalten Sie nähere Informationen über Sondervorschriften auf bestimmten Wasserstraßen?**	Antwort: ● **Bei den Dienststellen der Wasser- und Schifffahrtsverwaltung und der Wasserschutzpolizei.**

Zu Fragen 3 bis 6:

Informationen

Vor Antritt jeder Fahrt ist eine der wichtigsten Voraussetzungen für einen ordentlichen und möglichst störungsfreien Ablauf jeder Schiffsreise die Einholung von Informationen und Unterlagen, vor allem Kartenmaterial, über das zu befahrende Gebiet und dessen genaues Studium. Es reicht jedoch nicht aus, sich einmal vor Beginn der Bootssaison zu informieren. Jede Information muss ständig auf dem Laufenden gehalten werden, da sich die unterschiedlichen örtlichen Verhältnisse sehr schnell ändern können.

Verkehrsvorschriften

Die Einholung von Informationen über eventuelle von den Vorschriften abweichende Anordnungen oder örtliche Sonderregelungen ist unerlässlich. Dringend zu empfehlen ist auch die Planung der täglichen Fahrtstrecken, um zu gewährleisten, dass noch bei Tag ein sicherer Hafen erreicht wird.

In diese Planungen müssen auch die auf vielen Wasserstraßen bestehenden Geschwindigkeitsbeschränkungen einbezogen werden.

Kartenmaterial

Das Kartenmaterial ist auf dem neuesten letzten Stand zu halten. Die Verwendung von Autokarten oder gar Atlanten genügt nicht. Es müssen die jeweils neuesten Spezialkarten verwendet werden.

Schleusenbetriebszeiten
Die Berücksichtigung der Schleusenbetriebszeiten auf den zu befahrenden Strecken gehört ebenfalls zur Planung jeder Fahrt, da die Zeiten zwischen den einzelnen Binnenschifffahrtsstraßen abweichend sind; z. T. wird an Samstagen nur begrenzt und an Sonn- und Feiertagen überhaupt nicht geschleust. Schleusengebühren fallen in der Regel nicht an, da diese für die Sportboote pauschal durch den DMYV und des DSV entrichtet werden.

Informationsmaterial
Informationsmaterial, Streckenerläuterungen usw. kann vom DMYV (Tel. 02 03/ 80 95 80) und vom DSV (Tel. 0 40/ 6 32 00 90), bezogen werden.

Hinweise:
Verkehrsordnungen siehe Fragen 1 und 2
Dienststellen der Wasser- und Schifffahrtsverwaltung und der Wasserschutzpolizei siehe Anhang 4 und 5

1.3 Schifffahrtspolizeiliche Überwachung

7*

Wer überwacht die Befolgung der schifffahrtspolizeilichen Vorschriften?

Antwort: ●●

Die Wasserschutzpolizei.
Die Wasser- und Schifffahrtsverwaltung.

8

Wer ist auf einem Fahrzeug für die Befolgung der schifffahrtspolizeilichen Vorschriften verantwortlich?

Antwort: ●

Der Schiffsführer.

Zu Fragen 7 und 8:
Schifffahrtspolizeibehörden sind die Behörden der Wasser- und Schifffahrtsverwaltung des Bundes. Nach einer vom Bundesministerium für Verkehr, Bau- und Wohnungswesen mit den einzelnen Ländern geschlossenen Vereinbarung werden die schifffahrtspolizeilichen Vollzugsaufgaben von den Wasserschutzpolizeien der betreffenden Länder wahrgenommen. In dringenden Fällen oder in den Bereichen, in denen keine Wasserschutzpolizei zur Verfügung steht, können schifffahrtspolizeiliche Vollzugsaufgaben auch von der Wasser- und Schifffahrtsverwaltung des Bundes wahrgenommen werden; im Übrigen obliegt ihr hauptsächlich die Verwaltung und Unterhaltung einschließlich der Baumaßnahmen der Bundeswasserstraßen.

Jedes Fahrzeug muss unter der Führung einer geeigneten, zuverlässigen Person stehen. Hierfür ist eine Fahrerlaubnis erforderlich, die für Sportboote durch den gültigen Führerschein oder einen gleichgestellten anerkannten Befähigungsnachweis nachzuweisen ist.

Hinweise:
Anerkannte Befähigungsnachweise siehe Abschnitt I.8
Dienststellen der Wasser- und Schifffahrtsverwaltung und der Wasserschutzpolizei siehe Anhang 4 und 5
Mitzuführende Schiffspapiere siehe Frage 29,
Anforderungen an den Schiffsführer siehe Fragen 400–403

Vorschrift: § 1.02

1.4 Grundregeln für das Verhalten im Verkehr

9

Was ist zu tun, wenn vor Antritt der Fahrt nicht feststeht, wer Schiffsführer ist?

Antwort: ●●

Wenn nicht feststeht, wer Schiffsführer ist, und wenn mehrere Personen zum Führen eines Fahrzeuges berechtigt sind, haben sie vor Antritt der Fahrt zu bestimmen, wer verantwortlicher Schiffsführer ist.

Zu Frage 9:
Der verantwortliche Schiffsführer muss sich während der Fahrt stets an Bord befinden. Befindet sich der Eigentümer an Bord und hat er eine Fahrerlaubnis, wird er in der Regel der verantwortliche Schiffsführer sein. Besitzt er keinen Führerschein oder will er sich vertreten lassen, muss er einem anderen Führerscheininhaber die Verantwortung übertragen. Sind mehrere Personen zur Führung eines Fahrzeugs berechtigt, haben sie vor Antritt der Fahrt festzulegen, wer der verantwortliche Schiffsführer ist. Wird während der Fahrt diese Feststellung geändert, sollte dies zur Beweissicherung mit Datum, Uhrzeit, Namen, Ort/km des Wechsels festgehalten werden.

Der Schiffsführer muss nicht selbstständig das Ruder führen. Er kann sich in der Ruderführung durch eine mindestens 16 Jahre alte und geeignete Person vertreten lassen. An der Verantwortung in der Fahrzeugführung ändert sich jedoch nichts, d. h. der Schiffsführer muss ggf. die für die sichere Führung des Fahrzeugs erforderlichen Weisungen geben und sicherstellen, dass ihnen auch Folge geleistet wird.

Hinweis:
Die Grundregel für das Verhalten im Verkehr entspricht der Allgemeinen Sorgfaltspflicht (vgl. Wortlaut Seite 5).

Vorschriften:
§§ 1.02, 1.03, 1.09

10*

Wie hat sich ein Schiffsführer zu verhalten, wenn er durch Übermüdung, Einwirkung von Alkohol, Medikamenten oder Drogen beeinträchtigt ist?

Antwort: ●

Er darf das Fahrzeug nicht führen.

Zu Frage 10:
Ist ein Schiffsführer aufgrund des Genusses von Alkohol, Medikamenten, Drogen oder anderen berauschenden Mitteln nicht mehr in der Lage, das Fahrzeug sicher zu führen, besteht für ihn automatisch ein Fahrverbot. Setzt er sich über dieses Verbot hinweg, kann ein strafrechtliches Verfahren einschließlich der Entziehung der Fahrerlaubnis die Folge sein, wobei der festgestellte Blutalkoholgehalt berücksichtigt wird.

Der für den Straßenverkehr festgelegte Grenzwert für die absolute Fahruntüchtigkeit von 1,1 Promille ist in der Regel auch der Grenzwert für den Wasserstraßenverkehr. Darüber hinaus ist durch eine vorübergehende Anordnung zu § 1.02 Nr. 7 und § 1.03 Nr. 4 für alle Binnenschifffahrtsstraßen (Bundeswasserstraßen) festgelegt, dass der Schiffsführer und die Mitglieder der diensttuenden Mindestbesatzung und sonstigen Personen an Bord, die vorübergehend selbstständig den Kurs und die Geschwindigkeit des Fahrzeugs bestimmen, nicht durch Übermüdung, Einwirkung von Alkohol, Medikamenten, Drogen oder aus einem anderen Grund beeinträchtigt sein dürfen. Bei einer Menge von 0,25 mg/l oder mehr Alkohol in der Atemluft oder bei einer Blutalkoholkonzentration von 0,5 oder mehr Promille oder einer Alkoholmenge im Körper, die zu einer solchen Atem- oder Blutalkoholkonzentration führt, ist es dem Schiffsführer verboten, das Fahrzeug zu führen. Den sonstigen vorgenannten Personen ist es in solchen Fällen verboten, den Kurs und die Geschwindigkeit des Fahrzeugs zu bestimmen.

„Übermüdung“ ist in diesem Zusammenhang ein unbestimmter Rechtsbegriff, der noch näher zu bestimmen ist. Endgültige Klarheit werden hierüber nur rechtskräftige Urteile im Einzelfall bringen. Da der Genuss von Alkohol, von Medikamenten oder Drogen automatisch zu einer Übermüdung führt, wird es sich um einen Übermüdungssachverhalt handeln müssen, der selbstständig und unabhängig von der Übermüdung durch Alkohol-, Drogen- und Medikamentengenuss zu einem Zustand führt, in dem das Fahrzeug nicht geführt werden darf.

Hinweis:
Verantwortlichkeit des Schiffsführers siehe Fragen 8 und 9

Vorschriften: §§ 315a, 316 StGB sowie die §§ 1.02 und 1.03 der Verkehrsverordnungen für die Binnenschifffahrt

11*

Wie lautet die Grundregel für das Verhalten im Verkehr auf den Binnenschifffahrtsstraßen?

Antwort: ●●●

Alle Verkehrsteilnehmer haben Vorsichtsmaßnahmen zur sicheren Führung des Fahrzeuges zu treffen, damit kein anderer geschädigt, gefährdet oder mehr als nach den Umständen unvermeidbar behindert oder belästigt wird.

12*

Wann darf man von der Grundregel für das Verhalten im Verkehr auf den Binnenschifffahrtsstraßen abweichen?

Antwort: ●●●

Bei unmittelbar drohender Gefahr müssen die Schiffsführer alle Maßnahmen treffen, die die Umstände gebieten, auch wenn sie dadurch gezwungen sind, von den geltenden Bestimmungen abzuweichen.

Zu Fragen 11 und 12:
Die Grundregel für das Verhalten im Verkehr ist für den Binnenschiffsverkehr in § 1.04 als „Allgemeine Sorgfaltspflicht“ bezeichnet (vgl. Wortlaut Seite 5). Sie ist die wichtigste Verhaltensvorschrift, denn aus ihr lassen sich nicht nur alle Einzelregelungen der Verkehrsbestimmungen als Konkretisierungen herleiten, sondern auch die Verpflichtung zur Beachtung sonstiger Vorsichtsmaßregeln, die nicht ausdrücklich vorgeschrieben sind und die die Übung der Schifffahrt oder besondere Umstände erfordern. Verkehrsvorschriften können niemals alle Verkehrssituationen erfassen. Die Grundregel als eine pauschale Erfassung aller möglichen Verhaltenspflichten im Verkehr ist daher unabdingbar.

Zur Beachtung der Grundregel sind alle Verkehrsteilnehmer verpflichtet. Verkehrsteilnehmer ist nicht nur der verantwortliche Schiffsführer, sondern auch der sonst für die Sicherheit Verantwortliche im Sinne des § 1.04; ferner alle Übrigen, die mit eigenen Rechten und Pflichten am Verkehr teilnehmen, z. B. Wasserskiläufer, Surfer, Fischer u. a.

Die **Grundregel** dient nicht nur der Gewährleistung der Sicherheit, sondern auch der Leichtigkeit (Flüssigkeit) des Verkehrs. Die Sicherheit ist dann nicht mehr gewährleistet, wenn ein anderer geschädigt oder gefährdet wird, z. B. durch eine Kollision oder einen Beinaheunfall.

Die Leichtigkeit des Verkehrs ist nicht mehr gewährleistet, wenn ein anderer vermeidbar behindert oder belästigt wird, z. B. durch zu hohe Geschwindigkeit, Zwang zum Aufstoppen. Da die Grundregel nach den Einführungsverordnungen selbstständig unter Bußgeldandrohung steht, kann eine Ordnungswidrigkeit auch dann vorliegen, wenn gegen keine besonderen Vorschriften verstoßen wurde.

Weiter verpflichtet die Vorschrift jeden Verkehrsteilnehmer, bei unmittelbar drohender Gefahr notfalls auch solche Maßnahmen zu ergreifen, die einen Verstoß gegen einzelne Verkehrsvorschriften darstellen, um die drohende Gefahr abzuwenden oder die Schadensauswirkung möglichst zu vermindern, z. B. Ausweichen entgegen den Ausweichregeln (Manöver des letzten Augenblicks).

Hinweis:
Ausweichregeln siehe Fragen 172 bis 175

Vorschriften:
§§ 1.04, 1.05

1.5 Hilfeleistungspflicht bei Unfällen

13*

Wozu ist der Schiffsführer jedes Fahrzeuges verpflichtet, wenn sich in seiner Nähe ein Unfall ereignet?

Antwort ●●

Jeder Schiffsführer ist verpflichtet, unverzüglich Hilfe zu leisten, soweit das mit der Sicherheit seines eigenen Fahrzeuges zu vereinbaren ist. Er ist als Beteiligter auch verpflichtet, die Feststellung seiner Person, seines Fahrzeuges und die Art seiner Beteiligung zu ermöglichen.

14

Wie hat sich der Schiffsführer bei einem Unfall mit drohender Gefahr für die Sicherheit der an Bord befindlichen Personen zu verhalten?

Antwort: ●●

Der Schiffsführer muss alle Maßnahmen treffen, die die Umstände zur Abwendung der Gefahr erfordern.

15*

Wie verhalten Sie sich nach einem Zusammenstoß?

Antwort: ●●●

Grundsätzlich erste Hilfe leisten, Fahrzeug aus dem Fahrwasser bringen, erforderliche Daten beteiligter Personen und Fahrzeuge notieren. Erforderlichenfalls Wasserschutzpolizei oder andere zuständige Stellen verständigen.

Zu Fragen 13 bis 15:
Neben der moralischen Verpflichtung zur Hilfeleistung bei Unglücks- oder Notfällen besteht auch eine gesetzliche Verpflichtung, deren Missachtung strafrechtlich sanktioniert ist (§ 323c StGB). Daraus ist zu folgern, dass unterlassene Hilfeleistung keinesfalls ein Kavaliersdelikt ist. Diese Pflicht besteht bei Unglücksfällen, gemeiner Gefahr oder Notfällen, und zwar für alle Verkehrsteilnehmer, nicht nur für eventuelle Unfallbeteiligte, ohne Rücksicht darauf, ob auf dem eigenen oder einem fremden Fahrzeug oder aus anderen Gründen Hilfe notwendig ist (z. B. bei über Bord gefallenen Personen, Schwimmern in Not usw.). Unverzügliche Maßnahmen in letzteren Fällen müssen das Zuwerfen eines Rettungsringes und die sofortige Einleitung der Bergung sein. Ist Letzteres ohne eigene Gefährdung nicht möglich, muss ggf. über Funk Hilfe angefordert und/oder müssen nachfolgende Fahrzeuge unterrichtet und zur Hilfeleistung aufgefordert werden. Nach der Rettung/Bergung müssen diese Personen entsprechend den Erste-Hilfe-Kenntnissen versorgt und erforderlichenfalls umgehend ärztlicher Betreuung zugeführt werden.

Vor allem bei Kollisionen, gleichgültig ob als Beteiligter oder Unbeteiligter, ist die Hilfeleistung für die unfallbetroffenen Menschen das oberste Gebot, wobei sofort festgestellt werden muss, ob Personen über Bord gefallen oder verletzt sind. Die Sachbergung steht an zweiter Stelle, wobei zu versuchen ist, das Fahrzeug aus dem Fahrwasser zu bringen, um weitere Gefahrensituationen zu vermeiden. Ob das Fahrzeug am Ufer gesichert oder außerhalb des Fahrwassers vor Anker gelegt wird, ist nach den örtlichen Umständen zu entscheiden. Wichtig ist, dass hiernach alle Tatumstände als Notizen festgehalten werden.

Eine generelle Verpflichtung, die Wasserschutzpolizei zu unterrichten, besteht nicht; der unmittelbaren Einigung der Beteiligten wird auch auf dem Wasser Vorrang eingeräumt. Eine **Unterrichtungspflicht** besteht jedoch wenn

- Menschen ums Leben gekommen sind, vermisst werden oder verletzt wurden, Gegenstände in die Wasserstraße gelangt sind, die die Schifffahrt gefährden können,
- Schifffahrtszeichen losgerissen, zerstört, beschädigt oder in ihrer Lage versetzt wurden,
- ein Fahrzeug festgefahren oder gesunken ist, Ufer und Anlagen (Buhnen, Schleusen, Brücken o. Ä.) beschädigt wurden.

Soweit sich daraus Hindernisse für die übrige Schifffahrt ergeben, sind diese Stellen zu kennzeichnen und/oder es ist sicherzustellen, dass die übrige Schifffahrt gewarnt wird.

Beachte: Wie im Straßenverkehr ist ein Schiffsführer als Unfallbeteiligter verpflichtet, die Feststellung seiner Person, seines Fahrzeugs und die Art seiner Beteiligung zu ermöglichen.

Hinweise:
Arbeitsgeräte, festgefahrene, gesunkene Fahrzeuge siehe Fragen 55–64
Notsituationen siehe Fragen 156–162
„Mann über Bord" siehe Fragen 451–452

Vorschriften:
§§ 1.15–1.17, § 323c StGB

1.6 Verhalten bei Hochwasser

16

Worauf ist bei Hochwasser besonders zu achten?

Antwort: ●●●

1. **Eventuelle Geschwindigkeitsbegrenzungen.**
2. **Eventuelle Begrenzung der Fahrwasserbreite.**
3. **Sprechfunk auf Empfang schalten.**
4. **Eventuelles Fahrverbot beachten, insbesondere bei Überschreiten der Hochwassermarke I ohne Sprechfunk (Rhein, Oder).**

Zu Frage 16:
Bei starkem, anhaltendem Ansteigen des Wassers und damit der Pegelstände sollten Sportboote rechtzeitig einen sicheren Liegeplatz als Schutzhafen aufsuchen. Die stärkere Strömung und das umfangreiche Treibgut in fließenden Gewässern beinhalten bereits erhebliche Gefahren. Treibgut, das vielfach aus Teilen von Bäumen besteht, ist in seinen Ausmaßen nicht erkennbar und kann bei Berührung zu starken Schäden am Boot, unter Umständen sogar zum Verlust des Bootes führen. Je nach Motorstärke ist gegen die Strömung eine Fahrt über Grund nicht mehr möglich.

Da bei stark ansteigenden Wasserständen über UKW-Sprechfunk im Verkehrskreis „Nautische Information" bereits frühzeitig Warnmeldungen ausgestrahlt werden, müssen die Geräte stets auf Empfang geschaltet sein.

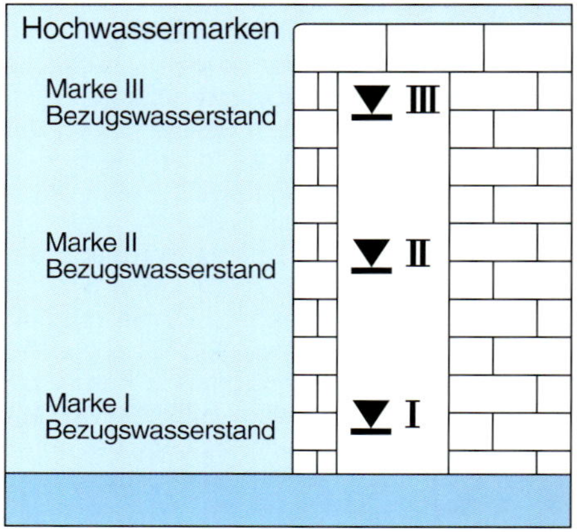

Auf den einzelnen Bundeswasserstraßen sind die Hochwassermarken unterschiedlich festgelegt, z. B. auf dem Rhein die Hochwassermarken I und II und auf der Mosel die Hochwassermarken I, II und III. Die Hochwassermarken sind zum Teil an Ufern und Kaimauern angebracht (aufgemalt). Die Wasserstände dieser Hochwassermarken sind in den Vorschriften angegeben. Für die gewerbliche Schifffahrt gibt es bereits bei Erreichen der Hochwassermarke I Einschränkungen, z. B. Höchstgeschwindigkeit in der Talfahrt von 20 km/h. Diese Einschränkungen gelten auch für die Sportschifffahrt.
Die Höchstgeschwindigkeit kann je nach Strömungsgeschwindigkeit bereits mit geringer Maschinenkraft überschritten werden. Es besteht auch ein Fahrverbot auf dem Rhein für Fahrzeuge, die nicht mit einem

UKW-Sprechfunkgerät ausgerüstet sind. Auf dem Rhein müssen Talfahrer möglichst in der Mitte und Bergfahrer im mittleren Drittel des Stromes fahren.

Bei Erreichen der Hochwassermarke II auf dem Rhein und III auf der Mosel ist die Schifffahrt verboten. Auf der Donau ist für jeden Pegel der höchste schiffbare Wasserstand festgelegt, bei dessen Erreichen jegliche Schifffahrt verboten ist.

In der BinSchStrO gibt es Hochwasserregelungen nur in den „Zusätzlichen Bestimmungen für einzelne Binnenschifffahrtsstraßen" Kapitel 10 bis 27. Auf kanalisierten Flüssen wird bei Erreichen des höchsten schiffbaren Wasserstandes der Schleusenbetrieb eingestellt und damit auch der Schiffsverkehr.

Daraus ergibt sich die Folgerung, dass die einzelnen Vorschriften rechtzeitig nachgelesen werden sollten und bei Hochwasser der Sprechfunk auf Empfang geschaltet werden sollte. Nur dadurch wird vermieden, dass die Fahrt auf der Strecke oder vor einer Schleuse wegen eines eventuellen Fahrverbots unterbrochen werden muss.

Vorschriften:
§ 10.01 Rhein-, Mosel- und DonauSchPV,
§ . . 11 in den Kapiteln 10 bis 27 BinSchStrO

1.7 Definitionen

17*

Bis zu welcher Länge gilt auf den Binnenschifffahrtsstraßen ein Fahrzeug als Kleinfahrzeug?

Antwort: ●

Weniger als 20 m Länge.

18*

Wann gilt ein Sportboot auf den Binnenschifffahrtsstraßen nicht mehr als ein Kleinfahrzeug?

Antwort: ●

Wenn es 20 m oder länger ist.

Zu Fragen 17 und 18:
Nach den Vorschriften darf der Schiffskörper eines Kleinfahrzeugs ohne Ruder und Bugspriet eine Höchstlänge von weniger als 20 m aufweisen. Fahrzeuge, die zwar die 20-m-Grenze nicht erreichen, aber gebaut und eingerichtet sind, um andere Fahrzeuge als Kleinfahrzeuge zu schleppen, zu schieben oder längsseits gekuppelt mitzuführen, oder für die Beförderung von mehr als 12 Fahrgästen zugelassen sind, sowie Fähren und schwimmendes Gerät fallen nicht unter den Begriff „Kleinfahrzeug" und werden als gewerbliche Fahrzeuge behandelt.
Nach der BinSchStrO werden Segelsurfbretter, Amphibienfahrzeuge, Luftkissenfahrzeuge und Tragflügelboote in der genannten Länge den Kleinfahrzeugen zugeordnet. Dies gilt auch für die übrigen Wasserstraßen, wenn für sie keine Sondervorschriften bestehen.

Fahrzeuge, die die 20-m-Länge erreichen oder überschreiten, fallen ohne Rücksicht auf ihre Wasserverdrängung nicht mehr unter den Begriff „Kleinfahrzeug" und haben sich im Verkehrsgeschehen wie ein gewerbliches Fahrzeug zu verhalten.

Die 20-m-Länge gilt nicht für die Untersuchungs- und Patentbefreiung:

Nach den Untersuchungsordnungen und den Patentverordnungen für die Binnenschifffahrt sind alle Fahrzeuge ab 15 m Länge untersuchungspflichtig, d. h. für das Fahrzeug muss ein Schiffsattest erteilt und der Schiffsführer im Besitz eines Patentes, bei einem Sportboot von weniger als 25 m Länge im Besitz des Sportpatentes sein.

Beachte:

Kleinfahrzeuge, sind gegenüber den gewerblichen Fahrzeugen und auch Sportbooten von 20 m und mehr Länge grundsätzlich ausweichpflichtig.
Gegenüber den Kleinfahrzeugen besteht keine generelle Schallsignalpflicht.
Eine Steuerbordbegegnung muss nicht angezeigt werden.

Hinweise:
Steuerbordbegegnung siehe Fragen 75–78
Schallsignale siehe Fragen 140–141

Vorschriften:
§ 1.01 Nr. 14

19

Wann ist ein Fahrzeug „in Fahrt“?

Antwort: ●●●

Wenn es weder vor Anker liegt noch am Ufer festgemacht ist noch festgefahren ist.

Zu Frage 19:
Es wird oft die Meinung vertreten, dass ein Boot, dessen Antriebskraft nicht genutzt wird, als ein stillliegendes Fahrzeug anzusehen ist. **Diese Meinung ist falsch.** Nach den Verkehrsvorschriften wird ein Fahrzeug dann als stillliegend bezeichnet, wenn es unmittelbar oder mittelbar vor Anker liegt oder am Ufer festgemacht ist. Der Begriff „fahrend“ oder „in Fahrt befindlich“ gilt für Fahrzeuge, die weder unmittelbar noch mittelbar vor Anker liegen, am Ufer festgemacht oder festgefahren sind. Daraus folgt, dass beispielsweise ein treibendes Fahrzeug als in Fahrt befindlich gilt und daher die Verkehrsvorschriften beachten und erforderlichenfalls Lichter setzen muss. Ob das Fahrzeug dabei Fahrt durchs Wasser oder Fahrt über Grund macht oder beides nicht, spielt keine Rolle.

Vorschriften:
§ 1.01 Nr. 19, 20

20

Wann gilt ein Segelfahrzeug als Maschinenfahrzeug?

Antwort: ●

Wenn es unter Segel und mit Motor oder nur mit Motor fährt.

Zu Frage 20:
Sobald ein Segelfahrzeug mit gesetzten Segeln auch den Maschinenantrieb benutzt oder ohne Segel sich nur mit Maschinenkraft fortgewegt, gilt es als Fahrzeug mit eigener in Tätigkeit gesetzter Antriebsmaschine und wird zum Motorboot bzw. Maschinenfahrzeug. Es muss somit die Lichter wie ein Motorboot führen und die Fahrregeln für ein Motorboot beachten. Fährt es unter Segel und Antriebsmaschine, muss es bei Tag ferner einen schwarzen Kegel mit der Spitze nach unten setzen.

Hinweis:
Segelfahrzeug unter Segel und Motor siehe Fragen 74, 415, 416
Vorschriften: § 1.01 Nr. 15

21*

Welche Seite wird als Luvseite bezeichnet?

Antwort: ●

Die dem Wind zugekehrte Seite.

22*

Welche Seite wird als Leeseite bezeichnet?

Antwort: ●

Die dem Wind abgekehrte Seite.

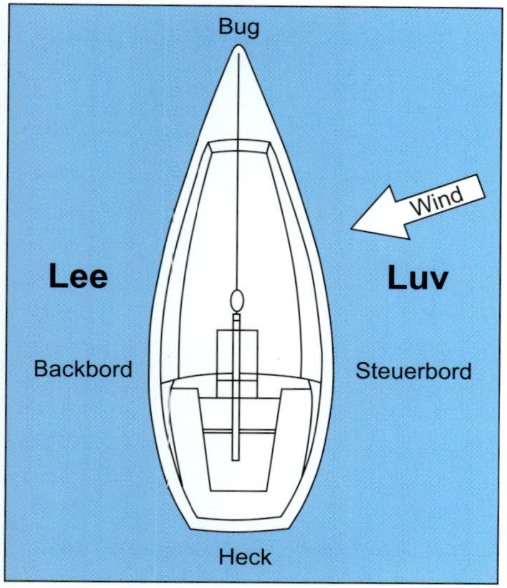

Zu Fragen 21 und 22:
Die Frage, von welcher Seite der Wind kommt, und zwar in Blickrichtung auf den Bug, d. h. von der Steuerbord- oder der Backbordseite des Fahrzeugs, ist ausschließlich für Segelfahrzeuge im Hinblick auf die Ausweichregeln relevant.

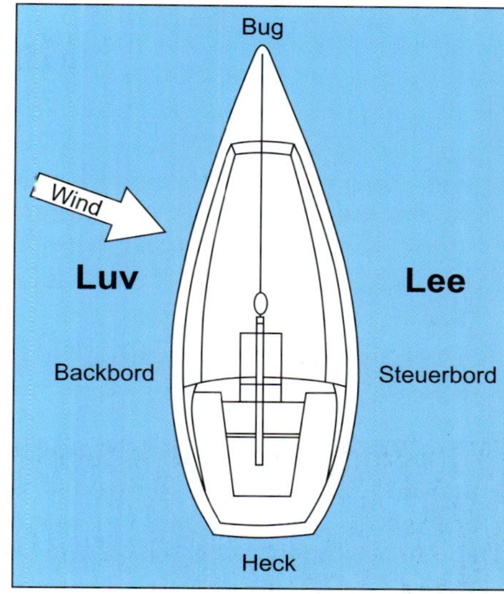

23*

Was verstehen Sie
1. unter unsichtigem Wetter?
2. unter Nacht?

Antwort: ●●●

1. **Sichtbeeinträchtigungen durch Nebel, Schneefall, heftige Regengüsse oder ähnliche Umstände.**
2. **Den Zeitraum von Sonnenuntergang bis Sonnenaufgang.**

Zu Frage 23:
Die Nachtzeit, d. h. der Zeitraum von Sonnenuntergang bis Sonnenaufgang, bestimmt den vorgeschriebenen Zeitraum der Lichterführung. Der Begriff „Tag" umfasst dementsprechend den Zeitraum von Sonnenaufgang bis Sonnenuntergang.

Im Hinblick auf die Sichtbeeinträchtigung sind die Lichter bei unsichtigem Wetter auch am Tag zu führen. Darüber hinaus sind die vorgeschriebenen Schallzeichen zu geben.

Hinweis:
Verhalten bei unsichtigem Wetter siehe Fragen 179, 180

Vorschriften:
§ 1.01 Nr. 23, 24

1.8 Kennzeichnung

24 ●●●

Welche Kennzeichnungsarten für Sportboote gibt es?

Antwort:

1. **Amtliche Kennzeichen.**
2. **Amtlich anerkannte Kennzeichen.**
3. **Für Boote, die nicht kennzeichnungspflichtig sind, auch Kennzeichnung mit seinem Namen und dem Namen und der Anschrift des Eigentümers.**

25 ●

Welche Stelle ist für die Zuteilung eines amtlichen Kennzeichens für Sportboote zuständig?

Antwort:

Jedes Wasser- und Schifffahrtsamt.

26 ●●

Woraus bestehen die amtlich anerkannten Kennzeichen?

Antwort:

1. **Nummer des Internationalen Bootsscheines.**
2. **Gefolgt vom Kennbuchstaben für die ausstellende Organisation.**

27 ●●

Wie muss die Kennzeichnung an einem Sportboot angebracht werden?

Antwort:

Beidseits des Bugs oder am Heck, 10 cm hohe Schrift (lateinische Buchstaben, arabische Ziffern) in dunkler Farbe auf hellem Grund oder in heller Farbe auf dunklem Grund.

Zu Fragen 24 bis 27:
Die Kennzeichnung der Kleinfahrzeuge ist durch die Kennzeichnungsverordnung mit Wirkung vom 1. März 1995 geändert und vereinfacht worden:
Es wird zwischen
1. amtlichen Kennzeichen und
2. amtlich anerkannten Kennzeichen
unterschieden.

Amtliche Kennzeichen werden von jedem Wasser- und Schifffahrtsamt auf Antrag zugeteilt.

Es ist entsprechend der Antwort zu Frage 27 beidseits des Bugs oder am Heck anzubringen. Das Kennzeichen besteht aus Buchstaben, die das WSA erkennen lassen, und aus Buchstaben und Ziffern, die mit Bindestrich folgen. Diese Kennzeichnung ähnelt den Autokennzeichen, sie lässt den Sitz des WSA erkennen, z. B. „K – A 250“ (Köln).

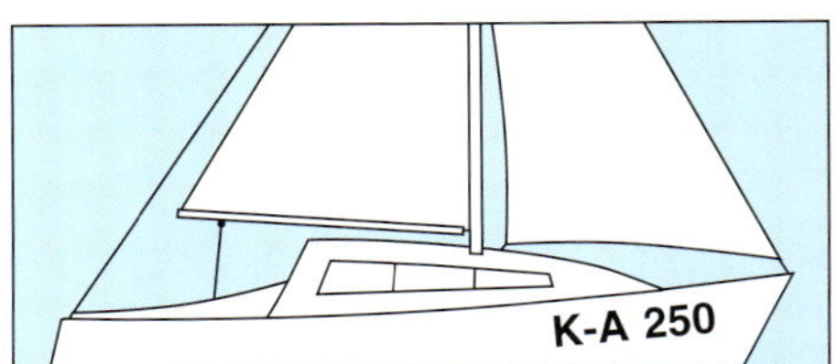

Amtliches Kennzeichen

Als amtliche Kennzeichen gelten auch Unterscheidungskennzeichen nach anderen Rechtsvorschriften, z. B.

- Binnenschiffsregisternummer, gefolgt von dem Kennbuchstaben B, zusätzlich mit Name, Heimat- oder Registerort bei Eintrag im Binnenschiffsregister;
- IMO-Nummer oder Rufzeichen bei Eintrag im Seeschiffsregister;

- Nummer des vom Bundesamt für Seeschifffahrt und Hydrographie ausgestellten Flaggenzertifikats nach dem Flaggenrechtsgesetz, gefolgt von dem Kennbuchstaben F, bei Verkehr auf den Seeschifffahrtsstraßen;
- nach Landesrecht zugeteilte, vom BMVBW anerkannte Kennzeichen, die im Verkehrsrecht veröffentlicht sind.

Das **amtlich anerkannte Kennzeichen** besteht aus der Nummer des Internationalen Bootsscheines, gefolgt von dem Kennbuchstaben der ausstellenden Organisation:

M Deutscher Motoryachtverband
S Deutscher Segler-Verband e. V.
A Allgemeiner Deutscher Automobilclub e. V.

Als Nationalitätskennzeichen darf nur ein **„D“** verwendet werden.

Hinweis: Eintragungspflicht im Binnenschiffsregister siehe Frage 28
Vorschriften: § 2.02

Wassermotorräder dürfen auf den Binnenschifffahrtsstraßen nur gefahren werden, wenn sie mit einem amtlichen Kennzeichen versehen sind.

Der Nachweis über das jeweils zugeteilte Kennzeichen ist stets an Bord mitzuführen.

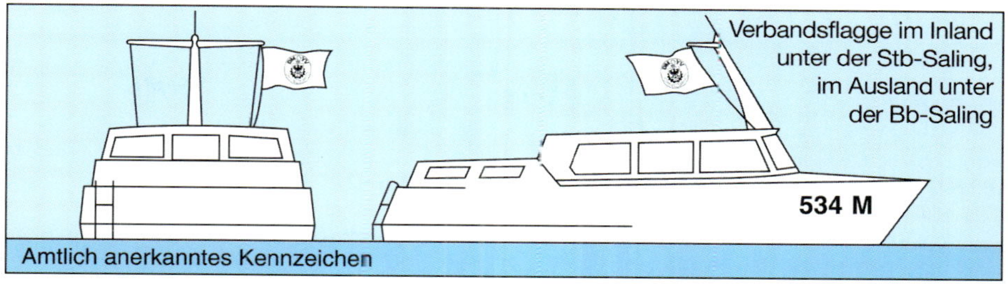

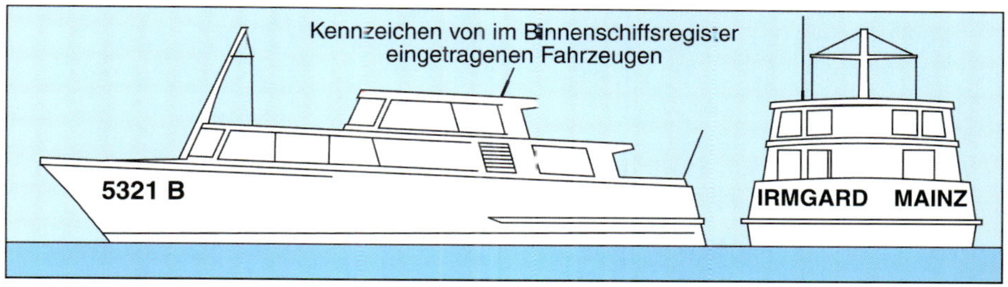

1.9 Sonstige behördliche Anforderungen

28

Wann muss ein Wassersportfahrzeug in das Binnenschiffsregister eingetragen werden?

Antwort:
Ab 10 m³ Wasserverdrängung. ●

Zu Frage 28:
Der Antrag auf Eintragung ist grundsätzlich vom Eigentümer zu stellen. Er kann frei entscheiden, ob die Eintragung im Binnen- oder im Seeschiffsregister erfolgen soll. Wird ein Sportfahrzeug ausschließlich zur Seefahrt eingesetzt oder hat es seinen Liegeplatz für längere Zeit im Ausland, ist das Seeschiffsregister anzuraten.

Eintragungspflicht im Seeschiffsregister besteht für seegehende Sportfahrzeuge ab 15 m Länge, im Binnenschiffsregister für Fahrzeuge ab 10 m³ Wasserverdrängung; sie können auf Antrag ab 5 m³ eingetragen werden.

Detaillierte Informationen sind beim DMYV oder DSV und beim Bundesamt für Seeschifffahrt und Hydrographie (BSH) erhältlich.

Hinweis:
Kennzeichnungspflicht siehe Fragen 24 bis 27
Anschriften DMYV und DSV siehe Anhang 1

Vorschriften:
§§ 3 u. 10 Schiffsregisterordnung

29 ●●

Welche Papiere muss der Führer eines Sportbootes unter Antriebsmaschine mit mehr als 3,68 kW mit sich führen?

Antwort:

1. **Den Führerschein.**
2. **Den Nachweis über die Kennzeichnung.**

Zu Frage 29:
Die vorstehend genannten Unterlagen sind verkehrsrechtlich ausreichend. Befindet sich jedoch eine Funkausrüstung an Bord, sind das UKW-Sprechfunkzeugnis für den Binnenschifffahrtsfunk und die Frequenzzuteilungsurkunde sowie das Handbuch Binnenschifffahrtsfunk und bei Radarfahrt das Radarpatent mitzuführen. Ist das Sportfahrzeug im Seeschiffsregister eintragungspflichtig (vgl. Erl. zu Frage 28), muss das Schiffszertifikat mitgeführt werden.

Diese Nachweise müssen sich stets an Bord befinden und sind auf Verlangen den Bediensteten der zuständigen Behörde vorzulegen bzw. auszuhändigen.

Hinweis:
Zum Nachweis der Verbandskennzeichnung siehe Frage 26; zu den fernmelderechtlichen Voraussetzungen bei Sprechfunkanlagen siehe Frage 30
Vorschriften:
§§ 1.10, 4.05, 6.32, § 4.04 DonauSchPV
§ 2 Abs. 3 SportbootFüV–Bin

30 ●●

Welche fernmelderechtlichen Voraussetzungen sind bei Sprechfunkanlagen zu beachten?

Antwort:

1. **Die Anlage muss zugelassen sein und der Regionalen Vereinbarung über den Binnenschifffahrtsfunk entsprechen.**
2. **Die Anlage darf nur eine Person mit Sprechfunkzeugnis bedienen.**

Zu Frage 30:
Es dürfen nur Sprechfunkanlagen eingebaut und benutzt werden, die zugelassen und genehmigt sind. Eine Person an Bord muss im Besitz des UKW-Sprechfunkzeugnisses für den Binnenschifffahrtsfunk sein, damit sie die Sprechfunkanlage bedienen kann; fehlt diese Person, darf die Anlage nicht benutzt werden. Beim Betrieb ist das Handbuch Binnenschifffahrtsfunk zu beachten.

Diese Nachweise müssen sich stets an Bord befinden und sind auf Verlangen den Bediensteten der zuständigen Behörden vorzulegen bzw. auszuhändigen.

Hinweis:
Benutzung der Sprechfunkanlage bei Hochwasser siehe Frage 16
Vorschriften:
§§ 1.10/1, 4.05, 6.28/2 bzw. 4 und fernmelderechtliche Vorschriften,
§ 4.04 DonauSchPV

1.10 Verhalten bei der Annäherung an Schleusen, Häfen und Kanälen

31 ●

Sie haben Sprechfunk an Bord. Was unternehmen Sie bei Annäherung an eine Schleuse?

Antwort:

Entsprechenden Kanal schalten und bei der Schleuse melden.

32

Was ist beim Anlaufen von Häfen zu beachten?

Antwort: ●●●

1. **Hafenpolizeiverordnung.**
2. **Sog und Wellenschlag vermeiden.**
3. **Geschwindigkeitsbegrenzungen beachten.**
4. **Eventuell erforderliche Genehmigung einholen.**

Zu Fragen 31 und 32:
Das Vorhandensein einer Sprechfunkeinrichtung an Bord erleichtert die Abwicklung des Schleusenbetriebes und die Durchfahrt durch die Schleusen. Ist keine solche Einrichtung an Bord, bedarf es der mündlichen Kontaktaufnahme mit dem Schleusenbetriebspersonal.

Die Verkehrsbestimmungen der jeweiligen Wasserstraße gelten überwiegend auch in den angrenzenden Häfen. Abweichende oder zusätzliche Bestimmungen ergeben sich aus den einzelnen Hafenordnungen.

Solche Abweichungen sind in der Regel

- Fahren nur mit Genehmigung der Hafenbehörde,
- bei Notfällen Einholung der Genehmigung umgehend nach dem Einlaufen.
- Schädlicher Sog- und Wellenschlag ist grundsätzlich zu vermeiden; dies gilt auch bei festgelegten Höchstgeschwindigkeiten.

Hinweise:
Einlaufverbot siehe Frage 118
Schallsignale siehe Fragen 149, 150
Auslaufen aus Häfen siehe Frage 187

Das Einlaufen in einen Hafen kann auch durch Schifffahrtszeichen geregelt werden.

Sind solche Zeichen nicht vorhanden oder nicht in Betrieb und ist für die gleichzeitige Ein- und Ausfahrt kein genügender Raum vorhanden, darf erst eingefahren werden, wenn kein Fahrzeug ausfährt. Dies gilt seitens der gewerblichen Schifffahrt nicht gegenüber Kleinfahrzeugen. Auf Schallzeichen für die Ein- und Ausfahrt wird verwiesen.

In den Hafengebieten sind die Hafenmeister ermächtigt, Hoheitsaufgaben nach den jeweiligen Landeshafenverordnungen wahrzunehmen.

33

Warum ist in den Kanälen das Ankern verboten?

Antwort: ●●

Um eine Beschädigung des Kanalbettes zu vermeiden und um den Schiffsverkehr nicht zu behindern.

Zu Frage 33:
Unter die Begriffsbestimmung „Kanäle“ fallen: Schifffahrtskanäle und Schleusenkanäle mit Schleusen. Hierbei handelt es sich um Wasserstraßen bzw. Teile von ihnen mit künstlicher Flusssohle (Beton usw.). Das Ankern dort ist deshalb verboten, weil die Anker den Grund beschädigen können. Die sich dadurch ergebenden undichten Stellen würden zum Sinken des Wasserstandes führen. Da auf den genannten Strecken ein allgemeines Ankerverbot besteht, sind in der Regel keine Ankerverbotszeichen aufgestellt.

Hinweis:
Ankerverbotszeichen siehe Frage 128

Vorschriften:
§§ 6.28/5, 7.03

1.11 Geltungsbereich des Sportbootführerscheins–Binnen

34*

Für welche Sportboote ist der Sportbootführerschein – Binnen vorgeschrieben?

Antwort: ●●●

Für Sportboote von mehr als 3,68 kW (5 PS) Motorleistung und weniger als 15 m Länge. Auf bestimmten Gewässern im Großraum Berlin für alle Sportboote mit Maschinenantrieb und für Segelfahrzeuge und Segelsurfbretter mit mehr als 3 m² Segelfläche.

35

Auf welchen Gewässern gilt der Sportbootführerschein–Binnen?

Antwort: ●

Auf den Binnenschifffahrtsstraßen.

36*

Wann wird der Sportbootführerschein–Binnen entzogen?

Antwort: ●●

Wenn der Inhaber nicht mehr tauglich ist oder sich durch sein Verhalten im Verkehr als unzuverlässig erwiesen hat.

Zu Fragen 34 bis 36:

Der Sportbootführerschein–Binnen ist grundsätzlich als Nachweis von drei verschiedenen Fahrerlaubnissen vorgesehen, nämlich für Sportboote

- mit Antriebsmaschine,
- unter Segel,
- als Segelsurfbrett.

Für alle Sportboote mit einer der drei Antriebsarten ist eine Fahrerlaubnis jedoch nur auf Gewässern im Land Berlin erforderlich:

- für Fahrzeuge mit Antriebsmaschine grundsätzlich, d. h. ohne jegliche PS-Freigrenze, und somit für alle Fahrzeuge, die mit einer Antriebsmaschine ausgerüstet sind,
- für Fahrzeuge unter Segel und für Segelsurfbretter mit mehr als 3 m² Segelfläche.

Auf den sonstigen Binnenschifffahrtsstraßen ist dagegen eine Erlaubnis nur für Fahrzeuge erforderlich, die mit einer Antriebsmaschine ausgerüstet sind, deren Nutzleistung mehr als 3,68 kW (5 PS) beträgt.

Für die Seeschifffahrtsstraßen ist der Sportbootführerschein–See ebenfalls nur für Sportboote mit Antriebsmaschine mit mehr als 3,68 kW vorgeschrieben. Vor dem 1. 1. 1978 ausgestellte Sportbootführerscheine–See sind dem Sportbootführerschein–Binnen gleichgestellt. Im Land Berlin erstreckte sich die Gültigkeit des Sportbootführerscheins–See bis zum Inkrafttreten der SportbootFüV–Bin am 22. 3. 1989.

Auf dem **Bodensee** sind Bodensee-Schifferpatente für Fahrzeuge mit Maschinenantrieb von mehr als 4,4 kW (6 PS) – Kategorie A – und für Segelfahrzeuge mit mehr als 12 m² Segelfläche – Kategorie D – vorgeschrieben. Die Sportbootführerscheine–Binnen und –See sowie der Sportküstenschifferschein werden für Urlauber für höchstens einen

Monat innerhalb eines Jahres als ausreichend für den Bodensee anerkannt. Das so genannte *Ferienpatent* ist rechtzeitig bei einem der Landratsämter Bodenseekreis Friedrichshafen, Konstanz und Lindau zu beantragen. Das *Ferienpatent* ist an Bord mitzuführen. Eine Teilung in zweimal zwei Wochen o. Ä. ist nicht möglich. Das Boot muss für den Bodensee zugelassen sein.

Entziehungsgründe für den Sportbootführerschein – Binnen können sein:

- Beeinträchtigung der körperlichen und geistigen Tauglichkeit;
- erhebliche Verstöße gegen verkehrsstrafrechtliche Vorschriften mit rechtskräftiger Verurteilung;
- wiederholte Nichteinhaltung einer erteilten Auflage.

Hinweis: Pflicht, den Sportbootführerschein – Binnen mitzuführen, siehe Frage 29

Vorschriften:
§§ 2, 3, 5, 10 SportbootFüV–Bin
§ 1 SportbootFüV–See
Artikel 12.01, 12.02, 12.09 BodenseeSchO

A 2 Tag- und Nachtbezeichnung der Fahrzeuge und schwimmenden Geräte

2.1 Allgemeine Anforderungen an die Bordlichter

37 ●●

Welchen Sichtwinkel und welche Farben haben die einzelnen Bordlichter?

Antwort:

Topplicht: weiß 225°
Seitenlichter:
Backbord rot 112° 30´
Steuerbord grün 112° 30´
Hecklicht: weiß 135°

38 ●

Wann müssen die vorgeschriebenen Lichter von Fahrzeugen geführt werden?

Antwort:

Bei Nacht und bei unsichtigem Wetter am Tag.

39 ●

Welche Bordlichter dürfen auf Sportbooten verwendet werden?

Antwort:

Nur solche Lichter, deren Baumuster vom BSH oder DHI zur Verwendung auf Binnen- oder Seeschifffahrtsstraßen zugelassen sind.

40 ●

Welchen Anforderungen müssen die Bordlichter entsprechen?

Antwort:

Sie müssen die Baumusterprüfung des BSH oder DHI haben.

Zu Fragen 37 und 38:
Bei Nacht ist die Fahrt und die Kursrichtung eines Fahrzeuges nur an den Lichtern zu erkennen. Aus ihrer Identifizierung muss abgeleitet werden, ob ein Ausweichmanöver notwendig oder die Passage ohne Gefährdung möglich ist. Ist die Anbringung der Lichter fehlerhaft, führt dies zu einer falschen Kursannahme, woraus gefährliche Situationen bis zum Zusammenstoß entstehen können. Deshalb müssen die Lichter genauestens angebracht und eingestellt sein. Die Verantwortung für die richtige Anbringung der Lichter obliegt dem Schiffsführer.

Aus der Horizontbogen-Sektoreneinteilung ergibt sich, dass Anfang und Ende eines Fahrzeuges und auch eines Fahrzeugverbandes, ausgenommen geschleppte Schubverbände, stets durch ein weißes Licht (Topp- und Hecklicht) erkennbar sind. Ob das Fahrzeug ein Entgegenkommer oder ein Vorausfahrer ist, ergibt sich aus der Farbe der Seitenlichter.

Die Lichter müssen stets ein gleichmäßiges, ununterbrochenes Licht ausstrahlen. Es ist verboten, andere als die in den Verkehrsbestimmungen vorgesehenen Lichter zu benutzen oder sie unter Umständen für Zwecke zu gebrauchen, für die sie nicht vorgeschrieben oder zugelassen sind. Sofern vorgeschriebene Lichter ausfallen, müssen unverzüglich Ersatzlichter gesetzt werden. Zu diesem Zweck müssen entsprechende Ersatzlichter mitgeführt werden.

Es ist auch verboten, Lampen oder Scheinwerfer in einer Weise zu gebrauchen, dass sie blenden und dadurch die Schifffahrt oder den Verkehr an Land gefährden oder behindern.

Darstellung der Lichtsektoren

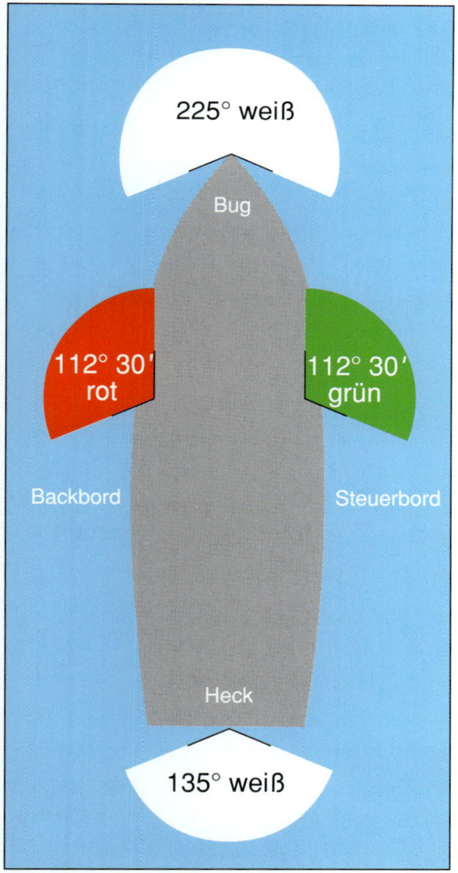

Hinweise:
Unsichtiges Wetter siehe Frage 23
Anforderungen an die Bordlichter siehe Fragen 39, 40
Darstellung der Lichter siehe Zeichenerklärungen

Vorschriften:
§§ 3.01, 3.02, 3.05, 3.07

Zu Fragen 39 und 40:
Die in der Binnenschifffahrt zur Verwendung kommenden Lichter müssen den Verordnungen über die Farbe und Lichtstärke der Bordlichter entprechen und mit einem Zulassungszeichen versehen sein, mit dem zum Ausdruck gebracht wird, dass die betreffenden Lichter in Farbe und Lichtstärke die Voraussetzungen erfüllen. In der Bundesrepublik Deutschland ist für die Zulassung das Bundesamt für Seeschifffahrt und Hydrographie (BSH) zuständig. Das Zulassungszeichen besteht aus einem Anker, dem Zulassungsbuchstaben des Zulassungslandes und der Zulassungsnummer.

Beispiel: ⚓ D 378

Nach den 1992 von der Zentralkommission für die Rheinschifffahrt beschlossenen Vorschriften wurde die Kennzeichnung mit dem Zulassungsjahr erweitert. Nach dem Zulassungszeichen folgt der Zulassungsbuchstabe des Landes, danach die zwei letzten Ziffern des Zulassungsjahres und danach die Zulassungsnummer.

Beispiel: ⚓ F.91.235

Die Zulassungszeichen der vor 1992 zugelassenen Lichter behalten ihre Gültigkeit.
Kleinfahrzeuge und Sportfahrzeuge mit 15 und mehr Meter Länge können auch Bordlichter und Signalleuchten verwenden, die für sie auf den Seeschifffahrtsstraßen vorgeschrieben sind. Die Zulassungsbezeichnung lautet dann:

BSH 01/05/80

Die bis zur Bildung des BSH am 1. 8. 1990 vergebenen Zeichen mit der Bezeichnung DHI gelten weiter.

Die Signalleuchten sind in starke, helle und gewöhnliche Lichter eingeteilt und müssen folgende Sichtweiten erbringen:

Lichter	Farbe	
	weiß km	rot/grün km
stark	5,9–8	–
hell	3,9–5,3	3,2–5,0
gewöhnlich	2,3–3,0	1,7–2,8

Beim Wechsel oder Ersatz von Glühlampen ist besonders auf die Stärke zu achten, die insbesondere bei den roten und grünen Lichtern durch die Farbfilter in der Sichtweite beeinträchtigt sein kann.

Hinweis:
Zu den Sichtweiten und Farben siehe Frage 37

Vorschriften:
BordlichterV–Binnen §§ 1, 2

2.2 Allgemeine Tag- und Nachtbezeichnung der Fahrzeuge der gewerblichen Schifffahrt

41

Sie sehen nebenstehende Lichter. Welches Fahrzeug erkennen Sie?

Antwort: ●●

Fahrzeug mit Maschinenantrieb in Fahrt von vorn.

42

Sie sehen nebenstehende Lichter. Welches Fahrzeug erkennen Sie?

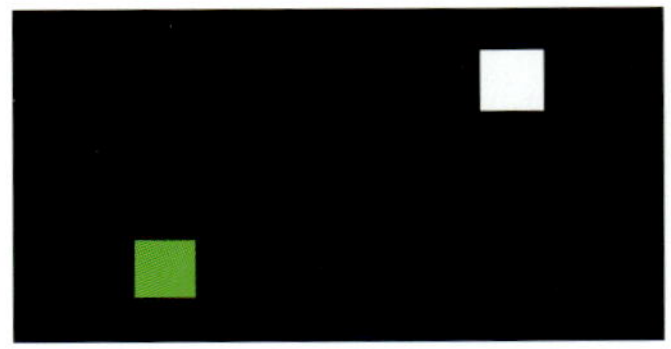

Antwort: ●●

Fahrzeug mit Maschinenantrieb in Fahrt von Steuerbordseite.

Zu den Fragen 41 und 42:
Einzeln fahrende Fahrzeuge mit Maschinenantrieb bis 110 m Länge müssen bei Nacht ein weißes Topplicht, die Seitenlichter (rot an Bb, grün an Stb) und ein weißes Hecklicht führen. Je nach Fahrtrichtung (z. B. Querlage) sind nur das Topplicht und ein Seitenlicht zu sehen.

Bei einer Länge von mehr als 110 m ist zusätzlich ein zweites Topplicht auf dem Hinterschiff und in größerer Höhe als das vordere Licht zu führen.

Schubverbände, deren Länge 110 m und deren Breite 12 m nicht überschreiten, gelten als einzeln fahrende Fahrzeuge mit Maschinenantrieb von gleicher Länge (siehe Absatz 1).

Hinweis:
Lichterführung siehe Frage 38;
Farben und Sichtwinkel siehe Frage 37

Vorschriften:
§§ 3.01, 3.08

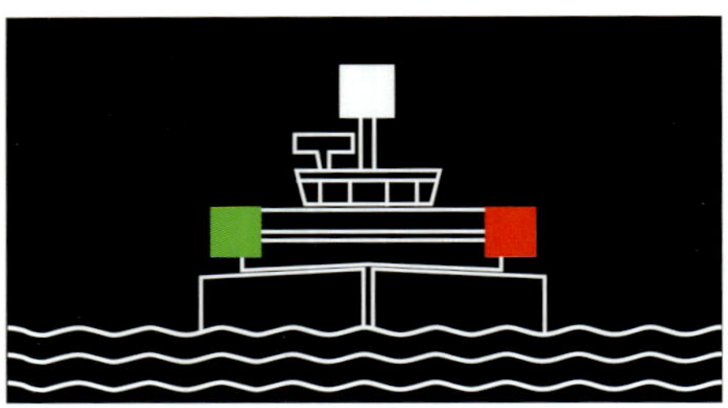

zu Frage 41

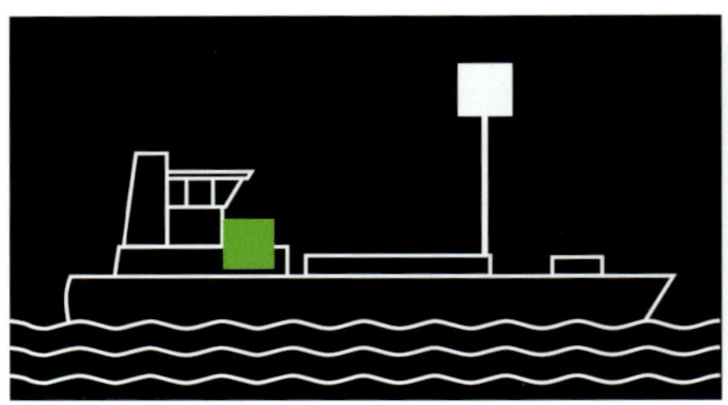

zu Frage 42

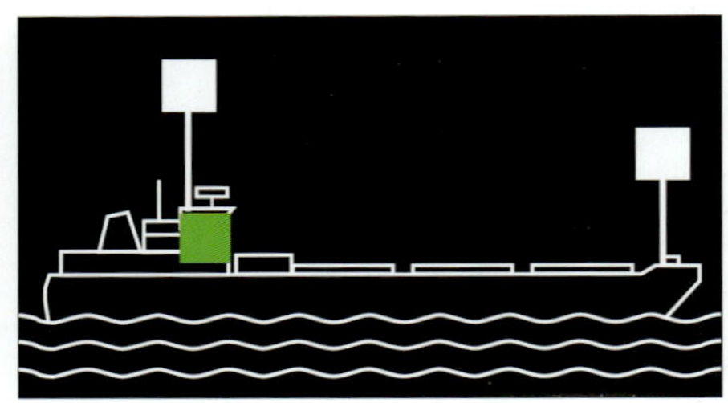

über 110 m Länge

43

Sie sehen nebenstehende Lichter. Welches Fahrzeug erkennen Sie?

Antwort: ●

1. **Einzeln fahrendes Fahrzeug mit Maschinenantrieb über 110 m Länge.**
2. **Erstes Fahrzeug eines Schleppverbandes (Schlepper) von vorn.**

44

Woran erkennen Sie das erste und das letzte Fahrzeug eines Schleppverbandes:
1. **bei Tag?**
2. **bei Nacht?**

Antwort: ●●●

1. **Bei Tag erstes Fahrzeug einen gelben Zylinder, letztes Fahrzeug einen gelben Ball.**
2. **Bei Nacht erstes Fahrzeug zwei weiße Topplichter übereinander und gelbes Hecklicht, letztes Fahrzeug ein weißes Rundumlicht und ein weißes Hecklicht.**

45*

Was bedeuten nebenstehende Sichtzeichen?

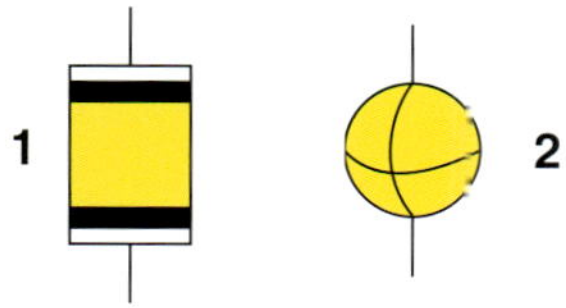

Antwort: ●●

1. **Erstes Fahrzeug (Schlepper).**
2. **Fahrzeuge, die geschleppt werden.**

Zu Fragen 43 bis 45:
Bei den Schleppverbänden der gewerblichen Schifffahrt ist besonders zu beachten, dass der Schleppverband zwischen den einzelnen Fahrzeugen, die mit Schleppdrähten miteinander verbunden sind, auf den Binnenschifffahrtsstraßen verschiedene Abstände aufweisen kann. Auf dem Rhein darf dieser Abstand bis zu 200 m betragen.

Deshalb ist die Erkennung und Beachtung von Anfang und Ende eines Schleppverbandes besonders wichtig, damit der Zwischenraum bei einem Seitenwechsel nicht durchfahren wird.

Ein solches grob fahrlässiges Verhalten kann zu einer Kollision und mindestens zu beachtlichen Schadensfolgen führen.

Faustregel:
- Am Tage beginnt ein Schleppverband am gelben Zylinder und endet am gelben Ball.
- Bei Nacht beginnt der Schleppverband an den 2 Topplichtern übereinander und endet am weißen Hecklicht.

Beim Überholen eines Schleppverbandes gilt die umgekehrte Reihenfolge. Zu beachten ist auch, dass die Fahrzeuge im Schleppverband nicht in gerader Linie hintereinander fahren, da jedes Fahrzeug des Verbandes einen Fluss- oder Fahrrinnenbogen (Krümmung) ausfahren muss.

In einem Schleppverband in Fahrt bei Nacht führt das erste Fahrzeug (Schlepper) zwei weiße Topplichter senkrecht übereinander, die Seitenlichter und ein gelbes Hecklicht. Die

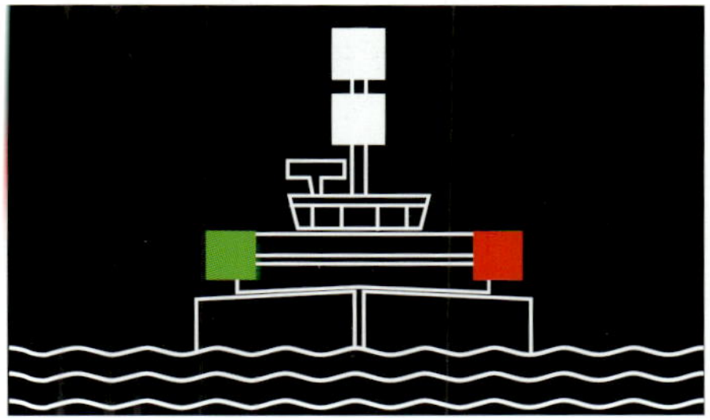

zu Frage 43

geschleppten Fahrzeuge führen als Topplicht ein weißes Rundumlicht und das letzte Fahrzeug zusätzlich ein weißes Hecklicht.

Bei Tag führt das erste Fahrzeug einen gelben Zylinder und das letzte einen gelben Ball. Fahren mehrere Fahrzeuge (Schlepper) an der Spitze des Verbandes, haben diese ein drittes weißes Topplicht zu führen. Damit wird angezeigt, dass zwischen diesen Fahrzeugen eine Durchfahrt nicht möglich ist. Am Tage haben die Schlepper dieser Formation alle den Zylinder zu führen.

Schleppt ein Kleinfahrzeug mit Maschinenantrieb andere Kleinfahrzeuge, so muss es bei Nacht die für die Kleinfahrzeuge vorgeschriebenen Fahrtlichter und die geschleppten Kleinfahrzeuge müssen, auch wenn längsseits geschleppt wird, ein weißes Rundumlicht führen. Eine besondere Tagbezeichnung ist nicht vorgeschrieben.

Hinweise:
Lichter eines Schubverbandes siehe Fragen 47 bis 49
Lichter von Kleinfahrzeugen siehe Frage 52

Vorschriften:
§§ 1.02/2, 3.09, 3.13, 3.29

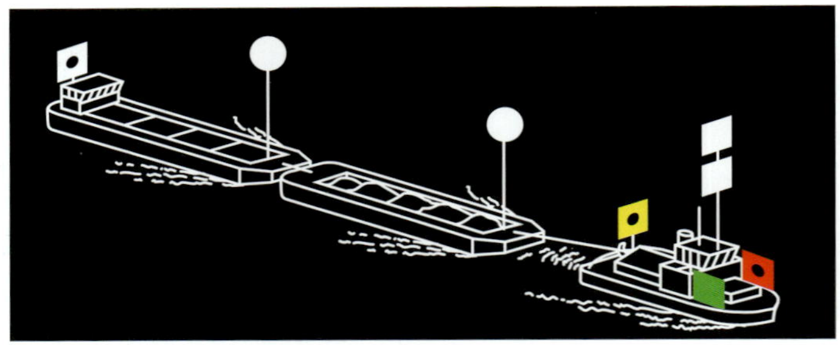

Bei Tag *zu Frage 44* *Bei Nacht*

46

Welche Lichter führt ein Schubverband?

Antwort: ●●●

Drei weiße Topplichter in einem Dreieck angebracht, die Seitenlichter (Backbord rot/Steuerbord grün), drei weiße Hecklichter waagerecht nebeneinander.

47

Sie sehen nebenstehende Lichter. Welches Fahrzeug erkennen Sie?

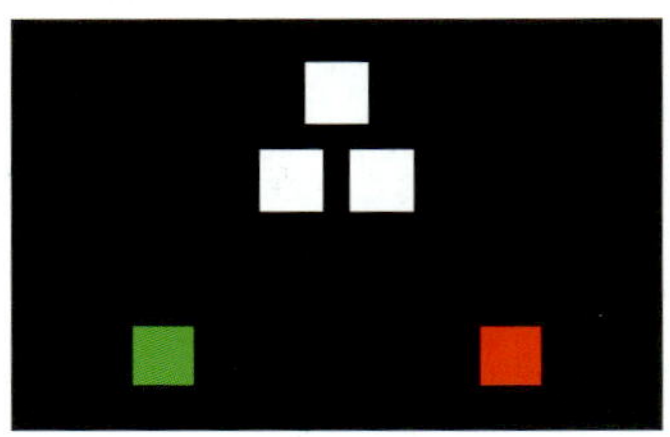

Antwort: ●●

Schubverband in Fahrt von vorn.

48

Sie sehen vor sich nebenstehende Lichter.
Welches Fahrzeug erkennen Sie?

Antwort: ●

Vorausfahrender Schubverband.

49

Sie sehen vor sich nebenstehende Lichter.
Welches Fahrzeug erkennen Sie?

Antwort: ●●

Vorausfahrender Schubverband, der geschleppt wird.

Zu Fragen 46 bis 49:

Allgemeines

Ein Schubverband ist eine starre Verbindung von mehreren Fahrzeugen. Bedingt durch den in der Länge versetzten Drehpunkt eines Wasserfahrzeugs ist bei Kursänderungen der Manövrierraum des Verbandes am Heck größer als am Bug. Bei einem Überholvorgang mit möglichem Gegenverkehr muss dies in den Überholzeitraum einbezogen werden. Das gilt auch für die Breite beim Begegnen.

Bei Tag sind die Schubverbände als eine große Einheit erkennbar. Deshalb wurde auf eine besondere Tagbezeichnung verzichtet.Schubverbände bis 110 m Länge und 12 m Breite gelten als einzeln fahrende Fahrzeuge mit Maschinenantrieb, sodass sie die Lichter eines Einzelfahrers führen.

Lichterführung der Schubverbände

Bei den in den Fragen 46 und 47 dargestellten Lichtern handelt es sich um einen Schubverband mit **einer** Fahrzeug-Schubleichterbreite.

1. Schubverbände in Fahrt müssen bei Nacht führen:

a) als Topplichter

I. drei Topplichter auf dem Vorschiff des Fahrzeugs oder, bei mehreren Fahr-

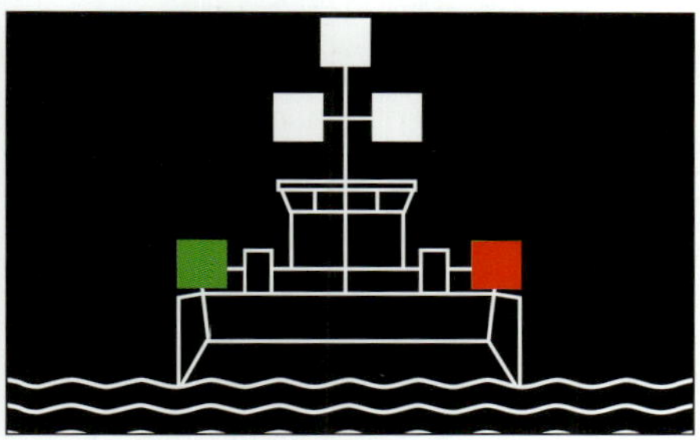

zu Frage 47

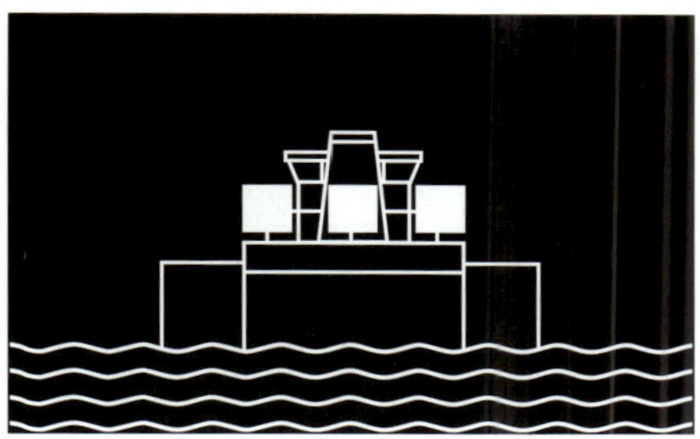

zu Frage 48

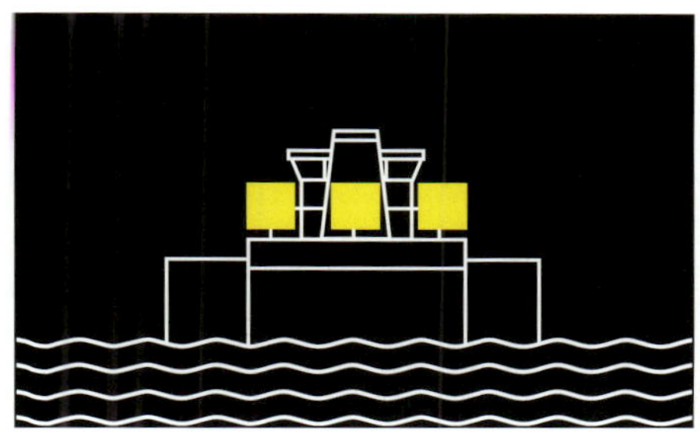

zu Frage 49

zeugen, auf dem Vorschiff des linken der Fahrzeuge an der Spitze des Verbandes. Diese Topplichter müssen in der Form eines gleichseitigen Dreiecks mit waagerechter Grundlinie in einer Ebene senkrecht zur Längsebene des Verbandes angeordnet sein.
Die beiden unteren Topplichter müssen in einem Abstand von etwa 1,25 m voneinander und ungefähr 1,10 m unter dem obersten Topplicht gesetzt werden. Sie müssen darüber hinaus auf Flüssen mindestens 2 m über der Ebene der Einsenkungsmarken und mindestens 1 m über den Seitenlichtern, auf Schifffahrtskanälen und in Schleusenkanälen so hoch wie möglich, jedoch mindestens in Höhe der Seitenlichter gesetzt werden;

II. ein Topplicht auf dem Vorschiff jedes anderen Fahrzeugs, dessen ganze Breite von vorn sichtbar ist. Dieses Topplicht ist nach Möglichkeit 3 m tiefer als das oberste Topplicht nach Ziffer I hiervor zu setzen.

Die Masten dieser Topplichter müssen in der Längsebene des Fahrzeugs stehen, auf dem sie geführt werden;

b) als Seitenlichter
auf dem breitesten Teil des Verbandes, höchstens 1 m von dessen Außenseiten entfernt, möglichst nahe beim schiebenden Fahrzeug und mindestens 2 m über dem Wasserspiegel;

c) als Hecklichter
I. drei Hecklichter auf dem Hinterschiff des schiebenden Fahrzeugs in einer waagerechten Linie senkrecht zur Längsebene mit einem seitlichen Abstand von etwa 1,25 m und in ausreichender Höhe, sodass sie nicht durch eines der anderen Fahrzeuge des Verbandes verdeckt werden können;
II. ein Hecklicht auf dem Hinterschiff eines jeden anderen Fahrzeugs, dessen ganze Breite von hinten sichtbar ist. Befinden sich in dem Verband außer dem schiebenden Fahrzeug mehr als zwei von hinten sichtbare Fahrzeuge, ist dieses Hecklicht nur von den beiden äußeren Fahrzeugen zu führen.

Wird der Schubverband geschleppt, sind anstelle der 3 weißen 3 gelbe Hecklichter zu führen; weitere Hecklichter werden hiervon nicht berührt. Wird der Schubverband am Tage geschleppt, hat er den gelben Ball und der Schlepper den gelben Zylinder zu führen.

Neben Schlepp- und Schubverbänden gibt es auch noch gekuppelte Fahrzeuge. Hierbei handelt es sich um mindestens 2 längsseits (nebeneinander) festverbundene gewerbliche Fahrzeuge als Verband, die in der Lichterführung als einzelne Fahrzeuge behandelt werden. Die Seitenlichter auf der jeweiligen Innenseite müssen gelöscht sein, sodass nur einmal sowohl das rote als auch das grüne Seitenlicht sichtbar ist und daraus die Gesamtbreite erkennbar wird.

Hinweise:
Tag- und Nachtbezeichnung der Fahrzeuge siehe Fragen 37–40 und 42–46
Schallsignale für Talfahrzeuge, die mit Radarhilfe fahren, siehe Frage 151

Vorschriften:
§§ 1.01, 3, 5, 6, 8, 9; 3.01, 3.10

50

**Sie sehen ein Fahrzeug, das nebenstehende Lichter gesetzt hat.
Um welches Fahrzeug handelt es sich?**

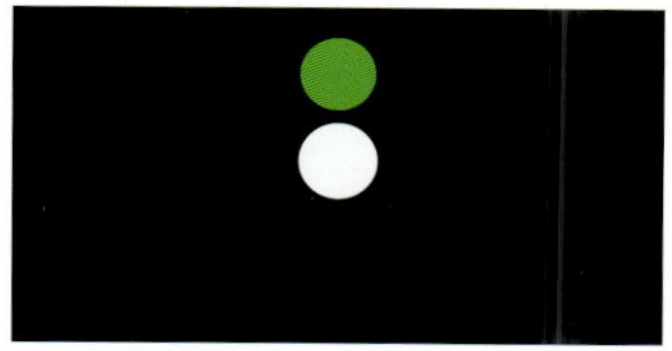

Antwort: ●

Eine nicht freifahrende Fähre.

51

**Sie sehen ein Fahrzeug, das nebenstehende Lichter gesetzt hat.
Um welches Fahrzeug handelt es sich?**

Antwort: ●

Eine frei fahrende Fähre von vorn.

Zu Fragen 50 und 51:
Fähren dienen dem Übersetzverkehr von einem Ufer zum anderen.

Es gibt frei fahrende, d. h. mit eigenem Maschinenantrieb fahrende Fähren und nicht frei fahrende Fähren ohne Maschinenantrieb am

- Längsseil
- Grundseil
- Hochseil

Die frei fahrenden Fähren sind hinsichtlich ihrer Manövrierfähigkeit mit einzeln fahrenden Fahrzeugen mit Maschinenantrieb vergleichbar. Sie führen deshalb auch Seitenlichter und Hecklicht. Die Fähreigenschaft ergibt sich aus den grün/weißen Rundumlichtern anstelle des Topplichtes.

Nicht frei fahrende Fähren sind wegen der angebrachten Halterung in ihrer Manövriereigenschaft beeinträchtigt.

Bei einer Fähre am Längsseil verläuft das Längsseil nach Oberstrom, wo es in der Regel ein Stück oberhalb über einem Döpper verankert ist. Der Döpper ist bei Nacht mit einem weißen Rundumlicht bezeichnet. Das Längsseil verläuft am festen Liegeplatz der Fähre stets entlang des Ufers. Wechselt die Fähre zum gegenüber liegenden Ufer, verläuft das Seil schräg über die Wasserstraße, sodass eine Durchfahrt anderer Fahrzeuge nicht möglich ist.

Fähren am Grundseil ziehen sich zum anderen Ufer. Eine Gefahr für die Vorbeifahrt besteht unmittelbar vor und hinter der Fähre, weil das Grundseil durch den Zug über die Fähre schräg nach oben bzw. nach unten verläuft.

Eine Fähre am Hochseil hängt an einem quer über die Wasserstraße verlaufenden Hochseil, das so hoch angebracht ist, dass die durchgehende Schifffahrt nicht behindert wird.
Die Fähren am Längsseil und am Hochseil werden durch keinen mechanischen Antrieb fortgewegt. Sie legen sich schräg gegen die Strömung und werden vom Druck der Strömung zum anderen Ufer gedrückt.

Auf der Donau müssen frei fahrende Fähren mit Vorfahrtsrecht über dem grünen Licht ein zweites grünes Licht und alle Fähren bei Tag einen grünen Ball führen.

Unabhängig von der Pflicht der Fähren, das Fahrwasser nur zu überqueren, wenn dies ohne Beeinträchtigung des übrigen Verkehrs möglich ist, ergibt sich besonders aus der Art der Verankerung (Längsseil), dass eine entsprechende Rücksichtnahme, insbesondere seitens der schnelleren Sportschifffahrt, auch im eigenen Sicherheitsinteresse angebracht ist. Die Verpflichtung der Fähren besteht nicht gegenüber Kleinfahrzeugen im Bereich der BinSchStrO.

Auf nicht frei fahrenden Fähren wird insbesondere oberhalb der Fährstrecke für die Talfahrt durch das Hinweiszeichen (Frage 101) aufmerksam gemacht. Ferner besteht in der Fährlinie ein grundsätzliches Stillliegeverbot.

Es kann auch das Gebotszeichen mit der Verpflichtung zur Abgabe von Schallzeichen, die zusätzlich angegeben sind, in entsprechender Entfernung aufgestellt sein.

Auch durch das Achtungszeichen mit dem Zusatz „Fähre“ wird teilweise auf Fähren aufmerksam gemacht. Hierdurch wird auf die besondere Rücksichtnahme hingewiesen, die beim Passieren von Fährlinien notwendig ist.

Vorschriften:
§§ 1.01/10, 1.04, Anlage 7: Abschnitt I, E. 4a und b; Abschnitt II, Nr. 1 und 3 BinschStrO
§ 3.34 DonauSchPV

Hinweise:
Grundregel für das Verhalten im Verkehr siehe Fragen 11, 12
Hinweiszeichen auf nicht frei fahrende Fähren siehe Frage 101
Anker, Festmache- und Liegeverbote siehe Fragen 127–130

2.3 Nachtbezeichnung der Kleinfahrzeuge

52

Welche Lichter müssen motorisierte Kleinfahrzeuge führen, und wie müssen diese Lichter angebracht sein? Tragen Sie die Möglichkeiten unter Angabe der Farben und Sichtwinkel ein.

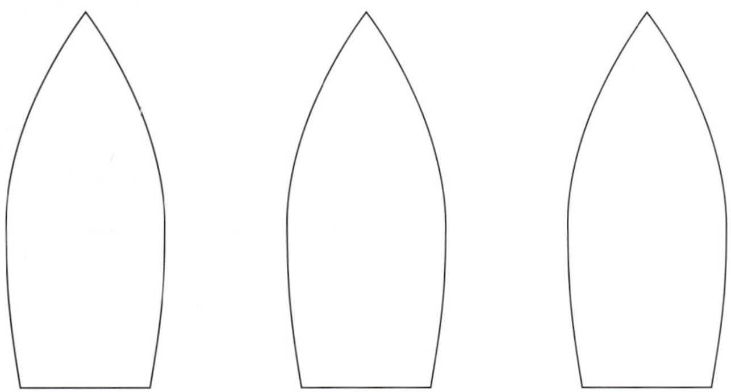

Antwort: ●●●

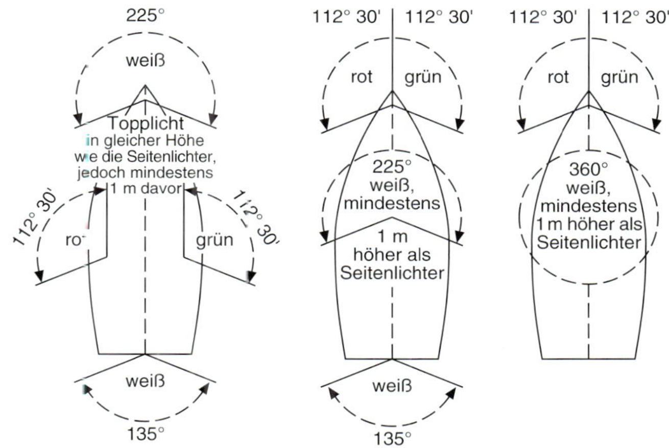

Zu Frage 52:
Hinsichtlich der Lichterführung der Kleinfahrzeuge mit Maschinenantrieb sind die Verkehrsbestimmungen für die verschiedenen Binnenschifffahrtsstraßen abweichend.

Diese Fahrzeuge müssen folgende Lichter führen:

① entweder Topplicht (vorderes Licht), Seitenlichter und Hecklicht, wobei das Topplicht auf gleicher Höhe wie die Seitenlichter und mindestens 1 m vor diesen gesetzt sein muss,

② oder das Topplicht mindestens 1 m höher als die Seitenlichter, die unmittelbar nebeneinander oder in einer einzigen Laterne am oder nahe am Bug gesetzt sein müssen, und das Hecklicht.
Nach der Rhein-, Mosel- und DonauSchPV können die Seitenlichter wie vorstehend geführt werden, sodass auf Rhein, Mosel und Donau auch die Anbringung der Seitenlichter nach Nr. 1 möglich ist,

③ oder das Topplicht als Rundumlicht und die Seitenlichter nach Nr. 2; das Hecklicht entfällt.

Bei der Lichterführung nach Nr. 2 und insbesondere nach Nr. 3 muss das Topplicht nicht 1 m vor den Seitenlichtern, sondern 1 m höher als diese geführt werden, sodass eine Versetzung in der Längsachse wegen möglicher Blendwirkungen möglich ist.

Besteht ein Schleppverband nur aus Kleinfahrzeugen oder befinden sich Kleinfahrzeuge am Schluss eines Schleppverbandes, muss nur das letzte Kleinfahrzeug, das kein Beiboot ist, ein weißes Rundumlicht führen.

①

②

③

Längsseits schleppen

Hinweise:
Tag- und Nachtbezeichnung der Fahrzeuge siehe Fragen 37–40

Lichterführung beim Schleppen von Kleinfahrzeugen siehe Fragen 43–45

Vorschriften:
§§ 3.13 und DonauSchPV 8.08

53

Welche Möglichkeiten der Lichterführung gibt es auf Binnenschifffahrtsstraßen für Kleinfahrzeuge unter Segel?

Antwort: ●●●

1. **Ein weißes, von allen Seiten sichtbares Licht. Bei Annäherung an andere Fahrzeuge ist ein zweites Licht zu zeigen**
   oder
2. **Seitenlichter am oder nahe am Bug und Hecklicht**
   oder
3. **Dreifarbenlampe im Topp.**

Zu Frage 53:
Nur unter Segel fahrende Kleinfahrzeuge müssen bei Nacht wie folgt gekennzeichnet sein:

① ein weißes, von allen Seiten sichtbares Licht. Bei Annäherung anderer Fahrzeuge ist ein zweites Licht zu zeigen, oder

② Seitenlichter am oder nahe am Bug und ein Hecklicht oder

Nummer ① ist auf der Donau auf Kleinfahrzeuge von weniger als 7 m begrenzt.

Fahrzeuge unter Segel, die auch die Antriebsmaschine benutzen, müssen die Lichter wie Fahrzeuge mit Maschinenantrieb führen.

③ Dreifarbenlampe im Topp

Hinweise:
Tag- und Nachtbezeichnung der Fahrzeuge siehe Fragen 37–40
Kennzeichnung eines Fahrzeugs, das unter Segel und Motor fährt, siehe Frage 74
Vorschriften: § 3.13

54

Welche Lichter müssen Kleinfahrzeuge ohne Maschinenantrieb mindestens führen?

Antwort: ●

Ein weißes, von allen Seiten sichtbares Licht.

Zu Frage 54:

Weder mit Maschinenantrieb noch unter Segel fahrende Kleinfahrzeuge müssen bei Nacht ein weißes Rundumlicht führen. Beiboote, auf die die gleichen Voraussetzungen zutreffen, brauchen dieses Licht jedoch nur bei Annäherung anderer Fahrzeuge zu zeigen.

Vorschriften:
§ 3.13

2.4 Tag- und Nachtbezeichnung der schwimmenden Geräte, festgefahrenen und gesunkenen Fahrzeuge

55

Sie sehen voraus im Fahrwasser nebenstehende Lichter.
Was bedeuten diese Lichter, und wie verhalten Sie sich?

Antwort: ●●●

Schwimmendes Gerät bei der Arbeit oder ein festgefahrenes oder gesunkenes Fahrzeug. Vorbeifahrt an jeder Seite gestattet. Sog und Wellenschlag vermeiden.

56*

Sie sehen voraus im Fahrwasser nebenstehende Zeichen.
Was bedeuten diese Zeichen, und wie verhalten Sie sich?

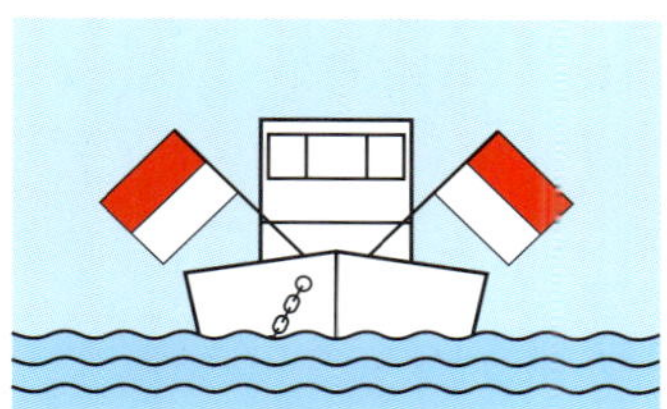

Antwort: ●●●

Schwimmendes Gerät bei der Arbeit oder ein festgefahrenes oder gesunkenes Fahrzeug. Vorbeifahrt an jeder Seite gestattet. Sog und Wellenschlag vermeiden.

57

Sie sehen voraus im Fahrwasser nebenstehende Lichter.
Was bedeuten diese Lichter, und wie verhalten Sie sich?

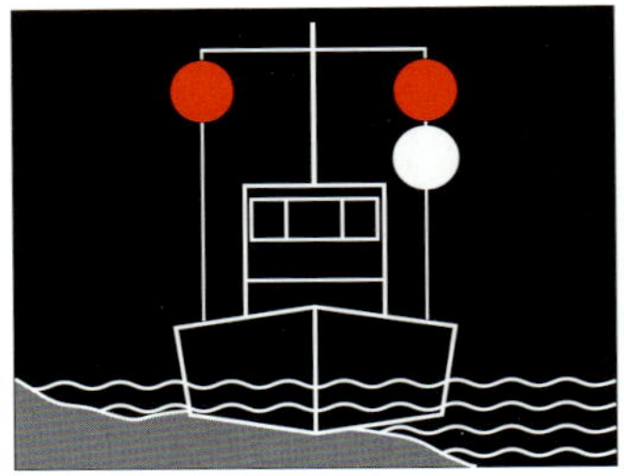

Antwort: ●●●

Schwimmendes Gerät bei der Arbeit oder ein festgefahrenes oder gesunkenes Fahrzeug. Vorbeifahrt nur an der rot-weißen Seite gestattet; rote Seite gesperrt. Sog und Wellenschlag vermeiden.

58*

Sie sehen voraus im Fahrwasser nebenstehende Zeichen.
Was bedeuten diese Zeichen, und wie verhalten Sie sich?

Antwort: ●●●

Schwimmendes Gerät bei der Arbeit oder ein festgefahrenes oder gesunkenes Fahrzeug. Vorbeifahrt nur an der rot-weißen Seite gestattet; rote Seite gesperrt. Sog und Wellenschlag vermeiden.

59

Sie sehen voraus im Fahrwasser nebenstehende Lichter.
Was bedeuten diese Lichter, und wie verhalten Sie sich?

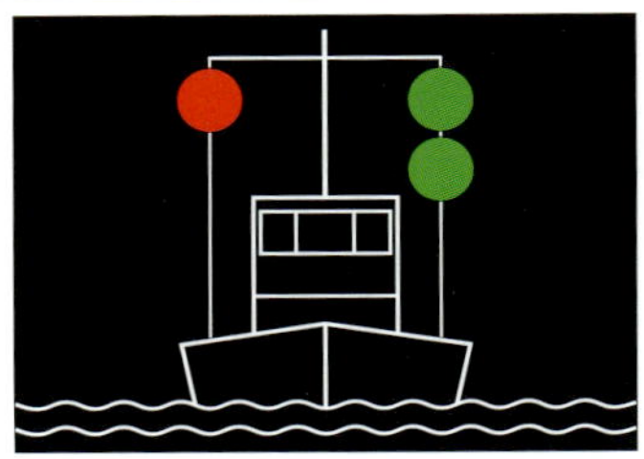

Antwort: ●●

Schwimmendes Gerät bei der Arbeit. Vorbeifahrt nur an den grünen Lichtern gestattet; rote Seite gesperrt.

60*

Sie sehen voraus im Fahrwasser nebenstehende Zeichen.
Was bedeuten diese Zeichen, und wie verhalten Sie sich?

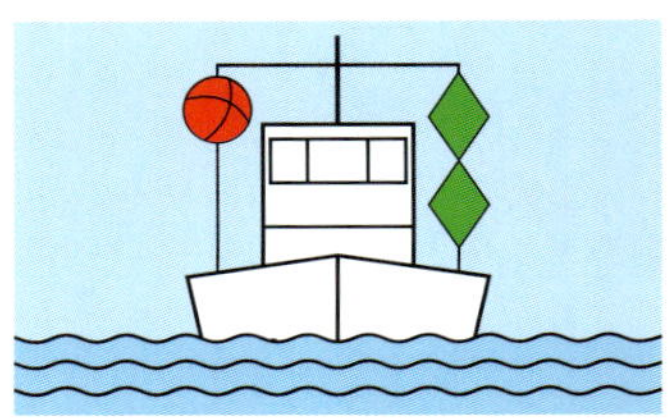

Antwort: ●●

Schwimmendes Gerät bei der Arbeit. Vorbeifahrt nur an den grünen Doppelkegeln gestattet; rote Seite gesperrt.

61

**Sie sehen voraus im Fahrwasser nebenstehende Zeichen.
Was bedeuten diese Zeichen, und wie verhalten Sie sich?**

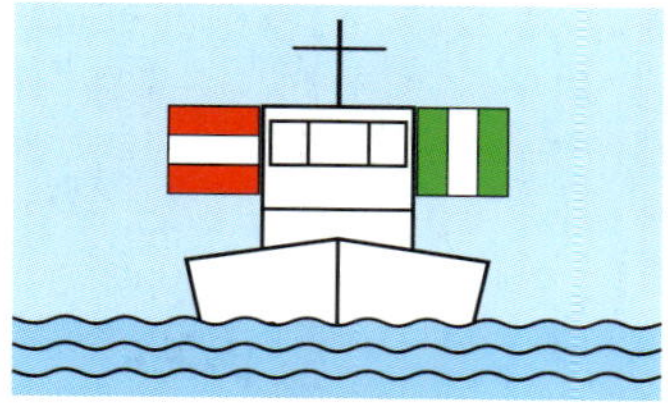

Antwort: ●●

Schwimmendes Gerät bei der Arbeit. Vorbeifahrt nur an der grün-weiß-grünen Tafel gestattet; Rot-Weiß-Rot gesperrt.

62

**Sie sehen voraus im Fahrwasser nebenstehende Lichter.
Was bedeuten diese Lichter, und wie verhalten Sie sich?**

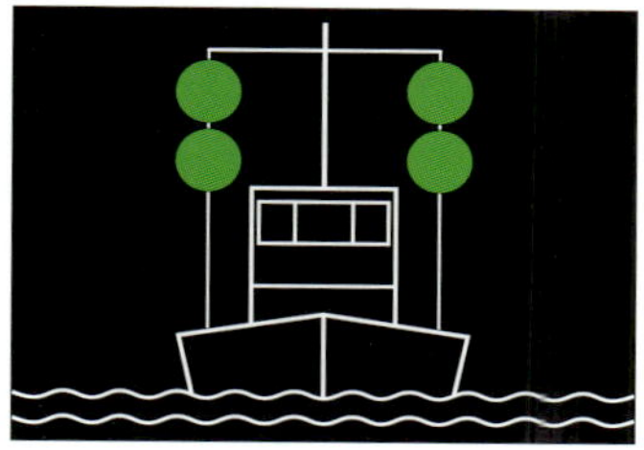

Antwort: ●●

Schwimmendes Gerät bei der Arbeit. Vorbeifahrt an jeder Seite gestattet. Möglichst Sog und Wellenschlag vermeiden.

63

**Sie sehen voraus im Fahrwasser nebenstehende Zeichen.
Was bedeuten diese Zeichen, und wie verhalten Sie sich?**

Antwort: ●●

Schwimmendes Gerät bei der Arbeit. Vorbeifahrt an jeder Seite gestattet. Möglichst Sog und Wellenschlag vermeiden.

64

**Sie sehen voraus im Fahrwasser nebenstehende Zeichen.
Was bedeuten diese Zeichen, und wie verhalten Sie sich?**

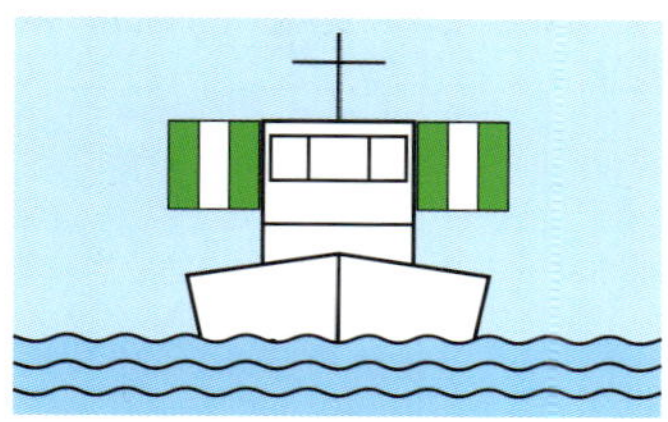

Antwort: ●●

Schwimmendes Gerät bei der Arbeit. Vorbeifahrt an jeder Seite gestattet. Möglichst Sog und Wellenschlag vermeiden.

Zu Fragen 55 bis 64:
Schwimmende Geräte bei der Arbeit und Fahrzeuge, die in der Wasserstraße Arbeiten, Peilungen oder andere Messungen ausführen und dabei stillliegen, müssen die entsprechenden Zeichen bei Tag und die Lichter bei Nacht führen. Wenn diese Fahrzeuge ge-

gen Sog und Wellenschlag geschützt werden müssen oder bei festgefahrenen oder gesunkenen Fahrzeugen liegen, werden nur die Zeichen bzw. Lichter nach den Fragen Nummern 55–58 gesetzt. Aufgrund dieser Zeichen besteht für jeden Schiffsführer die Verpflichtung zur Geschwindigkeitsverminderung, um möglichst schädlichen Sog oder Wellenschlag zu vermeiden. Das wird durch einen möglichst großen Passierabstand unterstützt. Liegt ein gesunkenes Fahrzeug so, dass die Bezeichnung auf ihm nicht angebracht werden kann, sind sie auf Tonnen oder auf andere geeignete Weise zu setzen. Untiefen, die zwischen dem Ufer und der Untiefe in der Regel nicht passiert werden können, werden mit den Zeichen und Lichtern nach den Fragen Nr. 59–64 bezeichnet.

Wenn durch festgefahrene oder gesunkene Fahrzeuge das Fahrwasser erheblich verengt, aber eine Schiffssperre nicht unbedingt erforderlich ist, können schwimmende Schifffahrtszeichen ober- und unterhalb des Hindernisses mit den Zeichen/Lichtern zur rechtzeitigen Verkehrslenkung ausgelegt werden. Bei Festfahren oder Sinken des Fahrzeugs muss der Schiffsführer umgehend die Benachrichtigung der WSV oder der WSP veranlassen, damit eine entsprechende Verkehrslenkung und Bezeichnung erfolgt. Bis dies geschieht, muss der Schiffsführer unverzüglich die herankommenden Fahrzeuge an geeigneten Stellen und in einer entsprechenden Entfernung von der Unfallstelle warnen („Wahrschau!"), damit diese rechtzeitig die erforderlichen Maßnahmen treffen können.

Die Beachtung der Vorbeifahrtseite ist auch für Kleinfahrzeuge zwingend, weil insbesondere bei schwimmenden Geräten (Bagger usw.) Querdrähte an der gesperrten Seite zum Ufer ausgebracht sein können.

Schwimmende Geräte (Bagger usw.) liegen in der Regel vor Anker, wobei die Anker in

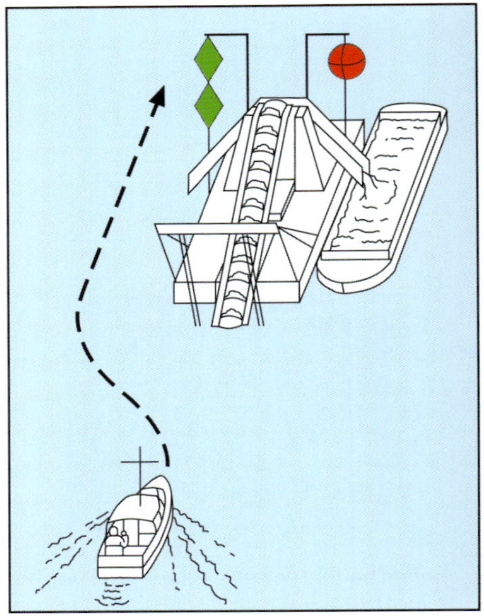

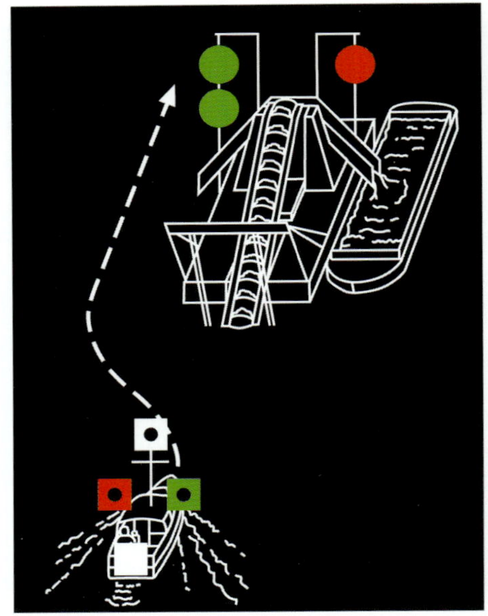

größerer Entfernung vom Gerät ausgebracht sein können, sodass die Anker die Schifffahrt gefährden können. In diesem Falle muss jeder Anker mit einem gelben Döpper (Tonne) mit Radarreflektor bezeichnet sein, bei Nacht zusätzlich mit einem weißen Rundumlicht über dem Anker.

Auf der **Donau** sind die Zeichen und Lichter nach den Fragen Nr. 55, 56, 62–64 nicht vorgesehen. Neben den Zeichen nach den Fragen Nr. 56 und 58 können auf der Donau schwimmende Geräte bei der Arbeit am Tage an der freien Seite mit einem roten über einem weißen Ball und an der gesperrten Seite mit einem roten Ball bezeichnet sein.

Zu den schwimmenden Geräten bei der Arbeit gehören auch Fischereifahrzeuge. Sind die Netze oder Ausleger im Fahrwasser oder in dessen Nähe ausgebracht, müssen diese bei Tag durch gelbe Döpper, bei Nacht neben dem Stillliegelicht durch von allen Seiten sichtbare weiße Lichter gekennzeichnet sein. Die Leinen-Draht-Verbindung zum Stillliegeufer kann in der Regel beibehalten werden, sodass die Vorbeifahrt nur außerhalb der Netzseite möglich ist.

Hinweise:
Verantwortung des Schiffsführers siehe Fragen 13–15
Lichterführung schwimmender Anlagen und Stillieger siehe Fragen 79–82. Maßnahmen bei Grundberührungen siehe Fragen 163, 164
Bereiche, in denen die Geschwindigkeit zu vermindern ist, um Sog oder Wellenschlag zu vermeiden, siehe Frage 165.

Vorschriften:
§§ 1.17, 3.26–3.28, 6.22a

2.5 Bezeichnung von Fahrzeugen des öffentlichen Dienstes

65*

Sie sehen auf einem Fahrzeug ein blaues Funkellicht. Um welches Fahrzeug handelt es sich?

Antwort: ●

Fahrzeug der Überwachungsbehörden, Feuerlöschboote oder Wasserrettungsfahrzeug im Einsatz.

Zu Frage 65:
Fahrzeuge der Überwachungsbehörden (WSV, WSP) können bei Tag und bei Nacht das blaue Funkellicht zeigen, um sich kenntlich zu machen.

Zur Hilfeleistung eingesetzte Feuerlöschboote dürfen dieses Licht ebenfalls zeigen.

Darüber hinaus kann Fahrzeugen der anerkannten Rettungsdienste für dringende Einsatzfahrten das Führen des Lichtes durch besondere Anordnung gestattet werden, z. B. der DLRG.

Das Licht wird von den Überwachungsfahrzeugen in der Regel nur bei besonderen Vorkommnissen (Schiffsunfälle oder sonstige Schadensfälle, Verkehrsbehinderungen, Verkehrsregelung, dringende Einsatzfahrten usw.) gezeigt. Mit dem Licht wird somit auf eine Behinderungs- oder Gefahrensituation hingeweisen. Damit werden die Verkehrsteilnehmer zur besonderen Aufmerksamkeit aufgefordert, wobei im weiteren Verlauf der Fahrtstrecke mit konkreten Anordnungen durch Schifffahrtszeichen oder mündlichen Anweisungen zu rechnen ist.

Fahrzeuge der Überwachungsbehörden sind von der Beachtung der Verkehrsvorschriften befreit, soweit dies zur Erfüllung hoheitlicher Aufgaben unter Berücksichtigung der öffentlichen Sicherheit und Ordnung dringend geboten ist (z. B. Nichteinhaltung einer Geschwindigkeitsbegrenzung usw.).

Die Schiffsführer haben ferner die Anweisungen von Dienstkräften der WSV und der WSP zu befolgen, die ihnen im öffentlichen Interesse erteilt werden. Sie müssen ferner diesen Kräften Unterstützung geben, insbesondere das sofortige Anbordkommen bei Kontrollen erleichtern. Dies gilt auch für Sportboote hinsichtlich der Befolgung der Anordnung, zwecks Überprüfung usw. am Überwachungsfahrzeug längsseits zu gehen.

Auf der **Donau** führen die Fahrzeuge der Überwachungsbehörden an beiden Seiten am Vorschiff zusätzlich als Unterscheidungszeichen einen weißen Rhombus mit blauem Rand und ferner am Tag einen weißen Wimpel mit dem Unterscheidungszeichen.

Hinweis:
Schutzbedürftige Anlagen usw. siehe Fragen 55–64

Vorschriften:
§§ 1.19, 1.20, 1.24
§ 8.12 DonauSchPV

2.6 Besondere Tag- und Nachtbezeichnung der Fahrzeuge mit gefährlichen Gütern

66

Sie sehen auf einem Fahrzeug ein blaues Licht. Welche Bedeutung hat dieses Licht?

Antwort: ●

Fahrzeug hat entzündbare Stoffe geladen. Mindestabstand beim Stillliegen 10 m.

67

Welche Bedeutung hat nebenstehendes Zeichen?

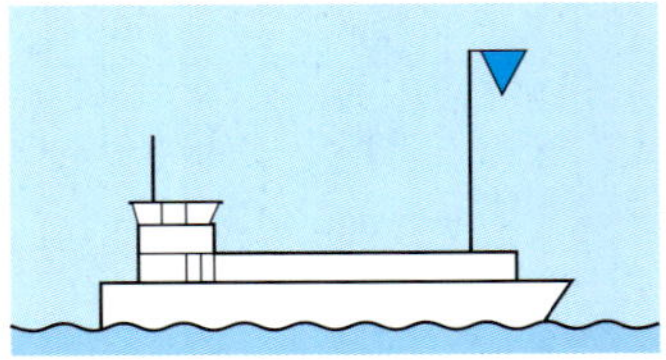

Antwort: ●

Fahrzeug hat entzündbare Stoffe geladen. Mindestabstand beim Stillliegen 10 m.

68

Sie sehen auf einem Fahrzeug zwei blaue Lichter übereinander. Welche Bedeutung haben diese Lichter?

Antwort: ●

Fahrzeug hat gesundheitsschädliche Stoffe geladen. Mindestabstand beim Stillliegen 50 m.

69*

Welche Bedeutung haben nebenstehende Zeichen?

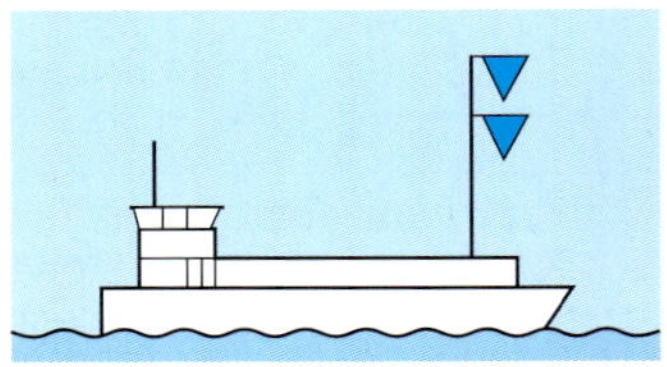

Antwort: ●

Fahrzeug hat gesundheitsschädliche Stoffe geladen. Mindestabstand beim Stillliegen 50 m.

70

Sie sehen auf einem Fahrzeug drei blaue Lichter übereinander. Welche Bedeutung haben diese Lichter?

Antwort: ●

Fahrzeug hat explosive Stoffe geladen. Mindestabstand beim Stillliegen 100 m.

71

Welche Bedeutung haben nebenstehende Zeichen?

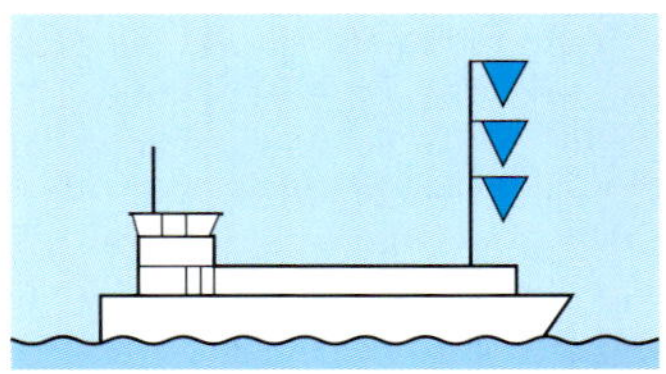

Antwort: ●

Fahrzeug hat explosive Stoffe geladen. Mindestabstand beim Stillliegen 100 m.

Zu Fragen 66 bis 71:

Von Fahrzeugen, die gefährliche Güter geladen haben oder geladen hatten und noch nicht entgast sind, können, insbesondere bei Havarien, bei Schäden an technischen Einrichtungen oder bei menschlichem Fehlverhalten, besondere Gefahren ausgehen; sie müssen daher entsprechend der unterschiedlichen Gefährlichkeit der Ladung zusätzlich bezeichnet sein, und zwar:
mit 1, 2 oder 3 blauen Zeichen/Lichtern.
Diese Zeichen/Lichter müssen auch beim Stillliegen beibehalten werden.

Andere Fahrzeuge müssen beim Stillliegen folgende Abstände gegenüber diesen Fahrzeugen einhalten:

- 10 m gegenüber einem blauen Licht/Kegel
- 50 m gegenüber zwei blauen Lichtern/Kegeln
- 100 m gegenüber drei blauen Lichtern/Kegeln

Außer beim Überholen, Begegnen oder Vorbeifahren ist es verboten, näher als 50 m an Fahrzeuge und Verbände heranzufahren, auf denen die 2 oder 3 blauen Lichter/Kegel gesetzt sind.

Ein Schiff ist im Grunde einer Wohnung gleichgestellt und darf daher nur mit Genehmigung des Schiffsführers betreten werden. Auf Fahrzeugen, die die blauen Zeichen/Lichter führen, kann außerdem mit dem Zeichen **„Betretungsverbot“** und, wenn Rauchverbot besteht, mit dem Zeichen **„Rauchverbot“** hierauf besonders hingewiesen werden.

Auf der **Donau** dürfen anstelle der 2 und 3 blauen Kegel ein roter Kegel und anstelle der 2 und 3 blauen Lichter ein rotes Licht geführt werden. Diese Bezeichnungen sind nicht nur von dem Fahrzeug, das die Güter geladen hat, sondern auch von dem ersten Fahrzeug im Schleppverband zu führen; ferner bei Schubverbänden auf dem Vorschiff und auf dem schiebenden Fahrzeug, wobei das blaue bzw. rote Licht auf dem Schlepper als Sektorenlicht unter den beiden Topplichtern und beim Schubverband unter dem Lichterdreieck gesetzt werden müssen.

Bei Zwischenfällen oder Unfällen, die ein Freiwerden gefährlicher Güter verursachen können, muss von dem Beförderungsfahrzeug auf den Binnenschifffahrtsstraßen das **Bleib-weg-Signal** als Schallsignal ausgelöst werden, das 15 Minuten lang ununterbrochen zu geben ist, gleichzeitig mit gleich langen gelben Lichtzeichen. Hiernach müssen sich alle Fahrzeuge – auch Kleinfahrzeuge – in möglichst weiter Entfernung von der Gefahrenzone halten und erforderlichenfalls wenden, d. h. in Gegenrichtung fahren, oder, wenn sie bereits an der Gefahrenzone vorbeigefahren sind, so schnell wie möglich weiterfahren. Auf diesen Fahrzeugen sind sofort

- alle Fenster und nach außen führende Öffnungen zu schließen,
- alle nicht geschützten Feuer und Lichter zu löschen, auch bei Gasanlagen und Kühlschränken; ferner ist
- das Rauchen einzustellen,
- jede Funkenbildung zu vermeiden (keine Funkgeräte bedienen), und es sind
- die für den Betrieb nicht erforderlichen Hilfsmaschinen abzustellen.

Ist das Fahrzeug zum Halten gebracht, sind alle technischen Einrichtungen stromlos zu machen, d. h. Hauptschalter ausschalten. Bei den Maßnahmen sind Strömung und Windrichtung zu beachten, auch ist die Art der eigenen Antriebsmaschine zu berücksichtigen (Funkenbildung bei Otto-Motoren, Gas-Luft-Gemisch beim Dieselmotor).

Sofern bezeichnete Liegeplätze vorhanden sind, dürfen Fahrzeuge mit gefährlichen Gütern nur auf den für sie besonders bezeichneten Liegestellen stillliegen.

Schiffsführer, die das Bleib-weg-Signal hören, müssen eine Dienststelle der WSV oder der WSP entsprechend den gegebenen Möglichkeiten hiervon sofort unterrichten.

Hinweise:
Spezielle Liegeplätze für Fahrzeuge mit gefährlichen Gütern siehe Fragen 135, 136
Bleib-weg-Signal siehe Frage 153

Vorschriften:
§§ 3.14, 3.21, 3.32, 7.02, 7.06, 7.07 Rhein- und MoselSchPV und BinSchStrO; §§ 3.14, 3.15, 3.21, 3.22, 3.32, 7.07, 8.09 DonauSchPV

2.7 Bezeichnung der Vorrangfahrzeuge

72 ●
Welches Fahrzeug führt am Bug einen roten Wimpel?
Antwort:
Fahrzeug mit Vorrang z. B. beim Schleusen.

73 ●
Welche Bedeutung hat der rote Wimpel?
Antwort:
Fahrzeug mit Vorrang z. B. beim Schleusen.

Zu Fragen 72 bis 73:
An Stellen, an denen für die Durchfahrt eine bestimmte Reihenfolge gilt, kann die zuständige Behörde bestimmten Fahrzeugen Vorrang einräumen.

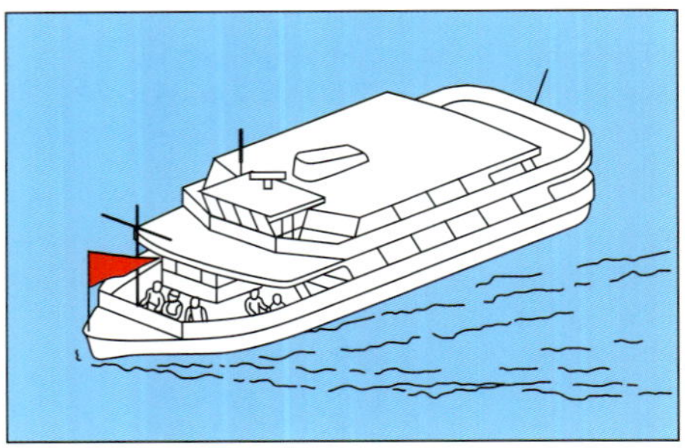

Beispiel:
Reihenfolge an Schleusen
Das bedeutet praktisch ein Vorschleusungsrecht gegenüber anderen wartenden Fahrzeugen.
Hierbei kann es sich u. a. um folgende Fahrzeuge handeln:

- Fahrgastschiffe, die nach einem festen Fahrplan verkehren
- Fahrzeuge des öffentlichen Dienstes im Einsatz
- Fahrzeuge, die einem in Not geratenen Fahrzeug zur Hilfe kommen
- Baufahrzeuge, die an der Wasserstraße Arbeiten ausführen
- Fahrzeuge mit gefährlichen Gütern, für deren Klasse keine gesonderten Liegeplätze vorhanden sind

Vorrangfahrzeuge auf dem Bodensee müssen bei Tag einen **grünen Ball** führen.

Hinweise:
Tag- und Nachtbezeichnungen der Fahrzeuge mit gefährlichen Gütern siehe Fragen 65–71
Einlaufen in Schleusen siehe Frage 190

Vorschriften:
§ 3.36, Art. 3.09 BodenseeSchO

2.8 Bezeichnung eines Fahrzeugs unter Segel mit Maschinenantrieb

74* ●●
Sie sehen auf einem Fahrzeug unter Segel einen schwarzen Kegel, Spitze nach unten. Was bedeutet dieses Zeichen?
Antwort:
Das Fahrzeug fährt unter Segel und mit Motor und gilt als Maschinenfahrzeug.

Zu Frage 74:
Diese Bezeichnung gilt nicht auf dem **Bodensee.** Ein Segelboot, das nur unter Motor – ohne gesetzte Segel – fährt, gilt ebenfalls als Maschinenfahrzeug, muss aber am Tage keine besondere Bezeichnung führen.

Hinweise:
Wann ein Segelfahrzeug als Maschinenfahrzeug gilt, siehe Frage 20
Verhalten des Segelfahrzeugs siehe Frage 415

Vorschriften:
§ 3.13 Nr. 3 BinSchStrO

2.9 Anzeige der Steuerbordbegegnung von gewerblichen Fahrzeugen

75*

Ein Fahrzeug zeigt an der Steuerbordseite seines Ruderhauses eine blaue Tafel mit weißem Funkellicht. Welche Bedeutung hat dieses Zeichen?

Antwort: ●●

Fahrzeuge begegnen sich an Steuerbord.
Dieses Zeichen gilt nicht für Kleinfahrzeuge, verpflichtet aber zu erhöhter Aufmerksamkeit.

76

Auf einem entgegenkommenden Fahrzeug sehen Sie über oder nahe dem grünen Seitenlicht ein weißes Funkellicht. Welche Bedeutung hat dieses Licht?

Antwort: ●●

Fahrzeuge begegnen sich an Steuerbord.
Dieses Zeichen gilt nicht für Kleinfahrzeuge, verpflichtet aber zu erhöhter Aufmerksamkeit.

77

Sie fahren nachts hinter einem Fahrzeug der gewerblichen Schifffahrt zu Tal, das plötzlich an Steuerbord ein weißes Funkellicht zeigt.
1. Was bedeutet dieses Licht?
2. Wie verhalten Sie sich?

Antwort: ●●●

1. Begegnung mit einem Bergfahrer Steuerbord an Steuerbord.
2. Hinter dem Talfahrer bleiben, nicht überholen.

78

Sie fahren hinter einem Fahrzeug der gewerblichen Schifffahrt in den Schleusenvorhafen ein. Aus der Schleusenkammer kommt ein Schiff, das an Steuerbord eine blaue Tafel mit einem weißen Funkellicht zeigt. Was bedeutet dieses Zeichen?

Antwort: ●●●

Das aus- und das einfahrende Fahrzeug passieren sich an Steuerbordseite.

Zu Fragen 75 bis 78:
Beim Begegnen auf den Binnenschifffahrtsstraßen sind die Bergfahrer verpflichtet, den Talfahrern einen geeigneten Weg freizulassen. Dem Bergfahrer ist damit im Grunde ein Kursweisungsrecht übertragen, aber auch die Verpflichtung, den Talfahrer (Fahrt mit der Strömung) nicht zu behindern und ggf. sogar vor einer kritischen Begegnungsstelle (Fahrt gegen die Strömung) anzuhalten, bis der Talfahrer passiert hat. Will der Bergfahrer die Talfahrer an Backbord vorbeilassen, d. h. Backbord-an-Backbord-Verkehr (Rechtsverkehr), werden keine optischen Zeichen gesetzt. Die Absprache erfolgt in der Regel über Funk.

Will der Bergfahrer die Talfahrer an Steuerbord vorbeifahren lassen, d. h. Steuerbord-an-Steuerbord-Verkehr (Linksverkehr), muss er rechtzeitig an Steuerbord bei Tag eine hellblaue Tafel setzen, gekoppelt mit einem weißen Funkellicht, und bei Nacht ein weißes Funkellicht, das mit der Tafel gekoppelt sein darf. Die Zeichen müssen von vorn und hinten sichtbar sein. Bei Gefahr der Nichterkennung durch den Talfahrer kann der Bergfahrer das Schallzeichen „einen kurzen Ton“ oder „zwei kurze Töne“ geben. Talfahrer müssen die Zeichen als Einverständnis ebenfalls setzen bzw. wiederholen und den zugewiesenen Weg nehmen.

Die gewerbliche Schifffahrt ist nicht verpflichtet, diese Zeichen gegenüber Kleinfahrzeugen zu geben, da Kleinfahrzeuge generell ausweichpflichtig sind. Die Zeichen sollten die Führer von Kleinfahrzeugen zu erhöhter Aufmerksamkeit veranlassen. Ein voraus fahrendes Fahrzeug mit diesen Zeichen sollte keinesfalls auf der Begegnungsseite, d. h. auf der Steuerbordseite, überholt werden, um nicht zwischen die Begegnungsfahrzeuge zu kommen. Ist ein Überholen an der anderen Seite nicht möglich, sollte das Überholen erst nach Passieren des entgegen kommenden Fahrzeugs erfolgen.

Hinweise:
Begegnungs- und Überholverbote siehe Frage 123
Kurssignale siehe Fragen 140, 141
Verhalten von Sportfahrzeugen beim Begegnen siehe Fragen 166, 167
Überholen siehe Fragen 168, 169

Vorschrift:
§ 6.04

2.10 Bezeichnung der Ankerlieger

79

Welches Licht setzt ein vor Anker liegendes Fahrzeug?

Antwort: ●

Ein weißes, von allen Seiten sichtbares Licht auf der Fahrwasserseite.

80

Sie sehen auf einem stillliegenden Fahrzeug zwei weiße Lichter übereinander. Welche Bedeutung haben diese Lichter?

Antwort: ●

Ein Ankerlieger, dessen Anker die Schifffahrt gefährden kann.

81

Sie sehen nachts auf der Wasserstraße ein weißes Licht. Um was handelt es sich?

Antwort: ●●

1. **Um ein stillliegendes Fahrzeug.**
2. **Um ein schwimmendes Gerät, dessen Anker die Schifffahrt gefährden kann.**
3. **Um das Hecklicht eines Vorausfahrenden.**
4. **Ruder- oder Segelboot, geschlepptes oder gekuppeltes Kleinfahrzeug.**

82*

Wie sind Anker am Tage bezeichnet, die die Schifffahrt behindern können?

Antwort: ●

Mit einem gelben Döpper.

Zu Fragen 79 bis 82:
Stillliegende Fahrzeuge, auch Kleinfahrzeuge, müssen bei Nacht auf der Fahrwasserseite das weiße Licht führen. Dieses Licht kann entfallen, wenn

- Fahrzeugzusammenstellungen nicht vor dem Ende der Nacht aufgelöst werden; in diesem Falle muss nur das äußerste Fahrzeug das Licht führen;
- das Fahrzeug völlig zwischen nicht überfluteten Buhnen oder hinter einem aus dem Wasser ragenden Parallelwerk oder Leitdamm stillliegt;
- das Fahrzeug am Ufer stillliegt und von diesem aus hinreichend beleuchtet ist.

Sind **Anker so ausgeworfen,** dass sie die Schifffahrt gefährden können, muss

bei Nacht auf Fahrzeugen ein zweites Rundumlicht unter dem ersten geführt werden sowie **bei Tag und Nacht** jeder Anker mit einem gelben Döpper mit Radarreflektor bezeichnet sein.

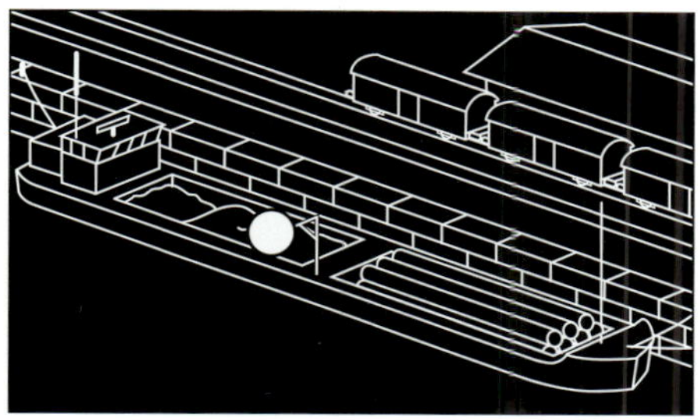

Schwimmkörper und schwimmende Anlagen müssen beim Stillliegen bei Nacht weiße Rundumlichter in genügender Anzahl führen, um die Umrisse zur Fahrwasserseite hin deutlich zu machen. Wenn die Anker so ausgeworfen sind, dass sie die Schifffahrt gefährden können, muss über den diesen Ankern nächstgelegenen Lichtern ein zweites Rund-

umlicht geführt werden und bei Tag und Nacht der betreffende Anker mit einem gelben Döpper mit Radarreflektor bezeichnet sein.

Bei den Ankern schwimmender Geräte bei Nacht, auf der Donau auch bei Fahrzeugen, muss auf dem Döpper/Tonne mit Radarreflektor ferner ein weißes Rundumlicht angebracht sein.

Fahrzeuge, die die Bezeichnung für gefährliche Güter führen, müssen diese Zeichen beim Stillliegen bei Tag und Nacht beibehalten.

Gewerbliche Fahrzeuge mit Maschinenantrieb müssen auf der Donau auf festgelegten Liegestellen beim Ankern am Tage einen schwarzen Ball setzen.

Beachte: Das weiße Licht muss sorgfältig beobachtet werden, ob es sich bewegt, und zwar unter Beachtung der eigenen Bewegung. Trifft das zu, handelt es sich um das Hecklicht eines voraus fahrenden Maschinenfahrzeugs oder um ein Ruder- oder Segelboot oder um ein geschlepptes oder gekoppeltes Kleinfahrzeug.

Hinweise:
Lichterführung von Maschinenfahrzeugen siehe Fragen 41–44
Lichterführung von Kleinfahrzeugen siehe Fragen 52–54
Zeichen und Lichter schwimmender Geräte usw. siehe Fragen 55–64
Lichterführung von Gefahrgutschiffen siehe Fragen 66–71

Vorschriften:
§§ 3.08, 3.09, 3.13, 3.20, 3.21, 3.25, 3.28
§ 3.36a DonauSchPV

A 3 Sichtzeichen im Fahrwasser, am Ufer, an Brücken und an Schleusen

3.1 Bezeichnung der Fahrrinne einschließlich Hindernisse

Die Wasser- und Schifffahrtsverwaltung des Bundes betreibt und unterhält alle Schifffahrtszeichen auf den Bundeswasserstraßen/Binnenschifffahrtsstraßen. Die Schifffahrtszeichen geben dem Fahrzeugführer die erforderlichen Informationen über den Verlauf der Fahrwasser und das Vorhandensein von Schifffahrtshindernissen. Die Bedeutung der Schifffahrtszeichen ist in Anlage 8 zu den Verkehrsvorschriften erläutert.

Die Schifffahrtszeichen werden nicht durchgehend gesetzt (ausgelegt). Trotz aller Vorsichtsmaßnahmen der zuständigen Behörde kann es vorkommen, dass Tonnen versenkt oder abgetrieben sind, Feuer durch äußere Einwirkungen zum Erlöschen kommen. Bei Hochwasser oder Eisgang kann die Betonnung vorübergehend eingezogen werden. Diese Risiken müssen von den Schiffsführern beachtet werden.

Schwimmende Schifffahrtszeichen werden in der Regel etwas außerhalb (ca. 5 m) der durch sie bezeichneten Begrenzungen verankert. Auch können sie durch Wasserstandsschwankungen, Strömungs- oder Windeinwirkungen seitlich versetzt werden, weshalb ein ausreichender Sicherheitsabstand gehalten werden muss, um nicht zu raken oder aufzulaufen.

Die bei den Schifffahrtszeichen angeführten Toppzeichen und Feuer sind nicht bei allen vorhanden, was die Bedeutung aber nicht beeinflusst.

Die Grundfarben der Schifffahrtszeichen für die Seitenbezeichnung:

Grün und Rot

Die Seitenregelung wird von See kommend

Grün an Steuerbord, Rot an Backbord

auf den Binnenschifffahrtsstraßen von der Mündung bis zur Quelle fortgesetzt, sodass sich für den Bergfahrer – Fahrt gegen die Strömung – keine Änderung ergibt. Bei Kanälen ist in den betreffenden Vorschriften die Richtung Bergfahrt festgelegt; z. B. §..05 der Kapitel 12, 15 und 19 BinSchStrO. In Häfen gilt die Fahrt von der Hafeneinfahrt in den Hafen als Bergfahrt.

Unabhängig von den Farben der Tonnen ist für die Ufer/Fahrwasserseitenbezeichnung die Richtung Talfahrt, u. a. die Fahrt mit der Strömung maßgebend.

Rechte Seite ist die Seite mit den roten Tonnen

Linke Seite ist die Seite mit den grünen Tonnen

83*

Wie werden die Uferseiten – rechtes, linkes Ufer – bezeichnet?

Antwort: ●

Bei Flüssen in Fließrichtung.

84*

Welche Zeichen begrenzen die Fahrrinne zum rechten Ufer?

Antwort: ●

Rote Stumpftonnen oder Schwimmstangen, evtl. mit rotem Zylinder als Toppzeichen.

85*

Welche Zeichen begrenzen die Fahrrinne zum linken Ufer?

Antwort: ●

Grüne Spitztonnen oder Schwimmstangen, evtl. mit grünem Kegel, Spitze nach oben, als Toppzeichen.

86

Welche Fahrrinnenseite eines strömenden Gewässers hat ein Bergfahrer an seiner Steuerbordseite, und wie ist diese gekennzeichnet?

Antwort: ●●

Die linke Fahrrinnenseite, gekennzeichnet durch grüne Spitztonnen.

Zu Fragen 83 bis 86:

Schwimmende Schifffahrtszeichen
Die Fahrrinne ist der Teil der Wasserstraße, in dem für den durchgehenden Schiffsverkehr bestimmte Breiten und Tiefen vorhanden sind, deren Erhaltung angestrebt wird. Die Fahrrinne kann wie folgt bezeichnet sein:

Linke Fahrrinnenseite:

grüne Spitztonne (auch Leuchttonne), Schwimmstange, als Toppzeichen ein grüner Kegel – Spitze oben –

Rechte Fahrrinnenseite:

rote Stumpftonne (auch Leuchttonnne), Schwimmstange, als Toppzeichen ein roter Zylinder

Auf der **Donau** können auch rote oder grüne Schwimmer oder Spieren mit dem betreffenden Toppzeichen verwendet werden.

Sichtzeichen im Fahrwasser, am Ufer, an Brücken und an Schleusen

Feste Schifffahrtszeichen
Zur Bezeichnung der **Lage der Fahrrinne zum Ufer** sowie des Übergangs der Fahrrinne von einem zum anderen Ufer können auch feste Schifffahrtszeichen am Ufer aufgestellt sein.
Die Bezeichnung der Fahrrinne zum Ufer kann mit folgenden Zeichen erfolgen:

Linke Fahrrinnenseite:

Stange mit einer auf der Spitze stehenden quadratischen Tafel, obere Hälfte grün, untere Hälfte weiß.

Rechte Fahrrinnenseite:

Stange mit einer roten quadratischen Tafel mit weißem waagerechtem Streifen am oberen und unteren Rand.

Der **Übergang der Fahrrinne von einem zum anderen Ufer** kann wie folgt bezeichnet werden:

Linke Fahrrinnenseite:

Stange mit einer gelben auf der Spitze stehenden quadratischen Tafel mit einem senkrechten schwarzen Mittelstreifen.

Rechte Fahrrinnenseite:

Stange mit einer gelben quadratischen Tafel mit einem senkrechten schwarzen Mittelstreifen.

Beachte: Die rechte bzw. linke Seite der Fahrrinne bestimmt sich nach der Fließrichtung, bei Kanälen nach der Talfahrt.
Die Passierseite bezieht sich auf die Backbord- bzw. Steuerbordseite des Schiffes.

87

Sie fahren zu Tal. Voraus haben Sie eine rote, stumpfe Tonne.
1. **Auf welcher Fahrrinnenseite befindet sich diese Tonne?**
2. **Auf welcher Schiffsseite lassen Sie diese Tonne bei der Vorbeifahrt liegen?**

Antwort: ●●
1. **Auf der rechten Fahrrinnenseite.**
2. **An meiner Steuerbordseite.**

88

Sie fahren zu Berg. Voraus haben Sie eine rote, stumpfe Tonne.
1. **Auf welcher Fahrrinnenseite befindet sich diese Tonne?**
2. **Auf welcher Schiffsseite lassen Sie diese Tonne bei der Vorbeifahrt liegen?**

Antwort: ●●
1. **Auf der rechten Fahrrinnenseite.**
2. **An meiner Backbordseite.**

89

Sie fahren in der Fahrrinne gegen den Strom. Voraus haben Sie eine grüne Spitztonne.
1. **Auf welcher Fahrrinnenseite befindet sich diese Tonne?**
2. **Auf welcher Schiffsseite lassen Sie diese Tonne bei der Vorbeifahrt liegen?**

Antwort: ● ●

1. **Auf der linken Fahrrinnenseite.**
2. **An meiner Steuerbordseite.**

Zu Fragen 87 bis 89:

Beachte:
Die einwandfreie Kenntnis der rechten und linken Fahrrinnen-/Uferseite in Fließrichtung ist für die Praxis eine zwingende Voraussetzung, um jeweils auf der richtigen Seite der vorhandenen Fahrrinnenbezeichnung vorbeizufahren.

Hinweis:
Siehe Darstellung der Schifffahrtszeichen und Systemplan auf den folgenden Seiten

90

Was bedeutet eine grün-rot gestreifte Tonne oder Schwimmstange?

Antwort: ●

Fahrrinnenspaltung.

Zu Frage 90:
Eine Fahrrinnenspaltung – Teilung der Fahrrinne in ein Berg- und ein Talfahrwasser oder in zwei gleichberechtigte Fahrwasser oder in ein fortführendes und ein abzweigendes Fahrwasser – kann durch Untiefen, Einmündung von Nebenwasserstraßen o. Ä. erfolgen. Die Spaltung kann wie folgt bezeichnet sein: rot-grün waagerecht gestreifte Kugeltonne (auch Leuchttonne), Schwimmstange, als Toppzeichen rot-grün waagerecht gestreifter Ball, evtl. weißes Funkellicht- oder Gleichtaktfeuer. Auf der **Donau** können auch Schwimmer oder Spieren mit dem Balltoppzeichen verwendet werden.

Hinweis:
Siehe Darstellung der Schifffahrtszeichen und Systemplan auf den folgenden Seiten

91

Mit welchen Zeichen werden Hindernisse (Buhnen etc.) am rechten Ufer bezeichnet?

Antwort: ● ●

Stangen oder rot-weiß gestreifte Schwimmstangen mit rotem Kegel, Spitze nach unten, oder rote Tonnen mit rot-weiß gestreiftem Aufsatz.

92

Sie sehen voraus eine grün-weiß gestreifte Schwimmstange mit grünem Kegel, Spitze nach oben, oder eine grüne Tonne mit grün-weiß gestreiftem Aufsatz.
An welcher Uferseite befinden sich diese Zeichen?

Antwort: ●

An der linken Uferseite.

Zu 91 und 92:
Hindernisse am **rechten Ufer** werden neuerdings so bezeichnet: Zeichen 4 und 6 in der Übersicht auf Seite 91/92. Hindernisse am **linken Ufer:** vgl. ebenfalls die Übersicht S. 91/92, Zeichen 5 und 7.
Man muss von diesen Zeichen aus Sicherheitsgründen einen entsprechenden Abstand halten.

Bezeichnung von Wasserstraßen

Rechte Seite

Form und Farbe: rote Stumpf- oder Leuchttonne oder Schwimmstange
Toppzeichen (wenn vorhanden): roter Zylinder (meist als Radarreflektor)
Feuer (wenn vorhanden): rotes Taktfeuer

Fahrrinne Spaltung

Form und Farbe: rot-grün waagerecht gestreifte Kugel- oder Leuchttonne oder Schwimmstange
Toppzeichen (wenn vorhanden): rot-grün waagerecht gestreifter Ball (meist als Radarreflektor)
Feuer (wenn vorhanden): weißes Funkel- oder Gleichtaktfeuer: Fkl. oder Glt.

Linke Seite

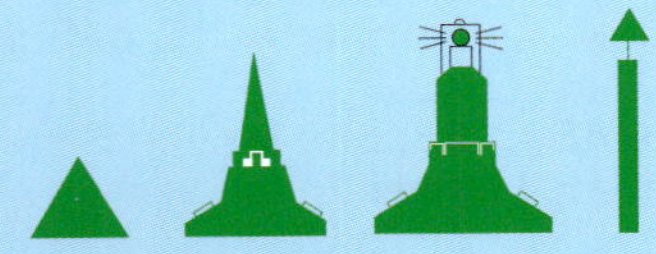

Form und Farbe: grüne Spitz- oder Leuchttonne oder Schwimmstange
Toppzeichen (wenn vorhanden): grüner Kegel – Spitze oben – (meist als Radarreflektor)
Feuer (wenn vorhanden): grünes Taktfeuer

Abzweigung, Einmündung, Hafeneinfahrt

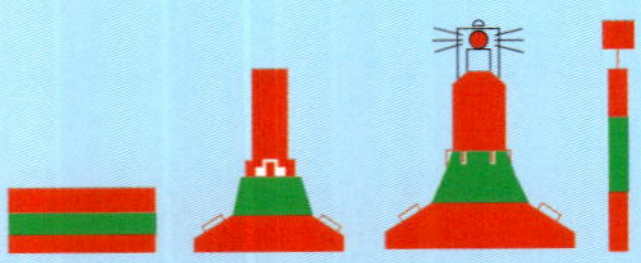

Form und Farbe: wie oben, aber mit einem waagerechten grünen Streifen
Toppzeichen (wenn vorhanden): wie oben
Feuer (wenn vorhanden): rotes Blitzfeuer: Blz. (2+1)

Links:
Linke Seite der durchgehenden und rechte Seite der abzweigenden oder einmündenden Fahrrinne

Rechts:
Rechte Seite der durchgehenden und linke Seite der abzweigenden oder einmündenden Fahrrinne

Form und Farbe: wie oben, aber mit einem waagerechten roten Streifen
Toppzeichen (wenn vorhanden): wie oben
Feuer (wenn vorhanden): grünes Blitzfeuer: Blz. (2+1)

Hindernisse in oder an der Wasserstraße

Rechte Seite

Form und Farbe: rot-weiß waagerecht gestreifte Spieren- oder Leuchttonne oder Schwimmstange oder feste schwarze Stange
Toppzeichen: roter Zylinder (bei schwimmenden Zeichen), roter Kegel – Spitze unten – (bei festen Zeichen), meist als Radarreflektor
Feuer (wenn vorhanden): rotes Taktfeuer

Spaltung

Form und Farbe: feste schwarze Stange
Toppzeichen: stundenglasförmiger Doppelkegel, oberer Kegel rot, unterer Kegel grün (meist als Radarreflektor)
Feuer (wenn vorhanden): weißes Funkel- oder Gleichtaktfeuer: Fkl. oder Glt.

Linke Seite

Form und Farbe: grün-weiß waagerecht gestreifte Spieren- oder Leuchttonne oder Schwimmstange oder feste schwarze Stange
Toppzeichen: grüner Kegel – Spitze oben – (meist als Radarreflektor)
Feuer (wenn vorhanden): grünes Taktfeuer

Die Übersicht auf den Seiten 90/91 zeigt das Zusammenspiel dieser Zeichen.

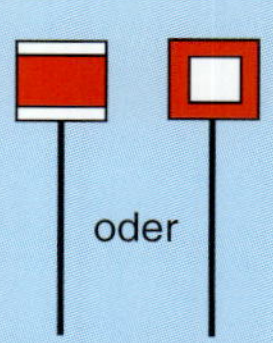

Verlauf der Fahrrinne zum rechten Ufer

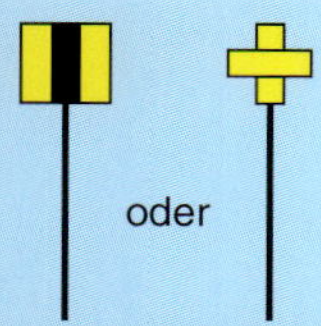

Verlauf der Fahrrinne von einem zum anderen Ufer: rechte Seite

Lage der Fahrrinne zum Ufer und Übergang von einem zum anderen Ufer

Rechte Seite rote Tafel mit weißem Streifen oben und unten oder roter Lattenrahmen; gelbe Tafel mit schwarzem Mittelstreifen oder gelbes stehendes Kreuz.
Linke Seite grün/weiße Tafel oder grüner Lattenrahmen auf der Spitze stehend; gelbe Tafel mit schwarzem Mittelstreifen oder gelbes liegendes Kreuz auf der Spitze stehend.

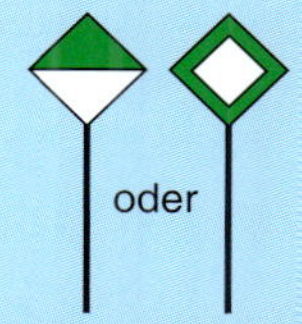

Verlauf der Fahrrinne zum linken Ufer

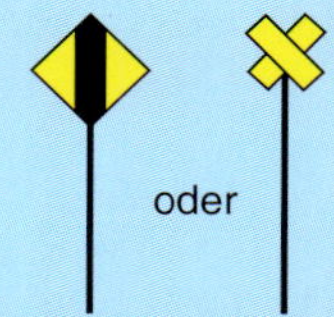

Verlauf der Fahrrinne von einem zum anderen Ufer: linke Seite

93

Welche Bedeutung haben gelbe Tonnen vor Brückenpfeilern?

Antwort: ●●

Es sind Tonnen mit einem Radarreflektor zur Kenntlichmachung der Brückenpfeiler auf dem Radarschirm.

Zu Frage 93:
Auf dem Radarbild erscheint eine Brücke wie eine feste Wand. Brückenpfeiler sind nicht festzustellen. Das Erkennen der Brückenpfeiler ist für die Durchfahrt unabdingbar, weshalb eine Bezeichnung mit gelben Tonnen mit Radarreflektor unbedingt erforderlich ist. Die Tonnen sind oberhalb und unterhalb der Brückenpfeiler ausgelegt. Teilweise ist an Brücken über den Brückenpfeilern eine entsprechend weit herausragende Stange mit einem Radarreflektor als Ersatz für die Radartonne angebracht.

Die Radartonnen können auch unter Freileitungen ausgelegt sein, und zwar je zwei nebeneinander auf jeder Uferseite, die im Radarbild je zwei nebeneinander liegende Punkte ergeben, sodass eine Verwechslung mit einer Brücke kaum erfolgen kann. An den Freileitungen können Radarreflektoren auch unmittelbar an den Leitungen angebracht sein (Abstand ca. 50 m), sodass sich im Radarbild eine Punktereihe zur Identifizierung der Freileitung ergibt.

94

Warum muss von den ausgelegten Tonnen ein ausreichender Sicherheitsabstand eingehalten werden?

Antwort: ●●

Weil die Tonnen durch Wasserstandsschwankungen, Wind- oder Strömungseinwirkung ihre Lage ändern können.

Zu Frage 94:
Hinweise:
Sicherheitsabstand von Tonnen allgemein siehe Fragen 83–94 und Fragen 91, 92 speziell.

Hinweise zu Fragen 83–94:
Informationspflicht siehe Fragen 3–6
Grundregel für das Verhalten im Verkehr siehe Fragen 11, 12
Vorschriften:
§§ 1.04, 5.02 und Anlage 8

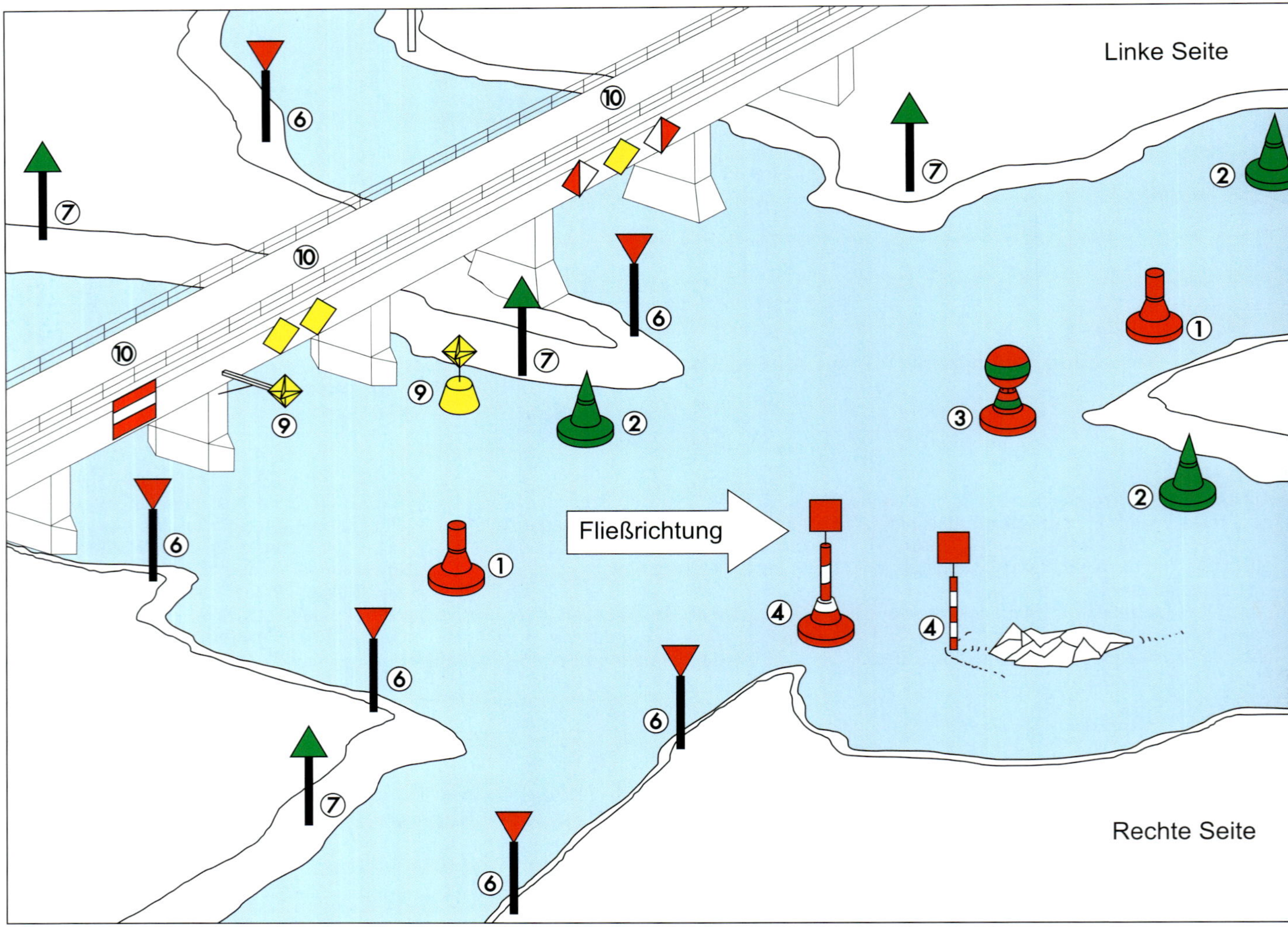

Betonnungssystem auf den Binnenschifffahrtsstraßen
① Fahrrinnenbezeichnung rechte Seite (schwimmend)
② Fahrrinnenbezeichnung linke Seite (schwimmend)
③ Fahrrinnenspaltung (schwimmend)
④ Hindernisbezeichnung rechte Seite (schwimmend)
⑤ Hindernisbezeichnung linke Seite (schwimmend)

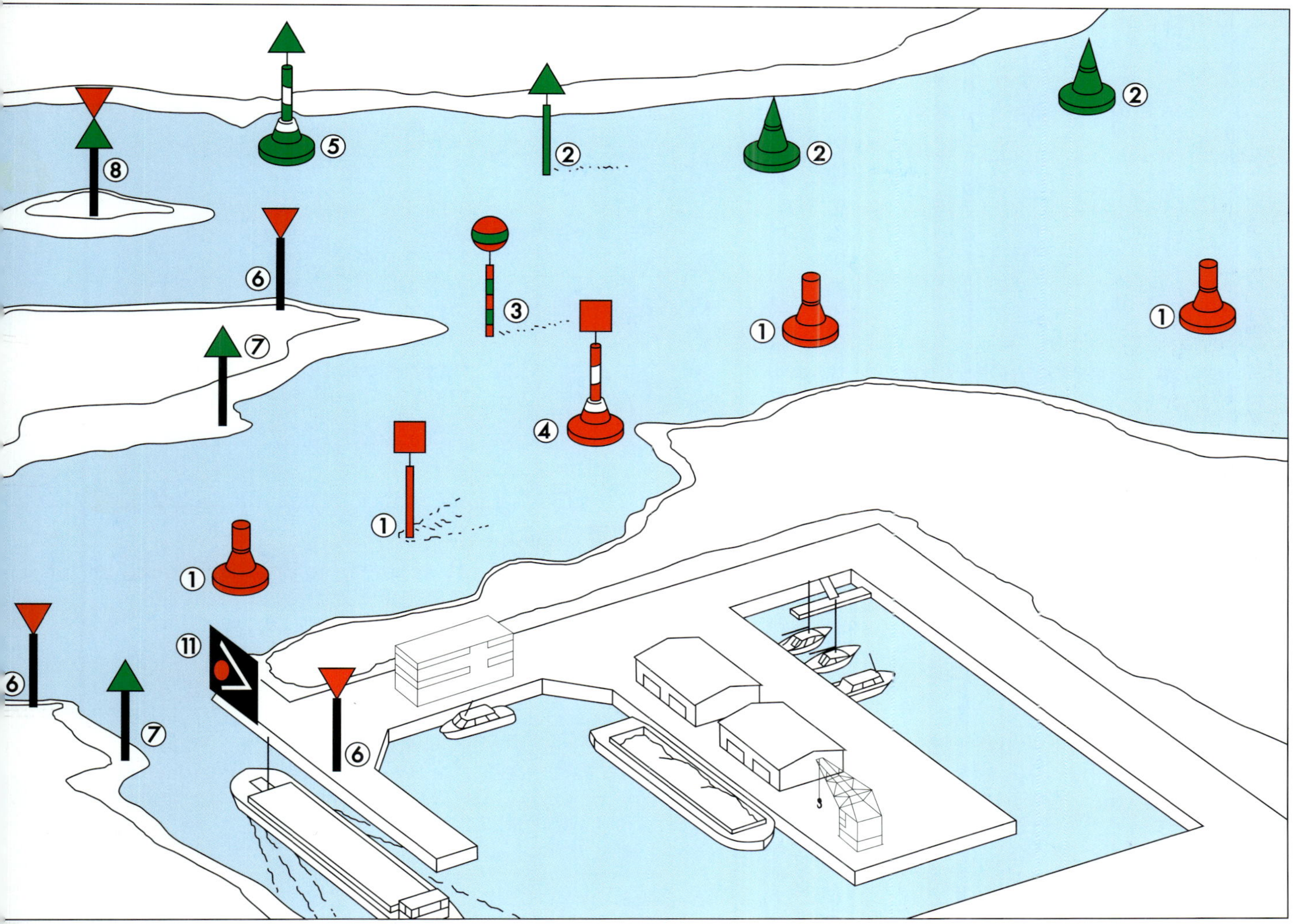

⑥ Hindernisbezeichnung/Uferbezeichnung rechte Seite (feste Zeichen)
⑦ Hindernisbezeichnung/Uferbezeichnung linke Seite (feste Zeichen)
⑧ Hindernisbezeichnung/Uferbezeichnung (feste Zeichen)
⑨ Radartonne/-stangen, Bezeichnung von Brückenpfeilern
⑩ Mögliche Bezeichnungen von Brückenöffnungen
⑪ Hafeneinfahrtsverbot

3.2 Durchfahrt durch Brücken

95*

**Sie sehen an einer Brücke nebenstehende Tafel.
Welche Bedeutung hat diese Tafel?**

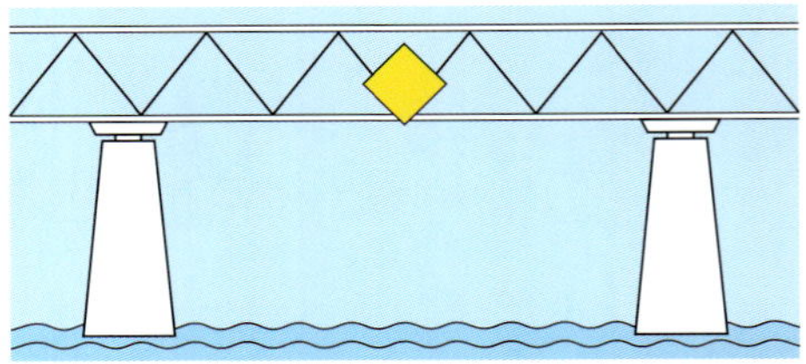

Antwort: ●

Empfohlene Durchfahrt in beiden Richtungen.

96*

**Sie sehen an einer Brücke nebenstehende Tafeln.
Welche Bedeutung haben diese Tafeln?**

oder

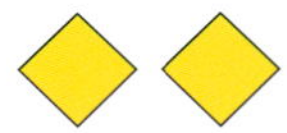

Antwort: ●●

**Empfohlene Durchfahrt.
In der Gegenrichtung gesperrt.**

97*

**Sie sehen an einer Brücke nebenstehende Tafel.
Welche Bedeutung hat diese Tafel?**

Antwort: ●

Durchfahrt durch diese Brückenöffnung ist für alle Fahrzeuge gesperrt.

98*

**Sie sehen an einer Brücke nebenstehende Tafeln.
Welche Bedeutung haben diese Tafeln?**

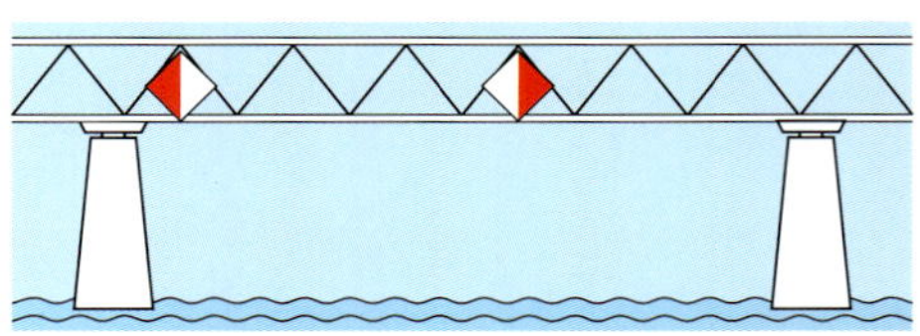

Antwort: ●

Die Brückenöffnung darf nur zwischen diesen Tafeln durchfahren werden.

99*

Sie kommen am Tage an die nebenstehend gekennzeichnete Brücke. Welchen Bedeutung haben diese Tafeln?

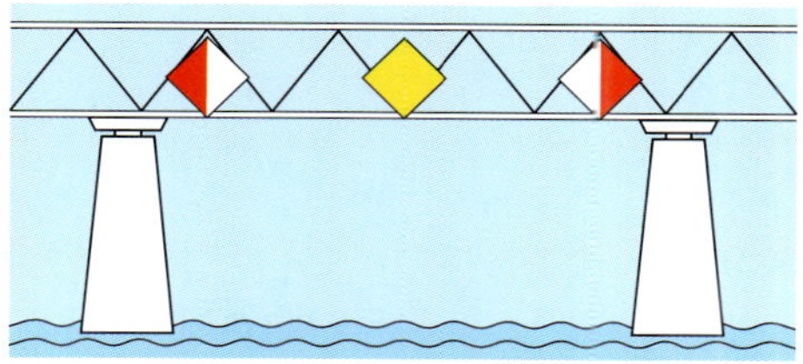

Antwort: ●●

Gelb: empfohlene Durchfahrt mit Gegenverkehr.
Rot/weiß: Seitliche Begrenzung der erlaubten Brückendurchfahrt.

100*

Sie kommen am Tage an die nebenstehend gekennzeichnete Brücke. Was bedeuten diese Tafeln, und wo fahren Sie durch?

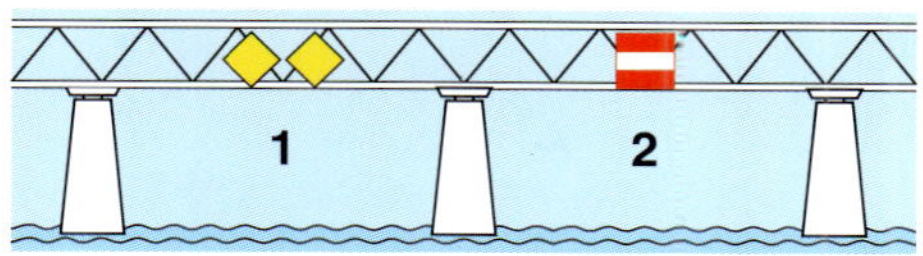

Antwort: ●●

1. **Durchfahrt ohne Gegenverkehr.**
2. **Verbot der Durchfahrt.**

Zu Fragen 95 bis 100:
Durchfahrt unter festen Brücken

Die Durchfahrtsbreite unter festen Brücken wird von den Zwischenräumen der Brückenpfeiler bestimmt. Vielfach ist die Durchfahrt nur in einer Breite möglich. Die Durchfahrtsbreite kann zusätzlich durch Verbreiterung des Pfeilersockels durch Bauwerke oder Aufschüttungen verringert sein. Die Wölbung eines Brückenbogens kann ebenfalls zur Verringerung der Durchfahrtsbreite führen, weil die veröffentlichte Durchfahrtshöhe nur in einem Teilbereich vorhanden ist. Für diese möglichen Einschränkungen bzw. Begrenzungen werden an den Brückendurchfahrten Zeichen angebracht, die bei Nacht beleuchtet sind.

Mit quadratischen, auf der Spitze stehenden gelben Tafeln werden die empfohlenen Durchfahrten wie folgt bezeichnet:

1 Tafel: „Empfohlene Durchfahrt in beiden Richtungen", Gegenverkehr ist möglich (siehe Fragen 95, 99), Donau 1 gelbes Licht.

2 Tafeln: „Verkehr ist nur in Fahrrichtung erlaubt", die Gegenrichtung wird durch eine rot-weiß-rote Tafel gesperrt (siehe Fragen 96, 100), Donau 2 gelbe Lichter

Die rot-weiß-rote Tafel findet auch Verwendung für die Durchfahrtssperre von einzelnen Brückenöffnungen; ersatzweise können auch ein rotes Licht oder zwei rote Lichter gesetzt sein (siehe Frage 97).

Die Einschränkung der Durchfahrtsbreite in einer Öffnung wird durch rot-weiße quadratische Tafeln angezeigt. Hier ist die Durchfahrt nur zwischen den weißen Schnittlinien erlaubt (siehe Fragen 98, 99). Sind anstelle der rot-weißen weiß-grüne quadratische Tafeln angebracht, wird empfohlen, nur zwischen den grünen Schnittlinien durchzufahren.

Sind an Brückenöffnungen keine Zeichen angebracht, kann der Verkehrsteilnehmer die Durchfahrt unter Berücksichtigung der Fahrwasserverhältnisse wählen.

Das Stillliegen unter Brücken ist grundsätzlich verboten. Beim Passieren von Brückenöffnungen sollte, unabhängig eventueller Zeichen, nicht zu nahe an Brückenteile herangefahren werden, weil die stärkere Strömung ein seitliches Versetzen bewirken und die Ruderwirkung beeinträchtigen kann. Aus diesen Gründen sollte auch in Brückenbereichen nicht überholt werden.

Durchfahren beweglicher Brücken

Sind an einer beweglichen Brückenöffnung die rot-weißen oder grün-weißen Zeichen angebracht, gelten für die Durchfahrtsbreite die jeweiligen Schnittlinien (siehe Frage 98). Ist die Durchfahrt ohne Öffnung (Drehung oder Hebung) möglich, kann die Brücke passiert werden. Vielfach ist es jedoch nicht möglich, das Verkehrsgeschehen auf der gegenüber liegenden Seite ausreichend einzusehen, sodass kurzfristig mit Gegenverkehr gerechnet werden muss, weshalb besondere Vorsicht geboten ist. Dies trifft bei Brücken mit Signalanlagen zu, die ein weißes, auf der Donau ein gelbes Licht, über den roten Lichtern (Verkehr in beiden Richtungen) zeigen.

Die Durchfahrt kann zur Engstelle werden, was ganz besonderer Aufmerksamkeit bedarf. Bei Annäherung an bewegliche Brücken und bei der Durchfahrt ist das Überholen verboten.

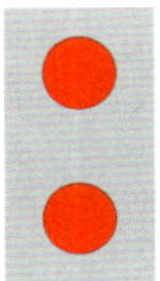
Keine Durchfahrt (Brücke gesperrt)

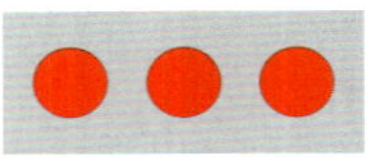
Keine Durchfahrt (Brücke geschlossen, sie kann vorübergehend nicht geöffnet werden)

Keine Durchfahrt (Brücke geschlossen oder Gegenverkehr)

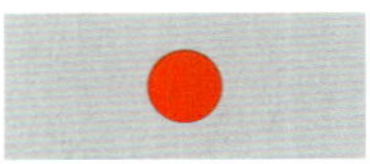
Keine Durchfahrt (Brücke in Bewegung)

Durchfahrt frei (Brücke geöffnet)

Wird in Verbindung mit roten Lichtern ein weißes Licht – auf der Donau ein gelbes Licht – gezeigt, kann die Brücke durchfahren werden, wenn die Durchfahrtshöhe dies zulässt.

Zusätzliche Regelung der BinSchStrO:
Nach der BinSchStrO müssen Fahrzeuge, wenn sie das Öffnen der Brücke verlangen, erforderlichenfalls 2 lange Töne geben. Bis zur Freigabe der Durchfahrt müssen sie sich mindestens 50 m von der Brücke entfernt halten. Ist das Anhaltegebotszeichen (siehe Frage 116) angebracht, müssen sie vor diesem Zeichen anhalten.
Die Durchfahrt kann bei Tag und bei Nacht auch durch Lichter mit nebenstehender Bedeutung geregelt sein.

Zusätzliche Regelung nach der DonauSchPV:

Auf der Donau kann die Vorbereitung der Brückenöffnung mit einem roten Licht und daneben oder darüber ein grünes Licht angezeigt werden.

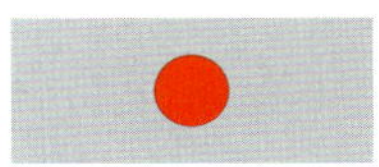
Durchfahrt verboten

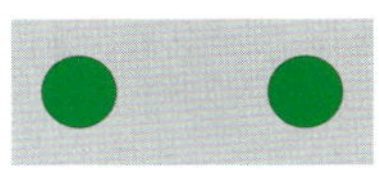
Durchfahrt gestattet

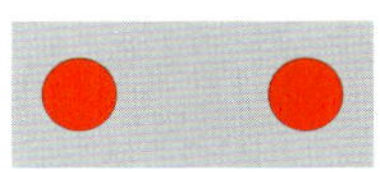
Der Betrieb zur Öffnung der Brücke ist unterbrochen

Ferner können rote Lichter durch rot-weiß-rote Tafeln (Frage 97) und grüne Lichter durch grün-weiße-grüne Tafeln ersetzt werden.

Zusätzliche Regelung nach der RheinSchPV:

Für die Durchfahrt durch Schiffsbrücken und Vorbeifahrt an Schiffsbrücken gleichgestellter Fähren gilt für die Vorbeifahrt an der Fähre Seltz – Plittersdorf auch für Kleinfahrzeuge folgende Regelung:

- Keine höhere Geschwindigkeit als zur sicheren Steuerung notwendig ist.
- Bergfahrer dürfen innerhalb von 100 m unterhalb nicht anhalten.
- Beim Ankern, Festmachen an Land oder bei anderen Manövern müssen Beschädigungen der Brückenverankerung vermieden werden.

Hinweise:
Anhaltegebot siehe Frage 116
Engstelle siehe Frage 167
Überholen siehe Frage 170
Stillliegen siehe Frage 182
Geschwindigkeit siehe Frage 411

Vorschriften:
§§ 6.24, 6.25, 7.02
§ 6.26 ohne MoselSchPV

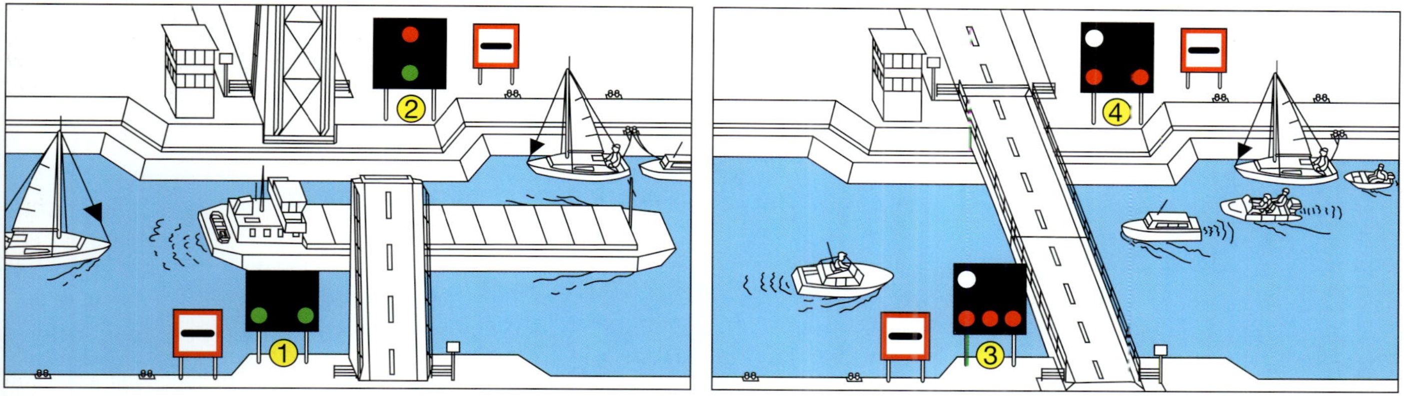

① *Durchfahrt frei, Brücke geöffnet*

② *Ist nur ein rotes Licht oder ein rotes und ein grünes Licht gesetzt = keine Durchfahrt; Brücke in Bewegung*

③ *Durchfahrt frei, jedoch unter Beachtung der Vorfahrtsregeln für Engstellen (Gegenverkehr)*

④ *Durchfahrt frei für Fahrzeuge, für die die Durchfahrthöhe mit Sicherheit ausreicht*

3.3 Hinweiszeichen für Fähren

101*

Sie sehen am Ufer nebenstehende Tafel. Welche Bedeutung hat dieses Zeichen?

Antwort: ●

Hinweis auf eine nicht frei fahrende Fähre.

Zu Frage 101:
Neben den Hinweistafeln auf eine nicht frei fahrende Fähre kann auch auf eine frei fahrende Fähre hingewiesen werden. Bei dieser Tafel fehlt der weiße Querbalken unter dem Fährbild. Daneben kann mit Gebotszeichen auf eine Fähre aufmerksam gemacht und zu besonderer Rücksichtnahme aufgefordert werden. In bestimmter Entfernung kann oberhalb der Fähre auch durch das Gebotszeichen die Abgabe von Schallsignalen gefordert werden.

Hinweise:
Lichterführung und Fahrverhalten der Fähren siehe Fragen 50, 51
Gebotszeichen für Fähren siehe Frage 121
Liegeverbote siehe Fragen 127–130, 182

Vorschriften:
§§ 1.01, 3.16

3.4 Schutzbedürftige Fahrzeuge und Anlagen

102

Auf einem Fahrzeug oder in Ufernähe sehen Sie eine rot-weiße Flagge. Was bedeutet diese Flagge, und wie verhalten Sie sich?

Antwort: ●●

**Schutzbedürftiges Fahrzeug oder schutzbedürftige schwimmende Anlage.
Geschwindigkeit vermindern.
Sog und Wellenschlag vermeiden.**

103

Welche Bedeutung hat die Tag- und Nachtbezeichnung dieser Fahrzeuge?

Antwort: ●●●

**Schutzbedürftiges Fahrzeug oder schutzbedürftige schwimmende Anlage.
Vorbeifahrt in möglichst weitem Abstand.
Geschwindigkeit vermindern.
Sog und Wellenschlag vermeiden.**

104

**Sie sehen nebenstehende Tafel.
Welche Bedeutung hat diese Tafel?**

Antwort: ●

Sog und Wellenschlag vermeiden.

105

Sie befinden sich auf einer Binnenschifffahrtsstraße und sehen nebenstehende Tafel.
1. **Welche Bedeutung hat diese Tafel?**
2. **Welche Lichter haben die gleiche Bedeutung?**

Antwort: ●●

1. **Sog und Wellenschlag vermeiden.**
2. **Rotes über weißem Licht.**

106

Sie befinden sich nachts auf einer Binnenschifffahrtsstraße und sehen nebenstehende Lichter.
1. Was bedeuten diese Lichter?
2. Wie ist das Tagsignal?

Antwort: ●●●

1. Sog und Wellenschlag vermeiden.
2. Rot-weiße Flagge/Tafel oder Tafel mit Wellenlinien.

Zu Fragen 102 bis 106:
Die Zeichen und Lichter der Fragen 102 und 103 dürfen nur auf Fahrzeugen, Schwimmkörpern und schwimmenden Anlagen gesetzt werden, die

- schwer beschädigt sind oder die sich an Rettungsarbeiten beteiligen sowie auf manövrierunfähigen Fahrzeugen oder
- wenn ihnen die Schifffahrtspolizeibehörde eine schriftliche Erlaubnis erteilt hat.

Die Tafeln und Lichter der Fragen 104 bis 106 sind in der Regel an Land und in Gewässern mit Strömung wegen der stärkeren Wellen der Talfahrt vielfach nur oberhalb des betreffenden Objektes aufgestellt. Mit den Tafeln und Lichtern werden alle Fahrzeuge aufgefordert, die Geschwindigkeit so einzurichten, dass Wellenschlag oder Sogwirkung keinerlei Schäden verursachen können, was durch einen größeren Passierabstand unterstützt wird.

Hinweise:
Grundregeln siehe Fragen 11, 12
Vorbeifahrt an schwimmenden Geräten siehe Fragen 55–58
Geschwindigkeitsbestimmung siehe Frage 411
Sog und Wellenschlag siehe Frage 412
Vorschriften:
§§ 3.29, 6.20

3.5 Schifffahrtssperre und gesperrte Wasserflächen

107*

Sie sehen nebenstehende Tafeln. Welche Bedeutung haben diese Tafeln?

1

2

Antwort: ●●●

1. Gesperrte Wasserfläche; jedoch für Kleinfahrzeuge ohne Maschinenantrieb befahrbar.
2. Gesperrt für alle Fahrzeuge.

108*

Sie sehen nebenstehende Tafel. Welche Bedeutung hat diese Tafel?

Antwort: ●●

Schifffahrtssperre. Verbot der Durchfahrt für alle Fahrzeuge.

109*

**Sie sehen an der Einfahrt zu einer Wasserfläche nebenstehende Tafel.
Welche Bedeutung hat diese Tafel?**

Antwort: ●●

**Wasserfläche gesperrt.
Ausgenommen Kleinfahrzeuge ohne Maschinenantrieb.**

Zu Fragen 107 bis 109:

Schifffahrtssperre

Die Tafel der Frage 108 bedeutet Sperrung der Schifffahrt in der gesamten Breite der Schifffahrtsstraße, d. h. von Ufer zu Ufer, für alle Fahrzeuge, auch für Kleinfahrzeuge mit Maschinenantrieb. Vor dieser Tafel müssen alle Fahrzeuge anhalten. Die Tafel kann am Ufer aufgestellt oder auf Wahrschau-Fahrzeugen gesetzt sein.

Die Sperrung kann u. a. ausgelöst sein durch:

- Unfälle mit Sperrung des Fahrwassers
- Festfahren von Fahrzeugen im Fahrwasser
- Freitörnen von festgefahrenen Fahrzeugen
- gesunkene Fahrzeuge
- Bergungs- und Hebearbeiten
- Wasserbauarbeiten

Bei Nacht kann die Sperrung durch 2 rote Lichter übereinander oder nebeneinander oder durch 1 rotes Licht angezeigt werden, wobei 2 rote Lichter übereinander ein lang anhaltendes Durchfahrtsverbot bedeuten.

Die Sperrung kann außerdem bei Tag durch eine rote Flagge oder bei lang anhaltender Sperre durch 2 rote Flaggen übereinander angezeigt werden. Dies erfolgt in der Regel unmittelbar nach Eintritt der Sperrung, bis die anderen Tafeln aufgestellt oder ausgelegt sind, oder am Ende einer größeren Schiffsansammlung vor der Sperrstelle, damit ankommende Fahrzeuge nicht an den wartenden Fahrzeugen vorbeifahren, oder bei kleineren Wasserstraßen.

Die einzelnen Sperrtafeln, Sperrlichter können auch bei Hochwasser gesetzt sein.

Bei den genannten Beispielen kann oft eine Sperrung der Schifffahrt durch Richtungsverkehr (Einbahnverkehr) vermieden werden. Da die betreffende Stelle dann nur in einer Breite passiert werden kann, wird sie zur Engstelle. In diesem Fall werden für die gesperrte Richtung die genannten Tafeln/Lichter gezeigt. An der freigegebenen Stelle wird die Freigabe der Weiterfahrt durch eine grün-weiß-grüne Tafel (siehe Frage 64) oder durch 2 grüne Lichter bzw. 1 grünes Licht angezeigt. Der Richtungswechsel kann jeweils in verschiedenen Zeitabständen erfolgen. Auf Gewässern mit Strömung bleibt die Talfahrt während der Nachtzeit überwiegend gesperrt und die Bergfahrt kann passieren.

Gesperrte Wasserflächen

Neben der Sperrung einer Wasserstraße kann auch das Befahren bestimmter Wasserflächen begrenzt oder beschränkt sein. Dies wird durch die Tafel der Frage 109 angezeigt. Das Befahren dieser Wasserflächen ist dann allen Fahrzeugen und Schwimmkörpern verboten. Es dürfen aber Kleinfahrzeuge einfahren bzw. passieren, die keinen Maschinenantrieb haben bzw. unter Segel oder mit Muskelkraft fortbewegt werden.

Die Tafel ist insbesondere an Einfahrten zu Erholungsbereichen oder an Nebenstrecken (Altrhein usw.) aufgestellt. Wird sie innerhalb von Wasserflächen am Ufer oder auf Tonnen gezeigt, gilt die Beschränkung für die Weiterfahrt ab der Tafel. Sofern sich in den Bereichen spezielle Umschlagsanlagen befinden oder Kiesgewinnung erfolgt, fahren die betreffenden Fahrzeuge der Berufsschifffahrt ebenfalls ein oder aus. Für sie sind jeweils Sondergenehmigungen nach örtlichen Vorschriften erteilt.

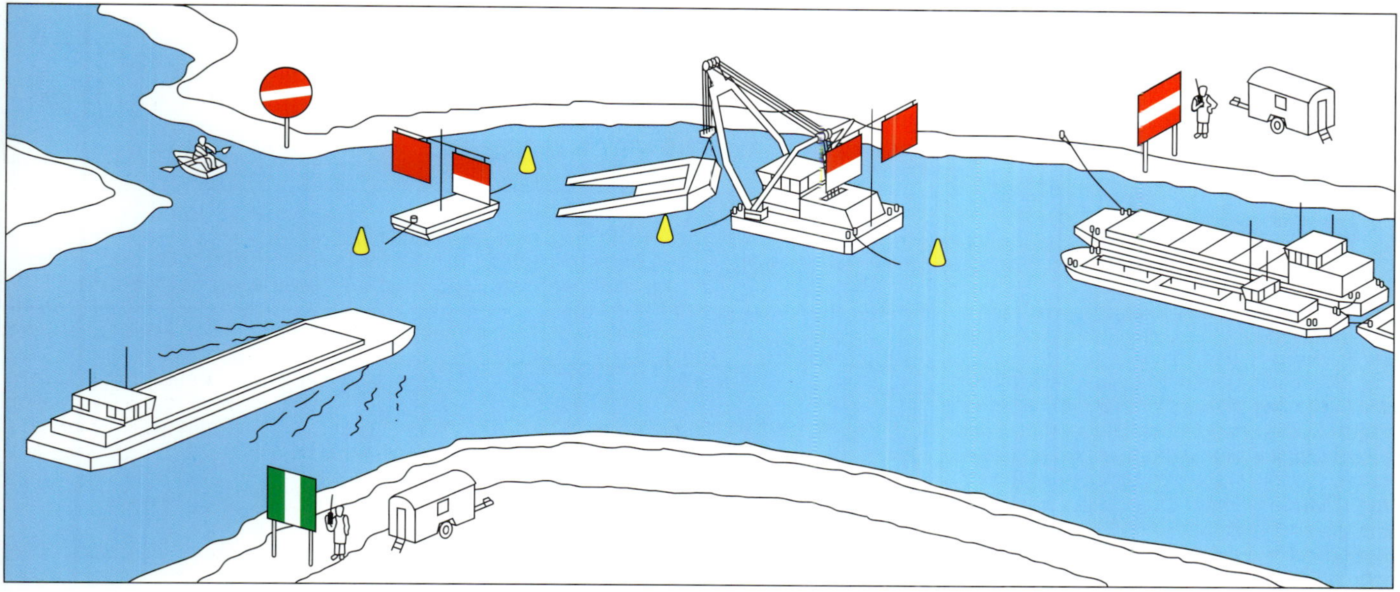

Hinweise:
Hochwasser siehe Frage 16
Begriff Kleinfahrzeug siehe Fragen 17, 18
Verkehrsbehinderungen siehe Fragen 57–61
Brückendurchfahrten siehe Fragen 97, 100
Engstelle siehe Frage 167
Vorschriften:
§§ 6.08, 6.22, 6.22a, 6.25
§ 10.01 RheinSchPV

Weitere Verbote und Erlaubnisse

Fahrverbot für Fahrzeuge mit Maschinenantrieb

Fahrverbot für Sportboote

Fahrverbot für Segelfahrzeuge

Fahrverbot für Fahrzeuge, die weder mit Maschinenantrieb noch unter Segel fahren

Verbot des Segelsurfens

Fahrerlaubnis für Fahrzeuge mit Maschinenantrieb

Fahrerlaubnis für Sportboote

Fahrerlaubnis für Segelfahrzeuge

Fahrerlaubnis für Fahrzeuge, die weder mit Maschinenantrieb noch unter Segel fahren

Segelsurfen erlaubt

3.6 Geschützte Badezonen

110*

Wie können geschützte Badezonen gekennzeichnet sein?

Antwort: ●

Durch gelbe Bojen oder Tonnen.

111*

Wie verhalten Sie sich in unmittelbarer Nähe von Badeanstalten?

Antwort: ●●

Abstand halten, auf Schwimmer außerhalb der Badeanstalt achten. Sog und Wellenschlag vermeiden.

Zu Fragen 110 und 111:
Vor Stellen mit erkennbarem Badebetrieb gelten die Verhaltensgrundregeln in besonderem Maße gegenüber Badenden, und zwar nicht nur bei gekennzeichneten Badezonen, sondern generell. Unabhängig hiervon dürfen Kleinfahrzeuge mit Maschinenantrieb nach der BinSchStrO und z. T. der MoselSchPV auf folgenden Strecken nur so schnell fahren, dass ihre Steuerfähigkeit gewahrt bleibt:

- auf Strecken mit starkem Schiffsverkehr
- vor Badeufern und Zeltplätzen
- in der Nähe von erkennbar ausgelegten Angel- und sonstigen Fischereifanggeräten

Jedes behindernde oder belästigende Umfahren anderer Fahrzeuge oder das Umherfahren in der Nähe von Fischereifanggeräten einschließlich solcher der Sportfischer ist verboten. Beim Vorbeifahren an Badenden muss der Abstand so groß sein, dass sie durch Wellenschlag und Sogwirkung nicht gefährdet oder mehr als nach den Umständen unvermeidbar belästigt werden.

Die internationalen Kommissionen für Rhein und Donau hielten die vorstehenden Regeln durch die Grundregel des § 1.04 (siehe Frage 11) für abgedeckt und verzichteten auf eine spezielle Regelung. Daher gelten die Regelungen der BinSchStrO auf allen Binnenwasserstraßen. Auch die nicht mit Maschinenantrieb fahrenden Kleinfahrzeuge haben sich deshalb gegenüber Badenden entsprechend zu verhalten.

Hinweise:
Grundregeln siehe Frage 11
Geschwindigkeit siehe Frage 411
Sog und Wellenschlag siehe Fragen 165, 412

Vorschriften:
§ 6.02 Nr. 3 BinSchStrO

3.7 Durchfahrt durch Schleusen

112

Sie sehen an einer Schleuse nebenstehende Lichter. Welche Bedeutung haben diese Lichter?

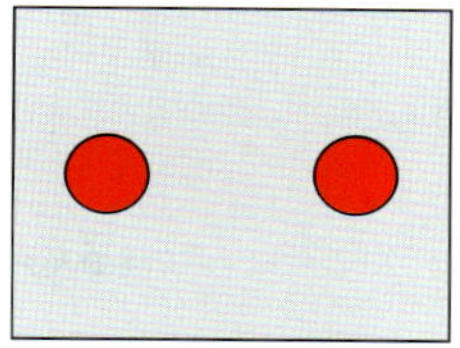

Antwort: ●

Keine Einfahrt, Schleuse geschlossen.

113

Sie sehen an einer Schleuse nebenstehende Lichter. Welche Bedeutung haben diese Lichter?

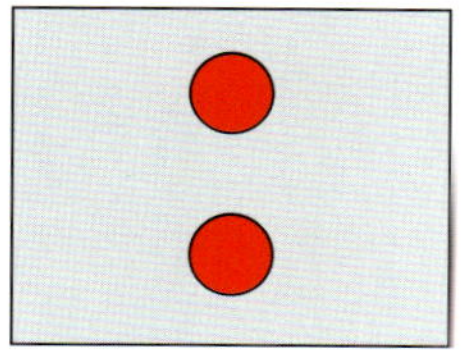

Antwort: ●

Keine Einfahrt. Schleuse außer Betrieb.

114

Sie sehen an einer Schleuse ein oder zwei grüne Lichter. Welche Bedeutung hat dieses Licht bzw. haben diese Lichter?

Antwort: ●

Einfahrt bzw. Ausfahrt frei.

115

Sie sehen an einer Schleuse ein rotes oder ein rotes und ein grünes Licht. Welche Bedeutung haben diese Lichter?

Antwort: ●

Keine Einfahrt, Öffnung der Schleuse wird vorbereitet.

116

Sie sehen vor einer Schleuse nebenstehende Tafel.
Welche Bedeutung hat diese Tafel?

Antwort: ●

Vor dieser Tafel anhalten, bis Weiterfahrt freigegeben wird.

Zu Fragen 112 bis 116:
Der Schleusenbereich umfasst die Schleusenkammern und die Wasserflächen oberhalb und unterhalb der Schleusen, die dem Festmachen, Einordnen und Warten von Fahrzeugen dienen und als Schleusenvorhafen bezeichnet werden. Der jeweilige Beginn des Schleusenbereichs kann durch weiße Tafeln mit schwarzer Umrandung und der schwarzen Aufschrift „Schleusenbereich“ gekennzeichnet sein.

Bei der Annäherung an den Schleusenbereich und im Schleusenbereich darf nur mit mäßiger Geschwindigkeit gefahren werden. Ist die Einfahrt in die Schleuse nicht sofort möglich, muss vor der Halttafel (siehe Frage 116) angehalten oder festgemacht werden.

Für die Einfahrt und die Ausfahrt sind die Lichter zu beachten. Für die Ausfahrt darf die Fahrt erst nach dem Löschen des roten und dem Zeigen des grünen Lichtes aufgenommen werden. Anstelle des roten Lichtes oder der roten Lichter kann auch die rot-weiß-rote Tafel (siehe Frage 108) und anstelle des grünen Lichtes oder der grünen Lichter auch die grün-weiß-grüne Tafel gesetzt werden. Werden weder Lichter noch Tafeln gezeigt, ist die Ein- und Ausfahrt nur auf Weisung des Schleusenpersonals zulässig.

Sind mehrere Schleusen vorhanden, kann nach der BinSchStrO die Zuweisung auch durch Richtungsweiser, 2 weiße Lichter nebeneinander, mit folgender Bedeutung erfolgen:

Soweit Bootsschleusen vorhanden und in Betrieb sind, müssen Kleinfahrzeuge diese benutzen. Bei den Boots- und Schleusenabmessungen ist zu beachten, dass neben der Bootsbreite auch ein beiderseitiger Freiraum/Sicherheitsabstand für die Fender vorhanden ist, um ein Festklemmen beim Schleusen zu vermeiden. Sofern Bootsschleusen nicht benutzt werden können oder nicht vorhanden sind, werden Kleinfahrzeuge in der jeweiligen Großschifffahrtsschleuse zusammen mit anderen Fahrzeugen oder in Gruppen geschleust. Einzelschleusungen können nach bestimmten Wartezeiten erfolgen.

Die Schleusungsbereitschaft ist der Schleuse über Funk oder in anderer Weise mitzuteilen.

Im Schleusenbereich

- ist das Überholen verboten;
- darf an auf Schleusung wartenden Fahrzeugen nur bei Vorschleusung vorbeigefahren werden und um sich in vorhandene Lücken zu legen;
- darf der Maschinenantrieb nur in dem unumgänglichen Umfang benutzt werden;
- müssen Anker vollständig hochgenommen sein;
- darf auch bei mehreren Schleusen nur die zugewiesene Schleusenkammer angesteuert werden;
- muss zu Fahrzeugen mit einem, zwei oder drei blauen Kegeln ein seitlicher Abstand von mindestens 10 m eingehalten werden;
- dürfen nur Fahrzeuge stillliegen, die schleusen wollen.

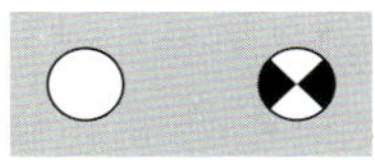
Rechte Schleuse benutzen

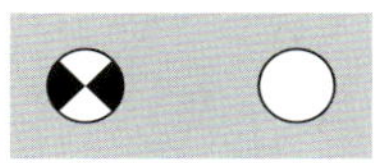
Linke Schleuse benutzen

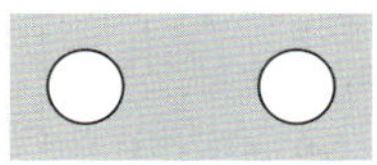
Bis zur Einweisung warten

Beide Schleusen sind benutzbar

(Die Signalanlagen können von den Zeichnungen abweichen)

Hinweise:
Sprechfunk siehe Frage 31
Vorrangfahrzeuge siehe Frage 73
Durchfahren von Schleusen einschließlich Bootsschleuse siehe Fragen 189–196
Vorschriften:
§§ 6.28, 6.28a

3.8 Bestimmtes, durch Tafeln festgelegtes Verhalten

117*

Sie sehen nebenstehende Tafel.
Welche Bedeutung hat diese Tafel?

Antwort: ●

Vorgeschriebene Fahrtrichtung.

118*

Sie sehen nebenstehende Tafel.
Welche Bedeutung hat diese Tafel, wenn das rote Licht brennt?

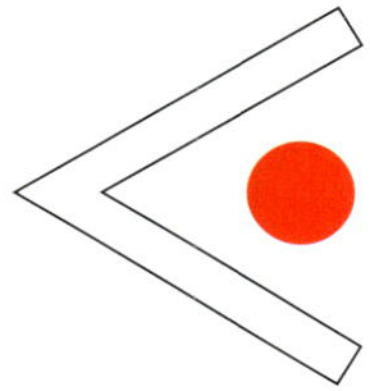

Antwort: ●

Verbot der Einfahrt in einen Hafen oder eine Nebenwasserstraße.

119

Sie sehen nebenstehende Tafel.
Welche Bedeutung hat diese Tafel?

Antwort: ●

Die Zahl gibt den Abstand an, in dem man sich vom Ufer entfernt halten soll.

120

Sie sehen nebenstehende Tafel.
Welche Bedeutung hat diese Tafel?

Antwort: ●●

Die in Stundenkilometern angegebene Geschwindigkeit gegenüber dem Ufer darf nicht überschritten werden.

121*

Sie sehen nebenstehende Tafel.
Welche Bedeutung hat diese Tafel?

Antwort: ●

Besondere Vorsicht walten lassen.

122

Sie sehen nebenstehende Tafel. Welche Bedeutung hat diese Tafel?

Antwort: ●●

1. **Überholen verboten.**
2. **Gilt nicht für Kleinfahrzeuge, verpflichtet aber zu erhöhter Aufmerksamkeit.**

123*

Sie sehen nebenstehende Tafel. Welche Bedeutung hat diese Tafel?

Antwort: ●●

Begegnen und Überholen verboten. Gilt nicht für Kleinfahrzeuge, verpflichtet aber zu erhöhter Aufmerksamkeit.

124

Sie sehen nebenstehende Tafel. Welche Bedeutung hat diese Tafel?

Antwort: ●

Wendeverbot.

125

Gilt für Kleinfahrzeuge ein durch Schifffahrtszeichen angezeigtes
1. **Wendeverbot?**
2. **Überholverbot?**

Antwort: ●●

1. **Ja.**
2. **Nein.**

126

Sie sehen nebenstehende Tafel. Welche Bedeutung hat diese Tafel?

Antwort: ●

Ende eines Ge- oder Verbotes bzw. einer Einschränkung in einer Fahrtrichtung.

Fragen 117 bis 126:
Das in **Frage 117** bezeichnete Verbot verpflichtet auch Kleinfahrzeuge, nur in der angezeigten Richtung weiterzufahren. Bei einem blauen Zeichen mit weißem Pfeil ist dieses eine Empfehlung, in der Richtung des Pfeils zu fahren.

Empfehlung, in der Richtung des Pfeils zu fahren

Bei der Tafel gemäß der **Frage 118** ist entsprechend der Pfeilrichtung die Einfahrt in einen Hafen oder eine Nebenwasserstraße verboten. Die Einfahrt kann durch Löschen des roten Lichtes freigegeben werden, auf der Donau auch mit dem Setzen eines grünen Lichtes.

Mit der Tafel gemäß der **Frage 119** wird die Einengung des Fahrwassers angezeigt. Die Zahl auf dem Zeichen bestimmt den Abstand in Metern, in dem sich Fahrzeuge vom Ufer entfernt halten sollen. Ursachen können Verlandungen, abgerutschte Uferböschungen usw. sein.

Die Tafel nach der **Frage 120** gibt die Höchstgeschwindigkeit an, die gegenüber dem Ufer nicht überschritten werden darf. Die Tafel kann auch in entsprechender Entfernung aufgestellt sein. Die Entfernung bis zum Beginn der Geschwindigkeitsbegrenzung ist zusätzlich in Metern angegeben, um sicherzustellen, dass alle Fahrzeuge die Fahrt verlangsamen und die Höchstgeschwindigkeit bereits bei der Einfahrt nicht überschreiten.

Geschwindigkeitsbeschränkungen bestehen auf allen kanalisierten Wasserstraßen mit unterschiedlichen Höchstgeschwindigkeiten, die nicht durch Verkehrszeichen angezeigt werden. Die Orientierung gehört zur Pflicht des Fahrzeugführers; vgl. Fragen 3–6.

Die Achtungstafel gemäß der **Frage 121** weist auf eine mögliche Gefahr, Behinderung usw. hin und fordert zur besseren Aufmerksamkeit auf.

Mit der Tafel nach der **Frage 122** wird für alle Fahrzeuge, ausgenommen Kleinfahrzeuge, ein Überholverbot angezeigt. Gründe können u. a. sein:

- Fahrwasserverengung durch Bauarbeiten usw.
- Flußkrümmung, wodurch die Voraussicht gering ist und dadurch der Gegenverkehr nicht rechtzeitig erkannt wird

Dies sollen insbesondere langsamere Kleinfahrzeuge bei der Entscheidung zu überholen berücksichtigen, um nicht bei Gegenverkehr in eine schwierige Lage zu kommen.

Neben der Überholtafel gibt es noch eine spezielle Tafel, mit der das Überholen von Verbänden untereinander (Schleppverbände, Schubverbände, gekuppelte Fahrzeuge) verboten wird (siehe 2. Spalte oben).

Bei Engstellen ist für die gewerbliche Schifffahrt oft ein Begegnen und damit auch ein Überholen nicht möglich, weshalb auf die Verkehrssituation mit der Tafel gemäß der **Frage 123** und auf die entsprechenden Verkehrsbestimmungen hingewiesen wird.

Beim Wenden müssen insbesondere die Fahrwasserverhältnisse und die Strömungsgeschwindigkeit berücksichtigt werden. Wo das Wenden risikoreich ist, kann dies durch die Tafel „Wendeverbot“ der **Frage 124** untersagt werden, das für alle Fahrzeuge gilt. Spezielle Wendeplätze können mit der Tafel der **Frage 132** bezeichnet werden. An diesen Stellen besteht Stillliegeverbot. Das Wenden ist nur gestattet, wenn dies ohne Gefahren möglich ist und andere Fahrzeuge nicht gezwungen werden, unvermittelt ihren Kurs und ihre Geschwindigkeit zu ändern. Erforderlichenfalls ist das Wenden durch Schallzeichen anzukündigen. Die anderen Fahrzeuge müssen, sofern dies möglich und nötig ist, Geschwindigkeit und Kurs ändern, damit das Wenden ohne Gefahr erfolgen kann. Sobald ein Kleinfahrzeug die Wendeabsicht bemerkt, sollte es entsprechend der Verkehrssituation und der Strömungsverhältnisse nach Möglichkeit nicht vor, sondern hinter dem wendenden Fahrzeug vorbeifahren.

Die Ge- oder Verbotstafeln sind in der Regel mit einem weißen Dreieck, dessen Spitze in die Richtung des Geltungsbereiches zeigt, versehen. Gelten diese Ge- oder Verbote in beiden Richtungen, ist das Ende gleichzeitig der Beginn für die Gegenrichtung. Gilt das Ge- oder Verbot nur in einer Richtung, z. B. Geschwindigkeitsbegrenzung der **Frage 120** oder Vermeidung von Sog und Wellenschlag der **Frage 104** nur für die Talfahrt, wird das Ende dieser Strecke mit der Tafel gemäß der **Frage 126** angezeigt.

Die nachfolgenden Tafeln gelten zwar nicht für Kleinfahrzeuge; der Sportbootfahrer sollte sie dennoch kennen, um die von der gewerblichen Schifffahrt zu benutzende Fahrwasserseite festzustellen und sein Fahrverhalten danach einzurichten. Entsprechend der Verkehrslage und den Fahrwasserverhältnissen ist die Einhaltung der angezeigten Fahrwasserseite den Kleinfahrzeugen zu empfehlen.

Gebot,
auf die Fahrwasserseite hinüberzufahren,

die auf der Backbordseite | die auf der Steuerbordseite
des Fahrzeugs liegt

Gebot, die Fahrwasserseite zu halten,

die auf der Backbordseite | die auf der Steuerbordseite
des Fahrzeugs liegt

Gebot, das Fahrwasser

nach Backbord | nach Steuerbord
zu überqueren

Hinweise:
Anlaufen von Häfen siehe Frage 32
Sog und Wellenschlag siehe Fragen 104–106, 412
Wendeplatz siehe Frage 132
Schallsignale beim Wenden siehe Fragen 145, 146
Schallzeichen Ein-/Ausfahrt siehe Fragen 149, 150
Engstelle siehe Frage 167
Überholen siehe Frage 170
Auslaufen und Queren siehe Fragen 187, 188
Geschwindigkeit siehe Frage 411

Vorschriften:
§§ 6.07, 6.08 Nr. 1, 6.11, 6.12, 6.13, 6.16, 6.20

3.9 Ankern und Festmachen

127

Sie sehen nebenstehende Tafeln. Welche Bedeutungen haben diese Tafeln?

1

2

Antwort: ●●

1. Ankerverbot,
2. Festmacheverbot
jeweils auf der Seite der Wasserstraße, auf der die betreffende Tafel steht.

128
**Sie sehen nebenstehende Tafel.
Welche Bedeutung hat diese Tafel?**

Antwort: ●

Ankerverbot auf der Seite der Wasserstraße, auf der diese Tafel steht, und zwar von 50 m oberhalb bis 50 m unterhalb der Tafel.

129
**Sie sehen nebenstehende Tafel.
Welche Bedeutung hat diese Tafel?**

Antwort: ●

Festmacheverbot auf der Seite der Wasserstraße, auf der die Tafel steht.

130
**Sie sehen nebenstehende Tafel.
Welche Bedeutung hat diese Tafel?**

Antwort: ●

Liegeverbot auf der Seite der Wasserstraße, auf der die Tafel steht.

131
**Sie sehen nebenstehende Tafeln.
Welche Bedeutung haben diese Tafeln?**

Antwort: ●

Liegeverbot zwischen den Tafeln auf 1000 m auf der Seite der Wasserstraße, auf der die Zeichen stehen.

132
**Sie sehen nebenstehende Tafel.
Welche Bedeutung hat diese Tafel, und was ist zugleich verboten?**

Antwort: ●●

**Empfohlener Wendeplatz.
Stillliegen für alle Fahrzeuge verboten.**

133 ●

An einer verbreiterten Stelle einer sonst engen Schifffahrtsstraße steht ein blaues Hinweisschild „Empfohlener Wendeplatz“.
Was ist hier zugleich verboten?

Antwort:
Stillliegen (Ankern und Festmachen).

134 ●

Was bedeutet nebenstehende Tafel?

Antwort:
Wehr.

Zu Fragen 127 bis 134:
Die Tafeln gemäß den **Fragen 127–131** gelten nur auf der Seite der Wasserstraße, auf der die Tafel steht. Soll die Tafel auf beiden Seiten gelten, ist sie an beiden Uferseiten aufgestellt. Dies gilt auch für die entsprechenden Hinweistafeln.

Soweit ein Geltungsbereich für die Tafeln nicht festgelegt ist, sind die Tafeln mit einem weißen Dreieck versehen, dessen Spitze in die Richtung des Geltungsbereiches zeigt. In dem Dreieck kann der Geltungsbereich in Metern angegeben sein.

Die Ankerverbotstafel der **Frage 128** umfasst den Bereich von 50 m oberhalb bis 50 m unterhalb der Tafel, sofern keine anderen Angaben angebracht sind. In den Ankerverbotsstrecken ist das Ankern, nicht aber das Stillliegen verboten.

Im Bereich der Festmacheverbotsstrecken der **Frage 129** darf geankert, aber nicht am Ufer festgemacht werden.

Im Liegeverbotsbereich ist das Stillliegen und somit das Ankern und Festmachen verboten **(Frage 130).**

Im Bereich eines empfohlenen Wendeplatzes ist das Stillliegen verboten, um den Wendebereich nicht zu beeinträchtigen **(Frage 132).**

Mit der Hinweistafel der **Frage 134** wird auf ein Wehr aufmerksam gemacht. Bei der Einfahrt in einen Wehrbereich ist besondere Vorsicht geboten, weil nicht selten Strömung vorhanden ist und ein Abtreiben in Richtung der Wehrwalzen nicht ausgeschlossen werden kann. Bei Wehren, die durchfahren werden können, kann die Durchfahrt durch Schifffahrtszeichen nach den Fragen 96 bis 98, 108, 112, 113 und 116 einschließlich der grün-weiß-grünen Tafeln und der grünen Lichter geregelt sein.

Die Anker-, Festmache- und Liegestellen können wie folgt bezeichnet sein:

Ankern erlaubt

Festmachen erlaubt

Stillliegen erlaubt

Auf der **Donau** können die Liegestellen auf der

- rechten Seite des Fahrwassers durch rote Stumpftonnen,
- linken Seite des Fahrwassers durch grüne Spitztonnen

bezeichnet sein.

Diese Tonnen trennen gleichzeitig das Fahrwasser von den Liegestellen.

Hinweise:
Bezeichnung der Ankerlieger siehe Fragen 79–82
Anlegen und Stillliegen siehe Fragen 181, 182
Ankern und Festmachen siehe Fragen 230–235

Vorschriften:
§§ 6.13, 7.02, 7.03, 7.04, 7.05, 7.06

3.10 Bezeichnung der Liegeplätze

135

Liegeplätze können u. a. mit nebenstehenden Tafeln bezeichnet sein. Bei welcher Tafel darf ein Kleinfahrzeug anlegen?

1 

 2

3 

 4

Antwort:

Nur bei Tafel 2.

●

136

Liegeplätze können u. a. mit nebenstehenden Tafeln bezeichnet sein. Bei welcher Tafel darf ein Kleinfahrzeug anlegen?

1 

 2

3 

 4

Antwort:

Nur bei Tafel 3.

●

Sichtzeichen im Fahrwasser, am Ufer, an Brücken und an Schleusen

Zu Fragen 135 bis 136:

Weitere Liegeverbote:

Seitliches Liegeverbot neben dem Fahrzeug, das diese Tafel gesetzt hat, innerhalb der angegebenen Meter

---

Liegeverbotsbreite in Meter ab der Tafel

Weitere Hinweise für Liegestellen:

Liegebreite in Meter

Liegebreite in Meter zwischen den beiden Zahlen; Liegeverbot bis 30 Meter

Anzahl der Fahrzeuge, die nebeneinander stillliegen dürfen

Liegestelle für die Schubschifffahrt ohne Ladungsbezeichnung

bzw. mit 1, 2 oder 3 blauen Kegeln/Lichtern

Liegestelle für andere Fahrzeuge als für die Schubschifffahrt ohne Ladungsbezeichnung

bzw. mit 1, 2 oder 3 blauen Kegeln/Lichtern

Liegestelle sowohl für die Schubschifffahrt als auch für andere Fahrzeuge ohne Ladungsbezeichnung

bzw. mit 1, 2 oder 3 blauen Kegeln/Lichtern

Anstelle der 2 oder 3 blauen Kegel oder Lichter können die Fahrzeuge auf der **Donau** einen roten Kegel bzw. ein rotes Licht führen.

Grundsatz:
Sofern bezeichnete Liegestellen nicht vorhanden sind, kein allgemeines Liegeverbot besteht und auch keine Liegeverbotstafeln aufgestellt sind, kann der Verkehrsteilnehmer seinen Liegeplatz frei wählen. Der Liegeplatz ist unter Berücksichtigung des Tiefgangs und der örtlichen Verhältnisse so nahe wie möglich am Ufer zu wählen. Durch das Stillliegen darf die Schifffahrt nicht behindert werden. Die für bestimmte Strecken festgelegten Liegebreiten müssen beachtet werden, z. B. Teil II BinSchStrO §..10. Gegenüber stillliegenden Fahrzeugen, die die Bezeichnung für gefährliche Güter führen, müssen folgende Abstände eingehalten werden:

- 10 m zu Fahrzeugen mit einem blauen Kegel oder Licht,
- 50 m zu Fahrzeugen mit 2 blauen Kegeln oder Lichtern,
- 100 m zu Fahrzeugen mit 3 blauen Kegeln oder Lichtern,
- 100 m zu Fahrzeugen mit einem roten Kegel oder Licht (**Donau**).

Hinweise:
Zeichen der Fahrzeuge mit gefährlichen Gütern siehe Fragen 66–71
Liegeverbot siehe Frage 130

Vorschriften:
§§ 7.02, 7.05, 7.06, 7.07
§ 8.09 DonauSchPV

A4 Schallsignale

Bei den Schallsignalen ist grundsätzlich zu unterscheiden zwischen

- Achtungssignalen,
- Kursänderungssignalen,
- Manövriersignalen,
- Gefahr- und Warnsignalen und
- Notsignalen.

Sie enthalten von ihrem Inhalt her unterschiedliche Warnungen und Hinweise und müssen deshalb von der Signalgebung her deutlich unterscheidbar sein. Während das **Warnsignal** als Wahrschausignal nur ein langer Ton ist, bestehen die **Kursänderungssignale** ausschließlich aus kurzen Tönen. Da bei Manövern auch die übrige Schifffahrt gewahrschaut werden muss, bestehen die **Manövriersignale** aus einer Kombination von langen und kurzen Tönen. Die **Gefahr- und Warnsignale** schließlich sind im Hinblick auf die besondere Gefahrensituation auch besonders auffällig gestaltet. Jeder Führer eines Kleinfahrzeuges sollte daher bei der Wahrnehmung von Schallsignalen unverzüglich prüfen, ob sein Fahrzeug von der durch das Schallsignal angezeigten Verkehrssituation betroffen ist. Vor allem muss der Schiffsführer die Schallsignale daraufhin analysieren, ob es sich um ein Notsignal handelt, weil er in diesem Fall ggf. zur Hilfeleistung verpflichtet ist.

4.1 Schallsignale, die auch von Kleinfahrzeugen gegeben werden dürfen

137*
Wie lang ist ein »kurzer Ton«?

Antwort:
Etwa eine Sekunde. ●

138*
Wie lang ist ein »langer Ton«?

Antwort:
Etwa vier Sekunden. ●

139*
Was bedeutet ein langer Ton?

Antwort:
Achtung! ●

140*
Was bedeutet ein kurzer Ton?

Antwort:
Kursänderung nach Steuerbord. ●

141*
Was bedeuten zwei kurze Töne?

Antwort:
Kursänderung nach Backbord. ●

142* ●

Was bedeuten drei kurze Töne?

Antwort:
Maschine geht rückwärts.

143* ●●

Was bedeuten vier kurze Töne?

Antwort:
Fahrzeug ist manövrierunfähig.

4.2 Schallsignale, die ausschließlich von der gewerblichen Schifffahrt gegeben werden

4.2.1 Manövriersignale

144* ●

Was bedeuten fünf kurze Töne?

Antwort:
Überholen nicht möglich.

145* ●

Was bedeutet nebenstehendes Schallsignal? ▬▬ ▬

Antwort:
Wenden über Steuerbord.

146* ●

Was bedeutet nebenstehendes Schallsignal? ▬▬ ▬ ▬

Antwort:
Wenden über Backbord.

147* ●●

Was bedeutet nebenstehendes Schallsignal? ▬▬ ▬▬ ▬

Antwort:
Überholen an der Steuerbordseite des Vorausfahrenden.

148* ●●

Was bedeutet nebenstehendes Schallsignal? ▬▬ ▬▬ ▬ ▬

Antwort:
Überholen an der Backbordseite des Vorausfahrenden.

149*

Was bedeutet nebenstehendes Schallsignal? ▬ ▬ ▬ ▪

Antwort: ●●

Hafen oder Nebenwasserstraße; Ein- oder Ausfahrt mit Kursänderung nach Steuerbord.

150*

Was bedeutet nebenstehendes Schallsignal? ▬ ▬ ▬ ▪ ▪

Antwort: ●●

Hafen oder Nebenwasserstraße; Ein- oder Ausfahrt mit Kursänderung nach Backbord.

4.2.2 Gefahr- und Warnsignale

151

Sie hören bei verminderter Sicht dreimal drei Töne in verschiedener Höhe.
Welche Bedeutung hat dieses Signal?

Antwort: ●●

Talfahrer, der mit Radarhilfe fährt.

152*

Sie hören eine Folge sehr kurzer Töne.
Was bedeutet dieses Schallsignal?

Antwort: ●

Gefahr eines Zusammenstoßes.

153*

Sie hören eine Reihe von Tönen, abwechselnd kurz-lang-kurz-lang mit entsprechendem Lichtsignal.
Was bedeuten diese Signale?

Antwort: ●●●

Bleib-weg-Signal. Gefahr durch gefährliche Güter, sofort Gefahrenbereich verlassen. Feuer- und Zündfunken vermeiden (Explosions- und Katastrophengefahr).

Zu Fragen 137 bis 153:
In der gewerblichen Schifffahrt werden Manövrierabsprachen vielfach über Funk getroffen, sodass Schallzeichen weniger gegeben werden. Da nicht immer eine Funkverständigung möglich ist, haben die Schallsignale nach wie vor besondere Bedeutung. Auch wenn Kleinfahrzeuge nur die allgemeinen Zeichen geben dürfen, müssen deren Schiffsführer gleichwohl auch die übrigen Schallzeichen beherrschen, die u. U. auch ihnen gegenüber gegeben werden.

Soweit Schallzeichen vorgesehen sind, aber nicht die Verwendung der Glocke vorgeschrieben ist, sind sie wie folgt zu geben:

- auf Fahrzeugen mit Maschinenantrieb, ausgenommen Kleinfahrzeuge, mittels mechanisch betriebener Schallgeräte;
- auf Fahrzeugen ohne Maschinenantrieb und auf Kleinfahrzeugen mittels eines Schallgerätes, einer geeigneten Hupe oder eines geeigneten Horns.

Auf Fahrzeugen mit Maschinenantrieb müssen gleichzeitig mit den Schallsignalen gleich lange gelbe Lichtzeichen gegeben werden; dies gilt nicht für Kleinfahrzeuge, für das Dreitonzeichen der Radar-Talfahrer sowie für Glockenzeichen.

Soweit Glockenschläge vorgesehen sind, können Gruppen von Glockenschlägen durch Schläge von Metall auf Metall von gleicher Dauer ersetzt werden.

Es ist verboten, andere als die vorgesehenen Schallzeichen zu benutzen oder sie u. U. für Zwecke zu gebrauchen, für die sie nicht vorgeschrieben oder zugelassen sind.

Zur Verständigung von Fahrzeug zu Fahrzeug und zwischen Fahrzeug und Land dürfen auf Rhein, Mosel und Donau andere Schallzeichen verwendet werden, sofern diese zu keiner Verwechslung mit den vorgesehenen Schallzeichen führen können.

Bei der Abgabe von Schallzeichen sind folgende Merkmale zugrunde zu legen:

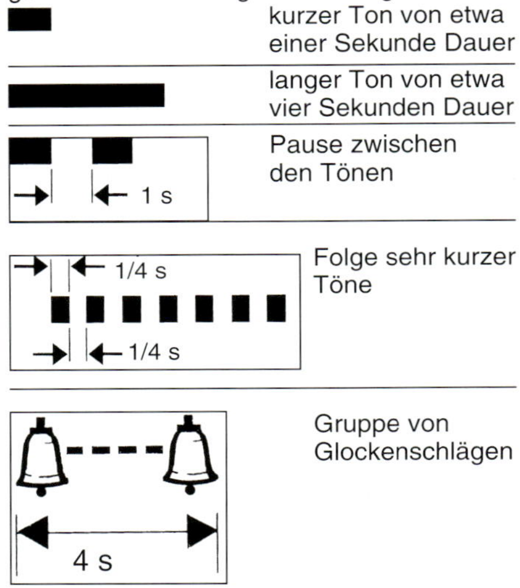

Hinweise:
Allgemeine Zeichen siehe Fragen 139–143, 152, 154–158
Manövriersignale siehe Fragen 144–150
Wenden siehe Fragen 124, 132
Überholen siehe Fragen 168–170
Hafenein- oder -ausfahrt siehe Fragen 32, 187, 188
Gefahr- und Warnsignale siehe Fragen 151–153
Verminderte Sicht siehe Fragen 179–180
Bleib-weg-Signal siehe Frage 153

Vorschriften:
§§ 4.01–4.04, 6.04, 6.10, 6.13, 6.14, 6.31–6.34
DonauSchPV § 8.15

A5 Sicherheitsvorschriften

5.1 Manövrierunfähigkeit

154

Welche Signale bzw. Zeichen geben Sie, wenn Ihr Boot manövrierunfähig geworden ist?

Antwort: ●●●

Vier kurze Töne. Bei Tag eine rote Flagge, bei Nacht ein rotes Licht schwenken.

155*

Sie hören vier kurze Töne.
1. Was bedeutet das Schallsignal?
2. Welche optische Zeichen können hierfür gegeben werden?

Antwort: ●●●

1. Fahrzeug ist manövrierunfähig.
2. Rote Flagge oder rotes Licht schwenken.

Zu Fragen 154 bis 155:
Ein Fahrzeug ist z. B. manövrierunfähig, wenn die Maschinen- oder die Ruderanlage ausgefallen ist. Besondere Zeichen müssen auf den manövrierunfähigen Fahrzeugen nicht gesetzt werden.

Die in den Antworten genannten Zeichen (4 kurze Töne, rote Flagge, rotes Licht schwenken) müssen nur auf manövrierunfähigen Fahrzeugen **in Fahrt** gegeben werden. Mit dem Eintritt der Manövrierunfähigkeit ist in der Regel die damit verbundene Gefahr durch das Setzen des Ankers beseitigt. Mithilfe der Paddel ist auch das Ufer zu erreichen.

Hinweise:
In Fahrt siehe Frage 19
Hilfeleistungspflicht siehe Fragen 13–15
Schallsignale siehe Frage 143

Vorschriften:
§ 3.18

– Ich bin manövrierunfähig –

5.2 Notsituationen

156

Welche Signale bzw. Zeichen geben Sie, wenn Sie in Not sind und dringend Hilfe brauchen?

Antwort: ●●●

Gruppen von Glockenschlägen, wiederholte lange Töne geben.
Bei Tag eine rote Flagge oder einen sonstigen Gegenstand, bei Nacht ein Licht im Kreis schwenken.

157*

Sie sehen am Tage ein Fahrzeug, auf dem eine rote Flagge im Kreis geschwenkt wird.
1. **Was bedeutet das?**
2. **Wie ist das Nachtsignal?**
3. **Wie verhalten Sie sich?**

Antwort: ●●●

1. **Von einem in Not befindlichen Fahrzeug wird Hilfe herbeigerufen.**
2. **Statt der Flagge ein Licht kreisen.**
3. **Ich leiste Hilfe, soweit das mit der Sicherheit meines Fahrzeuges vereinbar ist.**

158

Wie können Sie anzeigen, dass Sie in Not geraten sind und dringend Hilfe benötigen?
1. **Am Tag?**
2. **Bei Nacht?**
3. **Durch Schallsignal?**

Antwort: ●●●

1. **Eine rote Flagge oder einen sonstigen Gegenstand im Kreis schwenken.**
2. **Ein Licht, das im Kreis geschwenkt wird.**
3. **Wiederholt lange Töne oder Gruppen von Glockenschlägen geben.**

159* ●●	Antwort:
Auf dem Wasser ist ein Mensch in Not geraten. Wie verhalten Sie sich?	**Wenn möglich Hilfe leisten. Sonst Hilfe holen.**

160* ●●	Antwort:
Sie sehen auf einem Gewässer, dass ein Segelsurfer auf seinem Brett sitzt und immer weiter abgetrieben wird. Wozu sind Sie verpflichtet?	**Zur Hilfeleistung, sofern dies ohne eigene Gefährdung möglich ist; sonst ist sofort Hilfe zu holen.**

161* ●●	Antwort:
Welche Notsignale kann ein Segelsurfer auf Binnenschifffahrtsstraßen geben? **1. Optisch?** **2. Akustisch?**	**1. Kreisförmiges Schwenken des Arms oder eines Gegenstandes.** **2. Fortgesetzte lange Töne mit einer Pfeife.**

162* ●●	Antwort:
Welche Notsignale kann ein Segelsurfer geben?	**1. Kreisförmiges Schwenken eines Armes oder eines Gegenstandes.** **2. Fortgesetzte lange Töne mit einer Pfeife.** **3. Langsames Heben und Senken der seitlich ausgestreckten Arme.**

Zu Fragen 156 bis 162:

Notsignale dürfen nur in einer Notsituation, d. h. bei einem Notstand gegeben werden. Ein Notstand liegt vor, wenn eine gegenwärtige Gefahr für Leib und Leben von Personen besteht. In diesen Fällen ist entsprechend den gegebenen Möglichkeiten **jeder** zur Hilfeleistung und zur Abwendung der Gefahr verpflichtet, auch wenn dabei gegen andere Bestimmungen verstoßen wird. Mit den Zeichen auf der nächsten Seite soll anderen der Notstand mitgeteilt und sie zur Hilfeleistung aufgefordert werden.

Zusätzliche Notzeichen auf der Donau: Flagge über oder unter einem Ball, Raketen oder Leuchtkugeln mit roten Sternen, rote Handfackeln, Heben und Senken der seitlich ausgestreckten Arme.

Notsituationen können u. a. sein:

- Wassereinbruch, Gefahr des Sinkens
- über Bord gefallene Personen
- in Not geratene Schwimmer
- verletzter Wasserskiläufer in Verbindung mit manövrierunfähigem Zugfahrzeug
- verletzte Personen an Bord eines manövrierunfähigen Fahrzeugs
- erschöpfter und abtreibender Surfer

Hinweise:

Verhalten unter besonderen Umständen siehe Frage 12
Hilfeleistungspflicht siehe Fragen 13–15
Akustische Notsignale siehe Erläuterungen zu den Fragen 137–153
Wasserski siehe Fragen 404–410
„Mann über Bord“ siehe Frage 451

Vorschriften:

§§ 1.05, 1.16, DonauSchPV § 4.01/4
§§ 35, 323c StGB

– Notsignale –

– Notsignale –

5.3 Grundberührungen

163

Sie haben mit Ihrem Fahrzeug innerhalb des Fahrwassers Grundberührung.
Welche Maßnahmen treffen Sie?

Antwort: ●●

Wasserschutzpolizei oder Wasser- und Schifffahrtsverwaltung benachrichtigen.

164

Warum ist eine Grundberührung im Fahrwasser meldepflichtig?

Antwort: ●

Damit das Hindernis beseitigt bzw. gekennzeichnet wird.

Zu Fragen 163 bis 164:
Unter Grundberührung wird in der Regel eine Berührung mit der Flusssohle verstanden. Nicht in jedem Fall ist dies aber genau festzustellen. Es können auch Berührungen mit auf dem Grund liegenden Gegenständen sein, z. B. über Bord gegangene Ladungsteile, verlorene Anker, eingebrachte entwendete Landfahrzeuge o. Ä. Unabhängig von der Ursache handelt es sich bei der Grundberührung in jedem Fall um ein meldepflichtiges Schifffahrtshindernis, wenn die Berührung **im Fahrwasser** erfolgte. Ursache ausschließlicher Grundberührung können Überladung (zu hoher Tiefgang) oder Kiesanhäufung sein, die auf Geschiebe-Ablagerung, Festfahren und Freifahren mit eigener Maschinenkraft oder Hochwasser o. Ä. zurückzuführen sein kann. Damit die Ursache ermittelt und die Gefahr beseitigt oder gekennzeichnet wird, sind die Schiffsführer verpflichtet, derartige Feststellungen der Wasser- und Schifffahrtsverwaltung oder Wasserschutzpolizei unter genauer Bezeichnung der Hindernisstelle zu melden. Nur dadurch können von anderen Fahrzeugen und der Schifffahrt größere Schäden abgewendet werden.

Hinweise:
Meldepflichtige Feststellungen siehe Fragen 13–15
Anschriften WSV, WSP siehe Anhang 4 und 5
Vorschriften:
§ 1.12

5.4 Vermeidung von Sog und Wellenschlag

165 ●●●

Nennen Sie Bereiche, in denen die Geschwindigkeit zu vermindern ist, um Sog und Wellenschlag zu vermeiden.

Antwort:

1. **Vor Hafenmündungen und in Häfen;**
2. **an Lade- und Löschplätzen;**
3. **an den üblichen Liegestellen;**
4. **an Fährstellen;**
5. **auf gekennzeichneten Strecken;**
6. **im Schleusenbereich;**
7. **an Badestellen.**

Zu Frage 165:
Fahrzeuge müssen ihre Geschwindigkeit so einrichten, dass der Wellenschlag oder die Sogwirkung, die Schäden an stillliegenden oder in Fahrt befindlichen Fahrzeugen, Schwimmkörpern oder an Anlagen verursachen können, vermieden werden.

Die Fahrzeuge müssen ihre Geschwindigkeit rechtzeitig vermindern, jedoch nicht unter das Maß, das zu ihrer sicheren Steuerung notwendig ist.

Gegenüber stillliegenden Fahrzeugen gilt diese Verpflichtung generell, gleichgültig ob sie auf gekennzeichneten Liegeplätzen oder auf nicht bezeichneten Liegestellen oder an Umschlagstellen, Lade- und Löschplätzen stillliegen.

Die Pflicht der Rücksichtnahme gegenüber Badenden gilt an allen Badestellen, nicht nur an den bezeichneten.

Vor Hafenmündungen und in Häfen

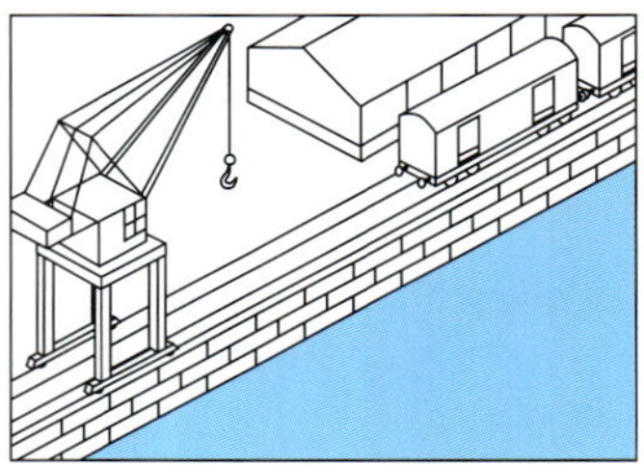

An Lade- und Löschplätzen

An üblichen Liegestellen

An Fährstellen

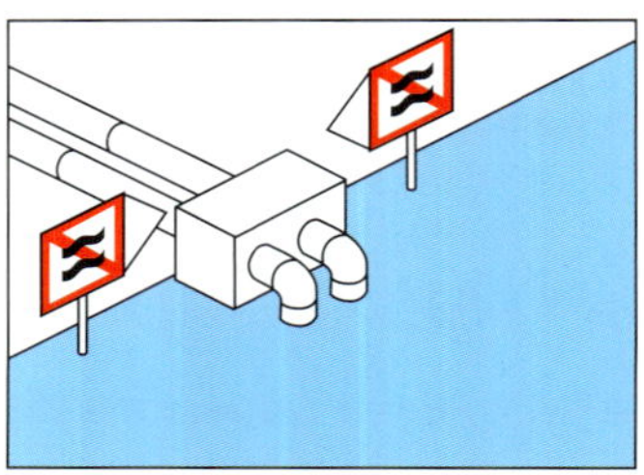

Auf gekennzeichneten Strecken

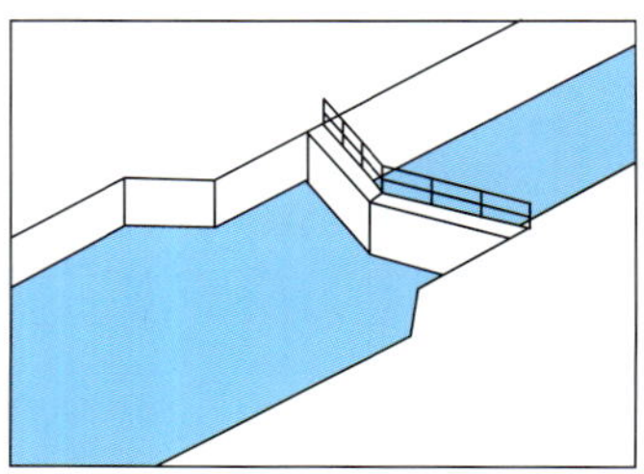

Im Schleusenbereich

An Badestellen

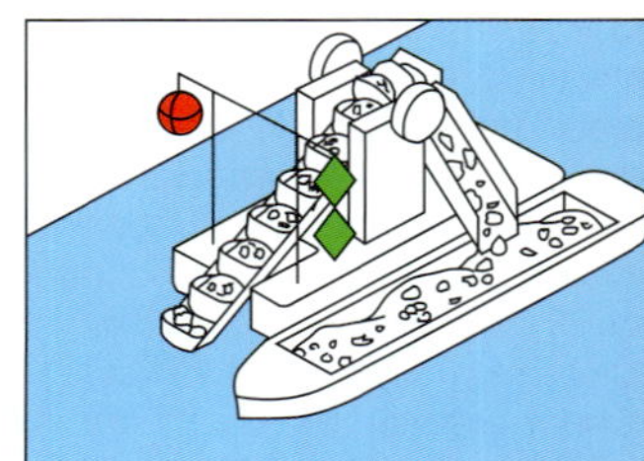

An schwimmenden Geräten

Hinweise:
Hafeneinmündungen und Häfen siehe Fragen 32, 118
Übliche Liegestellen siehe Fragen 135, 136
Fährstellen siehe Fragen 50, 51, 101
Gekennzeichnete Strecken siehe Fragen 102–106, 120
Schleusenbereiche siehe Fragen 112–116
Badestellen siehe Fragen 110, 111
Sog- und Wellenschlag siehe Frage 412

Vorschriften:
§§ 3.25, 6.20

5.5 Begegnung mit anderen Fahrzeugen

166*

Warum soll ein Sportboot nicht dicht an ein großes, fahrendes Fahrzeug heranfahren?

Antwort: ●●●

Es kann durch dessen Sog mit dem Fahrzeug kollidieren, durch dessen Bug- bzw. Heckwelle kentern oder in dessen toten Winkel geraten.

167*

Wie verhalten Sie sich beim Begegnen mit anderen Fahrzeugen in einem engen Fahrwasser?

Antwort: ●●

Klaren Kurs zeigen, größtmöglichen Passierabstand einhalten, nötigenfalls Fahrt vermindern.

Zu Fragen 166, 167:
Das zu dichte Heranfahren an andere in Fahrt befindliche Fahrzeuge ist als Verstoß gegen die Vorsichtsmaßregeln und damit gegen die Grundregel für das Verhalten im Verkehr anzusehen (§ 1.04). Außerdem liegt in diesem Verhalten ein Verstoß gegen die Pflicht, Vorfahrts- oder Ausweichmanöver rechtzeitig und entschlossen durchzuführen und dadurch Manöver des letzten Augenblicks zu verhindern.

Beim Begegnen im Fahrwasser gelten zusätzliche Verhaltensregeln. Fahrzeuge dürfen Kurs oder Geschwindigkeit nicht in einer Weise ändern, die die Gefahr eines Zusammenstoßes herbeiführen könnte.

Fahrwasserengen können durch eine natürliche Verengung der Wasserstraße, durch stillliegende Fahrzeuge oder aus ähnlichen Gründen verursacht sein. Für die Durchfahrt gilt Folgendes:

① Alle Fahrzeuge müssen die Fahrwasserenge in möglichst kurzer Zeit durchfahren.
② Für die Durchfahrt besteht Überholverbot, das aus Vorsichtsgründen auch Kleinfahrzeuge beachten sollten.
③ Kann die Fahrwasserenge nicht in der gesamten Länge eingesehen werden, muss jedes Fahrzeug vor der Einfahrt einen langen Ton geben und diesen erforderlichenfalls während der Durchfahrt wiederholen.
④ Bergfahrer und Talfahrer müssen vor der Enge anhalten, bis der Gegenverkehr sie durchfahren hat.
⑤ Ist das Begegnen in einer Fahrwasserenge unvermeidlich, müssen alle möglichen Maßnahmen getroffen werden, damit das Begegnen an einer Stelle mit der geringsten Gefahr erfolgt.
⑥ Bei unübersichtlichen Fahrwasserengen kann die Durchfahrt auch mit Zeichen und Lichtern geregelt werden.

Merksätze:
- Rechtzeitig Geschwindigkeit vermindern.
- Nicht zu früh ausweichen, und unmittelbar nach dem Begegnen wieder in der Fahrwassermitte weiterfahren.

Beachte:
Ein geringer Passierabstand ist nicht so gefährlich wie eine zu große Annäherung an das Ufer oder das Überfahren von Untiefen.

Hinweise:
Grundregeln für das Verhalten im Verkehr siehe Fragen 11 und 12
Zeichen für Steuerbordbegegnung siehe Fragen 75–78
Zeichen und Lichter für Durchfahrtsregelung siehe Fragen 55–64, 108
Fahrtrichtungsanzeige siehe Frage 117
Begegnungsverbot siehe Frage 123
Schallsignale siehe Fragen 139 und 152
Ausweichen generell siehe Fragen 171–175, 178

Vorschriften:
§§ 6.02, 6.02a, 6.03, 6.04, 6.07, 6.08

Begegnen im engen Fahrwasser

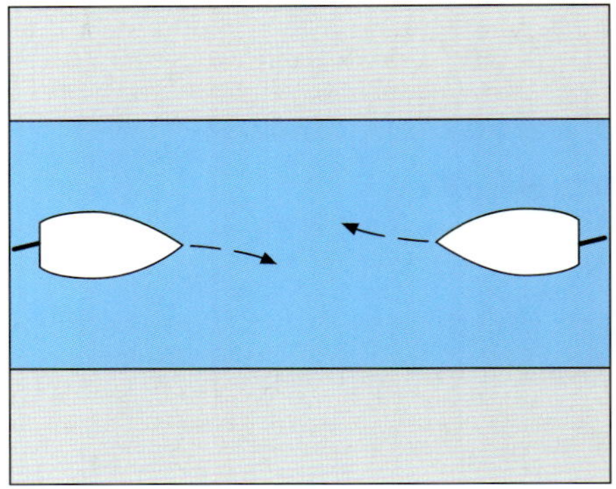

Rechtzeitig Geschwindigkeit reduzieren. Nicht zu früh ausweichen. Stb-Ruderlage, sodass ausreichender Passierabstand gewährleistet ist.

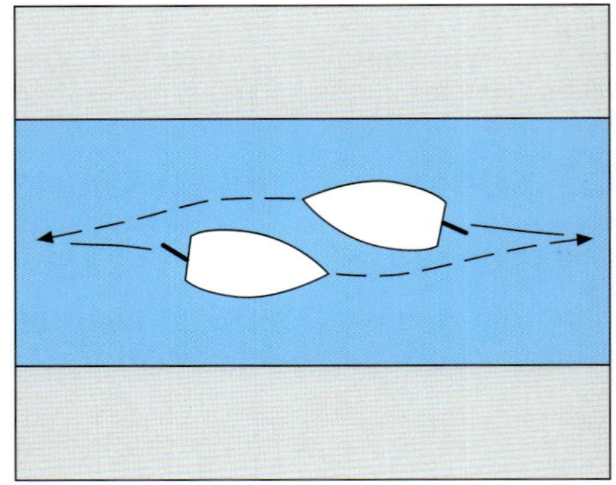

Frühzeitig beim Begegnen Bb-Ruderlage, um die Fahrwassermitte nach dem Begegnen schnell wieder zu erreichen.

5.6 Überholen

168*

Welche Gefahren können entstehen, wenn Sie von einem größeren Fahrzeug überholt werden?

Antwort: ●●●

Durch den Stau, Sog oder Schwell kann das Fahrzeug aus dem Ruder laufen, querschlagen oder kentern. Gefahr des Überbordfallens durch Krängung.

169

Wie ist ein Überholmanöver durchzuführen?

Antwort: ●●●

Zügig und ohne die beteiligten Fahrzeuge zu behindern, Verkehrslage und eventuelle Schallzeichen beachten, ausreichenden Abstand halten.

170

Wann dürfen Sie überholen, und was müssen Sie dabei beachten?

Antwort: ●●●

Das Überholen ist nur gestattet, wenn hinreichender Raum hierfür vorhanden ist und es ohne Gefahr ausgeführt werden kann. Genügend Abstand halten, schädlichen Sog und Wellenschlag vermeiden. Der Überholer ist grundsätzlich ausweichpflichtig.

Zu Fragen 168 bis 170:
Das Überholen ist nur gestattet, wenn das Fahrwasser unter Berücksichtigung aller örtlichen Umstände und des übrigen Verkehrs hinreichenden Raum für den gesamten Überholvorgang gewährt, jede Gefährdung des Gegenverkehrs ausgeschlosen ist und kein Überholverbot besteht. Kurs und Geschwindigkeit dürfen nicht in einer Weise geändert werden, die die Gefahr eines Zusammenstoßes herbeiführen könnte. Der Überholer ist grundsätzlich ausweichpflichtig, und er muss sich vorher vergewissern, dass das Manöver ohne Gefahr ausgeführt werden kann. Der Vorausfahrende muss das Überholen, soweit möglich, erleichtern und eventuell die Geschwindigkeit vermindern; diese Verpflichtung besteht nicht, wenn Kleinfahrzeuge überholen. Mit einer freundlichen Bitte über Funk kann die Rücksichtnahme auch gegenüber Kleinfahrzeugen erreicht werden.

Es darf an Backbord oder Steuerbord überholt werden. Ist das Überholen nur möglich, wenn der Vorausfahrende seinen Kurs ändert, sind die entsprechenden Schallsignale zu geben. Ist ein gefahrloses Überholen unmöglich, z. B. Fahrwasserenge durch Arbeiten oder Stilllieger, die der Überholer infolge einer Fahrwasserkrümmung noch nicht einsehen kann oder entgegen kommender Schubverband mit größerer Breite, muss der Vorausfahrende „fünf kurze Töne" geben. Die Pflicht zur Abgabe von Schallzeichen besteht nicht gegenüber Kleinfahrzeugen.

Bei der Entscheidung, einen Vorausfahrenden zu überholen, muss sowohl die eigene Geschwindigkeit als auch die Länge und Breite des Vorausfahrenden berücksichtigt werden. Ist die eigene Geschwindigkeit nur unwesentlich höher als die des Vorausfahrenden oder kann insbesondere bei der Bergfahrt die gesamte Überholstrecke nicht eingesehen und damit Begegnungen während des Überholens nicht ausgeschlossen werden, sollte von einem Überholmanöver abgesehen werden. Die mit dem Abbrechen des Überholens verbundene Fahrtminderung erhöht die Soggefahr nicht unwesentlich. Eine weitere Gefährdung entsteht durch das Begegnen mit anderen Fahrzeugen während des Überholens.

Hinweise:
Überholverbot im Schleusenbereich siehe Fragen 112–116
Überholverbotszeichen siehe Fragen 122, 123
Schallsignale siehe Fragen 144, 147, 148
Überholverbot in Fahrwasserengen siehe Frage 167

Vorschriften:
§§ 6.02, 6.03, 6.08, 6.09, 6.10, 6.11

5.7 Ausweichen von Sportfahrzeugen untereinander

171
Wann besteht die Gefahr eines Zusammenstoßes?

Antwort: ●●
Wenn sich zwei Fahrzeuge einander nähern und sich die Peilung der beiden Schiffe zueinander nicht ändert.

172
Wie weichen zwei Motorboote aus, die sich auf entgegengesetzten Kursen nähern?

Antwort: ●
Jeder muss nach Steuerbord ausweichen.

173
Zwei Motorboote nähern sich auf kreuzenden Kursen. Es besteht die Gefahr eines Zusammenstoßes. Welches Motorboot ist ausweichpflichtig?

Antwort: ●●
Ausweichpflichtig ist das Fahrzeug, welches das andere an seiner Steuerbordseite sieht.

174

**Nachts kommt Ihnen ein Fahrzeug entgegen, das nur ein weißes Licht führt.
Was ist das für ein Fahrzeug?**

Antwort: ●

Kleinfahrzeug ohne Maschinenantrieb.

175*

Wie müssen Ausweichmanöver durchgeführt werden?

Antwort: ●●

Rechtzeitig, klar erkennbar und entschlossen.

176

Wie muss sich ein kreuzendes Kleinfahrzeug unter Segel am Wind in der Nähe eines Ufers gegenüber anderen verhalten?

Antwort: ●●

Es darf ein anderes Kleinfahrzeug, das sein steuerbordseitiges Ufer anhält, nicht zum Ausweichen zwingen.

177

Wie beurteilen Sie nebenstehende Ausweichsituation? Begründung.

Antwort: ●●

Das Segelboot ist ausweichpflichtig. Ein Fahrzeug unter Segel am Wind darf beim Kreuzen andere Fahrzeuge, die ihr steuerbordseitiges Ufer anhalten, nicht zum Ausweichen zwingen.

178*

Wie verhalten Sie sich als Führer eines Kleinfahrzeuges beim Begegnen mit:
1. Fahrzeugen der gewerblichen Schifffahrt?
2. Fahrzeugen, die das blaue Funkellicht zeigen?

Antwort: ●

1. **Kleinfahrzeuge sind gegenüber der gewerblichen Schifffahrt ausweichpflichtig. Sie müssen den für deren Kurs und zum Manövrieren nötigen Raum lassen.**
2. **Ausweichen.**

Zu Fragen 171 bis 178:
Die Ausweichregeln, die Konkretisierungen der Grundregel für das Verhalten im Verkehr sind, unterscheiden zwischen Kleinfahrzeugen einerseits und Fahrzeugen der gewerblichen Schifffahrt andererseits. Bei den Kleinfahrzeugen wiederum ist zu unterscheiden zwischen Fahrzeugen mit Maschinenantrieb, d. h. Motorbooten und Segelbooten mit Hilfsmotor, und Segelbooten und Ruderbooten.

Diese Ausweichregeln für die verschiedenen Fahrzeuggruppen basieren auf folgenden zwei Grundsätzen:

① Alle Fahrzeuge, deren Kurse jede Gefahr eines Zusammenstoßes ausschließen, dürfen ihre Kurse und ihre Geschwindigkeit nicht in einer Weise ändern, die die Gefahr eines Zusammenstoßes herbeiführen könnte. Die Gefahr eines Zusammenstoßes besteht dann, wenn sich 2 Fahrzeuge aneinander nähern und sich die Peilung der beiden Schiffe zueinander nicht ändert (so genannte stehende Peilung).

② Im Verhältnis der Sportschifffahrt zur gewerblichen Schifffahrt muss die letztere den Vorrang haben, weil sie auf die Benutzung der Fahrrinne zwingend angewiesen ist, während bei Kleinfahrzeugen die Manövrierfähigkeit ausschlaggebend sein muss.

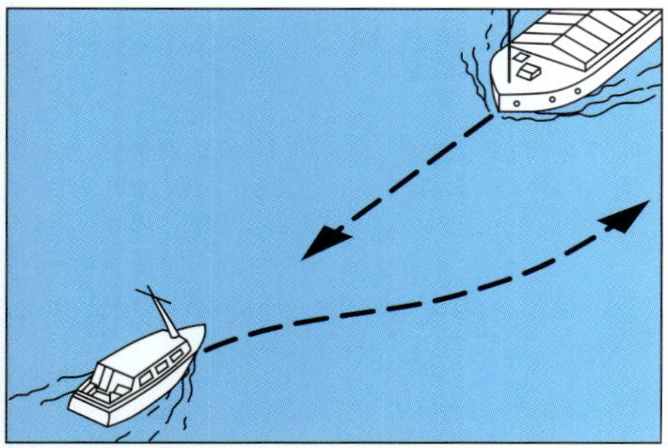

Das Kleinfahrzeug ist ausweichpflichtig.

Danach lassen sich die Ausweichregeln für Kleinfahrzeuge wie folgt differenzieren:

- Kleinfahrzeuge mit Maschinenantrieb weichen anderen Kleinfahrzeugen mit Maschinenantrieb aus.
  Beispiel: Motorboot weicht Motorboot aus.
- Kleinfahrzeuge mit Maschinenantrieb weichen allen anderen Kleinfahrzeugen aus.
  Beispiel: Motorboot weicht Segelboot oder Ruderboot aus.
- Kleinfahrzeuge ohne Maschinenantrieb weichen den unter Segeln fahrenden Kleinfahrzeugen aus.
  Beispiel: Ruderboot weicht Segelboot aus.

Beachte: Gegenüber Fahrzeugen, die das blaue Funkellicht zeigen, ist der für deren Kurs und zum Manövrieren notwendige Raum zu lassen.

Vorschriften:
§§ 6.02, 6.02a, 6.03, 6.12
§ 9.02 RheinSchPV
§ 6.03a DonauSchPV

Grundsatz für die Durchführung eines Ausweichmanövers: In den vorgenannten Situationen müssen die ausweichpflichtigen Kleinfahrzeuge ihren Kurs nach Steuerbord richten.

Ausnahme: Falls ein Ausweichen nach Steuerbord aus nautischen Gründen nicht möglich ist, muss das ausweichpflichtige Kleinfahrzeug rechtzeitig, entschlossen und durch klar erkennbare Manöver zeigen, wie es ausweichen will.

Das Fahrzeug, das nicht ausweichpflichtig ist, bezeichnet man als Kurshalter, d. h. als Fahrzeug, das Kurs und Geschwindigkeit beizubehalten hat.

Ausnahme von dem Grundsatz, dass das Motorboot einem Segelboot ausweichpflichtig ist: *Ein kreuzendes Segelfahrzeug darf ein anderes Kleinfahrzeug, das sein steuerbordseitiges Ufer anhält, nicht zum Ausweichen zwingen.*

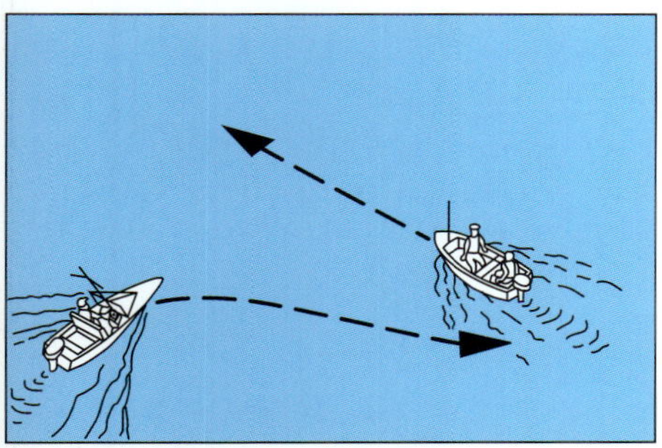

Ausweichpflichtig ist das Fahrzeug, welches das andere an seiner Steuerbordseite sieht.

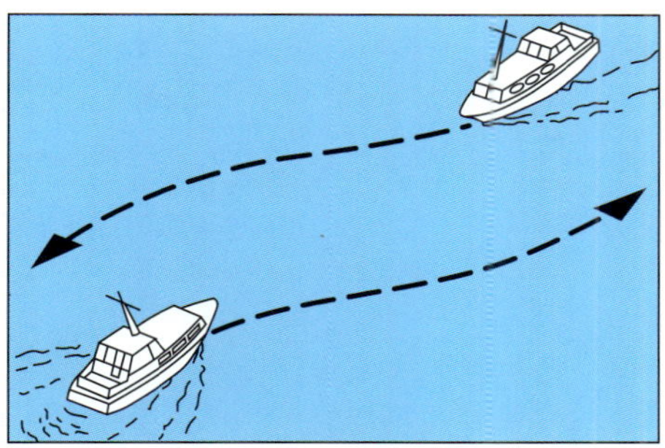

Beide weichen nach Steuerbord aus.

Das am Wind kreuzende Segelboot ist ausnahmsweise ausweichpflichtig.

Auf Kollisionskurs	Ausweichregeln der Kleinfahrzeuge untereinander					
	Sportfahrzeug von 20 und mehr Meter Länge		Kleinfahrzeug mit Motorantrieb (Motorboot)		Kleinfahrzeug unter Segel (Segelboot) mit Wind von Bb	
Sportfahrzeug von 20 und mehr Meter Länge	**H**	**C**	**A**	**A**	**A**	**A**
Kleinfahrzeug mit Motorantrieb (Motorboot)	**A**	**A**	**H**	**C**	**B**	**B**
Kleinfahrzeug unter Segel (Segelboot) mit Wind von Stb	**A**	**A**	**B**	**B**	**E**	**E**
Kleinfahrzeug unter Segel (Segelboot) mit Wind von Bb	**A**	**A**	**B**	**B**	**D**	**D**
Kleinfahrzeug unter Segel (Segelboot) mit Motorantrieb	**A**	**A**	**H**	**C**	**B**	**B**

⇨ Wind

- - - - - → unterbrochene Linie mit Richtungspfeil = ausweichpflichtig

und gegenüber Sportbooten von 20 und mehr Meter Länge

Kleinfahrzeug unter Segel (Segelboot) mit Wind von Stb	Kleinfahrzeug unter Segel (Segelboot) mit Motorantrieb	Boote, die durch Muskelkraft fortbewegt werden (Ruderboote o. Ä.)

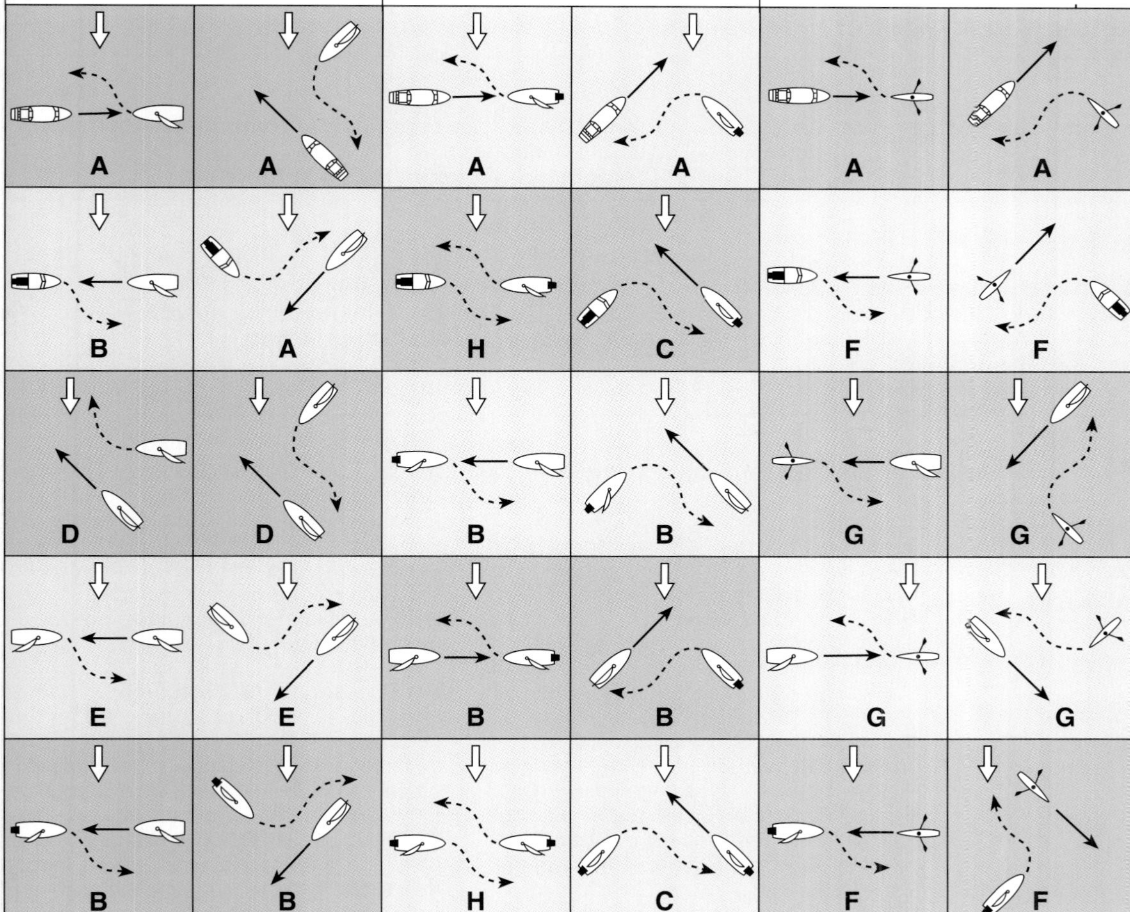

Merksätze
zur Bestimmung des vorfahrtsberechtigten (kurshaltepflichtigen) bzw. ausweichpflichtigen Fahrzeugs

A	**Sportfahrzeuge von 20 und mehr Meter Länge vor allen Kleinfahrzeugen**
B	**Segelboot vor Motorboot**
C	**Rechts vor Links (Motorboote/Segelboote mit Hilfsmotor untereinander)**
D	**Lee vor Luv (Segelboote untereinander mit Wind von derselben Seite)**
E	**Wind von Stb vor Wind von Bb (Segelboote untereinander mit Wind von verschiedenen Seiten)**
F	**Mit Muskelkraft fortgewegte Boote (Ruder-, Paddel-, Tretboot) vor Kleinfahrzeugen mit Maschinenantrieb**
G	**Segelboot vor mit Muskelkraft fortgewegten Booten**
H	**Besteht kein Vorfahrtsrecht, sind beide Fahrzeuge ausweichpflichtig**

⟶ durchgezogene Linie mit Richtungspfeil = Kurshalter, d. h. Vorfahrtsberechtigter

Bei unmittelbar drohender Gefahr eines Zusammenstoßes muss auch der Kurshalter notfalls solche Maßnahmen zur Abwendung der Kollision ergreifen, die einen Verstoß gegen einzelne Verkehrsvorschriften darstellen (so genanntes Manöver des letzten Augenblicks).

Hinweise:
Verhalten unter besonderen Umständen siehe Frage 12
Steuerbordbegegnung siehe Fragen 75–78
Vorgeschriebener Kurs siehe Frage 117
Schallsignal Gefahr eines Zusammenstoßes siehe Frage 152
Schallsignal (Kursänderung) siehe Fragen 140, 141
Weitere Fragen zu den Ausweichregeln siehe Fragen 413–416
Ausweichregeln der Fahrzeuge unter Segel siehe Fragen 509–512.

5.8 Verhalten bei unsichtigem Wetter

179

Was veranlassen Sie, wenn während der Fahrt unsichtiges Wetter eintritt?

Antwort: ●●●

1. **Geschwindigkeit den Sichtverhältnissen anpassen.**
2. **Lichter setzen.**
3. **Möglichst nächsten Hafen aufsuchen.**

180

Sie fahren bei Sichtbeeinträchtigung ohne Radar und hören dreimal drei aufeinanderfolgende Töne von verschiedener Höhe.
1. Was bedeutet dieses Schallzeichen?
2. Was tun Sie?

Antwort: ●●

1. **Talfahrer, der unter Radar fährt.**
2. **Langen Ton geben, Funkmeldung absetzen und Fahrwasser möglichst verlassen.**

Zu Fragen 179, 180:
Mit unsichtigem Wetter ist zu bestimmten Jahreszeiten stets zu rechnen. Die Beobachtung der Wetterentwicklung ist für die Entscheidung, eine Fahrt zu beginnen oder fortzusetzen, unerlässlich, insbesondere auch dafür, einen sicheren Liegeplatz bzw. einen Schutzhafen zu erreichen.

Tritt während der Fahrt unsichtiges Wetter auf,

- muss mit sicherer Geschwindigkeit gefahren werden;
- müssen die Fahrtlichter gesetzt werden;
- muss ein Ausguck auf dem Vorschiff aufgestellt werden, der sich entweder in Sicht- oder Hörweite des Schiffsführers befinden oder durch eine Sprechverbindung mit ihm verbunden sein muss;
- müssen Nebelschallsignale während der Fahrt und beim Stillliegen im Fahrwasser oder in dessen Nähe gegeben werden;
- muss Funkkanal 10 stets auf Empfang geschaltet sein und vor allem auf die Radartalfahrer-Schallsignale geachtet werden.

Die Fahrt ist grundsätzlich einzustellen, wenn sie nicht mehr ohne Gefahr fortgesetzt werden kann. Dies ist bereits der Fall, wenn die gleichzeitige Wahrnehmung beider Ufer nicht mehr möglich ist. Das nicht rechtzeitige Erreichen eines Hafens oder eines sicheren Liegeplatzes und das Nichtgreifen des Ankers können dann als Problem auftreten. Beim Anhalten ist die Fahrrinne soweit wie möglich freizumachen.

Die Fortsetzung der Fahrt unter Radarhilfe ist nur mit einem für die Binnenschifffahrt zugelassenen Radargerät und auch nur dann gestattet, wenn sich eine Person mit Radarpatent am Ruderstand aufhält. Während der Fahrt ohne Radarortung muss jedes Fahrzeug in Abständen von längstens einer Minute als Nebelzeichen **„einen langen Ton ▬“** geben. Da Kleinfahrzeuge generell ausweichpflichtig sind, brauchen sie den langen Ton nicht zu geben.

Fahrzeuge, ausgenommen Kleinfahrzeuge, die im Fahrwasser oder in dessen Nähe außerhalb der Häfen oder der festgelegten Liegestellen stillliegen, müssen, wenn sie einen langen Ton von einem herankommenden Fahrzeug vernehmen, folgende Nebelschallsignale geben:

- eine Gruppe von Glockenschlägen, wenn sie auf der linken Fahrwasserseite, talwärts gesehen, liegen;
- zwei Gruppen von Glockenschlägen, wenn sie auf der rechten Fahrwasserseite, talwärts gesehen, liegen;
- drei Gruppen von Glockenschlägen, wenn ihre Lage unbestimmt ist.

Beachte:
Beim Hören der Schallzeichen für Radartalfahrer sofort handeln (Antwort 180, Nr. 2).

Anmerkung:
Die dreimal hintereinander gegebenen drei aufeinanderfolgenden Töne von verschiedener Höhe (Dreitonsignal) sind zurzeit aufgrund einer vorübergehenden Anordnung zu Erprobungszwecken abgeschafft worden.

Vorschriften:
§1.01 Nr. 22, 23
§ 10.02 DonauSchPV

Schallzeichen bei unsichtigem Wetter		Bedeutung	Vorschriften
Einzeln fahrende Fahrzeuge und Verbände, außer Radartalfahrern	1 langer Ton, längstens jede Minute wiederholt	„Achtung“	§ 6.33
Stilliegende Fahrzeuge	1 Gruppe von Glockenschlägen, längstens jede Minute wiederholt	„Ich liege auf der linken Seite des Fahrwassers“	§ 6.31
	2 Gruppen von Glockenschlägen, längstens jede Minute wiederholt	„Ich liege auf der rechten Seite des Fahrwassers“	
	3 Gruppen von Glockenschlägen, längstens jede Minute wiederholt	„Meine Lage ist unbestimmt“	

5.9 Anlegen und Stillliegen

181 ●

Warum soll man möglichst gegen Strom und Wind anlegen?

Antwort:
Weil das Fahrzeug sicherer zu manövrieren ist.

Zu Frage 181:
Bei einer Fahrt gegen die Strömung und gegen Wind wirken beide zum einen als eine Art Bremse. Je nach Stärke von Strom und Wind macht das Boot bei geringeren Schraubenumdrehungen u. U. keine Fahrt mehr über Grund und kommt zum Stillstand, was das Anlegen erleichtert. Zum anderen ist das Boot besser manövrierbar. Bei seitlicher Einwirkung von Strömung oder Wind ergibt sich ein seitliches Versetzen (Abdrift), was beim Manövrieren zu berücksichtigen und auszugleichen ist.

182 ●●●

Nennen Sie mindestens 6 Stellen oder Strecken, wo auch ohne besondere Bezeichnung ein allgemeines Liegeverbot besteht.

Antwort:
1. **Auf Schifffahrtskanälen und Schleusenkanälen.**
2. **Unter Brücken und Hochspannungsleitungen.**
3. **In Fahrwasserengen und Hafeneinfahrten.**
4. **An Abzweigungen oder Einmündungen von Nebenwasserstraßen.**
5. **In der Fahrlinie von Fähren.**
6. **Im Kurs, den Fahrzeuge beim An- oder Ablegen an Landebrücken benutzen.**
7. **Auf Wendestellen.**
8. **In Wasserski- oder Wassermotorradstrecken.**

Zu Frage 182:
Liegeverbotsbereiche können durch die Verkehrsvorschriften oder durch schifffahrtspolizeiliche Anordnungen festgelegt sein, die in der Regel für die gesamte Breite der Wasserstraße gelten. Liegeverbotszeichen gelten nur auf der Seite der Wasserstraße, auf der das Zeichen steht.

Hinweise:
Liegeverbotszeichen siehe Fragen 130, 131, 132
Fahrwasserengen siehe Frage 167

Vorschriften:
§§ 7.01, 7.02

Allgemeine Liegeverbote

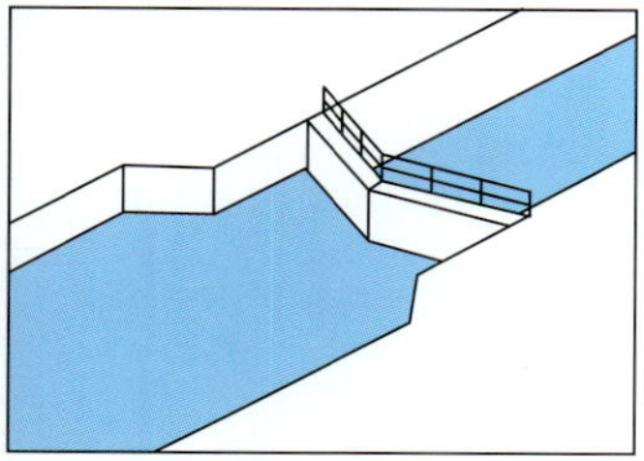

Auf Schifffahrts- und Schleusenkanälen

Unter Brücken

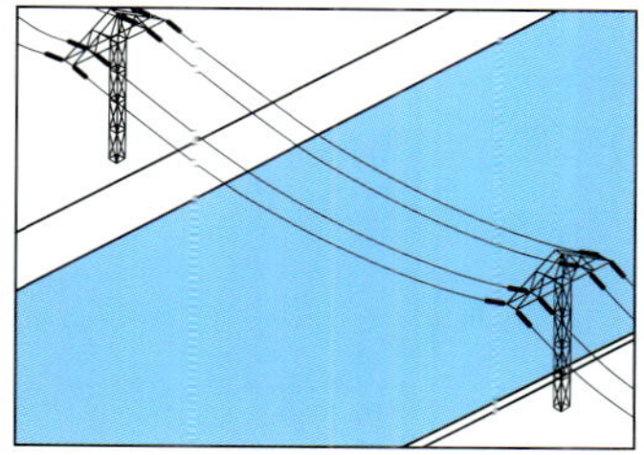

Unter Hochspannungsleitungen

In Hafeneinfahrten

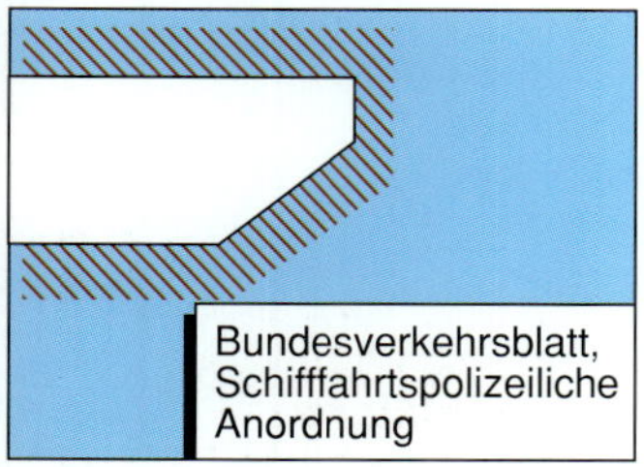

An bekannt gemachten Stellen

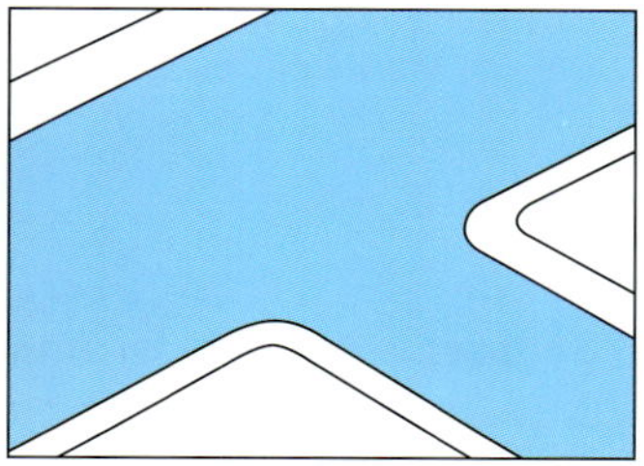

An Abzweigungen oder Einmündungen

In der Fährlinie von Fähren

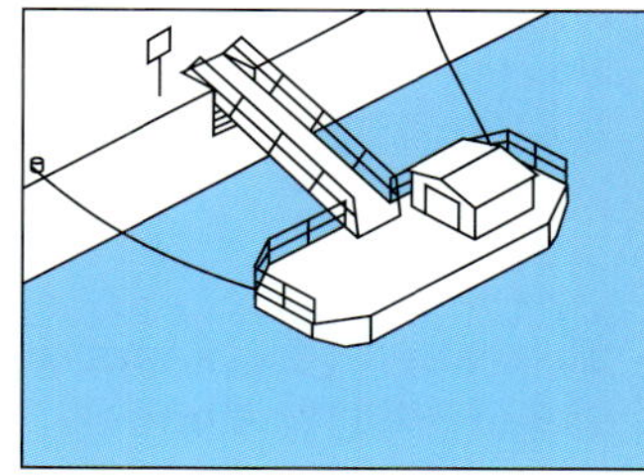

An Anlegestellen

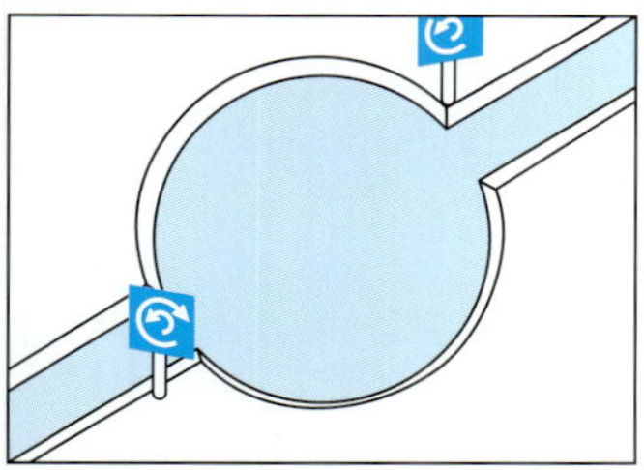

An Wendestellen

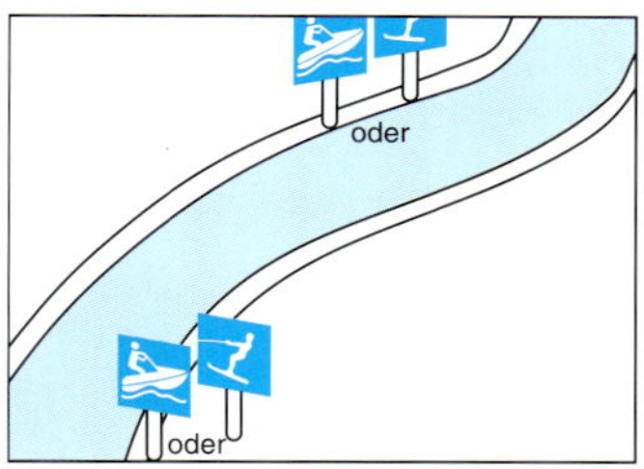

An Wasserski- oder Wassermotorradstrecken

5.10 Schleppen

183 **Was ist zu beachten, wenn ein Sportboot geschleppt wird?**	Antwort: ●●● **1. Dass die Schleppleine nicht in die Schraube kommt.** **2. Plötzliches, ruckartiges Steifkommen der Schleppleine vermeiden.** **3. Geschwindigkeit der Rumpfform des geschleppten Bootes anpassen.**

184 **Was verstehen Sie unter Rumpfgeschwindigkeit und wovon ist diese abhängig?**	Antwort: ●● **Die Höchstgeschwindigkeit in der Verdrängerfahrt. Sie ist von der Wasserlinienlänge abhängig.**

185 **Sie wollen geschleppt werden. Welche Ausrüstungsgegenstände halten Sie bereit?**	Antwort: ●● **Schleppleine, Fender und Bootshaken.**

186 **Wo befestigen Sie als Geschleppter die Schlepptrossen?**	Antwort: ● **Möglichst weit vorne am Bug, nur an ausreichend befestigten Beschlägen.**

Zu Fragen 183 bis 186:
Wer geschleppt werden will, muss für das Achterausschleppen die Schleppleine (Schlepptrosse) zur Übergabe bereithalten. Der Begriff Schlepptrosse bringt zum Ausdruck, dass es sich um eine verhältnismäßig starke Leine handeln muss. Sie ist an sicheren Stellen und schnell lösbar für den Gefahrenfall festzumachen. Auf dem zu schleppenden Fahrzeug kommt hierfür vor allem der Mast in Frage, wenn es sich um ein Segelfahrzeug handelt. Fender zum Schutz der Boote sind auszubringen und der Bootshaken ist griffbereit zu halten.

Eine besondere Tag- und Nachtbezeichnung als Schleppverband ist nicht erforderlich, wenn dieser nur aus Kleinfahrzeugen besteht.

Beachte: Das Längsseitsschleppen sollte nur bei verhältnismäßig ruhigem Wasser durchgeführt werden. Fender ausbringen!

Wichtiger Hinweis: Motorsportfahrzeuge, die andere Sportfahrzeuge schleppen, gelten nicht als schleppende Maschinenfahrzeuge im Sinne der Verkehrsbestimmungen (§§ 3.09, 3.13). Das bedeutet, dass sich schleppende Kleinfahrzeuge nicht als Schleppverband kennzeichnen müssen.

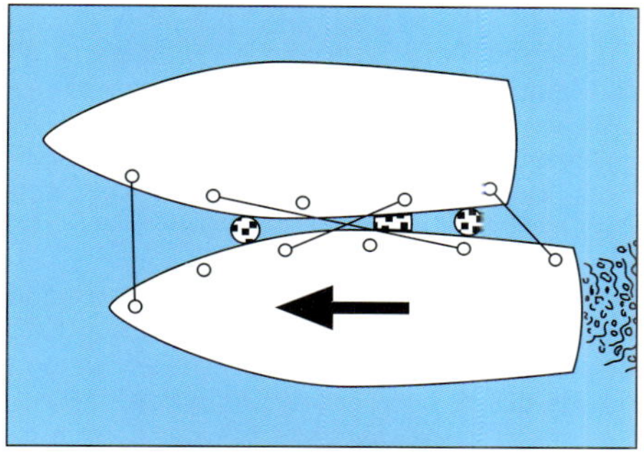

Längsseits schleppen

Beachte: Die Länge der Schleppleine sollte bei starkem Wellengang so bemessen sein, dass sich schleppendes und geschlepptes Fahrzeug zur gleichen Zeit auf dem Wellenberg oder im Wellental befinden. Sie sollte möglichst in gut verankerten Klampen, notfalls am Mast oder an Aufbauten befestigt werden. Druckpunkte sollen durch Fender oder Bretter geschützt werden. Bei ruhigem Wetter genügt eine kurze Schleppleine.

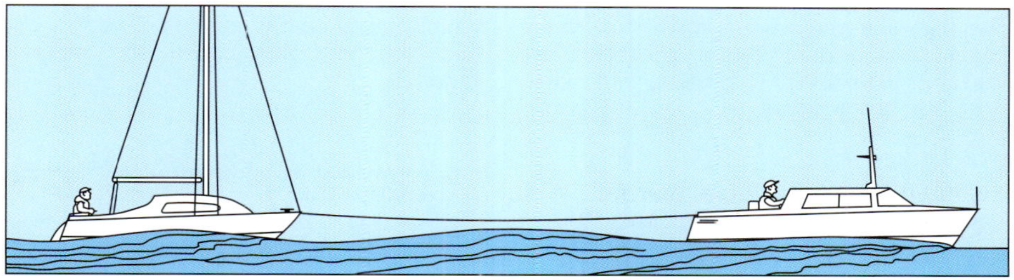

Hinweis:
Lichterführung der Kleinfahrzeuge siehe Frage 52

Vorschriften:
§§ 3.09, 3.13

5.11 Auslaufen aus Häfen

187

Was ist beim Auslaufen aus einem Hafen zu beachten?

Antwort: ●●

Andere Fahrzeuge, Schallzeichen und Strömung.

188*

Wie queren Sie mit Ihrem Boot einen Fluss?

Antwort: ●●

Strömung berücksichtigen. Den Kurs anderer Fahrzeuge nicht behindern.

Zu Fragen 187, 188:
Fahrzeuge dürfen die Wasserstraßen nur queren oder in einen Hafen oder eine Nebenwasserstraße nur ein- oder ausfahren, wenn dies ohne Gefahr möglich ist und andere Fahrzeuge Kurs oder Geschwindigkeit nicht ändern müssen.

Das Ein- und Auslaufen aus Häfen und Nebenwasserstraßen kann durch Zeichen geregelt sein. Sind keine Zeichen vorhanden, haben auslaufende Fahrzeuge gegenüber einlaufenden Vorrang.

Die erforderlichen Ein- und Auslaufmanöver oder das Queren können durch Schallzeichen angekündigt werden. Bei Absprachen bzw. Verständigung über Funk werden oft keine Schallzeichen gegeben.

Zur Unterscheidung sind die Wasserstraßen in Haupt- und Nebenwasserstraßen eingeteilt, wobei Häfen als Nebenwasserstraßen gelten. Die Unterscheidung kann durch Gebots- oder Hinweiszeichen angezeigt werden.

Neben dem Einfahrtsverbotszeichen gemäß Frage 118 kann an einer Hafenmündung oder der Mündung einer Nebenwasserstraße ein gelbes Funkellicht mit der Bedeutung gezeigt werden, dass Fahrzeuge ausfahren und die Einfahrt mit besonderer Vorsicht zu erfolgen hat. Fahrzeuge in der Hauptwassserstraße müssen daraufhin, soweit notwendig, Kurs und Geschwindigkeit ändern.

Da Kleinfahrzeuge gegenüber der gewerbliche Schifffahrt ausweichpflichtig sind, werden ihnen gegenüber Schallzeichen kaum gegeben. Sie sollten deshalb vor den Einmündungen der Nebenwasserstraßen und den Hafenmündungen aus Sicherheitsgründen einen entsprechenden Passierabstand einhalten.

Als Ankündigung für das Queren eines Fahrwassers kann das Schallsignal 3 lange Töne gegeben werden.

In das Fahrwasser einlaufendes Fahrzeug

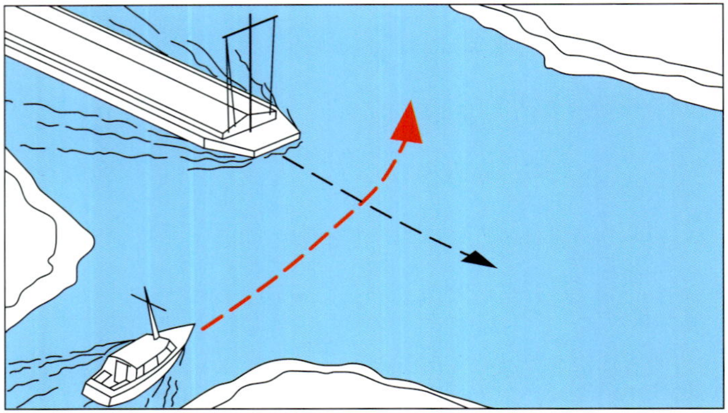

Ich will aus einem Hafen in ein Fahrwasser auslaufen, in dem ein anderes Fahrzeug fährt, das meinen Kurs kreuzt.

Ich muss die Vorfahrt beachten, d. h. warten oder so ausweichen, dass das Fahrzeug im Fahrwasser nicht gefährdet oder sonst behindert wird.

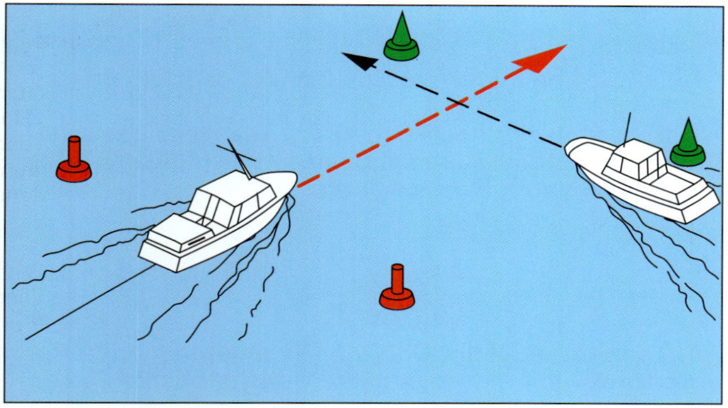

Ich will das Fahrwasser queren, in dem ein anderes Fahrzeug fährt, das meinen Kurs kreuzt.

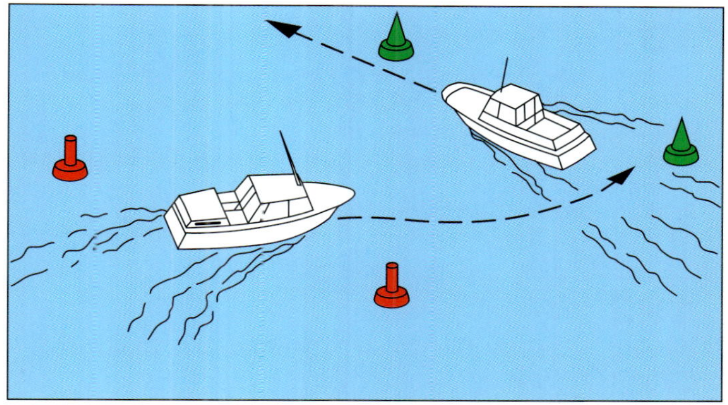

Ich muss die Vorfahrt beachten, d.h. warten oder so ausweichen, dass das Fahrzeug im Fahrwasser nicht gefährdet wird.

Hinweise:
Anlaufen von Häfen siehe Frage 32
Einfahrtverbot in einen Hafen oder eine Nebenwasserstraße siehe Frage 118
Schallsignale siehe Fragen 149 150
Abweichende Regelung auf der Donau siehe Frage 118

Vorschrift:
§ 6.16

5.12 Durchfahren von Schleusen

189

Welche Vorbereitungen treffen Sie vor dem Einlaufen in eine Schleuse?

Antwort: ●

Leinen, Fender und Bootshaken bereit halten.

190

In welcher Reihenfolge laufen Fahrzeuge der gewerblichen Schifffahrt und Sportboote in die Schleuse ein?

Antwort: ●●

Wenn es vom Schleusenpersonal nicht anders bestimmt wird, fahren Sportboote hinter den Fahrzeugen der gewerblichen Schifffahrt in die Schleuse ein.

191

Sie müssen zusammen mit Fahrzeugen der gewerblichen Schifffahrt schleusen, da eine eigene Bootsschleuse nicht vorhanden ist.
1. Bei welchem Lichtsignal dürfen Sie in die Schleuse fahren?
2. Wann fahren Sie in die Schleuse ein?

Antwort: ●●●

1. Zwei grüne Lichter nebeneinander oder ein grünes Licht.
2. Grundsätzlich nach den Fahrzeugen der gewerblichen Schifffahrt, es sei denn, der Schleusenwärter gibt eine andere Anweisung.

192

Worauf müssen Sie beim Abschleusen besonders achten?

Antwort: ●●●

Auf den Drempel am Obertor. Die entsprechende Begrenzungslinie ist zu beachten. Auf sicheres Fieren der Leinen achten.

193

Wie ist der Drempel am Obertor einer Schleuse bezeichnet?

Antwort: ●

Durch Farbmarkierungen an der Schleusenmauer.

194

Warum dürfen in einer Schleuse die Leinen nicht fest belegt werden?

Antwort: ●●

Damit die Leinen gefiert bzw. durchgeholt werden können und im Notfall das Boot sofort losgeworfen werden kann.

195

Sie müssen zusammen mit Fahrzeugen der gewerblichen Schifffahrt schleusen, Worauf haben Sie bei der Schleuseneinfahrt unbedingt zu achten?

Antwort: ●●

Hinter den Fahrzeugen der gewerblichen Schifffahrt einfahren.
Wegen Schraubenwassers der vorausfahrenden Fahrzeuge Sicherheitsabstand einhalten.

196

Sie liegen zusammen mit Fahrzeugen der gewerblichen Schifffahrt in der Schleuse. Worauf haben Sie besonders zu achten?
1. Während der Schleusung?
2. Bei der Ausfahrt?

Antwort: ●●●

1. Leinen besetzt halten; nicht belegen.
2. Sicherheitsabstand wegen des Schraubenwassers der vorausfahrenden Fahrzeuge; Leinen nicht zu früh loswerfen!

Zu Fragen 189 bis 196:
Beim Schleusen ist hinsichtlich der Verhaltensregeln Folgendes zu unterscheiden:

- Maßnahmen vor dem Einlaufen in eine Schleuse
- Verhalten in der Schleusenkammer
- Maßnahmen beim Ausschleusen

Vorbereitungen vor dem Einlaufen in eine Schleuse

Vor der Schleuse muss vor dem Haltezeichen (Frage 116) angehalten bzw. festgemacht werden. Zu diesem Zweck sind die Schleusenvorhafen-Poller an Land vorhanden, zu denen eine Leinenverbindung hergestellt werden kann. Für das Festmachen an den Pollern, aber auch für das Festmachen in der Schleusenkammer selbst, sind Leinen, Fender und Bootshaken bereitzuhalten. Außerdem ist darauf zu achten, ob vom Schleusenpersonal über Lautsprecher eine besondere Reihenfolge festgelegt wird. Wenn das nicht der Fall ist, fahren Sportboote **hinter** den Fahrzeugen der gewerblichen Schifffahrt in die Schleuse ein. Das Einlaufen ist erst gestattet, wenn dies durch 2 grüne Licher nebeneinander oder ein grünes Licht angezeigt wird.

Verhalten in der Schleusenkammer

Beim Einfahren in die Schleusenkammer hinter den Fahrzeugen der gewerblichen Schifffahrt ist vor allem ein ausreichender Sicherheitsabstand zu den voraus fahrenden Fahrzeugen im Hinblick auf deren Schraubenwasser zu halten. Beim Abschleusen ist besonders darauf zu achten, dass die Farbmarkierung an der Schleusenmauer, die den Drempel am Obertor bezeichnet, in voller Länge überfahren wird, um ein Aufsetzen auf dem Drempel zu vermeiden. In der Schleusenkammer müssen die bereitgehaltenen Fender angebracht sein und die Leinen zum Festhalten an den Pollern oder Pollertreppen eingehängt werden. Auf keinen Fall dürfen die Leinen fest belegt werden, damit sie beim Abschleusen jederzeit gefiert bzw. beim Aufschleusen durchgeholt werden können und damit im Notfall das Boot sofort losgeworfen werden kann.

Maßnahmen beim Ausschleusen

Die Leinen dürfen erst zur Aufnahme der Fahrt losgeworfen werden. Auf das Schraubenwasser der auslaufenden gewerblichen Schifffahrt ist besonders zu achten und ein ausreichender Sicherheitsabstand zu halten.

Beachte die Anweisungen des Schleusenwärters!

Hinweis:
Schleusensignale zur Regelung der Einfahrt in die Schleusen und Verkehrsregelung siehe Fragen 112–116

Vorschrift:
§ 6.28

Zu Fragen 189 bis 196

Schleuse

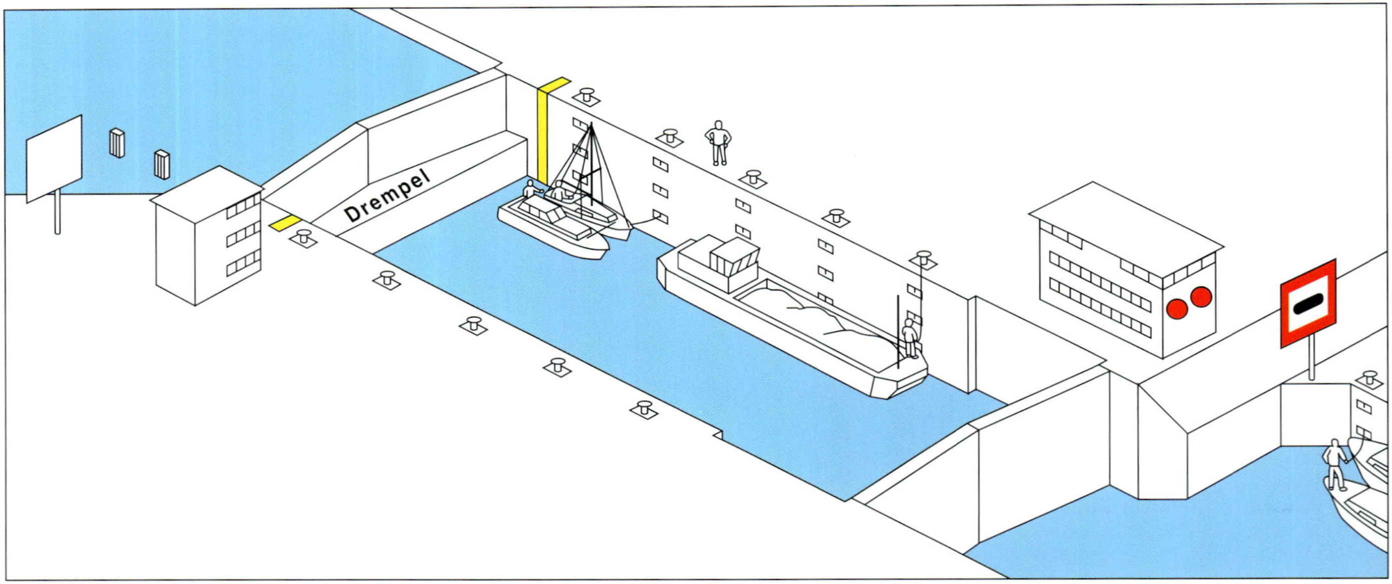

A6 Umweltschutz und Naturschutz

197* **In welchem Merkblatt finden Sie Hinweise für Ihr Verhalten zum Schutz seltener Tiere und Pflanzen sowie zur Reinhaltung der Gewässer?**	Antwort: ● **In den 10 Goldenen Regeln für Wassersportler.**

198 **Was ist hinsichtlich der Reinhaltung der Gewässer verboten?**	Antwort: ●● **1. Kraftstoffe oder Öle oder Öl-Wasser-Gemisch einzubringen.** **2. Abfälle über Bord zu werfen.**

199

Was ist beim Umgang mit Ölen, Treibstoffen, Farben und anderen umweltschädlichen Stoffen an Bord unbedingt zu beachten?

Antwort: ●●

Umweltgerecht entsorgen, Wasser nicht verunreinigen.

200

Was tun Sie mit Abfällen jeglicher Art, die an Bord anfallen?

Antwort: ●●

Getrennt sammeln und in Aufnahmebehälter an Land bringen, keinesfalls über Bord werfen.

201*

Weshalb sollten Sie das Anlaufen von Schilf- und Röhrichtzonen unbedingt meiden?

Antwort: ●●

Weil diese Uferzonen vielfach Rast- und Brutplätze besonders schutzbedürftiger Vögel sind. Regionale Vorschriften verbieten das Eindringen in die Zonen und fordern die Einhaltung von Mindestabständen.

202*

Weshalb sollten Sie seichte Gewässer in dicht bewachsenen Uferzonen meiden?

Antwort: ●●●

Weil diese seichten Gewässer vielfach Fischlaichgebiete sind, in denen auch schutzbedürftige Pflanzen vorkommen. Regionale Vorschriften verbieten das Eindringen in die Zonen und fordern die Einhaltung von Mindestabständen.

Zu Fragen 197 bis 202:

Möglichkeiten zur umweltgerechten Verringerung des Schadstoffeintrags in die Gewässer

- durch den Einsatz umweltfreundlicher 2-Takter-Öle. Diese sind für das Gewässer weniger schädlich, erhöhen die Zündsicherheit Ihrer Maschine und verringern die Geruchsbelästigung.
- durch den Einsatz von bleifreiem Normalbenzin. Superbenzine sind für die Gewässer und auch für Ihre Gesundheit schädlicher als Normalbenzin und bringen beim Betrieb von 2-Takt-Motoren und weniger hoch verdichteten 4-Takt-Motoren keinerlei Vorteile.
- durch sorgfältige Auswahl von Antifoulingfarben. Diese Produkte sind grundsätzlich gewässer- und gesundheitsschädlich. Sie sollten daher ihren Einsatz soweit wie möglich reduzieren und die Ratschläge für den Umgang mit diesen Stoffen streng befolgen.

Natur- und Umweltschutz sollte Bestandteil der Wassersportausbildung sein. Viele Wassersportvereine und -schulen praktizieren sie.

Informieren Sie sich
vor Reisebeginn genau und halten Sie sich an Ihre Information. Natur kennen und schützen macht Spaß und hilft den Lebensraum auch für den Wassersport zu erhalten.

Informationen finden Sie

- bei den Wassersportvereinen und -verbänden DMYV und DSV,
- in Kartenwerken und Büchern,
- bei den Wassersportverbänden (die auch Kontakte zu den Naturschutzorganisationen vermitteln).

Die „10 Goldenen Regeln“ für Wassersportler

1

Meiden Sie das Einfahren in Röhrichtbestände, Schilfgürtel und in alle sonstigen dicht und unübersichtlich bewachsenen Uferpartien. Meiden Sie darüber hinaus Kies-, Sand- und Schlammbänke (Rast- und Aufenthaltsplatz von Vögeln) sowie Ufergehölze. Meiden Sie auch seichte Gewässer (Laichgebiete), insbesondere solche mit Wasserpflanzen.

2

Halten Sie einen ausreichenden Mindestabstand zu Röhrichtbeständen, Schilfgürteln und anderen unübersichtlich bewachsenen Uferpartien sowie Ufergehölzen – auf breiten Flüssen beispielsweise 30 bis 50 Meter.

3

Befolgen Sie in Naturschutzgebieten unbedingt die geltenden Vorschriften. Häufig ist Wassersport in Naturschutzgebieten ganzjährig, zumindest zeitweise völlig untersagt oder nur unter bestimmten Bedingungen möglich.

4

Nehmen Sie in „Feuchtgebieten von internationaler Bedeutung“ bei der Ausübung von Wassersport besondere Rücksicht. Diese Gebiete dienen als Lebensstätte seltener Tier- und Pflanzenarten und sind daher besonders schutzwürdig.

5

Benutzen Sie beim Landen die dafür vorgesehenen Plätze oder solche Stellen, an denen sichtbar kein Schaden angerichtet werden kann.

6

Nähern Sie sich auch von Land her nicht Schilfgürteln und der sonstigen dichten Ufervegetation, um nicht in den Lebensraum von Vögeln, Fischen, Kleintieren und Pflanzen einzudringen und diese zu gefährden.

7

Laufen Sie im Bereich der Watten keine Seehundbänke an, um Tiere nicht zu stören oder zu vertreiben. Halten Sie mindestens 300 bis 500 Meter Abstand zu Seehundliegeplätzen und Vogelansammlungen und bleiben Sie hier auf jeden Fall in der Nähe des markierten Fahrwassers. Fahren Sie hier mit langsamer Fahrstufe.

8

Beobachten und fotografieren Sie Tiere möglichst nur aus der Ferne.

9 Helfen Sie, das Wasser sauber zu halten. Abfälle gehören nicht ins Wasser, insbesondere nicht der Inhalt von Chemietoiletten. Diese Abfälle müssen, genauso wie Altöle, in bestehenden Sammelstellen der Häfen abgegeben werden. Benutzen Sie in Häfen selbst ausschließlich die sanitären Anlagen an Land. Lassen Sie beim Stilliegen den Motor ihres Bootes nicht unnötig laufen, um die Umwelt nicht zusätzlich durch Lärm und Abgase zu belasten.

10

Machen Sie sich diese Regeln zu eigen, und informieren Sie sich vor Ihren Fahrten über die für Ihr Fahrtgebiet bestehenden Bestimmungen. Sorgen Sie dafür, dass diese Kenntnisse und Ihr eigenes vorbildliches Verhalten gegenüber der Umwelt auch an die Jugend und vor allem an nichtorganisierte Wassersportler weitergegeben werden.

A7 Sicherheitsausrüstung und sonstige Sicherheitsanforderungen

7.1 Sicherheitsausrüstung

203

Nennen Sie die wichtigsten Ausrüstungsgegenstände eines Sportbootes!

Antwort: ●●●

Wurfleinen, Feuerlöscher, rote Flagge, Taschenlampe, Kappmesser oder Axt, Bootshaken, Festmacheleinen, Werkzeug, Schleppleine, mind. 1 Anker, 2 Paddel, Rettungswesten, Verbandskasten, Schöpfeimer, Rettungsring.

204*

Welche Anforderungen müssen an Rettungswesten gestellt werden?

Antwort: ●●

Sie müssen ohnmachtssicher sein (mindestens DIN EN 393), d. h. sie müssen den Kopf einer bewusslosen Person über Wasser nach oben halten und stets die Rückenlage garantieren.

205

Weshalb sollten Sie auf einem kleinen Boot unbedingt Paddel mitführen?

Antwort: ●

Damit im Notfall das Fahrwasser freigemacht werden kann.

206

Welchen Vorteil bietet ein Radarreflektor auf einem Sportboot?

Antwort: ●

Bessere Erkennbarkeit auf Radarbildschirmen.

Zu Fragen 203 bis 206:
Bei der aufgeführten Ausrüstung handelt es sich um die Sicherheitsausrüstung, die sich mindestens an Bord befinden sollte, um die Sicherheit der an Bord befindlichen Personen und der Schifffahrt zu gewährleisten und die Verpflichtungen aufgrund der Verkehrsvorschriften erfüllen zu können.
Für jede an Bord befindliche Person sollte eine Rettungsweste vorhanden sein. Wichtig ist, dass sie unbedingt eine ohnmachtssichere Rückenlage gewährleistet, d. h., dass sie selbsttätig das Gesicht (Mund und Nase) eines Erschöpften oder Bewusstlosen innerhalb von **5 Sekunden aus dem Wasser hebt und über Wasser halten muss.** Derartige Rettungswesten sind zwar nur für die gewerbliche Schifffahrt vorgeschrieben. Nicht alle Rettungswesten auf Wassersportfahrzeugen erfüllen diese Vorausetzungen, obwohl die Erhaltung des Lebens der an Bord befindlichen Personen im Notfall von den Rettungswesten abhängt. Deshalb ist darauf zu achten, dass die Rettungsweste gemäß der DIN-EN-Norm 393 mit einem CE-Zeichen gekennzeichnet ist, da in diesem Fall ihre Ohnmachtssicherheit gewährleistet ist. Kinder und Nichtschwimmer sollten stets Rettungswesten tragen. In die Handhabung der Rettungswesten sollten alle Personen an Bord eingewiesen sein. Die Rettungsweste sollte durch Aufblasen mit dem Mund regelmäßig überprüft werden, um sicher zu sein, dass sie auch im Ernstfall hilft.
Ohnmachtssichere Rettungswesten gibt es sowohl als Feststoffwesten als auch als aufblasbare Rettungswesten, letztere mit automatischem Aufblasmechanismus.
Ein Radarreflektor ist besonders auf Kunststoff- und Holzbooten wichtig und gewährleistet, dass das Fahrzeug rechtzeitig von Radargeräten geortet wird.

Sicherheitsausrüstung

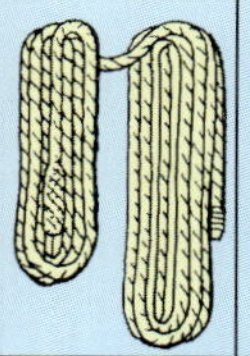	Wurfleine	Zur Übergabe der Festmache- oder Schleppleine bei größeren Entfernungen zum Anleger oder zum Freischleppen des Bootes nach Festfahren
	Festmacheleine	In genügender Anzahl und in verschiedenen Längen, um das Boot sicher festmachen zu können
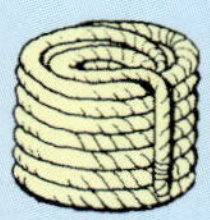	Schleppleine	Zum Schleppen bei Motorausfall, Ruderschaden o. Ä.
	Feuerlöscher	Zur Brandbekämpfung siehe Fragen 207–209
	rote Flagge	Zur Anzeige von Notsituationen siehe Fragen 156–158
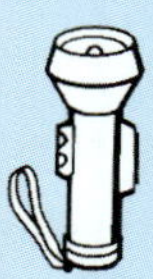	Taschenlampe	Als Notbeleuchtung bei Ausfall der Energieversorgung, zur Fehlersuche an schlecht beleuchteten Stellen, notfalls zum Geben von Lichtzeichen
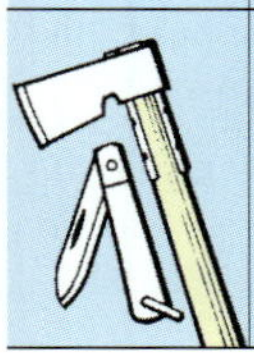	Kappmesser oder Axt	Zum Kappen beklemmter Leinen im Notfall, z. B. beim Schleusen
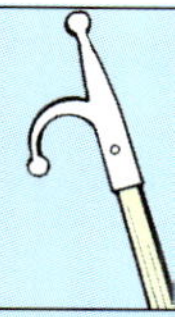	Bootshaken	Zum Abhalten oder Heranziehen des Bootes beim Anlegen, zum Abdrücken beim Ablegen, zum Bergen von Gegenständen
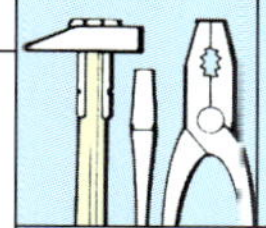	Werkzeug	Zur Durchführung von Reparaturen, Auswechseln von Verschleißteilen
	Anker	Mit Kettenvorlauf und Leine siehe Fragen 233, 234
	Riemen, Paddel	Um das Boot im Schadensfall aus dem Fahrwasser zu bringen, zur Richtungskorrektur beim Treiben im strömenden Gewässer, zur Fortbewegung des Beibootes
	ohnmachtssichere Rettungsweste	Siehe Frage 204
	Erste-Hilfe-Kasten	Zur Behandlung von Verletzungen
	Schöpfeimer, Ösfass	Zur Leerung der Bilge bei übergekommenen Wellen bzw. Spritzwasser, notfalls auch zur Brandbekämpfung
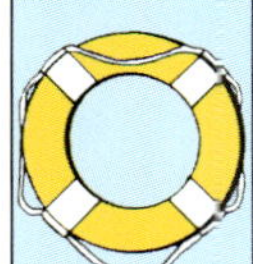	Rettungsring	Mit Wurfleine siehe Fragen 451, 452

207 ●

Welche Löschmittelmenge sollte ein Feuerlöscher auf einem Sportboot haben?

Antwort:
Mindestens 2 kg.

208 ●

Woran erkennen Sie, wann ein Feuerlöscher zu warten ist?

Antwort:
An der Prüfplakette.

209 ●●

Welche Maßnahmen ergreifen Sie, um einen Brand wirksam zu bekämpfen?

Antwort:
Luftzufuhr vermeiden bzw. unterbinden. Feuerlöscher erst am Brandherd in Tätigkeit setzen.

Zu Fragen 207 bis 209:
Die Größe und Anzahl der Feuerlöscher und damit die Löschmittelmenge muss nach Bootsgröße, nach Bootsmotor (Außen- oder Inbordmotor) und seiner Leistung (kW, PS) sowie der Ausrüstung mit Koch- und Heizeinrichtungen bemessen sein. Empfohlen werden ABC-Pulverlöscher für die Anwendung in allen Bereichen.

Handfeuerlöscher sind an gut zugänglicher Stelle in Halterungen zu befestigen und alle 2 Jahre durch Sachkundige zu überprüfen, auch wenn der Feuerlöscher nicht eingesetzt wurde. Die Überprüfung und Füllung muss ferner nach jedem Einsatz erfolgen. Die Anbringungsstelle an Bord sollte nach speziellen Brandgefahrstellen gewählt werden, z.B. Kochstelle, Zugang zum Maschinenraum.

Es ist darauf zu achten, dass der Feuerlöscher eine Prüfplakette besitzt. Daraus ergibt sich die Reihenfolge der 2-jährigen Prüftermine.

Je früher ein Brand entdeckt wird, umso größer sind die Chancen für die erfolgreiche Bekämpfung. Ein Brand kann durch Geruch, außergewöhnlich hohe Temperaturen, Rauch und Verfärbung von Farbe festgestellt werden. Kajüten- und Motorbrände sind besonders gefährlich, weil sich das Feuer dort leichter ausbreiten kann und an den Brandherd z.T. schlecht heranzukommen ist. Bei der kleinsten Verfärbung von Farbe an der Wand sollte sofort nach der Ursache gesehen werden.

In den meisten Fällen sind Defekte an darunter verlaufenden elektrischen Leitungen die Ursache.

Hinweis:
Empfehlungen für die sicherheitstechnische Ausrüstung von Wassersportfahrzeugen und Brandschutz sind beim DMYV und beim DSV erhältlich.

Vorschrift:
§ 1.08

Für die Brandbekämpfung ist wichtig:

- Die Handhabung und die Funktion des Feuerlöschers muss bekannt sein; zum Nachlesen der Betriebs-/Bedienungsanleitung ist in der akuten Situation keine Zeit.
- Sämtliche Öffnungen nach außen sofort schließen.
- Bei laufendem Vergasermotor sowie bei Koch- und Heizeinrichtungen Brennstoffzufuhr absperren und Lüftungsöffnungen schließen.
- Fahrzeug stoppen oder in den Wind legen, um den Fahrtwind oder den natürlichen Wind nach Möglichkeit auszuschalten.
- Gegen starken Rauch notfalls durch ein feuchtes Tuch Mund und Nase schützen.
- Feuerlöscher erst am Brandherd betätigen und Feuer möglichst von unten bekämpfen, d.h. möglichst unmittelbar auf glühende Teile, aus denen die Flammen entstehen, halten.
- Zusätzlich Brand mit Wasser bekämpfen, ausgenommen ein Brand in Verbindung mit stromführenden Teilen.

7.2 Sonstige Sicherheitsanforderungen

210 **Warum ist Flüssiggas (Propan, Butan) besonders gefährlich?**	Antwort: ●●● **Es ist schwerer als Luft, geruchlos und bildet mit Luft ein explosives Gemisch.**

211 **Was ist bei Flüssiggasanlagen an Bord zu beachten?**	Antwort: ●● **Die Anlage muss durch einen Sachkundigen entsprechend den Richtlinien eingebaut sein. Sie muß regelmäßig überprüft werden.**

212 **Was haben Sie beim Aufladen von Batterien an Bord zu beachten?**	Antwort: ●●● **Batterieraum lüften, damit die beim Aufladen entstehenden Gase entweichen können. Auf festen Anschluss der Ladeleitung achten.**

213 **Wie warten Sie die Batterie Ihres Bootes?**	Antwort: ●● **Trocken halten, vor Oxydation schützen, Anschlusspole fetten, Kabel fest anziehen, Säurestand prüfen.**

214 **Was ist wichtig bei der Überwachung und Wartung Ihrer Bordbatterie?**	Antwort: ●● **1. Säurestand kontrollieren, evtl. destilliertes Wasser nachfüllen.** **2. Pole stets sauberhalten und einfetten.**

215 **Mit welchem einfachen Gerät überprüft man den Ladezustand der Batterie?**	Antwort: ● **Mit dem Säureheber.**

Zu Fragen 210 bis 215:
Frei gewordene Gase sinken im Boot u. U. bis zur tiefsten Stelle ab. Ein Funke, verursacht durch das Starten des Motors oder Betätigung eines elektrischen Schalters, kann eine Explosion mit nicht absehbaren Folgen auslösen. **Aufgrund dieser Gefährlichkeit müssen bei Flüssiggasanlagen die festgelegten Normen zwingend eingehalten werden (Kasten rechts).**

Ein Merkblatt über „Flüssiggasanlagen auf Sportbooten" wird von der Kreuzer-Abteilung des DSV angeboten.
Zum Laden der Bordbatterie ist besonders auf den Säureheber zur Feststellung des Ladezustandes der Batterie zu verweisen, der zur Ausrüstung gehört.
Ist nach dem Prüfergebnis ein Laden der Batterie erforderlich, ist die Gefahr der Gasbildung zu beachten.
Ein stillliegendes Fahrzeug ist in der Regel ohne Lüftung. Die Öffnung nach außen ab dem Standort der Batterie ist unerlässlich, damit die Gase entweichen können und eine mögliche Explosion verhindert wird.

Was bei Flüssiggasanlagen zu beachten ist

- Sie müssen von einem ermächtigten Sachkundigen nach den technischen Regeln G 608 des DVFG eingebaut sein.
- Bei Störungen die Überprüfung durch einen Sachkundigen veranlassen.
- Mindestens alle 2 Jahre die Gesamtanlage durch einen Sachkundigen prüfen und Verschleißteile ersetzen lassen.
- Bei vermeintlichen Störungen und Undichtigkeiten sofort sämtliche Absperrventile schließen und Anlage außer Betrieb setzen.
- Selbst keine Reparaturen durchführen.
- Undichte Stellen niemals mit offener Flamme suchen, sondern schaumbildende Mittel verwenden.
- Bei Bränden sofort sämtliche Ventile schließen. Löschstrahl auf Austrittsstelle der Flamme richten, sodass diese abreißt.
- Beim Behälter-(Flaschen-)Wechsel im Umkreis von den Behältern nicht rauchen und nicht mit Feuer oder offenem Licht hantieren.
- Vor Inbetriebnahme der Kocheinrichtungen gut durchlüften.
- Während der Benutzung des Kochers Lüfter offen halten.
- Empfehlenswert ist eine elektrische Absperrung, die in Verbindung mit einer Gaswarnanlage installiert wird und bei Undichtigkeiten die Gaszufuhr sofort unterbindet.
- Für neu in den Verkehr kommende Boote, die mit einer Flüssiggasanlage ausgerüstet sind, muss nach dem GSG ein Prüfzeugnis für die Flüssiggasanlage übergeben werden.

Hinweis:
Brandbekämpfung siehe Frage 209

Vorschrift:
§ 1.08

A8 Seemannschaft

8.1 Tauwerk

216 ●

Welche Anforderungen stellt man an Tauwerk, das als Festmacher, Anker- und Schleppleine dient?

Antwort:
Hohe Bruchlast, große Elastizität.

217 ●●

Wofür ist schwimmfähiges Tauwerk
1. vorteilhaft?
2. ungeeignet?

Antwort:
1. Für Wurfleinen und Sorgleinen an Rettungsringen.
2. Als Ankerleine.

218

Wozu dient ein Takling, wozu ein Spleiß?

Antwort: ●●

Ein Takling sichert den Tampen vor dem Aufgehen, durch einen Spleiß wird geschlagenes Tauwerk miteinander verbunden.

219

Wo können Sie sich über ausreichende Bemessung Ihrer Leinenausrüstung informieren?

Antwort: ●

In den Sicherheitsrichtlinien des DMYV und des DSV.

Zu Fragen 216 bis 219:
In der Schifffahrt werden als Tauwerk Kunstfaser und Draht benutzt, ganz selten auch noch Naturfaser.

Als **Kunstfaser** werden Polyamid, Polyester, Polypropylen und Polyethylen (Nylon, Perlon, Dacron sind Warenzeichen) benutzt.

Naturfasern für Tauwerk: Hanf, Manila, Sisal, Kokos, Baumwolle.

Als **Draht** wird nichtrostender Stahl benutzt.

Kunstfasertauwerk hat eine höhere Bruchfestigkeit als Naturfasertauwerk, es quillt nicht auf und kinkt nicht, es nimmt kein Wasser auf und ist unverrottbar. Dies gilt auch für Drahttauwerk, wenn es aus nichtrostendem Stahl hergestellt ist.

Art des Tauwerks	Eigenschaften	Verwendungszweck
1. geflochtenes Tauwerk	– große Geschmeidigkeit – dehnbar	– für Schoten
2. geschlagenes Tauwerk	– geringe Dehnung – hohe Elastizität – große Festigkeit (reißfest)	– vorgereckt für Fallen – nicht vorgereckt für Festmacher, Schleppleinen usw.
3. Drahttauwerk	– keine Dehnung – hohe Bruchfestigkeit – keine Korrosion (Niro)	– für Stagen und Wanten – in flexibler Ausführung für Fallen

Die Stärke des Tauwerks wird in der Regel nach dem Durchmesser in Millimeter angegeben. Dickes Tauwerk wird als Trosse oder Leine, dünnes Tauwerk als Takelgarn oder Bändselgut bezeichnet.

8.2 Seemännische Knoten

220*

Welche drei Anforderungen müssen seemännische Knoten erfüllen?

Antwort: ●●●

Seemännische Knoten müssen
1. **sich einfach und schnell stecken lassen,**
2. **zuverlässig halten,**
3. **sich im entlasteten Zustand leicht lösen lassen.**

221

Wie belegt man
1. an einer Klampe?
2. an einem Pfahl?
3. an einem Ring?

Antwort: ●●●

Man belegt
1. **an einer Klampe mit Kreuzschlägen und Kopfschlag,**
2. **an einem Pfahl mit Webeleinenstek oder Palstek,**
3. **an einem Ring mit Roringstek oder mit Rundtörn und zwei halben Schlägen.**

222*

Wozu dient der Schotstek?

Antwort: ●

Mit dem Schotstek werden zwei ungleich starke Enden miteinander verbunden.

223

Mit welchem Knoten wird die Vorleine an einer durchlaufenden Schlepptrosse belegt?

Antwort: ●

Mit dem Stopperstek.

224

Mit welchem Knoten verhindern Sie das Ausrauschen eines Endes?

Antwort: ●

Mit dem Achtknoten.

225*

Wozu dient der Kreuzknoten?

Antwort: ●

Mit dem Kreuzknoten werden zwei gleich starke Enden verbunden.

226*

Wozu dient der Rundtörn mit zwei halben Schlägen?

Antwort: ●

Zum Festmachen an einem Ring oder einer Stange.

227*

Wozu dient der Webeleinenstek?

Antwort: ●

Der Webeleinenstek wird zum Belegen am Pfahl oder Poller verwendet sowie zum Befestigen der Fender an Reling oder Handlauf (in Verbindung mit einem Slipstek).

228

Wozu dient der Kopfschlag?

Antwort: ●

Zum Sichern der Leine beim Belegen der Klampe.

229*

Wozu dient ein Palstek?

Antwort: ●●

Zum Schlagen eines sich nicht zuziehenden Auges, zum Festmachen am Poller oder Pfahl und zum Bergen und Sichern von Personen.

Zu Fragen 220 bis 229:
Knoten einerseits und Spleiße und Taklinge andererseits unterscheiden sich nach ihrem Verwendungszweck:

Während **Knoten** vor allem dazu dienen, beim laufenden Gut verwendetes Tauwerk zusammenzustecken oder zu befestigen, z. B. bei der Befestigung der Segel als Fallen oder Schoten bzw. als Festmacher oder Schlepptrossen, dienen **Spleiße** dazu, beim stehenden Gut, insbesondere beim Rigg, Tauwerk sowie Masten als Stagen und Wanten mit dem Schiffskörper zu verbinden. Einen Überblick über die verschiedenen Knoten und ihre Verwendungszwecke geben die Abbildungen auf Seite 148/149.

Die Knoten und Spleiße sollten nicht nur zur praktischen Prüfung beherrscht werden; sie sind vor allem für die aktive Schiffsführung von unverzichtbarer Bedeutung, weil ohne Knoten das Schiff weder festgemacht noch geführt werden kann. Das gilt insbesondere für Segelboote.

8.3 Ankern und Festmachen

230

Wozu dient der Fender?

Antwort: ●

Zum Schutz des Bootskörpers.

231

Zeichnen Sie die Leinen ein, mit denen dieses Sportboot korrekt an der Pier festgemacht wird. Benennen Sie diese fortlaufend vom Bug zum Heck!

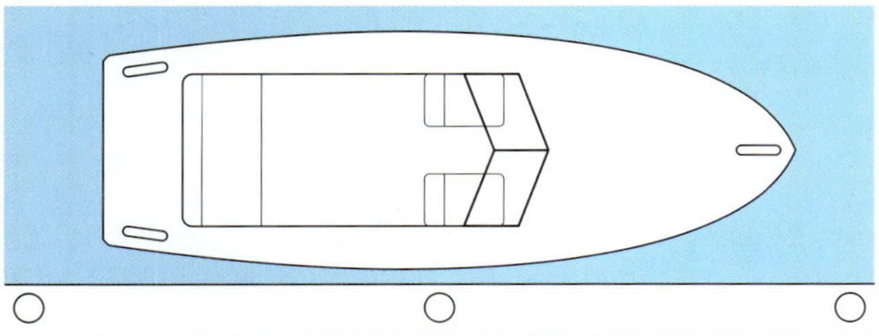

Antwort: ●●●

1. Vorleine.
2. Vordere Spring.
3. Achtere Spring.
4. Achterleine.

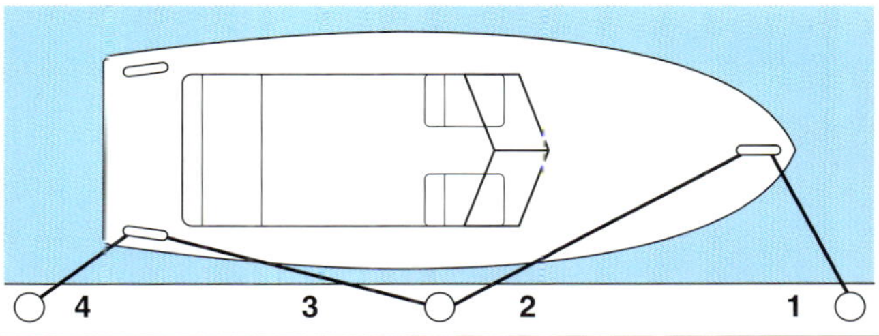

Zu Fragen 230 und 231:
Fender müssen auf jedem Boot in ausreichender Anzahl und je nach Bootsgröße in entsprechender Stärke (Länge, Durchmesser) vorhanden sein. Sie dienen dem Schutz des eigenen und auch eines fremden Bootes beim

- Anlegen und Stillliegen
- Schleusen
- Längsseitsgehen
- Längsseitsschleppen

Fender sollen schwimmfähig sein, damit sie beim Überbordgehen, beim Durchscheuern der Halteleinen o. Ä. im Wasser nicht untergehen und wieder geborgen werden können. In den Schleusen dürfen nur schwimmfähige Fender verwendet werden. Nach dem Ablegen sind Fender sofort einzuholen.

Mit außenbords hängenden Fendern macht das Boot während der Fahrt einen unordentlichen bzw. unseemännischen Eindruck.

Wenn nach dem Festmachen die Gefahr des Scheuerns von Festmacheleinen besteht, sollten die Leinen an den Scheuerstellen mit einem Plastikschlauch oder durch provisorisches Umwickeln mit Tuchstreifen gesichert werden, um ein Brechen zu verhindern.

Hinweise:
Festmachen von Fendern siehe Frage 227
Anzahl und Art der Festmacheleinen siehe Fragen 203, 219
Zum Festmachen siehe Teil III, „Die praktische Prüfung“, Nr. 2.3 und Fragen 221, 226–229
Festmacheverbote/Stillliegeverbote siehe Frage 182

Seemännische Knoten

Knoten, Spleiße, Taklinge und ihre Anwendung		Frage
	**Achtknoten** Verhindert das Ausrauschen eines Endes durch einen Block	224
	**Belegen einer Klampe** mit Kopfschlag	221 228
	**Kopfschlag** als Slip nur zum kurzen Festmachen	228
	**Kreuzknoten** Verbindet 2 gleich starke Enden	225
	**Palstek** Ermöglicht Festmachen am Poller oder Pfahl oder Bergen und Sichern von Personen durch ein sich nicht zuziehendes Auge	229
	**Roringstek** Belegen eines Endes an einem Ring oder an einer Stange	221 226
	**Rundtörn mit 2 halben Schlägen** Belegen eines Endes an einem Ring oder an einer Stange	221 226

Seemännische Knoten

Knoten, Spleiße, Taklinge und ihre Anwendung		Frage
	**Einfacher Schotstek** Verbindet zwei unterschiedlich starke Enden	222
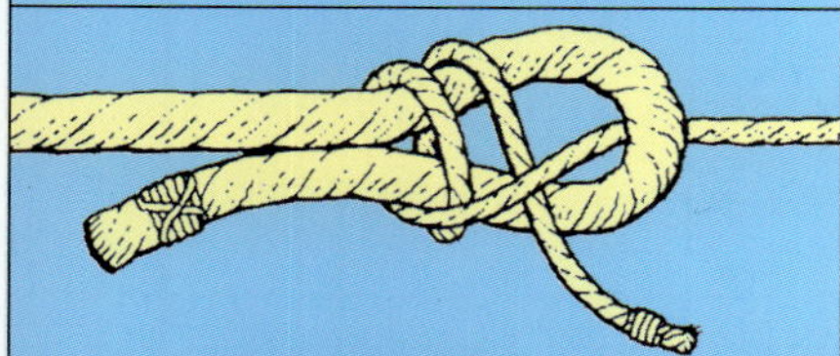	**Doppelter Schotstek** Verbindet zwei sehr unterschiedlich dicke Enden, die starkem Zug ausgesetzt sind	222
	**Slipstek** Vorübergehendes Befestigen der Fender an Reling oder Handlauf in Verbindung mit einem Webeleinenstek	227
	**Stopperstek** Belegen der Vorleine an einer durchlaufenden Schlepptrosse so, dass sie bei Zug nicht abrutscht	223
	**Webeleinenstek** Belegen eines Endes an einem Pfahl oder Poller sowie Befestigen von Fendern	227
	**Spleiß** Dauerhafte Verbindung von geschlagenem Tauwerk	218
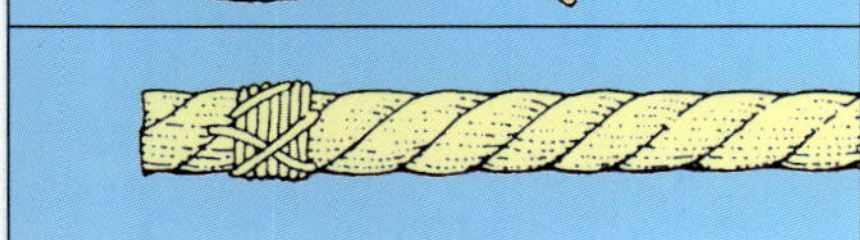	**Takling** Sichert das Ende des Tampens vor dem Aufdrehen	218

232
Womit kann die Wassertiefe bestimmt werden?

Antwort: ●
Durch Handlot, Echolot oder Peilstange.

233
Wieviel Ankerleine muss zum sicheren Liegen ausgesteckt werden?

Antwort: ●
Mindestens das 5fache der Wassertiefe.

234
Wieviel Ankerkette muss zum sicheren Liegen ausgesteckt werden?

Antwort: ●
Mindestens das 3fache der Wassertiefe.

235
Wie stellen Sie fest, ob Ihr Anker hält?

Antwort: ●●
Durch Peilen von Landmarken. Anfassen der Ankerkette oder Leine: Wenn diese vibriert oder ruckt, hat der Anker nicht gefasst.

Zu Fragen 232 bis 235:
Für ein erfolgreiches Ankermanöver ist es wegen der erforderlichen Länge der Ankerkette oder Ankerleine notwendig, die Wassertiefe festzustellen, was mit entsprechenden Geräten möglich ist. In der Sportschifffahrt werden überwiegend Ankerleinen verwendet. Damit der Zug auf dem Anker parallel zum Grund erfolgt und dieser sich im Grund eingräbt, ist ein Kettenvorläufer als Verbindung vom Anker zur Ankerleine erforderlich.

Wichtige Grundsätze für das Ankern:
- Der Anker gräbt sich je nach Bauart durch den Zug der Kette mit einem oder zwei Flunken in den Grund ein.
- Durch das Gewicht der Ankerkette liegt der Schaft des Ankers am Grund, sodass der Zug der Kette parallel zum Boden wirkt und sich die Flunken eingraben können.
- Jede Ankerleine sollte daher einen Kettenvorläufer haben.

Durch den Zug der Kette parallel zum Grund gräbt sich der Anker ein.

Hinweise:
Ankerausrüstung siehe Frage 203
Anker-, Festmache- und Liegeverbote siehe Fragen 127–133, 182

Vorschriften:
§§ 7.01–7.07

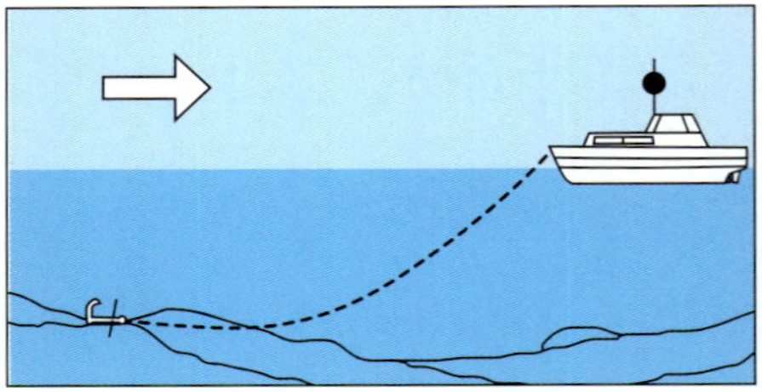

Das Ankergewicht sollte der Bootsgröße angepasst sein. Einzelheiten sind den „Sicherheitsrichtlinien“ des DSV zu entnehmen.

Zu der Feststellung, ob der Anker hält, ist eine Kreuzpeilung empfehlenswert. Man sollte sich daher verschiedene Festpunkte an Land merken und diese jeweils mit dem Ankerort vergleichen. Auch durch Handauflegen auf die Ankerkette kann man spüren, ob der Anker hält.

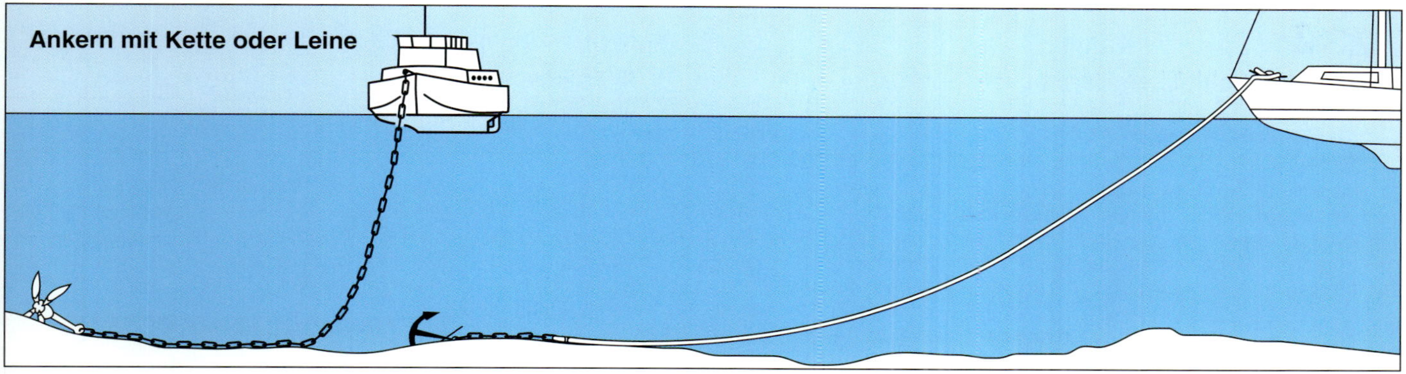

Bei Ankerkette:
Kettenlänge mindestens 3fache Wassertiefe

Bei Ankerleine:
Leinenlänge mindestens 5fache Wassertiefe

A9 Wetterkunde

9.1 Einfluss des Luftdrucks auf die Wetterentwicklung

236*

Welche Faktoren sind hauptsächlich für das Wettergeschehen, also für Wind und Niederschläge ausschlaggebend?

Antwort: ●●

Luftdruckänderung, Luftfeuchtigkeit und Temperatur.

237*

Mit welcher Wetterentwicklung rechnen Sie bei schnell und stetig fallendem Luftdruck?

Antwort: ●●

Schlechtes Wetter; Starkwind oder Sturm.

238*

Welches Wetter ist zu erwarten, wenn der Luftdruck langsam, aber ständig steigt?

Antwort: ●

Besseres bzw. schönes Wetter.

239* ●●

Welche Maßeinheiten werden verwendet für
1. Luftdruck?
2. Windgeschwindigkeit?

Antwort:

1. Hektopascal (hPa).
2. m/s, km/h, Knoten (kn).

Zu Fragen 236 bis 239:
Der wichtigste Faktor für die Analyse des Wettergeschehens ist die Luftdruckänderung, die mit dem Barometer gemessen wird. Bei stetig fallendem Luftdruck ist mit schlechtem Wetter zu rechnen; fällt der Luftdruck um mehr als 1 Hektopascal in der Stunde, ist mit Starkwind oder Sturm zu rechnen. Umgekehrt bedeutet ein starker Druckanstieg nicht immer eine Abnahme des Windes. Denn im Bereich eines umfangreichen Hochs werden z. B. durch Druckanstieg die Ausströmvorgänge und der Wind intensiviert.

Beaufort-Skala	Bezeichnung des Windes	Mittlere Wind-geschw. nach internat. Skala in Knoten
0	Windstille	< 1
1	leiser Zug	1– 3
2	leichte Brise	4– 6
3	schwache Brise	7–10
4	mäßige Brise	11–15
5	frische Brise	16–21
6	starker Wind	22–27
7	steifer Wind	28–33
8	stürmischer Wind	34–40
9	Sturm	41–47
10	schwerer Sturm	48–55
11	orkanartiger Sturm	56–63
12	Orkan	≥ 64

In der linken Spalte der Beaufort-Skala sind die Windstärken von 0 bis 12 aufgeführt. Die entsprechenden Windgeschwindigkeiten sind in der rechten Spalte der Beaufort-Skala vermerkt.

Merke:
Der mittlere Luftdruck auf Meereshöhe beträgt 1013 hPa.
Die Höhe des Luftdrucks ist für die Wind- und Wetterentwicklung aber nicht entscheidend!
Beachte: Durch raschen Druckfall am Boden verstärkt sich das horizontale Druckgefälle. Dabei kann der Druckfall das Heranziehen eines bereits ausgebildeten Tiefs oder die Neubildung eines Tiefs bedeuten. Besonders im ersten Fall ist mit starkem Rückdrehen des Windes zu rechnen.

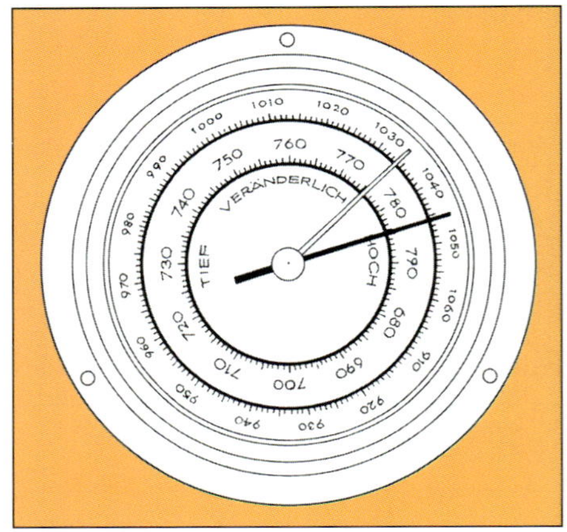

Barometer

9.2 Wetterinformation

240* ●

Wo können Sie sich über das zu erwartende Wetter informieren?

Antwort:

Rundfunk, Fernsehen, örtliche Wetterstationen, telefonische Ansagedienste.

241 *

Warum müssen Sie sich vor dem Befahren eines fremden Reviers über die örtlichen Sturmwarnsignale und die diesbezüglichen Vorschriften informieren?

Antwort: ●

Weil sie von Revier zu Revier unterschiedlich sein können, ebenso die Vorschriften, z. B. Auslaufverbot bei Sturmwarnung.

Zu Frage 240 bis 241:
Wichtiger Grundsatz: Das Abhören des Wetterberichtes ist eine der wichtigsten Sicherheitsmaßnahmen vor dem Auslaufen! Aber auch während der Fahrt sollte mehrmals täglich der Wetterbericht abgehört werden, um rechtzeitig die erforderlichen Sicherheitsvorkehrungen treffen zu können.

Wetterberichte werden in zeitlichen Abständen auf verschiedenen Wegen verbreitet. Ein Fahrzeug, das keine Landverbindung hat, kann sie allerdings nur noch über Funk empfangen, da es optische Sturm- und Windwarnsignale im Binnenbereich nur auf wenigen Seen gibt (z. B. Bodensee).

9.3 Wetterbeobachtung

242*

Womit müssen Sie rechnen, wenn sich bei sommerlicher Schwüle um die Mittagsstunden Haufenwolken zu Kumulonimbuswolken großen Ausmaßes verdichten?
Was tun Sie?

Antwort: ●●

Mit einem Gewitter.
Das Boot wird darauf vorbereitet, Hafen oder geschützte Bucht anzusteuern.

243*

Unter aufgetürmten Gewitterwolken erkennen Sie einen Böenkragen, der auf Sie zukommt. Wann sind die ersten heftigen Böen zu erwarten?

Antwort: ●

Wenn der Böenkragen annähernd über mir steht.

Zu Fragen 242 bis 243:

Gewitterhimmel

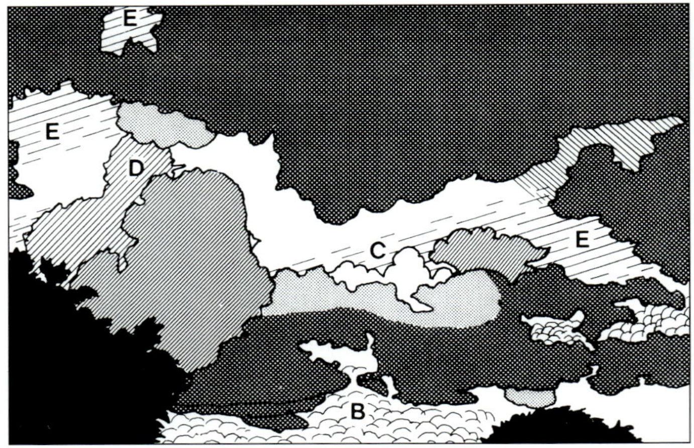

Erläuterung: Die Cumuli haben sich mächtig entwickelt. Bei **D** erkennt man die Kondensation in einem aufsteigenden Luftstrom, bei **B** gehäufte Quellformen. Die Wolken geben sehr starke Kontraste von Schatten und Licht, besonders bei **C.** Der Himmel zeigt viele hohe Wolken **EE,** von denen manche vielleicht Ambosswolken von Cumulonimben sind. Das Gewitter trat ungefähr eine Stunde nach der Aufnahme ein.

Folgende Gefahren kann ein Gewitter mit sich bringen:
- Böen bis Orkanstärke
- Winddrehungen
- Starke Regenfälle mit erheblich verminderter Sicht
- Hagelschlag
- Blitzschlag

Verhaltensmaßregeln bei Gewittergefahr, vor allem, wenn Böenkragen zu erwarten sind:
- Hafen oder zumindest Landschutz aufsuchen
- Ggf. Segel stark reffen, besser ganz wegnehmen
- Sonstige Maßnahmen wie in schwerem Sturm ergreifen (z.B. alle Gegenstände festlaschen, Rettungsweste und Sicherheitsgurt anlegen)
- Funkanlagen abschalten
- Möglichst keine Metallteile berühren

Sonderteil „Antriebsmaschine“

Burg Prünn/Altmühltal

B Sonderteil „Antriebsmaschine“

1. Voraussetzungen für das Führen von Sportbooten mit Antriebsmaschine

400

Welche Voraussetzungen muss der Führer eines Sportbootes mit einer Antriebsleistung von mehr als 3,68 kW (5 PS) und weniger als 15 m Länge auf Binnenschifffahrtsstraßen erfüllen?

Antwort: ●●

Er muss im Besitz des Sportbootführerscheines – Binnen oder eines gleichgestellten Befähigungsnachweises sein.
Auf den Binnenschifffahrtsstraßen des innersten Ringes in Berlin auch für Sportboote mit weniger als 3,69 kW (5 PS).

401

Welchen Anforderungen muss der Fahrzeugführer eines Sportbootes unter 15 m Länge
1. generell,
2. falls ein Motor unter 3,69 kW vorhanden ist,
3. falls ein Motor von mehr als 3,68 kW vorhanden ist,
entsprechen?

Antwort: ●●●

1. **Er muss gesundheitlich, charakterlich und fachlich geeignet sein.**
2. **Mindestalter 16 Jahre. Auf den Binnenschifffahrtsstraßen des innersten Ringes in Berlin Sportbootführerschein – Binnen oder gleichwertiges Befähigungszeugnis.**
3. **Sportbootführerschein – Binnen oder gleichwertiges Befähigungszeugnis.**

Zu Fragen 400, 401:
Hinweise: Voraussetzungen für die Zulassung zur Prüfung siehe Teil I, Abschn. III, Nrn. 11 bis 13

402

Welche Voraussetzungen muss der Rudergänger eines Sportbootes mit Antriebsmaschine erfüllen?

Antwort: ●

Er muss mindestens 16 Jahre alt und geeignet sein.

403

Sie fahren als Schiffsführer ein Kleinfahrzeug mit 10-PS-Motor. Es sind mehrere Personen an Bord.
1. Dürfen Sie das Ruder auch einer Person überlassen, die nicht im Besitz eines Führerscheines ist?
2. Was ist dabei zu beachten?

Antwort: ●●

1. **Ja!**
2. **Der Rudergänger muss geeignet und mindestens 16 Jahre alt sein.**

Zu Fragen 402, 403:
Mit der **Überlassung des Ruders** an eine dritte Person wird die Verantwortlichkeit des Schiffsführers auf diesen nicht delegiert. Das bedeutet, dass der Schiffsführer sicherstellen muss, dass der Rudergänger nach seinen Anweisungen und unter seiner Aufsicht das Ruder bedient. Aber auch die Bedienung des Ruders erfordert, dass der Rudergänger körperlich und geistig tauglich ist und insbesondere über das erforderliche Hör-, Seh- und Farbunterscheidungsvermögen verfügt.

Handelt es sich um ein Sportboot mit Antriebsmaschine, ist es aufgrund der Schifffahrtspolizeiverordnungen erforderlich, dass der Rudergänger mindestens 16 Jahre alt ist. Wichtig ist, dass der Rudergänger selbst nicht die erforderliche Erlaubnis zu besitzen braucht, wenn dies auch im Interesse einer sicheren Schiffsführung wünschenswert ist.

Hinweise:
Inhalt und Umfang der Verpflichtung zum Besitz eines Sportbootführerscheins–Binnen siehe Teil I, Abschn. I Nrn. 1 bis 5
Verantwortung des Fahrzeugführers siehe Fragen 8 bis 10
Verpflichtung, einen Sportbootführerschein–Binnen zu besitzen, siehe Frage 34

Vorschriften:
§§ 1.02, 1.03, 1.09, §§ 2, 3, 5 10 Sportboot-FüV–Bin

2. Wasserskilaufen/Wassermotorradfahren

404

Darf auf allen Binnenschifffahrtsstraßen Wasserski gelaufen oder uneingeschränkt Wassermotorrad gefahren werden?

Antwort: ●

Nein, nur an den durch Tafeln gekennzeichneten Stellen.

405

Wo darf man Wasserski laufen oder uneingeschränkt Wassermotorrad fahren?

Antwort: ●●

Nur in den Bereichen, die durch entsprechende Tafeln hierzu freigegeben sind.

406

Zu welcher Tageszeit darf auf den erlaubten Gewässerabschnitten
1. Wasserski gelaufen und
2. Wassermotorrad gefahren werden?

Antwort: ●●●

1. **Von Sonnenaufgang bis Sonnenuntergang; sofern keine weiteren Beschränkungen, z. B. durch Zusatztafeln oder Sondervorschriften, bestehen und die Sicht mehr als 1000 m beträgt.**
2. **Von 7.00 Uhr bis 20.00 Uhr und nicht vor Sonnenaufgang und nicht nach Sonnenuntergang, sofern keine weiteren Beschränkungen, z. B. durch Zusatztafeln oder Sondervorschriften, bestehen und die Sicht mehr als 1000 m beträgt.**

407

Wodurch ist beim Wasserskilaufen sicherzustellen, daß der Schiffsführer sofort über etwaige Schwierigkeiten des Wasserskiläufers unterrichtet wird?

Antwort: ●●

Im Boot muss eine zweite, geeignete Person mitfahren, die den Skiläufer ständig beobachtet und den Schiffsführer unterrichtet.

408

Mit welchen Personen muss das Zugboot beim Wasserskilaufen mindestens besetzt sein?

Antwort: ●●

Mit dem Schiffsführer und einer geeigneten Person, die den Wasserskiläufer beobachtet.

409

Wie muss sich der Wasserskiläufer bei der Vorbeifahrt an Fahrzeugen, Schwimmkörpern oder Badenden verhalten?

Antwort: ●

Er muss sich im Kielwasser des ziehenden Fahrzeugs halten.

410

Was müssen Wasserskiläufer und der Schiffsführer des ziehenden Fahrzeuges gegenüber Verkehrsteilnehmern und Anlagen besonders beachten?

Antwort: ●●●

Durch Wellenschlag oder Sogwirkung dürfen

1. **andere Verkehrsteilnehmer sowie Badende nicht gefährdet oder mehr als nach den Umständen unvermeidbar behindert oder belästigt werden;**
2. **Ufer, Regelungsbauwerke, schwimmende oder feste Anlagen oder Schifffahrtszeichen nicht beschädigt werden. Der Schiffsführer muss erforderlichenfalls die Geschwindigkeit vermindern und bei der Vorbeifahrt einen Abstand von mindestens 10 m einhalten.**

Zu Fragen 404 bis 410:

Wasserskilaufen

Das Wasserskilaufen ist auf den Binnenwasserstraßen grundsätzlich verboten.

Die Verordnung über das Wasserskilaufen auf Binnenschifffahrtsstraßen (Wasserskiverordnung) vom 17. 1. 1990 (BGBl. I S. 107) bestimmt, dass das Verbot nur auf Strecken aufgehoben wird, die durch eine blaue Tafel mit dem Symbol des Wasserskiläufers bezeichnet sind. Zusätzliche dreieckige Tafeln an den Zeichen zeigen den Anfang und das Ende der Wasserskistrecken an. Eine Übersicht über die freigegebenen Strecken wird jährlich im Verkehrsblatt veröffentlicht.

Zum Wasserskilaufen gehören alle Betätigungen, bei denen Personen von einem Fahrzeug gezogen werden und mit oder ohne Wasserski oder auf sonstigen Gegenständen über das Wasser gleiten, sowie das Drachenfliegen und das Fallschirmfliegen hinter einem ziehenden Wasserfahrzeug. Zum Wasserskilaufen an einer seitlich am ziehenden Fahrzeug fest angebrachten Stange oder sonstigen Vorrichtung sowie für das Drachenfliegen und das Fallschirmfliegen ist unabhängig von den Wasserskizeichen zusätzlich eine Erlaubnis der Wasser- und Schifffahrtsdirektion erforderlich.

Auf den bezeichneten Wasserskistrecken sind vielfach örtliche und zeitliche Einschränkungen zu beachten, z. B. ist das Wasserskilaufen nur gestattet

- auf einer Strom-/Flußseite;
- während eines bestimmten Zeitraumes im Jahr;
- an Samstagen, Sonntagen und gesetzlichen Feiertagen;
- innerhalb bestimmter Uhrzeiten.

Derartige Beschränkungen können sich aus den unter den Wasserskitafeln angebrachten zusätzlichen Tafeln ergeben. Die Feststellung, dass das Wasserskilaufen in dem Gebiet erlaubt ist, und die Orientierung, insbesondere in einem fremden Revier, obliegt dem Führer des ziehenden Fahrzeugs und dem Wasserskiläufer gleichermaßen.

Sonderteil „Antriebsmaschine"

Auf den freigegebenen Wasserskistrecken darf Wasserskilaufen nur betrieben werden

- von Sonnenaufgang bis Sonnenuntergang, sofern keine Beschränkungen bestehen;
- bei Wetter mit einer Sicht von mehr als 1000 m.

Für das im Einzelnen festgelegte Verkehrsverhalten sind der Schiffsführer des Zugbootes und der Wasserskiläufer für den jeweiligen Bereich selbst verantwortlich.

Für wasserskisportliche Veranstaltungen, die zur Ansammlung von Fahrzeugen führen, ist eine gesonderte Genehmigung der WSV einzuholen.

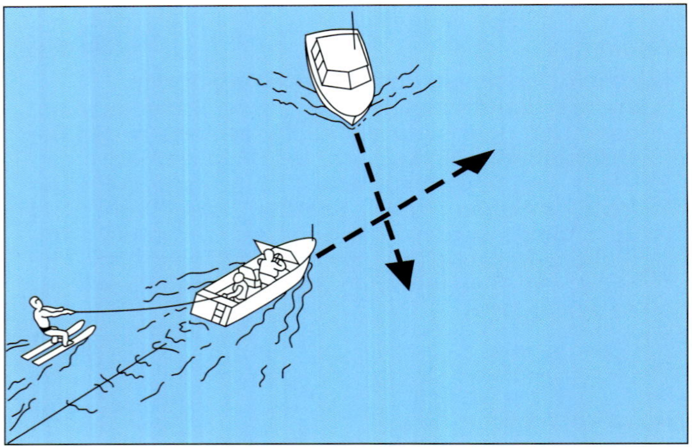

Mir nähert sich von Backbord voraus ein anderes Fahrzeug auf kreuzendem Kurs, während ich einen Wasserskiläufer ziehe.

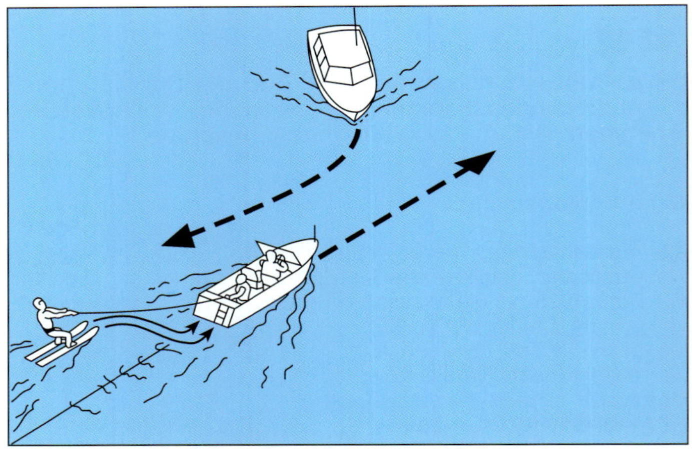

Ich habe Vorfahrt, und der Wasserskiläufer muss sich im Kielwasser des Zugbootes halten; das Motorboot muss seinen Kurs nach Steuerbord ändern.

Wassermotorradfahren

Als Wassermotorrad gelten Wasserbobs, Wasserscooter, Jetbikes oder Jetskis. Am 15. Juni. 1995 ist die Wassermotorräder-Verordnung vom 31. Mai 1995 in Kraft getreten (BGBl. I S. 769). Wassermotorräder sind auf den Binnenschifffahrtsstraßen den Kleinfahrzeugen zugeordnet und müssen dementsprechend gekennzeichnet sein. Für sie gelten die Vorschriften der Kennzeichnungsverordnung für Kleinfahrzeuge. Die Wassermotorräder müssen ein vom WSA auf Antrag erteiltes Kennzeichen führen.

Das BMVBW hat ein Verzeichnis der Kleinfahrzeuge veröffentlicht, die als Wassermotorräder auf den Binnenschifffahrtsstraßen gelten (siehe Teil I Nr. 5).

Der Fahrzeugführer muss im Besitz des Sportbootführerscheins–Binnen oder eines gleichgestellten Nachweises sein.

Wassermotorradflächen (Zonen, in denen Wassermotorräder fahren dürfen) sind durch das Zeichen rechts freigegeben.

Die Fahrzeugführer dürfen durch ihre Fahrweise keinen anderen gefährden, die übrige Schifffahrt nicht behindern und andere Fahrzeuge etc., Schifffahrtszeichen und Ufervegetationen nicht beschädigen. Zu diesem Zweck haben sie rechtzeitig die Geschwindigkeit im erforderlichen Maße zu verringern und bei der Vorbeifahrt einen Mindestabstand von 10 m einzuhalten.

Eine Übersicht über die freigegebenen Flächen wird im Internet unter www.elwis.de veröffentlicht.
Das Befahren der freigegebenen Wasserflächen ist nur von 7.00 bis 20.00 Uhr, jedoch nicht vor Sonnenaufgang und nach Sonnenuntergang und nur bei einer Sicht von mehr als 1000 Meter gestattet. Durch technische Einrichtungen muss sichergestellt sein, dass sich im Fall des Überbordgehens des Fahrzeugführers der Motor automatisch abschaltet oder automatisch auf die kleinste Fahrstufe zurückschaltet und dann das Wassermotorrad eine Kreisbahn einschlägt. Fahrzeugführer und Begleitpersonen müssen Schwimmhilfen tragen.
Wassermotorräder dürfen nur auf befestigten Zugangswegen wie z.B. Slipanlagen oder Rampen oder mittels geeigneter Kranvorrichtung zu Wasser gelassen oder aus dem Wasser herausgenommen werden.
Zum Anfahren der nächstgelegenen freigegebenen Wasserfläche bzw. der Slipanlage etc. sowie für Touren- oder Wanderfahrten muss ein klar erkennbarer **Geradeauskurs** eingehalten werden. Verstöße gegen die Verordnung werden als Ordnungswidrigkeiten geahndet.

Hinweise:
Orientierungspflicht siehe Fragen 3–6
Grundregel für das Verhalten im Verkehr siehe Frage 11
Tag/Nacht siehe Frage 23

Vorschriften:
§§ 1.04, 1.23 und Wassermotorräder-Verordnung

3. Geschwindigkeit

411

Wie haben Sie allgemein Ihre Geschwindigkeit einzurichten?

Antwort: ●●●

Geschwindigkeitsbeschränkungen beachten. Darüber hinaus ist die Geschwindigkeit der Verkehrslage, den Fahrwasser-, Witterungs- u. Sichtverhältnissen anzupassen.

412

Was heißt Sog und Wellenschlag vermeiden?

Antwort: ●●●

Ich beobachte meine Heckwelle, vermindere die Fahrt so weit, dass Wellenschlag nicht mehr entsteht.

Zu Fragen 411, 412:
Unabhängig von eventuellen Geschwindigkeitsbeschränkungen muss die Geschwindigkeit stets der Verkehrslage, den Fahrwasser-, Witterungs- und Sichtverhältnissen angepasst sein. Grundsätzlich ist eine so genannte sichere Geschwindigkeit zu fahren, die auch ein rechtzeitiges Aufstoppen des Fahrzeugs zur Vermeidung eines Zusammenstoßes ermöglicht. Sichere Geschwindigkeit bedeutet aber auch die eingehende Beobachtung der Fahrtstrecke, um gegenüber Fahrzeugen und Anlagen rechtzeitig die Fahrt zu vermindern und dadurch schädlichen Sog und Wellenschlag zu vermeiden. Bei der Fahrt mit der Strömung (Talfahrt) werden durch das Mitlaufen der Wellen zugleich höhere und somit schädlichere Wellen als in der Bergfahrt erzeugt, weshalb die Geschwindigkeit bei Talfahrt stets stärker zu vermindern ist als bei der Fahrt gegen die Strömung.

Auch die Wassertiefe ist für die Höhe der Wellen ausschlaggebend. Je niedriger die Wassertiefe, je höher werden die Wellen.

Hinweise:
Geschwindigkeitsbegrenzungen
bei Hochwasser siehe Frage 16
in Häfen siehe Frage 32
gegenüber Arbeitsgeräten usw. siehe Fragen 55–58
gegenüber schutzbedürftigen Fahrzeugen und Anlagen siehe Fragen 102, 103, 165
zur Vermeidung von schädlichem Sog und Wellenschlag siehe Fragen 104–106
gegenüber Badeplätzen siehe Frage 111
in Schleusen siehe Fragen 112–116
durch Verkehrszeichen siehe Frage 120
in Engstellen siehe Fragen 167, 168
gegenüber Ruderbooten usw. siehe Frage 413

Vorschriften:
§§ 6.02a, 6.07, 6.16, 6.20, 6.28
§ 10.01 Rhein- und MoselSchPV
§ 6.03a DonauSchPV

4. Ausweichen

413

Wie verhalten Sie sich beim Passieren von Kanus, Ruder- und Paddelbooten?

Antwort: ●●

Rechtzeitig Fahrt vermindern. Ausweichen. Sog und Wellenschlag vermeiden.

414

Wie verhalten Sie sich, wenn Ihr Motorboot mit einem Segelboot auf Kollisionskurs liegt?

Antwort: ●●

Immer und grundsätzlich nach Steuerbord ausweichen, am Heck umfahren, Bug nicht kreuzen.

415

Von Backbord kommend will ein Segelboot mit einem schwarzen Kegel, Spitze nach unten, den Kurs Ihres Motorbootes kreuzen. Wer ist ausweichpflichtig und warum?

Antwort: ●●●

Der Segler läuft unter Antriebsmaschine, gilt als Motorboot und ist ausweichpflichtig, weil er mich an seiner Steuerbordseite hat.

416

Ihrem Motorboot kommt nachts ein Fahrzeug entgegen, das Seitenlichter am Bug, aber kein Topplicht führt.
1. Was ist es für ein Fahrzeug?
2. Wer ist ausweichpflichtig?

Antwort: ●●

1. **Das andere Fahrzeug ist ein Kleinfahrzeug unter Segel.**
2. **Ich bin ausweichpflichtig.**

Zu Fragen 413 bis 416:

Grundsatz:

Kleinfahrzeuge mit Maschinenantrieb weichen Kleinfahrzeugen unter Segel und sonstigen Kleinfahrzeugen ohne Maschinenantrieb aus! Für Kleinfahrzeuge, die zugleich unter Segel und mit Maschinenantrieb fahren, gelten die Ausweichregeln für Kleinfahrzeuge unter Maschinenantrieb.

Kanus, Ruder- und Paddelboote haben allgemein wenig Freibord, sodass Wasser bereites bei geringem Wellengang ins Boot schlagen kann. Zur sportlichen Fairness gehört eine besondere Rücksichtnahme durch rechtzeitige und umfassende Geschwindigkeitsverminderung und Passieren in möglichst großem Abstand.

Hinweise:

Lichterführung der Kleinfahrzeuge siehe Fragen 52–54
Segelfahrzeug als Maschinenfahrzeug siehe Frage 74
Schallsignale siehe Fragen 141, 142
Ausweichregeln der Kleinfahrzeuge siehe Fragen 171–178
Ausweichregeln der Kleinfahrzeuge unter Segel untereinander siehe Fragen 509–512, 517–527

Vorschriften:

§§ 1.05, 3.13, 4.02, 6.02a, § 6.03a DonauSchPV

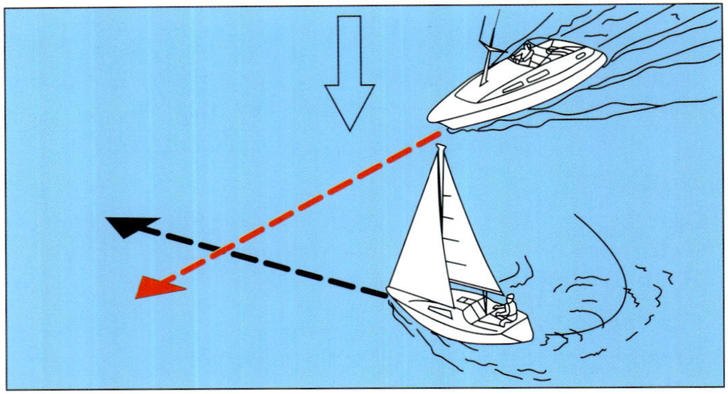

Mir nähert sich auf kreuzendem Kurs ein Segelfahrzeug an Backbord voraus.

Ich bin ausweichpflichtig, d. h. ich muss meinen Kurs nach Backbord so ändern, dass ich hinter seinem Heck passiere.

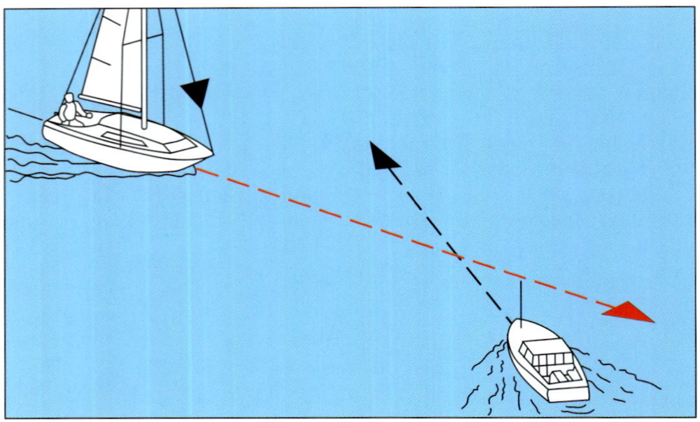

Mir nähert sich auf kreuzendem Kurs ein Segelfahrzeug, das zugleich mit Maschinenantrieb fährt, an Backbord voraus.

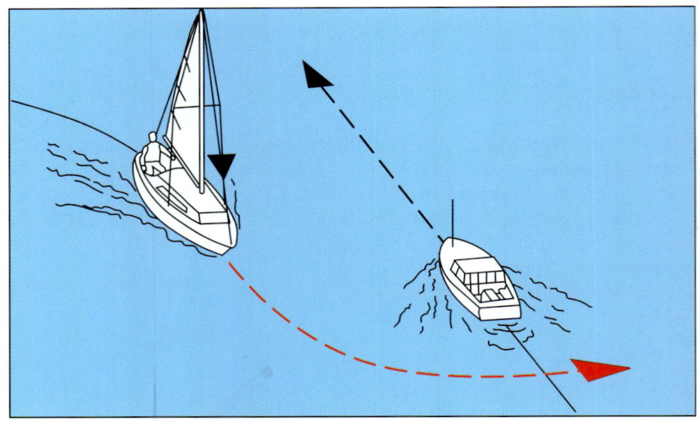

Das zugleich unter Segel und mit Maschinenantrieb fahrende Segelfahrzeug muss ausweichen, d. h. seinen Kurs nach Steuerbord so ändern, dass es mich hinter meinem Heck passiert.

5. Bootsmotoren

417 **Wie kann die Schadstoffentwicklung von Bootsmotoren verringert werden?**	Antwort: ●● **Durch richtige Luft-Kraftstoff-Gemisch-Einstellung und durch das richtige Mischungsverhältnis bei Zweitaktmotoren.**

418 **Welche Filter sorgen für den sicheren Betrieb eines Verbrennungsmotors?**	Antwort: ●●● **1. Wasserfilter.** **2. Kraftstoffilter.** **3. Ölfilter.**

419 **Welche Verbrennungsmotoren kommen als Bootsantriebe in Frage:** **1. Nach der Kraftstoffart?** **2. Nach den Arbeitsverfahren?**	Antwort: ●● **1. Diesel- und Benzinmotoren.** **2. Zwei- und Viertaktmotoren.**

420 **Welche Motor- und Antriebsarten kennen Sie bei Motorbooten?**	Antwort: ●●● **1. Außenbordmotoren.** **2. Innenbordmotoren mit Z- oder Strahlantrieb.** **3. Innenbordmotoren mit Wendegetriebe und starrer Welle.**

Zu Fragen 417 bis 420:
Die Fragen sind zwar nur nach der Kraftstoffart gestellt, wer aber mit diesen „Verbrennungskraftmaschinen“ umgeht, sollte wissen, dass die grundsätzlichen Unterscheidungsmerkmale in der Wirkungsweise bzw. der Gemischbildung von Kraftstoff und Luft liegen.

Ottomotor = äußere Gemischbildung
Kraftstoff und Luft werden außerhalb des Verbrennungsraumes im Vergaser oder durch Einspritzung in das Ansaugrohr vermischt. Erst dann wird dieses Gemisch angesaugt und verdichtet und durch eine „Zündkerze“ die Verbrennung eingeleitet.

Dieselmotor = innere Gemischbildung
Die Glühkerze hat beim Dieselmotor bei einer bestimmten Bauart nur die Aufgabe, die Luft im Verbrennungsraum zusätzlich zu erwärmen, damit sich das durch die Einspritzung gebildete Gemisch selbst entzündet, während die „Zündkerze“ beim Ottomotor zum richtigen Zeitpunkt (Zündzeitpunkt) das angesaugte und verdichtete Gemisch zünden und damit zur Verbrennung bringen soll.

Ottomotor = Fremdzündung
Dieselmotor = Selbstzündung

Bei **Viertaktmotoren** wird der Kurbeltrieb des Motors direkt geschmiert (Öl in der Ölwanne).

Bei **Zweitaktmotoren** erfolgt bei älteren Modellen die Schmierung durch Zugabe von Öl in den Kraftstoff – Mischungsverhältnis nach der Betriebsanleitung beachten! Bei neueren Modellen erfolgt die Ölzugabe durch eine Dosiereinrichtung (separate Ölbehälter) oder direkt an den Kurbeltrieb.

Sofern die Luft-Kraftstoff-Gemischeinstellung oder die Gemischschmierung nicht den technischen Vorgaben entspricht, kann die Leistung des Motors beeinträchtigt werden, womit der Schadstoffausstoß größer werden kann.

Der Außenbordmotor befindet sich außerhalb des Bootes und wird am Heck montiert. Es sind überwiegend Zweitaktmotoren. Motor und Antrieb bilden eine Einheit. Zum Manövrieren wird der gesamte Motor geschwenkt (siehe Teil III 1.2.2 und die bildlichen Darstellungen dazu).

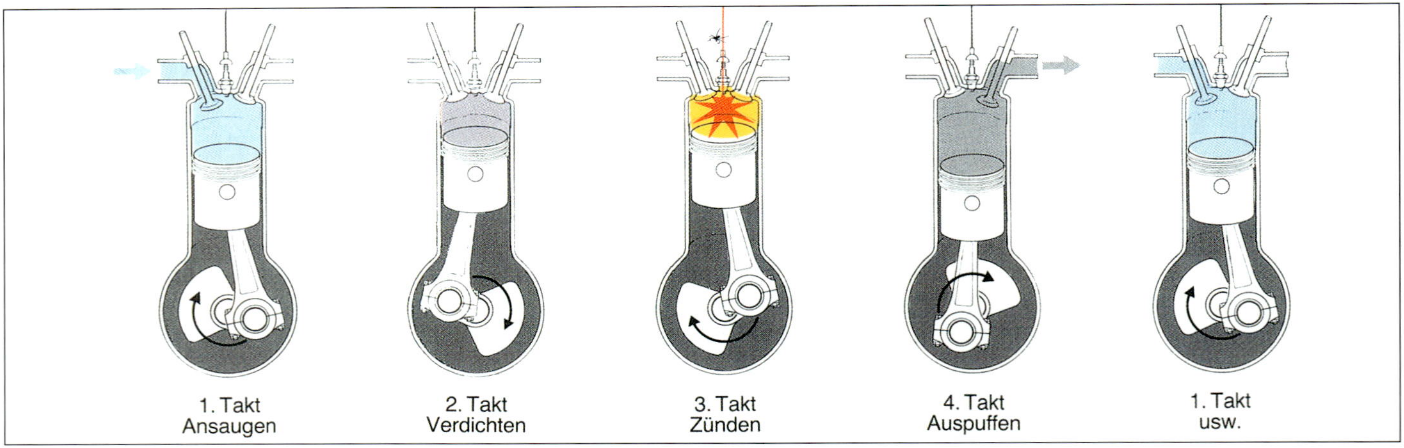

Wirkungsweise 4-Takt-Motor

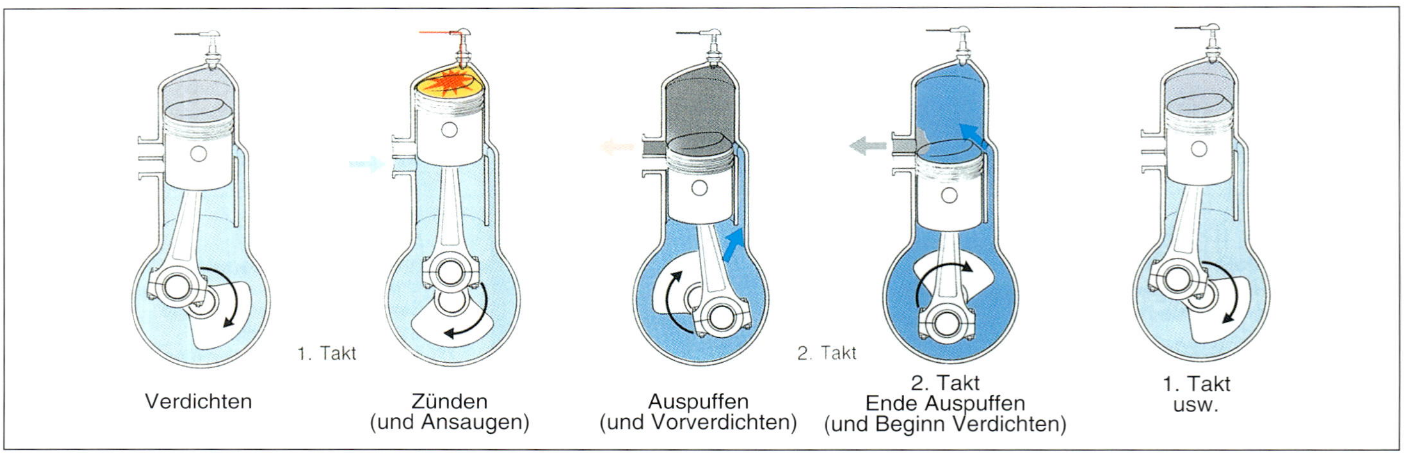

Wirkungsweise 2-Takt-Motor

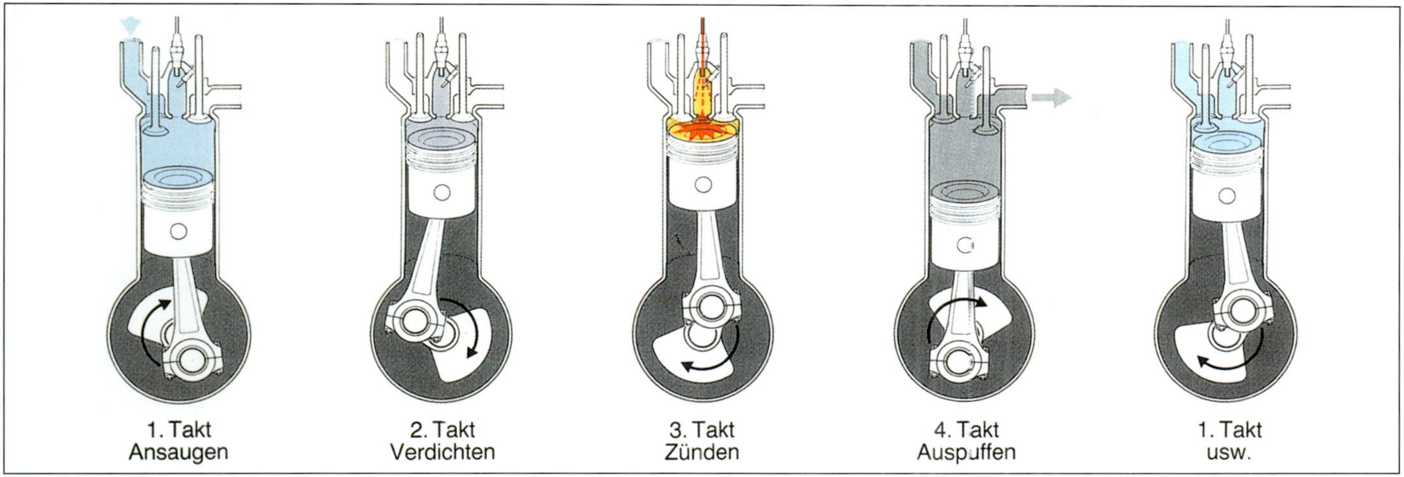

Wirkungsweise Dieselmotor

Dieselmotor = Innere Gemischbildung
Der Motor saugt nur reine Luft an und verdichtet die angesaugte Luft; in die durch das Verdichten erwärmte Luft wird Kraftstoff eingespritzt. Das so entstandene Gemisch entzündet sich dann selbst.

Hinweise:
Sondervorschriften auf den Wasserstraßen im Land Berlin siehe Fragen 5, 6
Führerscheinpflicht auf den Gewässern im Land Berlin siehe Frage 34
Antriebs- und Steuerarten siehe Teil III, 1.2

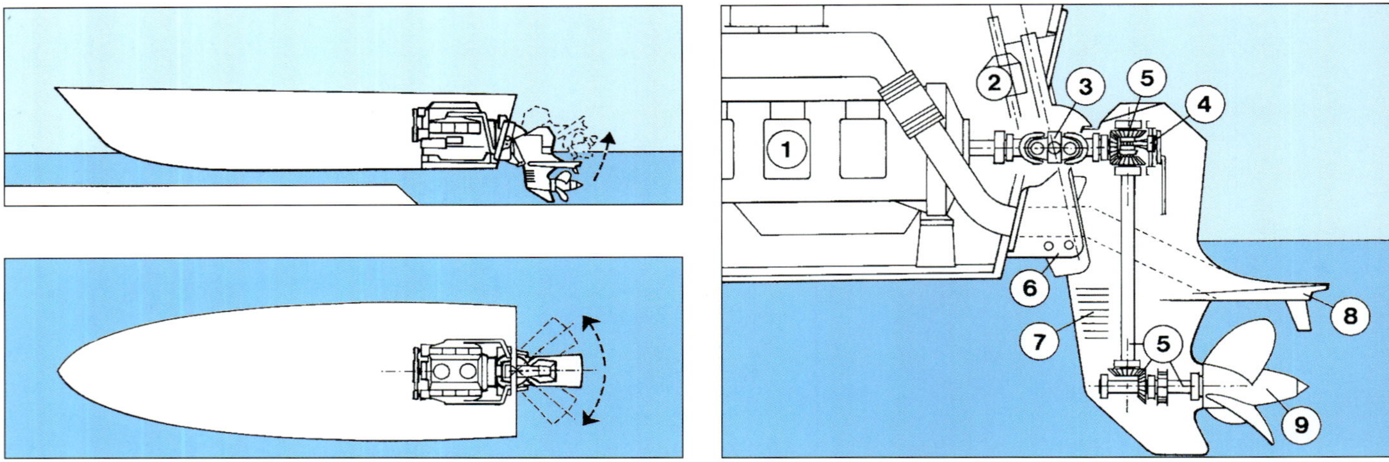

Wirkungsweise Z-Antrieb (2-Takt-Motor)

Z-Antriebe werden in der Regel in Gleitbooten eingebaut. Hier wird beim Manövrieren der gesamte Antrieb geschwenkt, wodurch die Richtung des Schraubenstrahls verändert wird.

1. Motor
2. elektromechanische Hebevorrichtung für den Antrieb
3. Kardanwellen und Kreuzgelenk
4. Kupplung
5. Antriebszahnräder und -wellen
6. Rückwärtssperre und Ausklinkmechanismus (bei Hindernissen)
7. Kühlwassereinlass
8. Auspuff und Kühlwasserauslass
9. Propeller

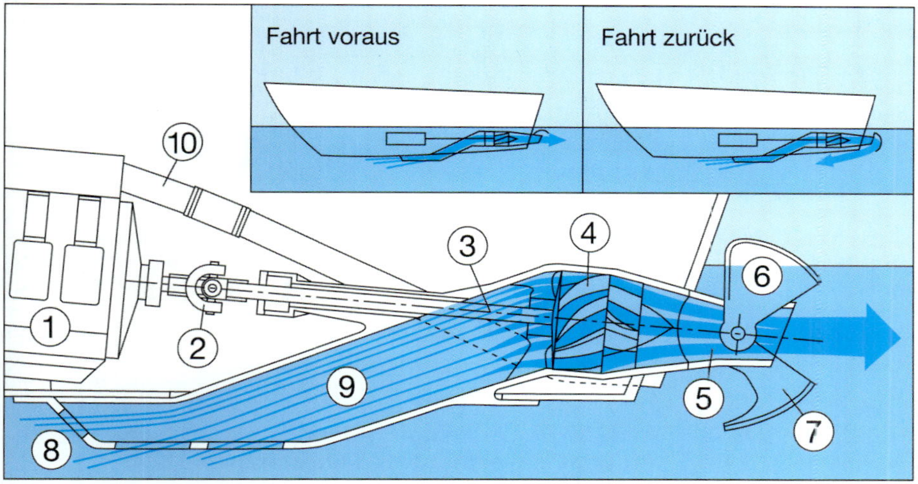

Wirkungsweise Jetantrieb

Beim **Jet-Antrieb** befinden sich unterhalb des Bootskörpers keine Bauelemente, sodass auch bei geringer Wassertiefe (Flachwasserbereich) gefahren werden kann. Durch eine Einlassöffnung wird Wasser angesaugt und durch eine Wasserstrahldüse stark beschleunigt wieder ausgestoßen, wodurch der Vortrieb bewirkt wird. Diese Antriebsart ist mit einer Wasserstrahlpumpe vergleichbar.

1 Motor
2 Kreuzgelenk
3 Antriebswelle
4 Impeller
5 steuerbare Wasserstrahldüse
6 Strahlumlenkvorrichtung
7 Führung für Strahlumlenkung
8 Wasseransaugöffnung
9 Wasseransaugschacht
10 Auspuff

Innenbordmotoren mit Wendegetriebe und starrer Welle finden vorwiegend bei Verdrängern und Halbgleitern Verwendung. Die Steuerwirkung wird durch den seitlich auf das eingeschlagene Ruder wirkenden Schraubenstrom erzielt.

6. Tankanlage, Treibstoffübernahme

421 ●●

Welche Sicherheitseinrichtung muss eine eingebaute Tankanlage mit Deckeinfüllstutzen haben?

Antwort:

1. **Entlüftungsrohr.**
2. **Absperrventil.**

422 ●●●

Welche Maßnahmen treffen Sie vor und während der Treibstoffübernahme?

Antwort:

Motor abstellen. Kein offenes Feuer, keine elektrischen Schalter betätigen, nicht rauchen. Vorbereitungen treffen, dass evtl. übergelaufener Treibstoff sofort aufgefangen werden kann.

423 Antwort: ●●

Weshalb muss der Tank des Außenbordmotors immer an Land nachgefüllt werden?

Um zu verhindern, dass Treibstoff oder Treibstoffdämpfe in das Bootsinnere oder Treibstoff ins Wasser gelangen.

424 Antwort: ●●

Wie können Sie beim Tanken oder beim Ölwechsel verhindern, dass Treibstoff oder Öl in die Bilge gelangt? Was tun Sie, wenn es trotzdem geschehen ist?

Durch Verwendung eines großen Trichters bzw. einer Öl-Auffangwanne. Öl oder Treibstoff in der Bilge mit saugfähigen Lappen entfernen und entsorgen. Räume lüften.

425 Antwort: ●●

Warum ist verschüttetes Benzin im Boot besonders gefährlich?

Weil die Benzindämpfe schwerer als Luft sind und in der Bilge ein explosives Gemisch bilden.

426 Antwort: ●●●

Was tun Sie, wenn Benzin in die Bilge gelangt ist?

1. **Feuer und offenes Licht löschen.**
2. **Keine elektrischen Schalter betätigen.**
3. **Mit Schwamm oder Tüchern aufnehmen.**
4. **Bilge reinigen. Umweltschutz beachten.**
5. **Räume lüften.**

Zu Fragen 421 bis 426:
Beim **Einfüllen des Kraftstoffs** in den Tank wird Luft verdrängt. Kann die Luft nicht entweichen, drängt sie in den Einfüllstutzen und kann beim Entweichen Kraftstoff mitreißen, was zwangsläufig zu einer schädlichen Gewässerverunreinigung führt. Den Ausgleich bringt das Entlüftungsrohr, in dem sich ein Flammschutzsieb befinden muss. Kraftstoff verdampft und die Dämpfe/Gase verlassen den Tank durch die Entlüftung.

Mit dem Flammschutzsieb soll eine Entzündung nach „innen", d.h. in das Entlüftungsrohr verhindert werden. Das Entlüftungsrohr muss auch während der Fahrt – Kraftstoffentnahme aus dem Tank – das Eindringen von Luft sicherstellen, um ein Vakuum im Tank zu verhindern.

Bei transportablen Tanks wird die Vakuumbildung durch das Öffnen der Entlüftungsschraube am Tankdeckel verhindert.

Ein **Absperrventil**, mit dem die Treibstoffzufuhr zum Motor unterbunden wird, soll sich nicht nur am oder in der Nähe des Motors im Maschinenraum befinden, sondern auch außerhalb, an einer für den Schiffsführer leicht erreichbaren und leicht zugänglichen Stelle, sodass es im Bedarfsfall/Gefahrenfall sofort geschlossen werden kann (z.B. bei Motorbrand, undichten Leitungen im Maschinenraum o.Ä.).

Auch bei **Wartungsarbeiten** soll das unbeabsichtigte Austreten von Kraftstoff verhindert werden. Bei der Treibstoffübernahme müssen aus Sicherheitsgründen die genannten Maßnahmen unbedingt eingehalten werden. Da das ins Boot gelangende Benzin ein explosives Gemisch bildet, sollte der Tankraum gegenüber allen anderen Räumen dicht sein.

Auch **Funkgeräte** dürfen während des Betankens nicht betrieben werden.

Nach dem Tanken müssen alle Räume vor dem Starten des Motors ausreichend belüftet werden, um eine Explosion durch Zündfunken zu vermeiden, was eine nicht unerhebliche Unfallursache auf Sportbooten darstellt. Beim Betanken kann es zwischen Tankeinfüllstutzen, Zapfpistole oder Kanister zu einer Funkenstrecke durch die statische Aufladung des Bootskörpers kommen. Deshalb ist es unerlässlich, dass zwischen allen metallischen Teilen der Tankanlage ein Potenzialausgleich besteht.

Zur Verhinderung, dass Öl oder Treibstoff in die **Bilge** gelangt, sollte sich unter jedem Innenbordmotor eine Ölauffangwanne befinden. Ist Öl oder Treibstoff in die Bilge gelangt, darf eine mögliche Explosionsgefahr bei Benzin nicht außer Betracht gelassen werden. **Die Reinigung der Bilge** hat unter Beachtung des Umweltschutzes zu erfolgen.

Aufnehmen an Bord, in Behältnisse sammeln und einschließlich der Tücher und Schwämme zu zugelassenen Entsorgungsstellen bringen; keinesfalls, auch nicht das Geringste, ins Wasser ablassen.

Um die einzelnen genannten Gefahren auszuschließen, dürfen die transportablen Tanks der Außenbordmotoren nicht im Boot (Kraftstoffdämpfe), sondern nur an Land nachgefüllt werden.

Hinweis:
Umwelt- und Gewässerschutz siehe Fragen 197–202

Vorschriften:
§ 1.15; § 324 StGB

7. Anlassen des Motors und Überwachen des Betriebs

427

Was ist vor dem Anlassen des Motors zu beachten?

Antwort: ●●●

1. **Maschinenraum lüften.**
2. **Kraftstoffstand prüfen, Kraftstoffhahn öffnen.**
3. **Schraube auskuppeln.**
4. **Ölstand für Motor und Getriebe prüfen.**
5. **Kühlwassersystem klar?**

428

Worauf müssen Sie beim Starten des Motors achten, um zu verhindern, dass das Boot unkontrolliert und ruckartig anfährt?

Antwort: ●●

Beim Starten muss die Schaltung auf „neutral" (Leerlauf) stehen, da sonst der Propeller (Schraube) sofort mitdreht.

429

Warum darf der Propeller (Schraube) beim Starten nicht sofort mitdrehen?

Antwort: ●

Weil dadurch besonders ein kleineres Boot ruckartig anspringen würde, wodurch Personen über Bord fallen und verletzt werden könnten.

430

Was müssen Sie unmittelbar nach dem Anlassen des Motors kontrollieren?

Antwort: ●

Kühlwasserdurchfluss und Öldruck.

431

Wo kontrollieren Sie unmittelbar nach dem Anlassen einer größeren, eingebauten Maschine, ob diese einwandfrei arbeitet?

Antwort: ●●●

Ladekontrollleuchte, Öldruckkontrolle, Temperaturkontrolle, Kühlwasserthermometer, Drehzahlmesser, Kühlwasseraustritt.

432

Während der Fahrt sollten Sie die Maschinenanlage ständig überwachen. Worauf achten Sie besonders?

Antwort: ●●●

1. Kühlwasseraustritt.
2. Motor- und Getriebetemperatur.
3. Öldruck und Ladekontrolle.
4. Drehzahlmesser.

433

Sie haben Ihren Motor gestartet. Er läuft normal, wird aber beim Einkuppeln der Antriebswelle „abgewürgt“. Was kann die Ursache sein?

Antwort: ●

Blockierter Propeller, z. B. Tampen oder Plastik im Propeller (Schraube).

Zu Fragen 427 bis 433:
Die Wartung und Pflege der gesamten Motorenanlage ist wichtig. Die Kontrollen vor Antritt einer Fahrt müssen ernst genommen werden, da man bei Störungen nicht jederzeit anlegen und auch nicht überall Hilfe bekommen kann. Die Betriebs-/Wartungsanleitungen müssen eingehalten und beachtet werden.

Bei **Benzinmotoren** muss der Motorraum vor jedem Starten ausreichend belüftet werden, damit Gase entweichen können. Bei Verwendung spezieller Motorraumlüfter müssen diese funkengeschützt sein. Der Exhauster sollte so mit dem Zündschloss geschaltet werden, dass der Starter zum Anlassen des Motors blockiert ist, bis der Exhauster das eventuell vorhandene Gemisch in der Bilge abgesaugt hat (Zeitverzögerung nach der Betriebsanleitung, abhängig von der Größe des Absauggebläses = Exhauster).

Zu einer Fahrtvorbereitung, auch für Stunden, gehören ausreichend Kraftstoff, genügend Öl und ein funktionierendes Kühlsystem. Anschließend sind der Kraftstoffhahn und – wenn vorhanden – das Seeventil zu öffnen und die Schraube ist auszukuppeln. Letzteres darf nicht übersehen werden, weil sonst die Schraube sofort mitdreht und das Boot sich durch die Antriebskraft eventuell durch Losreißen unkontrolliert in Bewegung setzt, was Schäden verursachen und Personen gefährden kann. Eine spezielle Schaltung, die das Starten in eingekuppeltem Zustand verhindert, ist empfehlenswert.

Nach dem Anlassen des Motors sind der Öldruck am Anzeigegerät und der Kühlwasserdurchfluss am Kühlwasseraustritt zu kontrollieren. Ebenfalls sind die Ladekontrolle – Aufladung der Batterie – und nach kurzer Zeit die Temperaturkontrolle des Kühlwassers zu prüfen. Diese gesamten Kontrollen sollten auch während der Fahrt immer wieder erfolgen, um bei Abweichungen rechtzeitig entsprechende Maßnahmen – Anlegen, Fahrteinstellung, Fehlersuche, Fehlerbeseitigung – einleiten zu können.

Treibgut im Wasser kann das Seeventil bzw. den Kühlwasseransaugstutzen verstopfen und den Kühlwasserdurchfluss verringern oder unterbinden, was ein starkes Ansteigen der Kühlwassertemperatur zur Folge hat. Reinigung/Beseitigung muss sofort erfolgen. Auch beim Blockieren der Schraube muss sofort nach der Ursache gesucht und ggf. Tampen oder Plastik o. Ä. entfernt werden.

Beachte:

- Aus Sicherheitsgründen werden Kraftstoff- und Kühlwasserventile nach dem Betrieb häufig geschlossen. Das Öffnen dieser Ventile ist deshalb vor jedem Start unerlässlich (Kontrolle).
- Bei leichten, stark motorisierten Fahrzeugen kann ein Anlassen des Motors bei eingelegtem Gang eine große Gefahrenquelle für Boot und Besatzung sein.

Eine spezielle Schaltung, die das Anlassen in eingekuppeltem Zustand verhindert, ist im Fachhandel erhältlich.

8. Außenbordmotor

434 **Ein kleiner Außenborder mit eingebautem Tank bleibt während der Fahrt immer wieder stehen. Was könnte die Ursache sein?**	Antwort: ●● **Belüftungsschraube im Tankdeckel nicht geöffnet – unsaubere Benzinleitung.**

435 **Worauf ist unbedingt zu achten, bevor Sie einen Außenborder mit Handstart anwerfen?**	Antwort: ●● **Vor dem Starten Propeller (Schraube) auskuppeln, da sonst das Boot ruckartig anfährt. Hierbei könnte die startende Person über Bord fallen, und falls eine weitere Person nicht an Bord ist, würde das Boot führerlos werden.**

436 **Was sollten Sie stets tun, bevor Sie nach Ende einer Fahrt den Außenborder hochkippen oder abnehmen? Begründung.**	Antwort: ●●● **Von dem im Leerlauf drehenden Motor den Tankschlauch abnehmen bzw. Benzinhahn und Entlüftung schließen und Vergaser leerfahren, damit beim Hochkippen kein Benzin ausläuft.**

Zu Fragen 434 bis 436:
Zu den verschiedensten Maßnahmen vor dem Starten eines Motors gehört beim Außenbordmotor das Öffnen der Belüftungsschraube im Tankdeckel. Bei geschlossener Belüftungsschraube und laufendem Motor entsteht durch das Ansaugen von Treibstoff ein Vakuum im Tank, wodurch die ausreichende Treibstoffversorgung des Motors nicht mehr gewährleistet ist. Bei der Übernahme von Kraftstoff an Tankstellen kann allgemein von sauberem Kraftstoff ausgegangen werden. Beim Umfüllen vom Kanister in den Tank und bei Beimischung von Öl können bei Unachtsamkeit Schmutzpartikel und Wasser in den Kraftstoff oder in die Kraftstoffmischung gelangen, die den Durchlauf des Treibstoffes vom Tank zum Motor und damit die ausreichende Treibstoffversorgung beeinträchtigen können.

Das Starten eines Motors mit eingekuppelter Schraube ist bei allen Booten mit Gefahren verbunden, was sich beim Außenbordmotor, insbesondere beim Handstart durch freies Stehen, verstärkt auswirken und u. a. zum Überbordfallen der Person führen kann.

Das **Einbringen von Abfällen** usw., Treibstoff, Öl oder Ölwassergemisch in das Wasser ist generell verboten. Verstöße werden hart geahndet. Die Einbringungsart, ob durch menschliches Fehlverhalten oder durch technische Einrichtungen, ist dabei unerheblich. Da sich nach jedem Betrieb eine Resttreibstoffmenge auch in den Leitungen des Außenbordmotors befindet, muss die Treibstoffzufuhr unterbunden und die Leitungen müssen bis zum Stillstand des Motors leer gefahren werden, damit beim Hochklappen des Motors kein Treibstoff in das Wasser gelangen kann.

Hinweise:
Reinhaltung des Wassers siehe Fragen 197–198
Nachfüllen des Tanks beim Außenbordmotor siehe Frage 423
Maßnahmen und Vorsichtsregeln vor dem Starten des Motors siehe Frage 427
Auskuppeln vor dem Starten siehe Fragen 428, 429

Vorschriften:
§ 1.15
§ 324 StGB

9. Ruderwirkung des Propellers, Anlegen

437

Was versteht man unter einem rechtsdrehenden Propeller (Schraube)?

Antwort: ●

Wenn er sich von achtern gesehen bei der Vorausfahrt im Uhrzeigersinn dreht.

438

Was versteht man unter einem linksdrehenden Propeller (Schraube)?

Antwort: ●

Wenn er sich von achtern gesehen bei der Vorausfahrt gegen den Uhrzeigersinn dreht.

439

Was versteht man unter der Ruderwirkung des Propellers (Schraube)?

Antwort: ●

Das seitliche Versetzen des Hecks. Seitenschub.

440

Weshalb ist die Kenntnis der Propellerdrehrichtung (Schraubendrehrichtung) für das Manövrieren unter Motor von Bedeutung?

Antwort: ●●

Da der „Radeffekt“ das Heck nach der einen oder anderen Richtung zur Seite versetzt und man diesen Umstand beim Manövrieren berücksichtigen muss.

441

Warum wird jedes Schiff mit einem Propeller (Schraube) und starrer Welle über Steuerbord und über Backbord verschieden große Drehkreise haben?

Antwort: ●●

Weil der Propellerdrall (Schraubendrall) des Antriebs (Radeffekt) eine Drehrichtung unterstützt, der anderen entgegenwirkt.

442

Welche Wirkung hat ein rechtsdrehender Propeller (Schraube) bei Vorausfahrt?

Antwort: ●

Er versetzt das Heck nach Steuerbord.

443

Welche Wirkung hat ein rechtsdrehender Propeller (Schraube) bei Rückwärtsfahrt?

Antwort: ●●

Er versetzt das Heck nach Backbord.
Die Ruderwirkung des Propellers (Schraube) ist besonders stark.

444

Welches ist die günstigste Anlegeseite einer Yacht mit linksdrehendem Propeller (Schraube)? Begründung.

Antwort: ●●

Die Steuerbordseite, weil das Heck beim Abstoppen mit Rückwärtsgang (Radeffekt) an die Pier gezogen wird.

445

Welches ist die günstigste Anlegeseite einer Yacht mit rechtsdrehendem Propeller (Schraube)? Begründung.

Antwort: ●●

Die Backbordseite, weil das Heck beim Abstoppen mit Rückwärtsgang (Radeffekt) an die Pier gezogen wird.

446

Wie legen Sie im Strom an einer Boje an?

Antwort: ●

Gegen den Strom anfahren, Bugleine festmachen, achteraus treiben lassen.

Zu Fragen 437 bis 446:
Die meisten Sportboote haben heute „linksgängige“ Propeller. Ein Propeller, der in Vorausfahrt von hinten gesehen linksherum dreht, nennt man „linksgängig“.

In Fahrt achteraus wird der Drehsinn des Propellers umgekehrt. Der linksgängige Propeller dreht nun rechtsherum.

Man nennt einen Propeller „rechtsdrehend“, wenn er unabhängig von der Fahrtrichtung von achtern gesehen rechtsherum dreht, und „linksdrehend“, wenn er unabhängig von der Fahrtrichtung von achtern gesehen linksherum dreht.

Außer dem Vortrieb bewirkt der Propeller auch einen Dreheffekt zu der Seite hin, in die er jeweils dreht. Diese Kraft nennt man **„Radeffekt“.** Dieser Radeffekt entsteht als Reaktion auf den Drall bei der Beschleunigung des Wassers nach achtern.

Die Auswirkung des Radeffektes ist besonders stark bei Achterausfahrt, also auch beim Aufstoppen der Vorausfahrt durch Einlegen des Rückwärtsganges.

Man nutzt diesen Effekt aus, indem man versucht, mit dem Boot mit der Seite anzulegen, wohin der Radeffekt in Achterausfahrt wirkt. Bei einem Boot mit linksgängigem Propeller, der beim Aufstoppen einen Radeffekt nach rechts ausübt, wird man also mit der Steuerbordseite anlegen.

Nähert man sich in einem spitzen Winkel und mit langsamer Fahrt der Anlegestelle, so wird nach Einlegen des Rückwärtsganges das Boot gestoppt, und gleichzeitig wird das Heck nach Steuerbord auswandern.

Merke:
Da der Radeffekt ein Manöver erleichtern oder erschweren, ja sogar vereiteln kann, muss bei der Planung des Manövers der Radeffekt immer berücksichtigt werden.

Hinweise:
Auswirkungen der Propellerdrehrichtung auf die Steuerwirkung siehe Teil III, 1.2
Durchführung des Anlegemanövers siehe Teil III, 2.2

Wirkungsweise der rechtsgängigen Schraube (Propeller)

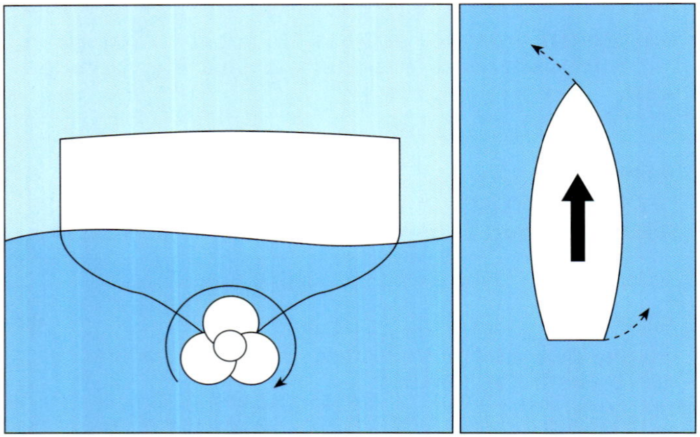

Bei rechtsgängiger Schraube dreht das Heck im Allgemeinen nach Stb, wenn das Fahrzeug bei Mittschiffsruderlage Fahrt voraus aufnimmt.

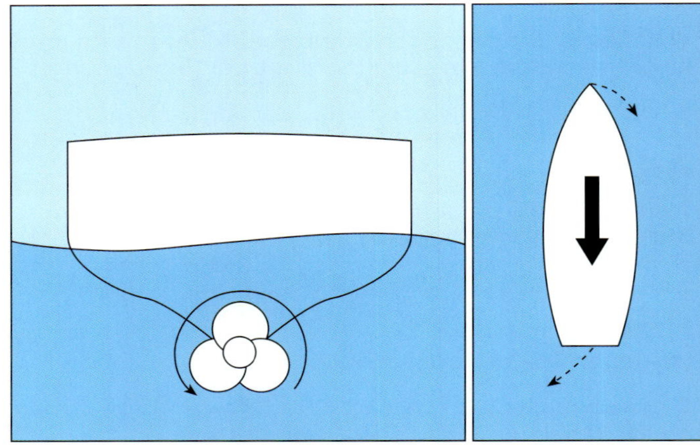

Wenn das Fahrzeug bei Mittschiffsruderlage Rückwärtsfahrt aufnimmt, dreht das Heck im Allgemeinen nach Bb.

Wirkungsweise der linksgängigen Schraube (Propeller)

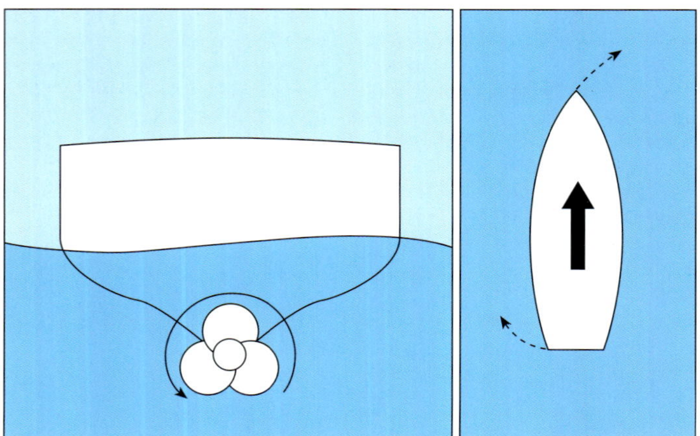

Bei linksgängiger Schraube dreht das Heck im Allgemeinen nach Bb, wenn das Fahrzeug bei Mittschiffsruderlage Fahrt voraus aufnimmt.

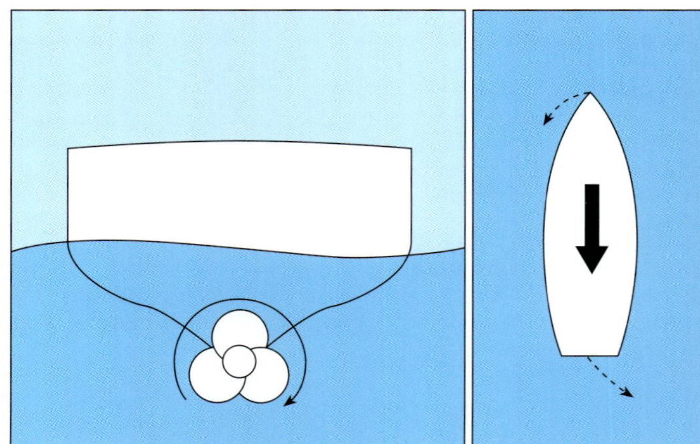

Wenn das Fahrzeug bei Mittschiffsruderlage Rückwärtsfahrt aufnimmt, dreht das Heck im Allgemeinen nach Stb.

10. Funktionsfähigkeit der Maschinenanlage

447

Warum sollten Sie niemals aus voller Fahrt voraus in volle Fahrt achteraus schalten?

Antwort: ●

Weil dadurch das Getriebe bzw. die Kupplung beschädigt werden kann.

448

Wie können Sie den technisch einwandfreien Zustand und die Funktionsfähigkeit Ihrer Maschinenanlage weitgehend sicherstellen?

Antwort: ●●

Durch regelmäßige Wartung der gesamten Maschinenanlage.
Angaben hierüber enthält die Betriebsanleitung.

449

Weshalb sollten Sie die Betriebsanleitung für Ihren Motor immer an Bord haben?

Antwort: ●●●

Sie gibt Hinweise über die Wartung des Motors und enthält tabellarische Zusammenstellungen der möglichen Störungen.

Zu Fragen 447 bis 449:
Die Kraft des Motors wird über das Getriebe auf die Welle mit Schraube übertragen. Ohne Getriebe und Direktübertragung wäre eine wechselnde Schraubendrehrichtung nicht möglich. Daneben wird durch das Getriebe die z. T. hohe Motorendrehzahl auf eine wirkungsvolle Wellen-/Schraubendrehzahl reduziert. Bei stehendem Motor wird durch das Auskuppeln die Verbindung zur Schraube unterbrochen und ein Starten ohne Schraubendrehung ermöglicht. Durch das Auskuppeln bei laufendem Motor wird die Kraftübertragung ebenfalls zur Schraube unterbrochen. Vom Auskuppeln bis zur Einleitung der Gegendrehrichtung der Welle/Schraube muss der Wellenstillstand der vorhergegangenen Drehrichtung abgewartet werden, um ohne Schäden im Getriebe bzw. an der Kupplung die entgegengesetzte Wellen-/Schraubendrehung zu erreichen.

Die Betriebsanleitungen sollten sich für alle technischen Einrichtungen stets an Bord befinden, um bei Störungen schneller die Ursachen feststellen zu können.

Der Inhalt der Betriebsanleitungen für die Anlagen, mit deren einwandfreier Funktion die Sicherheit des Schiffsbetriebs verbunden ist, z. B. Maschinenanlage mit Getriebe, Welle und Schraube sowie Ruderanlage, sollten auch ohne Nachlesen jedem Verantwortlichen bekannt sein, weil nur dann sichergestellt ist, dass die laufende Wartung und Pflege nach den Vorgaben des Herstellers erfolgt.

Hinweis:
Wartung und Pflege siehe Fragen 427–433

11. Motorbrand

450 **Was ist zu tun, wenn der Motor brennt?**	Antwort: ●●● **Brennstoffzufuhr unterbrechen, Getriebe auskuppeln, Vollgas geben, um Leitungen und Vergaser leerzufahren, Motor bzw. Vergaser abdecken, um Brand zu ersticken, mit Feuerlöscher Brand bekämpfen.**

Zu Frage 450:
Ein Brand am Motor ist in der Regel mit dem Austritt von Kraftstoff verbunden. Mit der sofortigen Unterbrechung der Kraftstoffzufuhr kann vielfach dem Feuer die Nahrung entzogen werden. Durch Auskuppeln und Vollgasgeben wird der Treibstoff in den Leitungen verbraucht, sodass das Feuer keine Nahrung mehr bekommt.

Zum Abdecken von Motor bzw. Vergaser sollten mit Wasser getränkte Abdeckmittel (Decken o. Ä.) verwendet werden. Kommt das Feuer nicht zum Erliegen, hat die Brandbekämpfung mit einem Feuerlöscher zu erfolgen. Sind andere Bootsteile vom Brand erfasst, müssen auch diese in die Brandbekämpfung einbezogen werden.

Hinweise:
Hilfeleistungspflicht siehe Fragen 13–15
Feuerlöscher und Brandbekämpfung siehe Fragen 207–209
Motor- und Antriebsarten siehe Fragen 419, 420
Kraftstoffabsperrventil siehe Frage 421

12. Mann über Bord

451 **Was ist zu tun, wenn jemand über Bord gefallen ist?**	Antwort: ●●● **Auskuppeln, Heck abdrehen, „Mann über Bord“ rufen, Rettungsring werfen, gegen Strom und Wind anfahren, auskuppeln, Person bei stillliegendem Boot bergen.**

452 **Was tun Sie als Rudergänger sofort bei dem Ruf „Mann über Bord“? Begründung.**	Antwort: ●● **1. Auskuppeln.** **2. Ruder auf die Seite des Überbordgegangenen legen, um Verletzungen durch den Propeller (Schraube) zu vermeiden.**

Zu Fragen 451 und 452:
Beim Ruf **„Mann über Bord!"** müssen die vorgegebenen Manöver/Handlungen überlegt und gezielt eingeleitet werden. Eine etwas langsamere, aber erfolgreiche Anfahrt ist stets schneller als ein zweimaliges schnelles Anfahren, wobei die erste Anfahrt erfolglos war.

Der Überbordgefallene, der „Mann über Bord", sollte sich mit der Signalpfeife oder durch Rufen bemerkbar machen, keine unnötigen Schwimmbewegungen machen (Kräfte schonen), auf den zugeworfenen Rettungsring zuschwimmen und zum Schutz gegen Unterkühlung keine Kleidung ablegen.

Bei stillstehender Schraube soll die Anbordnahme möglichst am Achterschiff auf der Badeplattform erfolgen. Da bei kleineren Booten bei seitlicher Anbordnahme Kentergefahr besteht, sollte das Achterschiff stets bevorzugt werden. Kann durch die Bewegung der Personen bei der Übernahme die Gefahr der Berührung des Schalthebels nicht ausgeschlossen werden, sollte der Motor abgestellt werden, um Verletzungen durch die Schraube bei ungewolltem Einkuppeln mit Sicherheit zu vermeiden.

Beachte:

Unterlassene Hilfeleistung kann strafrechtlich geahndet werden.

Hinweise:
Darstellung des Mann-über-Bord-Manövers siehe Teil III, 2.5
Hilfeleistungspflicht siehe Fragen 13–15
Notsituationen siehe Fragen 156–162
Rettungswesten siehe Frage 204
Knoten zur Personenbergung siehe Frage 229

Vorschriften:
§§ 1.04, 1.05, 1.08, 1.16
§ 323c StGB

Hinweise für den „Mann über Bord":

❶ Durch Signale mit der Signalpfeife oder mit Signalstiften oder durch Rufen bemerkbar machen.

❷ Kräfte schonen und unnötiges Schwimmen vermeiden. Sobald der Rettungsring über Bord geworfen ist, auf diesen zuschwimmen.

❸ Kleidung als Schutz gegen Unterkühlung unbedingt anbehalten.

Passau

Teil III

Die praktische Prüfung

Allgemeines

Der Bewerber hat in der praktischen Prüfung nachzuweisen, dass er die zur sicheren Führung eines Sportbootes erforderlichen Kenntnisse besitzt und zu ihrer praktischen Anwendung fähig ist.

Die Prüfung erstreckt sich auf folgende Manöver und Fertigkeiten:

❶ Steuern nach Schifffahrtszeichen, anderen Objekten oder nach Kompass

❷ Manövrieren (Ablegen, Anlegen, Begegnen, Festmachen, Wenden auf engem Raum, Mann-über-Bord-Manöver mithilfe eines treibenden Gegenstandes, Rückwärtsfahrt, Ankermanöver, Verhalten beim Anlaufen von Häfen, Verhalten bei der Fahrt im Strom)

❸ Wichtige Knoten
Achtknoten, halber Schlag, zwei halbe Schläge, Kreuzknoten, einfacher Schotstek, doppelter Schotstek, Palstek, Stopperstek, Slipstek, Webeleinenstek, Kopfschlag, Belegen einer Klampe – siehe Fragen 218 bis 229 und Teil I, V, Nr. 3.7

Der folgende „Kurzlehrgang“ zur Vorbereitung auf die praktische Prüfung soll dem Bewerber deutlich machen, was von ihm als Mindestwissen in der praktischen Prüfung gefordert wird.

Er darf sich aber nicht zu der Annahme verleiten lassen, er sei damit ein voll ausgebildeter Führer eines Sportbootes.

Er muss mehr können, um sich und seine Mitfahrer zu schützen und sein Eigentum zu erhalten.

Der verantwortungsbewusste Sportler wird sich daher weiterbilden.

Dafür stehen ihm einmal zahlreiche Lehrbücher zur Verfügung, die ihm weiteres theoretisches Wissen vermitteln, zum anderen gibt es viele praktische Kurse bei den verschiedenen Institutionen des Wassersports und auch zahlreiche gewerbliche Bootsfahrschulen, die geeignet sind, seine praktischen Kenntnisse und Fähigkeiten zu vervollständigen.

1. Steuern nach Schifffahrtszeichen, anderen Objekten oder nach Kompass

1.1 Steuern

Steuern bedeutet: Einnehmen und Halten des gewünschten Kurses (Fahrtrichtung). Gesteuert werden kann

- nach dem Kompass,
- nach Schifffahrtszeichen oder nach anderen Objekten.

1.1.1 Beim Steuern nach dem Kompass ist darauf zu achten, dass die Gradzahl des zu steuernden Kurses auf der Kompassrose am Steuerstrich anliegt. Wind und Wellengang veranlassen das Schiff, nach der einen oder anderen Seite vom Kurs abzuweichen. Deshalb muss es durch möglichst kleine Ruderbewegungen, stets in entgegengesetzter Richtung zur Drehbewegung des Schiffes (Gegenruder), wieder auf Kurs gebracht werden. Dabei ist darauf zu achten, dass – kurz bevor der Kurs wieder am Steuerstrich anliegt – die Drehbewegung durch Ge-

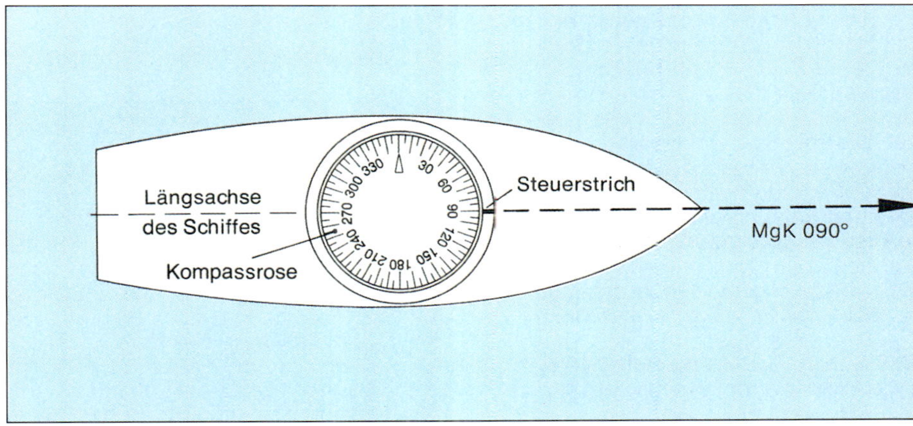

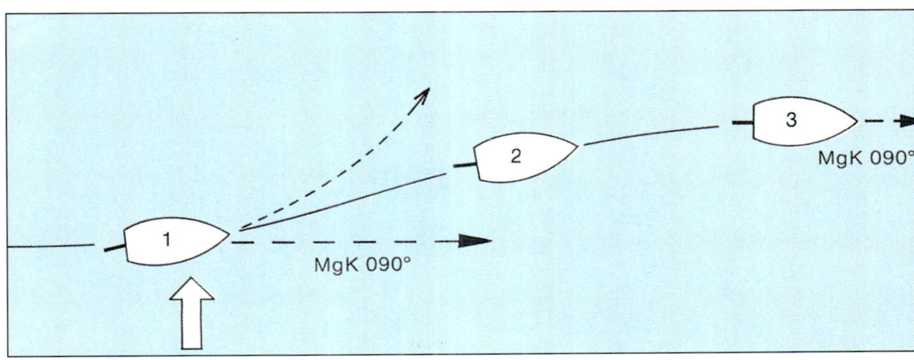

1 Schiff weicht nach Bb aus; Ruder nach Stb legen (Gegenruder)
2 Kurz bevor der Kurs wieder anliegt, durch Bb-Ruderlage die Stb-Drehbewegung des Schiffes aufstoppen (stützen)
3 Kurs liegt an, Ruder mittschiffs

genruder gestoppt wird und das Ruder bei anliegendem Kurs wieder mittschiffs liegt.

1.1.2 Das Steuern nach dem Kompass ermüdet schnell und ist außerdem auf den Binnenwasserstraßen – abgesehen vom Bodensee – wenig üblich. Es wird hier nach Schifffahrtszeichen oder anderen Objekten derart gesteuert, dass man sich bei anliegendem Kurs voraus einen markanten Punkt (Bäume, auffällige Bauwerke usw.) sucht und bis zur nächsten Kursänderung auf diesen zuhält. Dieses Steuern hat den Vorteil, dass Kursabweichungen sofort erkannt werden und entsprechende Gegenmaßnahmen schnell ergriffen werden können.

Wenn nach Tonnen gesteuert wird, sind diese aber immer gut frei an der Stb- bzw. Bb-Seite zu lassen.

Merke: Jedes Ruderlegen vermindert die Geschwindigkeit, und jede Abweichung vom Kurs bedeutet eine Wegverlängerung! Der gewählte Kurs ist daher mit möglichst kleinen Ruderbewegungen zu halten!

1.2 Die Steuerwirkung

Die Steuerwirkung wird bei Fahrzeugen mit Einbaumotor durch Änderung der Ruderstellung und bei Fahrzeugen mit Z-Antrieb oder Außenbordmotor durch Änderung der Stellung des Propellers (Schraube) erzielt (Steuerwirkung der Schraube siehe Fragen 437 bis 445).

1.2.1 Steuerwirkung des Ruders

Bei Vorwärtsfahrt wird die Steuerwirkung durch den seitlich auf das eingeschlagene Ruder wirkenden Schrauben- und Fahrtstrom erzielt.

Bei Rückwärtsfahrt wird die Steuerwirkung durch den von hinten auf das eingeschlagene Ruder wirkenden Fahrtstrom erzielt. Der Schraubenstrom hat in diesem Fall keinen Einfluss auf die Steuerwirkung.

1.2.2 Steuerwirkung des Z-Antriebs oder des Außenbordmotors

Beim Außenbordmotor wird die Steuerwirkung durch den um eine senkrechte Achse drehbaren und mit dem Motor verbundenen Propeller erzielt. Beim Z-Antrieb wird die Steuerwirkung durch den drehbaren Propellerantrieb wie bei der Stellung eines Ruderblattes erzielt. Durch gleichzeitigen Vorwärts- und Seitenschub wird das Fahrzeug auf den gewünschten Kurs gebracht.

Steuerwirkung des Ruders bei Vorwärtsfahrt (zu Nr. 1.2.1)

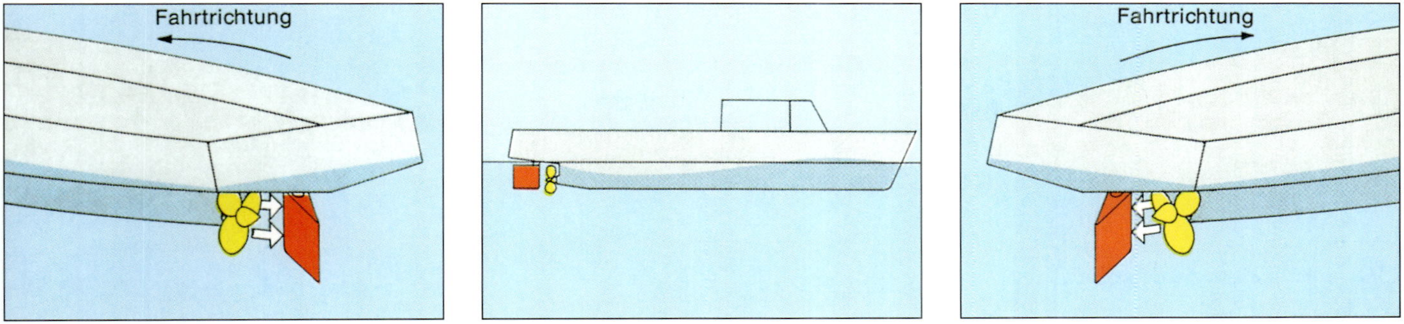

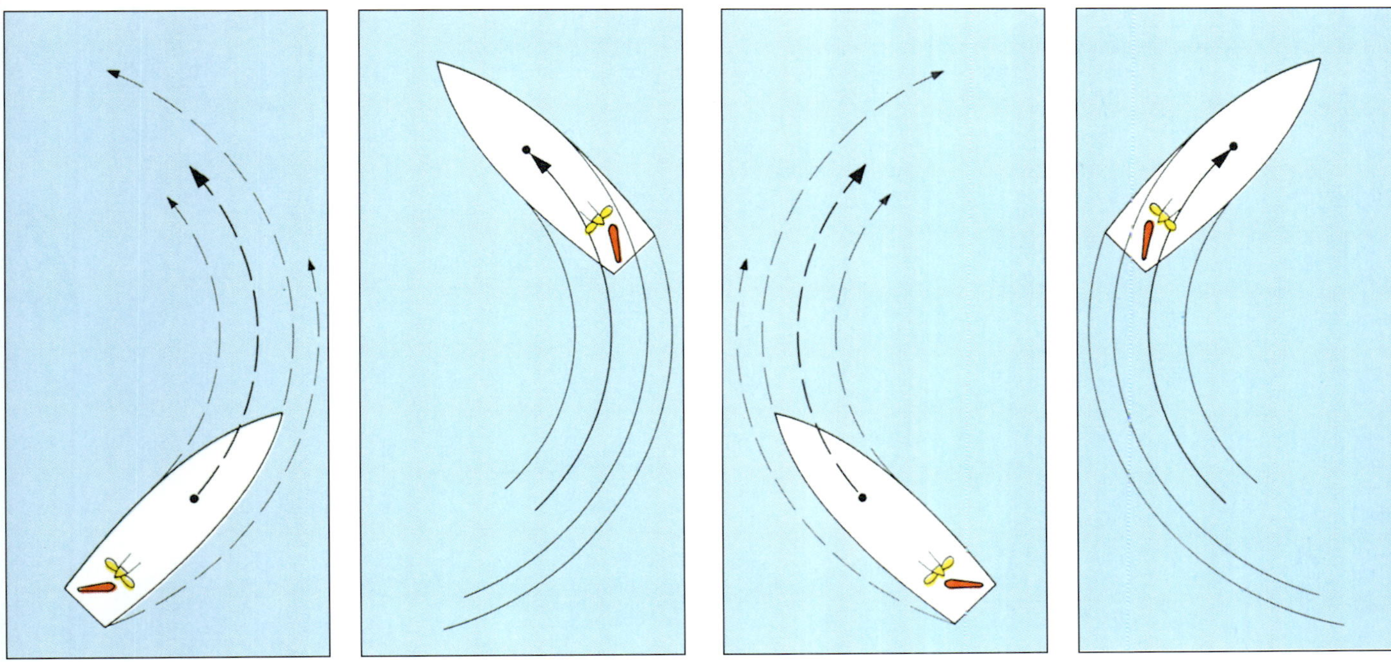

Steuerwirkung des Ruders bei Rückwärtsfahrt (zu Nr. 1.2.1)

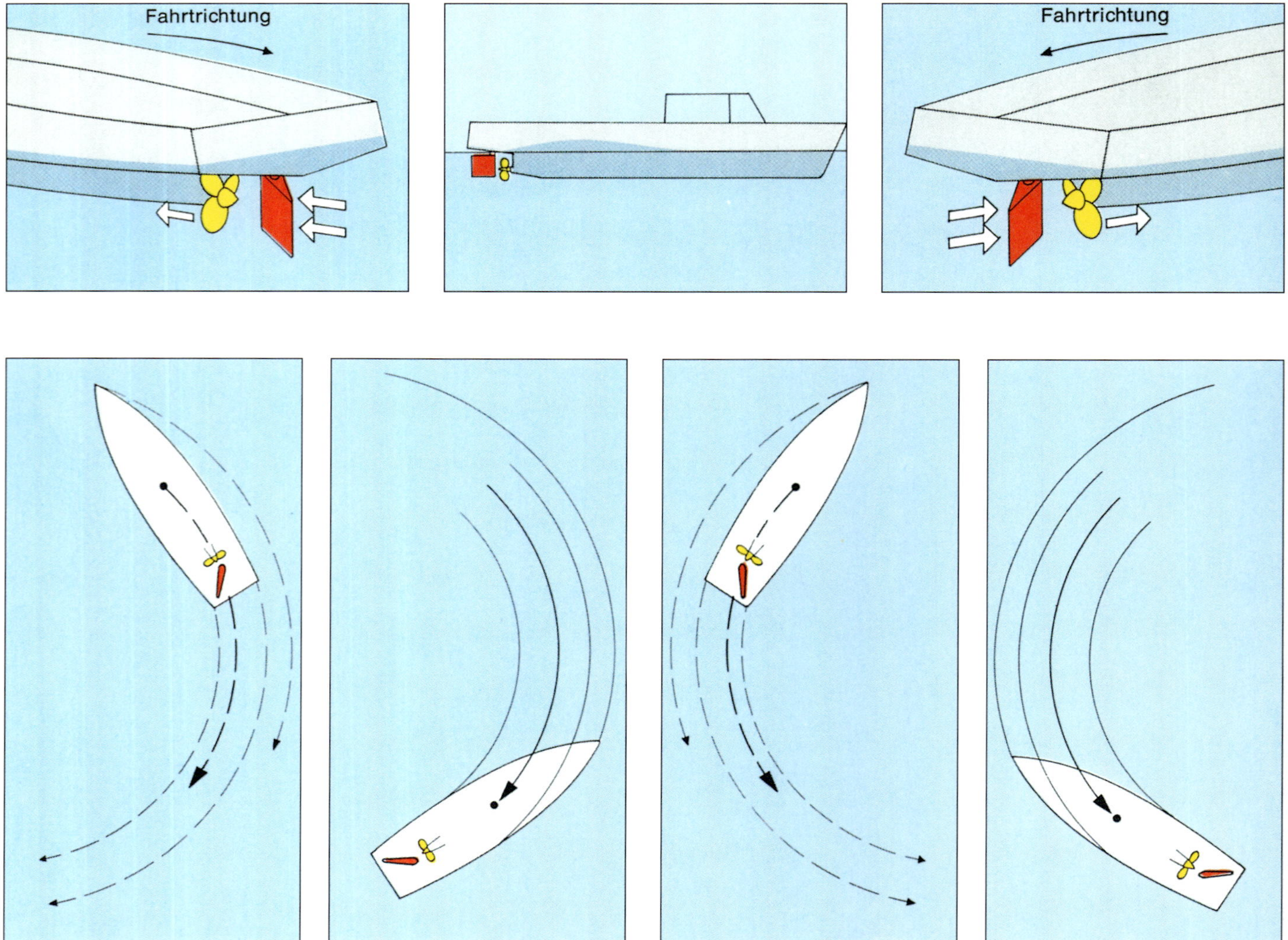

Steuerwirkung des Z-Antriebs und des Außenbordmotors bei Vorwärtsfahrt (zu Nr. 1.2.2)

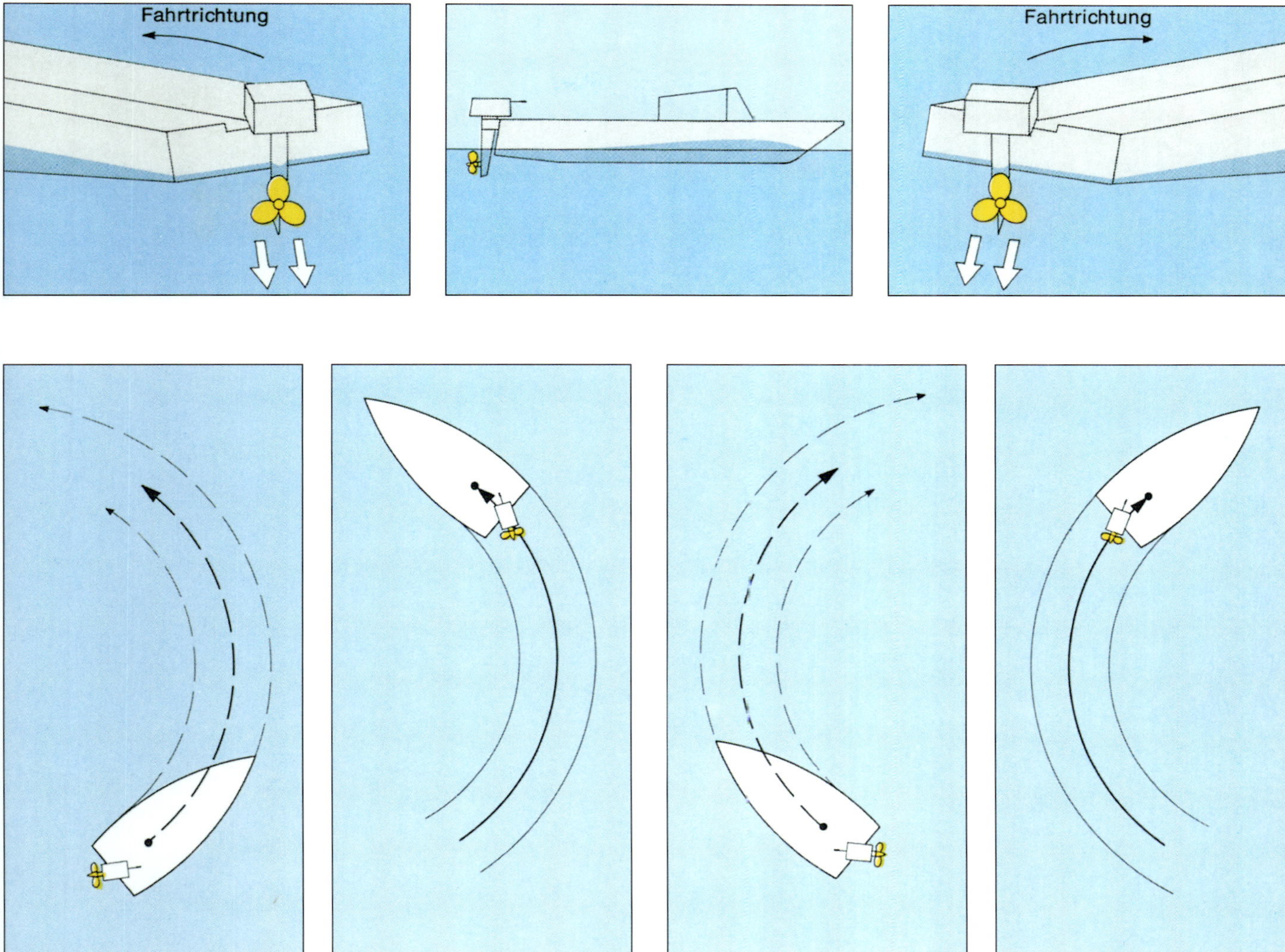

Steuerwirkung des Z-Antriebs und des Außenbordmotors bei Rückwärtsfahrt (zu Nr. 1.2.2)

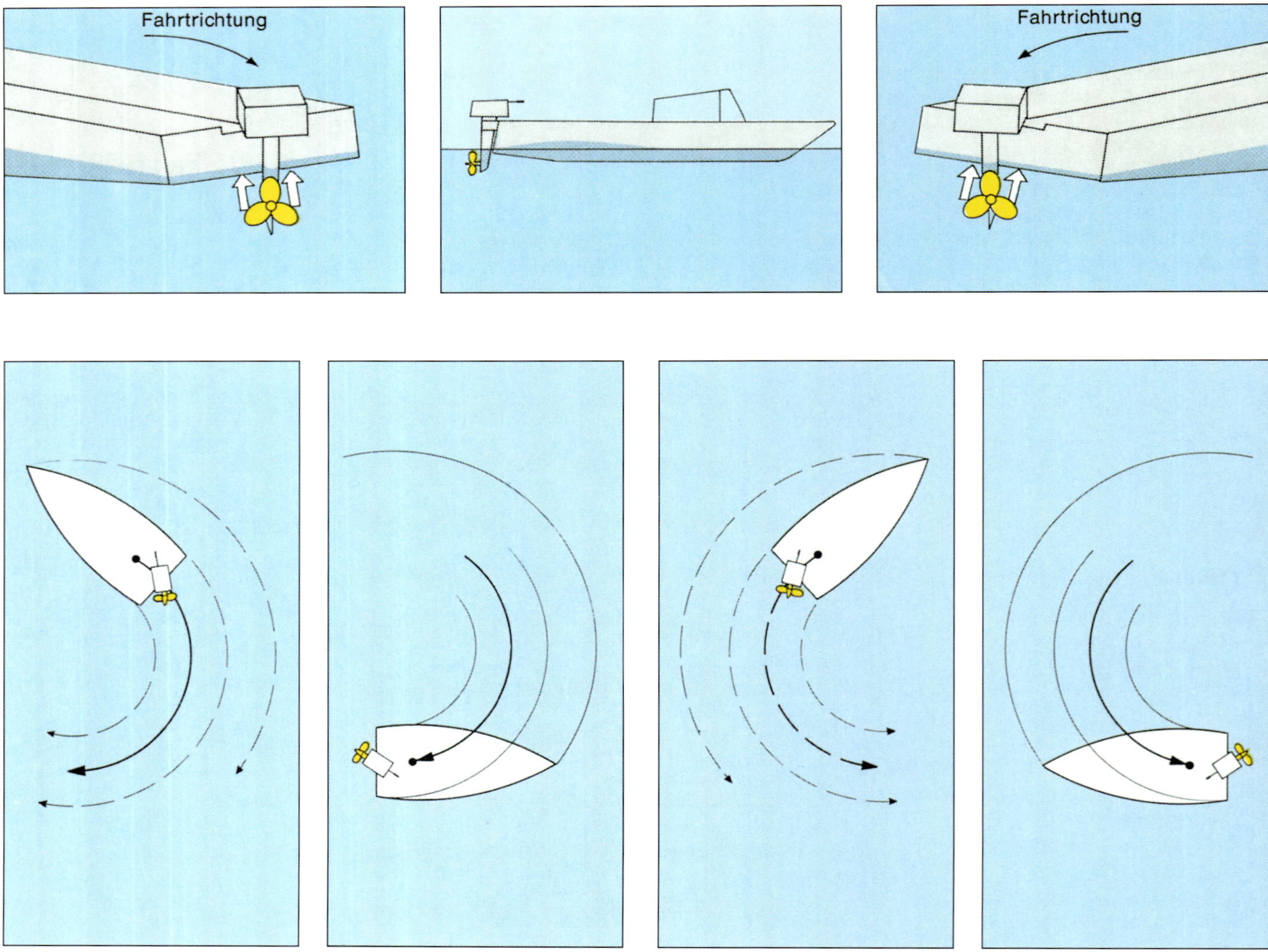

2. Manövrieren

2.1 Vertrautsein mit den Fahreigenschaften

Um gut manövrieren zu können, muss der Fahrzeugführer mit den Fahreigenschaften seines Fahrzeugs vertraut sein. Er muss insbesondere wissen,

- wie sein Fahrzeug bei verschiedenen Ruderlagen reagiert,
- welche Geschwindigkeit bei welchen Schraubenumdrehungen erreicht wird,
- bis zu welcher geringsten Geschwindigkeit sein Fahrzeug noch steuerfähig ist,
- wie viel Zeit und Weg erforderlich ist, um das Fahrzeug aus allen Voraus-Fahrstufen durch Rückwärtsfahrt zum Stoppen zu bringen (Stoppweg),
- welchen kleinsten Drehkreis sein Fahrzeug besitzt und wie sich unterschiedliche Fahrgeschwindigkeiten auf diesen Drehkreis auswirken.

2.2 Ab- und Anlegen

Beim Ab- und Anlegen ist zu beachten, dass Wind und Strom die Fahrt und den Kurs des Fahrzeugs stark beeinflussen können. Weht der Wind und/oder setzt der Strom parallel zur Anlegestelle, so sollte das Ab- bzw. Anlegemanöver grundsätzlich gegen Wind und/oder Strom durchgeführt werden. Kommen Wind und Strom aus verschiedenen Richtungen, so ist in der Regel gegen den Wind anzulegen, wenn dieser eine stärkere Wirkung auf das Fahrzeug ausübt als der Strom. Entsprechendes gilt, wenn die Wirkung des Stromes stärker ist als der Wind.

Jedes Ab- bzw. Anlegemanöver sollte rechtzeitig, gut durchdacht und mit langsamer Fahrt durchgeführt werden. Eine ausreichende Anzahl von Fendern sollte stets zur Verfügung stehen. Beim Anlegen sind die Leinen zum Festmachen des Fahrzeugs frühzeitig an Deck zu legen und der Anker muss klar zum Fallen sein, um bei Ausfall der Maschine das Schiff mit einem Ankermanöver zur Not aufstoppen zu können.

Unter Berücksichtigung der vorgenannten Grundsätze bereitet das Ab- und Anlegen an einer langen und leeren Pier keine besonderen Schwierigkeiten. Liegen dagegen dicht vor oder hinter einem andere Fahrzeuge oder ist beabsichtigt, in einer kleinen Lücke zwischen zwei Fahrzeugen festzumachen, so erfordern die entsprechenden Ab- und Anlegemanöver viel Übung und Umsicht. Die nachfolgenden Beispiele zeigen Möglichkeiten, wie derartige Manöver durchgeführt werden können, wobei unterstellt wird, dass je nach Größe des Bootes mehr oder weniger die Manöver durch Muskelkraft unterstützt werden können (abdrücken von der Pier usw.). Bei der Beschreibung der Manöver wurde von einer rechtsgängigen Schraube (vgl. Fragen 437, 442, 443) ausgegangen.

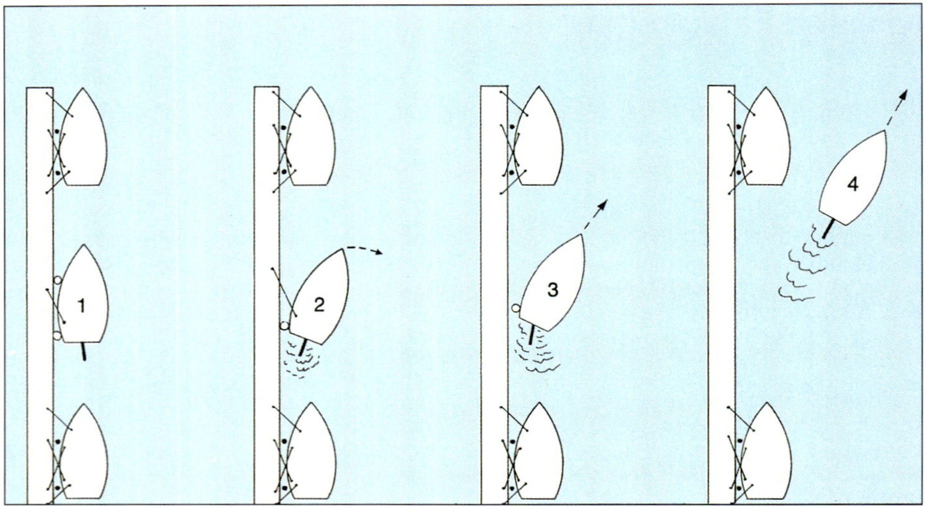

2.2.1 Ablegemanöver

2.2.1.1 **Ohne Wind und Strömung**

Alle Leinen los bis auf Achterspring (1).

Dann langsam zurück in die Achterspring eindampfen, bis Bug frei (2).

Achterspring los und langsam voraus mit Stb-Ruderlage (3).

Schließlich Ruder mittschiffs und Fahrt erhöhen (4).

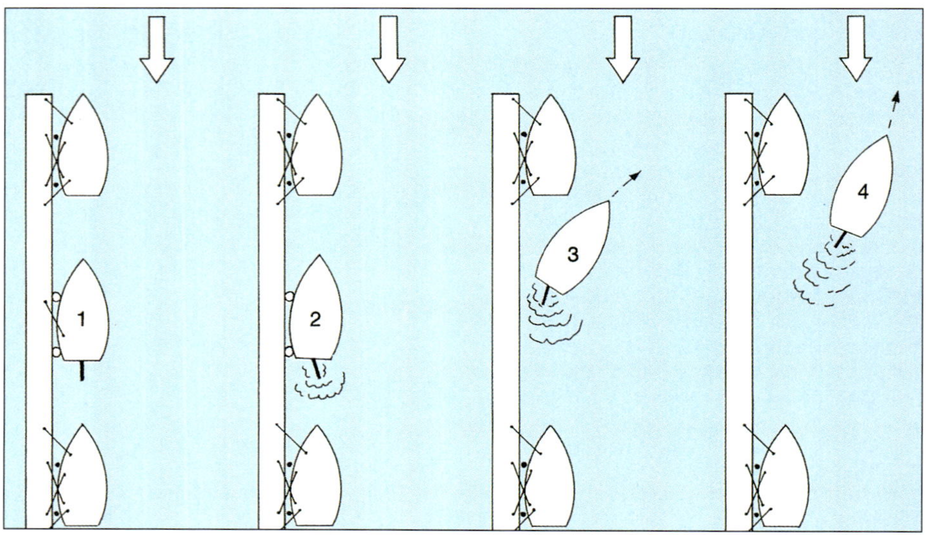

2.2.1.2 **Gegen Wind und/oder Strömung**

Bis auf Achterspring alle Leinen los (1).

Sodann langsam voraus bei Stb-Ruderlage und Achterspring los (2).

Sobald Bug frei, Fahrt voraus aufnehmen (3).

Zu weites Auswandern des Bugs durch Bb-Ruderlage auffangen (4).

2.2.1.3 **Mit Wind und/oder Strömung**

Alle Leinen bis auf Vorspring los (1).

Fahrzeug achtern mit Bootshaken abdrücken, bis es seitlich vom Wind und/oder Strom erfasst wird und weiterdreht (2).

Wenn Heck frei, Vorspring los und bei Bb-Ruderlage zurück (3).

Schließlich Ruder mittschiffs und Fahrt voraus aufnehmen (4).

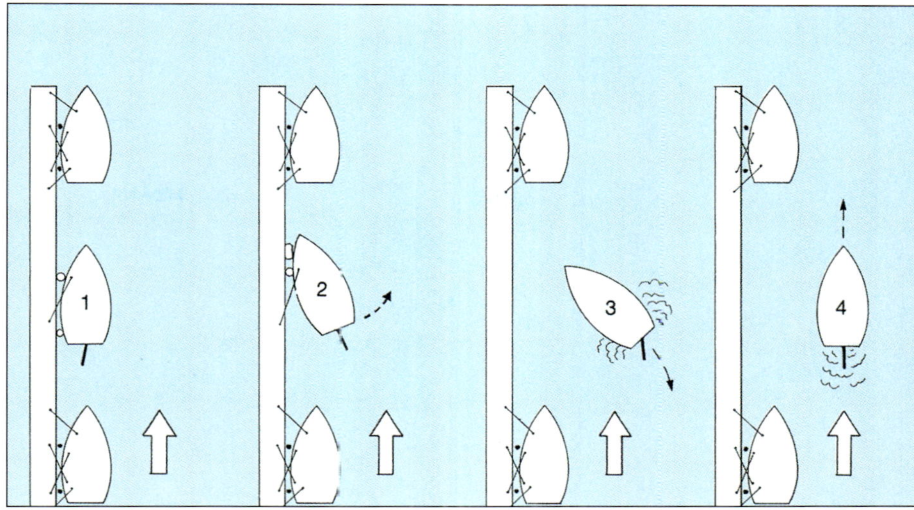

2.2.1.4 **Bei ablandigem Wind**

Alle Leinen los bis auf Achterleine, die etwas aufgefiert wird (1).

Bug wird langsam durch Winddruck von der Pier abgedrückt (2).

Wenn Bug gut frei, Heckleine los und voraus (3).

Schließlich mit Bb-Ruderlage Fahrt voraus aufnehmen (4).

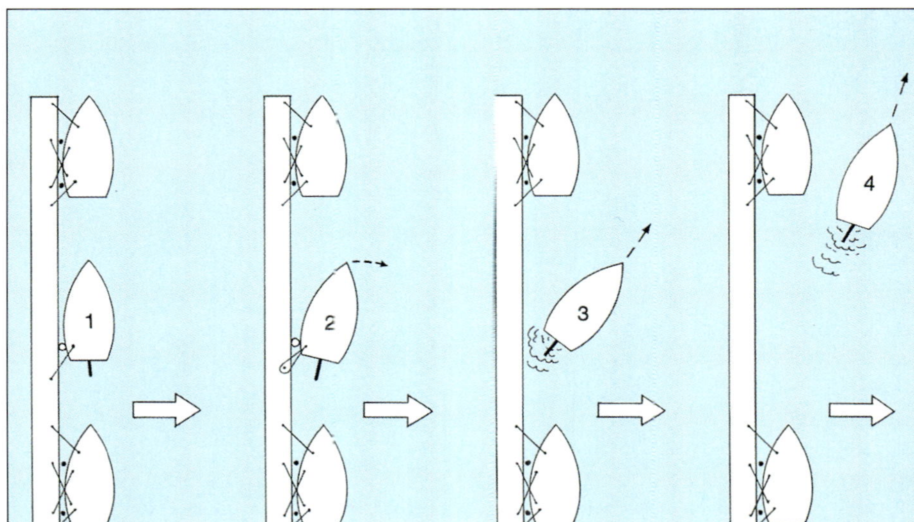

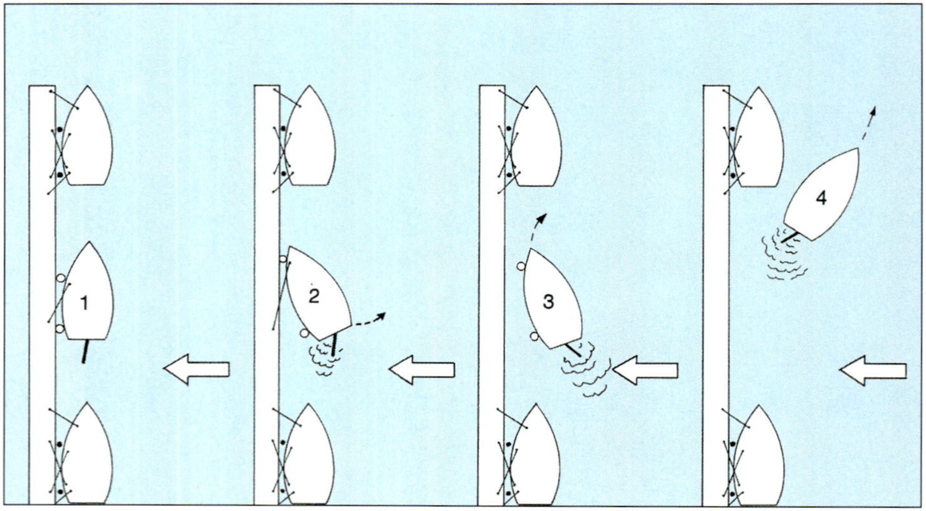

2.2.1.5 **Bei auflandigem Wind**

Alle Leinen los bis auf Vorspring, die etwas aufgefiert wird (1).

Dann mit Bb-Ruderlage und voraus in die Vorspring eindampfen, damit Heck freikommt (2).

Sobald Heck gut frei von der Pier, Vorspring los und mit Stb-Ruderlage voraus. Zur Unterstützung Bug eventuell mit Bootshaken abdrücken. Acht geben, damit Heck nicht mit der Pier in Berührung kommt. Fender klarhalten (3)!

Wenn Boot frei, Vorausfahrt erhöhen bei Bb-Ruderlage (4).

2.2.2 Anlegemanöver

2.2.2.1 **Ohne Wind und Strömung**

Mit langsamer Fahrt voraus die Pier unter spitzem Winkel anlaufen (1).

Sobald Boot mit dem Bug dicht genug an der Pier, aufstoppen und Vorspring an Land (2).

Dann mit Stb-Ruderlage voraus in die Vorspring eindampfen, damit das Boot an die Pier klappt (3).

Liegt das Boot längsseits, alle Leinen an Land und festmachen (4).

2.2.2.2 **Gegen Wind und/oder Strömung**

Mit langsamer Fahrt voraus und unter spitzem Winkel die Pier anlaufen (1).

Dann mit langsamer Fahrt so manövrieren, bis das Boot in geringem Abstand parallel zur Anlegestelle zum Stehen kommt (2).

Vorleine an Land (3).

Anschließend die übrigen Leinen festmachen und Motor aus (4).

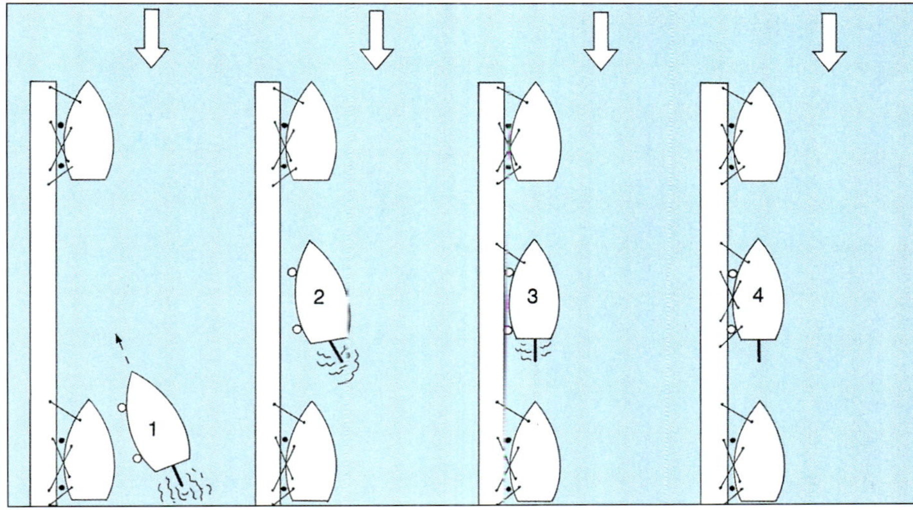

2.2.2.3 **Bei ablandigem Wind**

Anlegestelle langsam unter einem Winkel von ca. 45 Grad ansteuern (1).

Kurz vor dem Anleger aufstoppen und Vorspring an Land (2).

Dann mit Stb-Ruderlage voraus in die Spring eindampfen (3).

Liegt das Fahrzeug längsseits, erst Achterleine und dann übrige Leinen an Land und festmachen, Maschine aus (4).

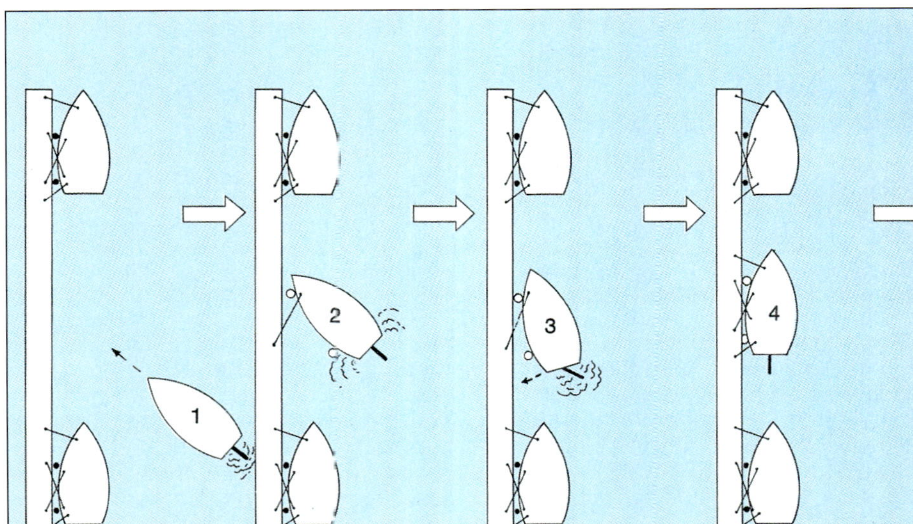

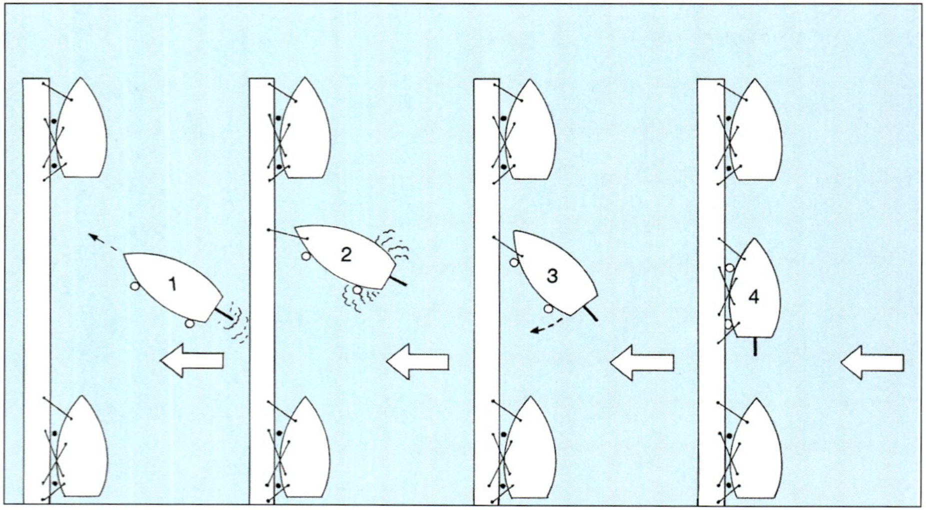

2.2.2.4 **Bei auflandigem Wind**

Damit das Boot nicht gegen andere Boote gedrückt wird, den Anleger unter einem Winkel von ca. 70 Grad mit langsamer Fahrt ansteuern (1).

Kurz vor dem Anleger aufstoppen und Vorleine an Land (2).

Dann das Boot langsam an den Anleger klappen lassen, eventuell mit langsam zurücklaufender Maschine (3).

Liegt das Boot längsseits, übrige Leinen fest (4).

2.3 Festmachen

Ein Fahrzeug ist so festzumachen, dass es jederzeit sicher liegt und sich nicht losreißen kann. Dabei sind Wasserstandsschwankungen, Sog und Wellenschlag durch vorbeifahrende Schiffe, Wind und Wellengang zu berücksichtigen.

Bei Wasserstandsschwankungen empfiehlt es sich, an schwimmenden Ablegern festzumachen. Ist dies nicht möglich, so sind die Leinen bei fallendem Wasser gelegentlich zu fieren, damit sich das Fahrzeug nicht in den Leinen „aufhängt". Um ein Abtreiben bei steigendem Wasser zu vermeiden, sind die Leinen von Zeit zu Zeit durchzuholen.

Grundsätzlich sollte das Fahrzeug gegen den Strom festgemacht werden (vgl. 2.2). Die Leinen sind durch Lippen oder Ösen an Land zu geben und an Scheuerstellen mit Lappen oder alten Leinen zu schützen. Fender sind in ausreichender Zahl zwischen Bordwand und Anleger auszubringen, um das Boot vor Beschädigungen zu bewahren.

2.3.1 Längsseits festmachen

Wird an einer Anlegestelle nur für kurze Zeit angelegt, so genügt im Allgemeinen das Ausbringen der Vor- und Achterleine.

Soll das Fahrzeug längere Zeit liegen bleiben, so sind zusätzlich Vor- und Achterspring und bei Bedarf auch Querleinen auszubringen!

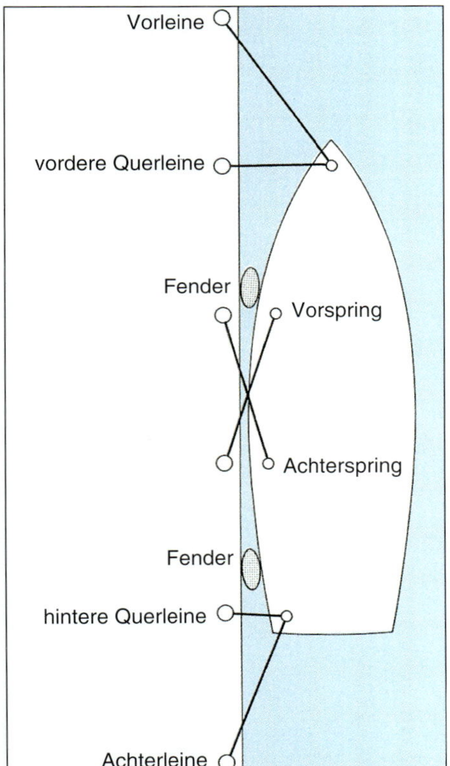

2.3.2 Festmachen an Stegen und Pfählen

Wenn vor dem Steg Pfähle vorhanden sind, werden die Fahrzeuge rechtwinklig zum Steg zwischen den Pfählen mit 2 Vor- und 2 Achterleinen festgemacht. Die Vorleinen werden so lang ausgesteckt, dass das Heck bei steifen Vorleinen etwa einen halben Meter vom Steg entfernt zu liegen kommt. Achtern Fender ausbringen!

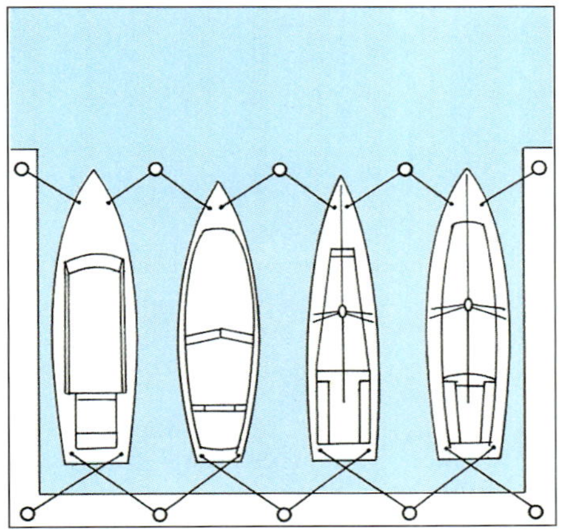

Diese Anlege- und Festmacheart hat den Vorteil, dass in Vorausfahrt abgelegt werden kann. Wo es üblich oder durch die Bootsbeschaffenheit (Bauart) notwendig ist, kann auch vorwärts eingefahren und in derselben Weise festgemacht werden.

2.3.3 Längsseits festmachen an einem Fahrzeug

In überfüllten Yachthäfen kann es notwendig sein, an bereits festgemachten Fahrzeugen anzulegen. Im Allgemeinen wird dann mit Querleinen sowie Vor- und Achterspring am Nachbarboot festgemacht. Bei starkem ablandigem Wind empfiehlt es sich, außerdem zusätzlich Vor- und Achterleine an Land festzumachen. In ausreichender Zahl Fender ausbringen!

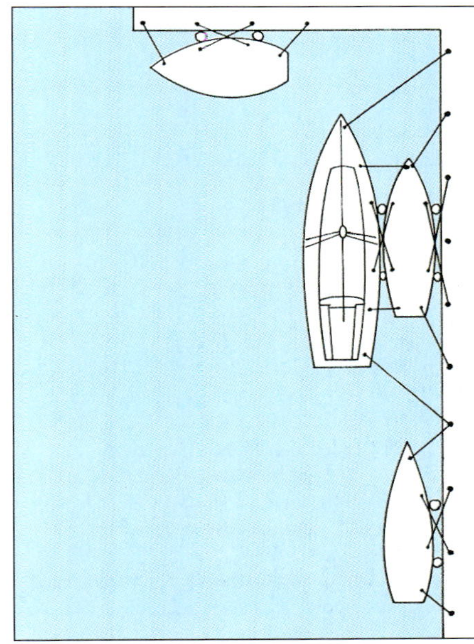

2.3.4 Festmachen von zwei Leinen auf einem Poller an Land

Ist auf einem Poller an Land bereits die Leine eines anderen Fahrzeugs befestigt, so wird das Auge der eigenen Leine von unten nach oben durch das Auge der fremden Leine genommen und dann über den Poller gehakt. Früher auslaufende Fahrzeuge können dann jederzeit ihre Leine vom Poller nehmen, ohne die Leine des anderen Fahrzeugs fieren und abnehmen zu müssen.

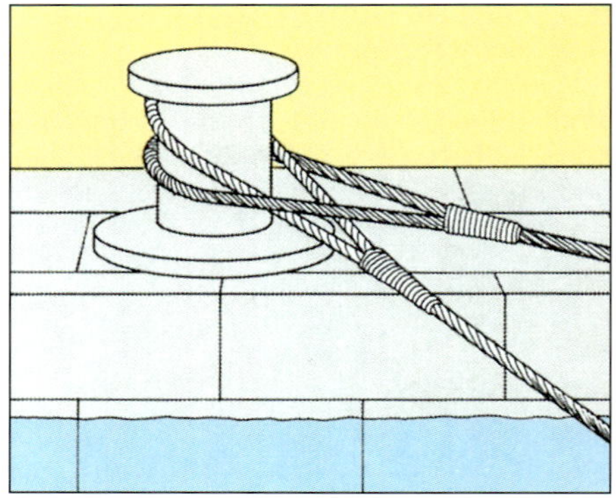

2.3.5 Festmachen von Leinen in Ringen an Land

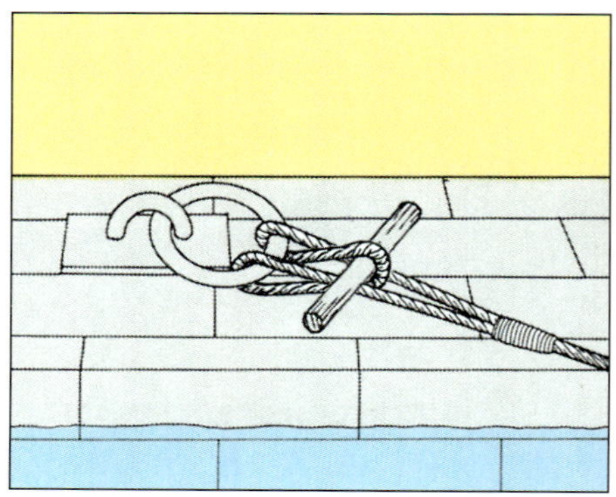

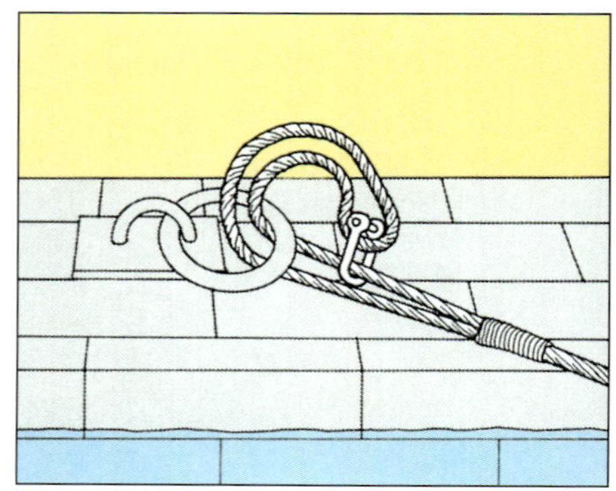

2.4 Wenden auf engem Raum

Häufig muss der Fahrzeugführer sein Fahrzeug in einem kleinen Hafenbecken oder auf einem engen Fluss wenden. Unterschreitet der zur Verfügung stehende Manövrierraum den Drehkreis seines Fahrzeugs (beachte die unterschiedlich großen Drehkreisdurchmesser bei verschiedenen Fahrstufen), so ist das Wenden mit Ruder- und Maschinenmanövern durchzuführen.

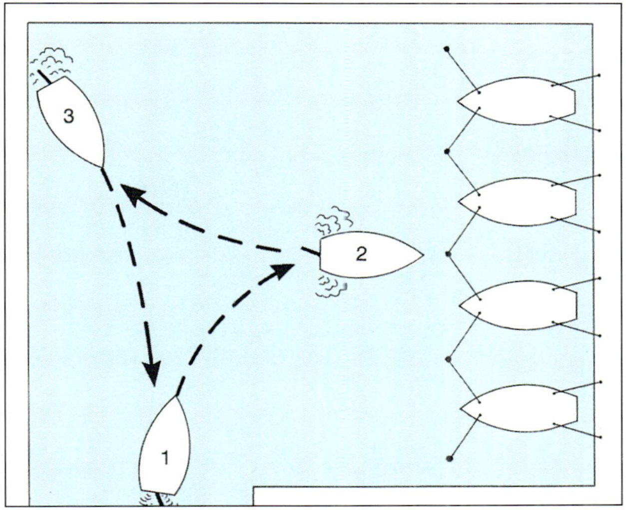

In kleinen Sportboothäfen sind diese Manöver die Regel und müssen daher gut beherrscht werden.

Die individuellen Erfahrungen mit den Manövriereigenschaften des Sportbootes spielen hier eine besondere Rolle.

Das Wendemanöver wird mit langsamer Fahrt und Stb-Ruderlage eingeleitet (1).

Dann Ruder ganz nach Backbord überlegen und zurück (2).

Anschließend bei Stb-Ruderlage voraus (3).

Auf sehr engem Raum ist dieses Manöver zu wiederholen.

2.5 Mann-über-Bord-Manöver mithilfe eines treibenden Gegenstandes

Das Mann-über-Bord-Manöver wird dadurch simuliert, dass ein Rettungsring oder ein anderer Schwimmkörper über Bord geworfen wird.

Hierbei wird dem Rudergänger laut zugerufen:
„Mann über Bord an Backbord!“ oder **„Mann über Bord an Steuerbord!“.**

Der Bewerber muss dieses Kommando laut wiederholen und das Kommando geben „Rettungsring werfen!“. Die weitere Durchführung des Rettungsmanövers obliegt dem Bewerber.

Der Prüfer hat darauf zu achten, dass

- sofort nach dem vorgenannten Zuruf das Gas weggenommen und ausgekuppelt wird,
- das Heck von dem über Bord geworfenen Gegenstand abgedreht wird,
- das Rettungsmanöver zügig durchgeführt wird,
- der Bewerber ansagt, an welcher Seite er den treibenden Gegenstand aufnehmen will,
- das Boot neben dem treibenden Gegenstand zum Stehen kommt und die Schraube keine Umdrehungen mehr macht.

Der Schiffsführer/Bewerber sollte das Manöver wie folgt durchführen:

2.5.1 Nach dem Ruf „Mann über Bord!“ ist das Ruder sofort hart nach der Seite überzulegen, an der man das Besatzungsmitglied verloren hat, damit das Heck frei schwingt und Verletzungen durch die Schraube vermieden werden. Gleichzeitig Schraube auskuppeln! (siehe Fragen 451, 452)

2.5.2 Dem Überbordgefallenen ist sofort ein Rettungsring, möglichst mit Leine, zuzuwerfen. Bei Nacht erleichtert ein Rettungsring mit Nachtlicht oder eine Rettungsboje mit Nachtlicht das Auffinden des Schwimmenden.

2.5.3 Ein Besatzungsmitglied hat ständig den Überbordgefallenen zu beobachten.

2.5.4 Das Boot ist dann mit einer Drehung von ca. 270 Grad derart an den Überbordgefallenen heranzusteuern, dass es in Luv voraus von ihm im spitzen Winkel zum Wind zu liegen kommt. Die letzte Strecke ist mit ausgekuppelter Schraube mit vorher entsprechend dosierter Fahrt voraus zurückzulegen, um den im Wasser Treibenden nicht zu gefährden. Bei Strömung oder Wind ist gegen die Strömung bzw. gegen den Wind an den Überbordgefallenen heranzufahren.

2.5.5 Dem Verunglückten ist eine Leine zuzuwerfen, mit der er an das Boot heranzuziehen ist, um ihn an geeigneter Stelle über eine Badeleiter an Bord nehmen zu können. Auf jeden Fall sollte eine Leine mit einem Auge klargehalten werden, in das der Verunglückte sich einhängen kann, wenn er sehr geschwächt ist. Notfalls ist ihm durch ein Besatzungsmitglied, das mit einer Rettungsweste und Leine ausgerüstet sein muss, im Wasser Unterstützung zu leisten.

Warnung:
Bei kleinen Booten besteht Kentergefahr, wenn der Verunglückte mittschiffs übernommen wird.

Sofort nach dem Zuruf Gas wegnehmen, auskuppeln und Heck wegdrehen.

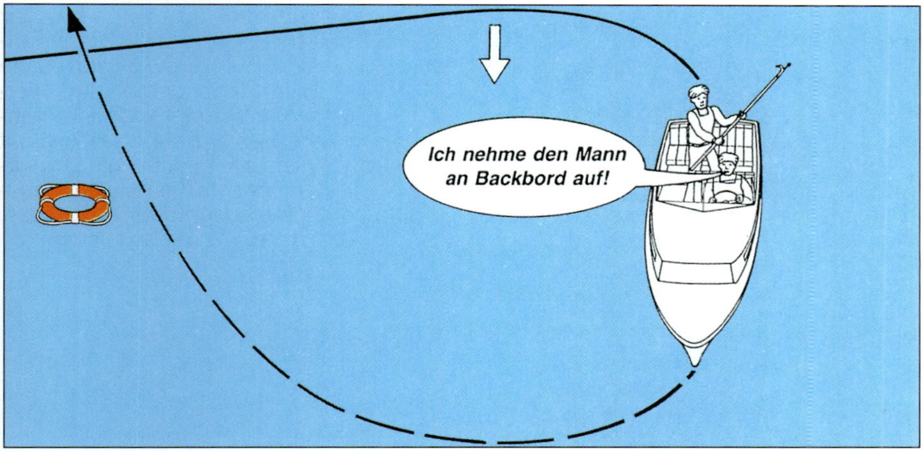

Drehkreis so anlegen, dass das Boot in Luv neben dem Rettungsring zum Halten kommt, sowie entsprechende Seite ansagen.

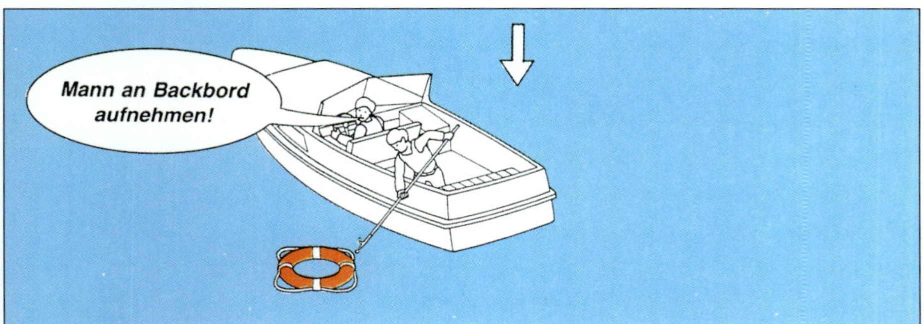

Boot mit dem Heck neben dem Rettungsring zum Stehen bringen.

3. Wichtige Knoten

Zum Bestehen der praktischen Prüfung müssen die wichtigsten Knoten beherrscht werden. Um welche Knoten es sich dabei handelt, zeigt die bildliche Darstellung der Knoten zu den Fragen 220 bis 229.

Das einwandfreie Beherrschen der Knoten ist aber nicht nur eine wichtige Voraussetzung für das Bestehen der praktischen Prüfung. Das Beherrschen der Knoten ist vor allem für die aktive Schiffsführung von unverzichtbarer Bedeutung, weil ohne Knoten das Schiff weder festgemacht noch geführt werden kann, insbesondere auf Segelbooten.

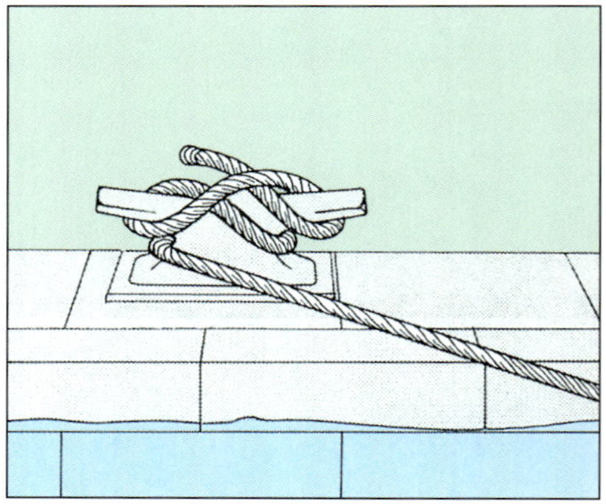

Belegen einer Klampe

Das Ende der Leine wird achtförmig um die Klampe oder den Belegnagel gelegt, wobei zunächst mit einem Rundtörn begonnen wird, der sich nicht selbst bekneifen darf, damit das Ende der Leine gefiert werden kann.

Der letzte Kreuzschlag wird zur Sicherung mit einem Kopfschlag versehen.

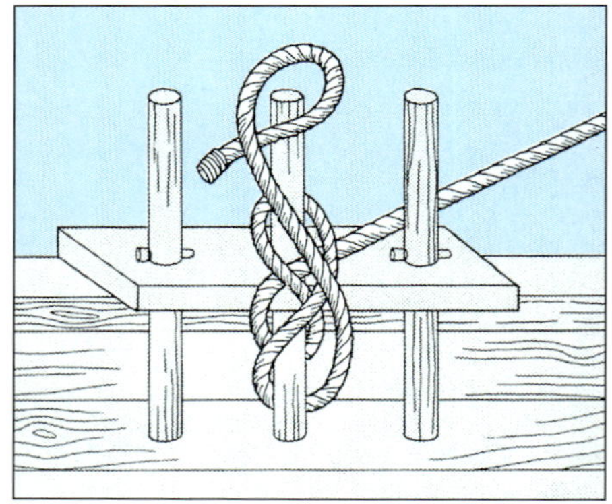

Belegen von Enden

Hinweis: siehe Tabelle „Seemännische Knoten“ S. 148/149

4. Anlegen einer Rettungsweste

Vor dem Kauf einer Rettungsweste muss man wissen, welche der vielen im Handel befindlichen Westen ihren eigentlichen Rettungszweck erfüllen.

Rettungswesten müssen eine **„ohnmachtssichere Wasserlage** bewirken, d.h., selbsttätig die Atmungsöffnungen einer erschöpft im Wasser liegenden Person aus dem Wasser heben und sicher über Wasser halten“. Nur solche Rettungswesten sind ohnmachtssicher, die das **CE-Kennzeichen** tragen, die aus einer vierstelligen Kenn-Nr. der Prüfstelle, dem CE-Symbol und der zweistelligen Jahreszahl besteht, in der das Prüfzeichen angebracht wurde.

Parallel kann die Rettungsweste auch eine GS-Prüfnummer tragen, die besagt, dass eine regelmäßige Produktionsüberprüfung stattfindet.

Für die Sportschifffahrt eignen sich zwei Typen von Rettungswesten:

4.1 Auftrieb erfolgt durch einen aufblasbaren Rettungskragen

Aufblasbare Rettungswesten sind zwar teurer, aber einfacher zu tragen und hindern nicht bei der Arbeit.

Bei der aufblasbaren Rettungsweste gibt es folgende Techniken:

- die automatische Auslösung;
  Beim Eintauchen ins Wasser zerfällt eine Tablette. Danach wird der Schlagbolzen freigelegt, der den Pressgasflaschenkopf durchschlägt und dem Pressgas den Weg in die Rettungsweste freigibt.
- die Handauslösung;
  Durch kräftiges Ziehen am Handauslöseknopf wird der Schlagbolzen freigelegt, der den Pressgasflaschenkopf durchschlägt und dem Pressgas den Weg in die Rettungsweste freigibt.
- die Mundaufblasung;
  Die Rettungsweste wird durch ein Mundstück mit den Lippen aufgeblasen.

Aufblasbare ohnmachtssichere Rettungsweste

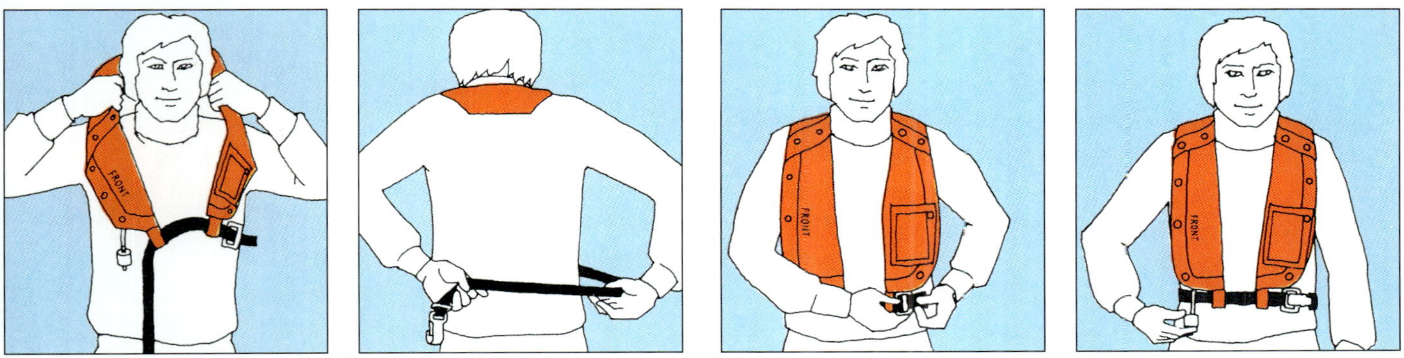

Rettungsweste über den Kopf ziehen und beide Flügel vorn um den Hals legen

Leibgurt auf Körperumfang einstellen – nicht zu fest – und in Taillenhöhe um den Körper legen

Leibgurt mit Karabinerhaken vorn im Gegenende des Leibgurtes befestigen

Bei Versagen der Automatik oder Handauslösung erfolgt das Aufblasen durch kräftiges Ziehen am Handauslöseknopf nach unten

Ohnmachtssichere Rettungsweste (Feststoff)

4.2 Auftrieb erfolgt durch einen geschlossenen Schaumstoffkörper

Feststoffrettungswesten eignen sich nicht nur als Rettungswesten, sondern auch als Ersatz für Rettungsringe. Das Anlegen an Bord oder im Wasser erfolgt nach dem gleichen Prinzip.

Wichtiger Hinweis!
Es wird ausdrücklich darauf hingewiesen, dass Rettungswesten, die nur mit handbetätigter Druckgas-Aufblasevorrichtung ausgerüstet sind, nur dann eine ohnmachtssichere Wasserlage gewährleisten, wenn die Druckgas-Aufblasevorrichtung im Notfall noch von Hand ausgelöst werden kann oder die Rettungsweste bereits im aufgeblasenen Zustand getragen wird. Im Übrigen sind diese Rettungswesten nur dann sicher, wenn sie das **CE-Zeichen** tragen.

Diese Rettungswesten sind wie folgt gekennzeichnet:

Spezialweste (Achtung: ohnmachtssicher nach Handauslösung)
Name oder Zeichen des Herstellers bzw. Lieferers oder Importeurs sowie CE-Zeichen
Typbezeichnung
Größe (Konfektionsgröße/Gewicht)
Baujahr (evtl. verschlüsselt).

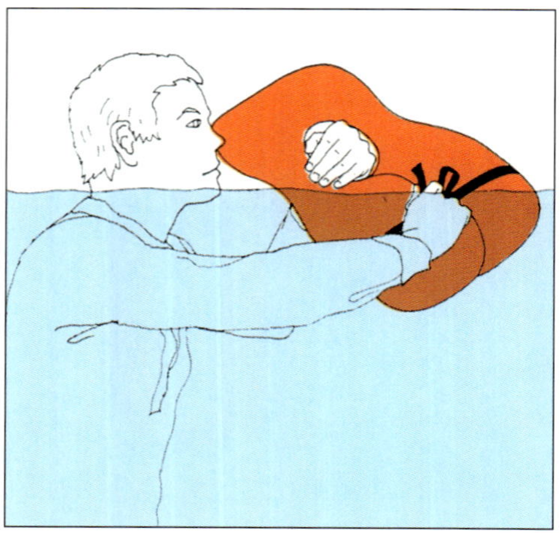

Schleife öffnen, Gurtband abstreifen

Schwimmkörper etwas auseinander ziehen und über den Kopf stülpen

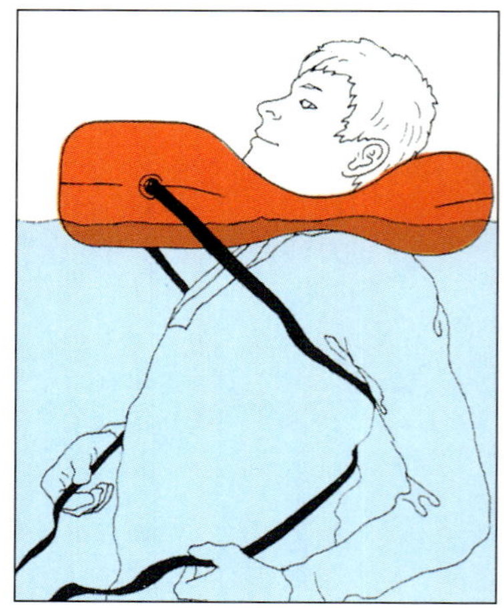

Seitlich herabhängede Bänder straff ziehen, über Kreuz um den Rücken führen und vor dem Körper festbinden

Anhang

1. Beauftragte Verbände

Deutscher Motoryachtverband e. V.
Vinckeufer 12–14
47119 Duisburg
Telefon 02 03/80 95 80
www.dmyv.de

Deutscher Segler-Verband e. V.
Gründgensstraße 18
22309 Hamburg
Telefon 0 40/6 32 00 90
www.dsv.org

2. Prüfungsausschüsse des Deutschen Motoryachtverbandes für den Sportbootführerschein – Binnen

Aurich:
Dieter **Böse,**
Am Hafen 51, 26826 Weener,
Tel.: 0 49 51/91 25 66

Berlin:
Karin **Peisker-Wichert,**
Schulzendorfer Straße 31, 13467 Berlin,
Tel.: 0 30/4 04 10 74
Fax: 0 30/40 53 38 44

Bielefeld/Osnabrück:
N. N.,
Hinter den Höfen 1,
32689 Kalletal-Heidelbeck,
Tel.: 0 52 64/89 34
Fax: 0 52 64/92 62

Bodensee:
Klaus-Jürgen **Glee,**
Höhenweg 4a, 88718 Daisendorf,
Tel.: 0 75 32/94 60

Bremen:
Holger **Wetzel,**
Beim Bohnenhof 21, 28307 Bremen,
Tel.: 04 21/4 09 43 90
Fax: 04 21/4 09 43 87

Deggendorf:
Max **Perl,**
Waldschmidtweg 58, 94469 Deggendorf,
Tel.: 09 91/85 75
Fax: 09 91/3 79 23 52
Mobil: 01 70/3 53 59 13

Düsseldorf:
Klaus **Tisken,**
Deutzerstraße 38, 41468 Neuss,
Tel.: 0 21 31/73 87 09
Fax: 0 21 31/73 85 36

Hamburg:
Carmen **Hellmer**,
Beim Schlump 2, 20144 Hamburg,
Tel.: 0 40/4 10 14 41
Fax: 0 40/45 54 33

Hannover:
Gerhard **Kallmeyer,**
Hildesheimer Straße 70, 30880 Laatzen,
Tel.: 05 11/86 12 09
Fax: 05 11/86 87 81

Kassel:
Alexander **Lorch,**
Im Grund 7, 34233 Fuldatal,
Tel.: 05 61/9 70 74 66

Kiel:
Dieter **Diesel,**
Soling 34 (Olympiahafen), 24159 Kiel,
Tel.: 04 31/3 05 22 13
Fax: 04 31/3 05 22 17

Koblenz:
Wolfgang **Bleser,**
Ravenéstraße 7, 56812 Cochem,
Tel.: 0 26 71/9 76 60
Fax: 0 26 71/97 66 99

Köln:
Heinz **Breidenbach,**
Elsdorfer Gasse 30, 51143 Köln,
Tel.: 0 22 03/98 21 47
Fax: 0 22 03/98 21 49

Lübeck:
Gunter **Brockmann,**
Moorredder 45, 23570 Lübeck-Travemünde,
Tel.: 0 45 02/30 20 47
Fax: 0 45 02/30 20 48

Main:
Christian **Küster,**
Spitalseeplatz 6, 97421 Schweinfurt,
Tel.: 0 97 21/7 13 10
Fax: 0 97 21/71 31 22

Mannheim-Darmstadt:
Egon **Schuster,**
Eisenbahnstraße 27, 67112 Mutterstadt,
Tel.: 0 62 34/92 90 20
Fax: 0 62 34/92 90 22
München:
Werner **Richter,**
Thomas-Mann-Straße 3, 89257 Illertissen,
Tel.: 0 73 03/90 45 04
Fax: 0 73 03/90 49 54
Münster:
Norbert **Huda,**
Lange Kuhle 82, 48163 Münster,
Tel.: 0 25 01/5 91 09
Fax: 0 25 01/5 91 09
Nürnberg:
W. **Richter,**
Heilsbronner Straße 4, 90513 Zirndorf,
Tel.: 0 91 27/15 87
Fax: 0 91 27/95 10 19
Potsdam:
Hans-Jürgen **Esser,**
Nibelungenstraße 1, 14109 Berlin,
Tel.: 0 30/8 03 12 51
Fax: 0 30/8 03 12 51
Regensburg:
Udo **Hilbinger,**
Tremmelhauserhöhe 7, 93138 Lappersdorf,
Tel.: 0 94 04/29 89
Saarlouis:
Kurt **Heck,**
Bosener Weg 6, 66625 Nohfelden,
Tel.: 0 68 75/5 53
Fax: 0 68 75/7 09 05 53
Stuttgart:
Heinrich **Staubitz,**
Bernau Str. 23, 74915 Waibstadt,
Tel.: 0 72 63/28 02
Trier:
Hans-Jürgen **Kuhn,**
Von-Koeler-Straße 28, 66693 Mettlach,
Tel.: 0 68 64/10 03
Wetzlar-Offenbach:
Olaf **Winter,**
Unter dem Ahorn 6a, 35578 Wetzlar,
Tel.: 0 64 41/7 60 25
Fax: 0 64 41/7 77 56
Wiesbaden:
Wolfgang **Hollbach,**
Rampenstraße 1, 55252 Mainz-Kastel,
Tel.: 0 61 34/72 93 49
Fax: 0 61 34/72 91 25

3. Prüfungsausschüsse des Deutschen Segler-Verbandes für den Sportbootführerschein – Binnen

Prüfungsausschuss/ Leiter	Geschäftszeiten		Geschäftsstelle	Telefon/Fax/E-Mail
Baden-Württemberg				
Bodensee Klaus-Jürgen Glee	Mo.–Do.	08.00–11.00	Dagmar Glee Höhenweg 4a 88718 Daisendorf	Tel.: 0 75 32/94 60 Fax: 0 75 32/41 48 96 Glee.PABodensee@t-online.de
Oberrhein Peter Allers	Mo. + Di. Do.	09.00–12.00 15.00–18.00	Sabine Allers Steigenhohlstraße 26 76275 Ettlingen	Tel.: 0 72 43/7 90 64 Fax: 0 72 43/37 35 89 pa.oberrhein@t-online.de
Stuttgart Karl Hermanutz	Mo. Fr.	18.00–20.00 09.00–16.00	Blumenstr. 45 71706 Markgröningen	Tel.: 0 71 45/9 32 79 81 Fax: 0 71 45/9 32 79 82 Mobil: 01 72/7 30 68 69 PA-Stuttgart@t-online.de
Bayern				
München/Ausland (Frankreich + Spanien) Eberhard Schuster	Mo., Mi. + Do.	08.00–12.00	Dichtlstraße 2 80689 München	Tel.: 0 89/58 13 15 Fax: 0 89/58 64 38
Nürnberg/Ausland (außer Frankreich + Spanien) Gerhard Heinimann	Mo.–Do.	09.00–12.00	Jegelstraße 1 90530 Wendelstein	Tel.: 0 91 29/38 62 Fax: 0 91 29/65 23 dsv-pa-nbg@t-online.de www.pa-nbg.de
Bayern-West Hermann Baumgartner	Di. + Do.	17.00–20.00	Am Kesselboschen 14 82205 Gilching	Tel.: 0 81 05/7 75 93 55 Fax: 0 81 05/7 75 93 56
Berlin				
Berlin Karin Peisker-Wichert	Di.–Do.	09.00–12.00	Schulzendorfer Straße 31 13467 Berlin-Hermsdorf	Tel.: 0 30/4 04 10 74 Fax: 0 30/40 53 38 44 www.spobo-berlin.de
Brandenburg/Sachsen/Sachsen-Anhalt + Thüringen				
Leipzig Uwe Böhme	Mo. Di. Do.	14.00–19.00 09.00–12.00 11.00–19.00	Sulzaer Straße 12 99518 Großheringen	Tel.: 03 64 61/2 14 23 Fax: 03 64 61/2 14 24 Mobil: 01 71/5 70 23 79
Bremen				
Bremen Holger Wetzel	Mo. + Mi. Do.	16.30–19.30 09.00–12.00	Beim Bohnenhof 21 28307 Bremen	Tel.: 04 21/4 09 43 90 Fax: 04 21/4 09 43 87 wetzel@pa-bremen.de www.PA-Bremen.de

Prüfungsausschuss/ Leiter	Geschäftszeiten		Geschäftsstelle	Telefon/Fax/E-Mail
Hamburg				
Hamburg Peter Kaphammel	Mo.–Do.	09.00–12.00	Gründgensstraße 18 22309 Hamburg	Tel.: 040/63200989 Fax: 040/63200945
Hessen				
Hessen Norbert Wolff	Mo., Di. + Do.	13.00–17.00	Junkernstraße 2 35460 Staufenberg	Tel.: 06406/1675 Fax: 06406/1314 Mobil: 0172/6720157 dsv@pa-hessen.de
Mecklenburg-Vorpommern				
Rostock Hans-Wolfgang Weinert	Di., Do. + Fr. Mi.	09.00–12.00 15.00–18.00	Dörte Weinert Hafenstraße 20 18439 Stralsund	Tel.: 03831/280531 Fax: 03831/289648
Schwerin Axel Kettler	Mo.–Mi. Do.	09.00–12.00 15.00–17.00	Schloßgartenallee 43 19061 Schwerin	Tel.: 0385/59189956 Fax: 0385/5572320 Mobil: 0162/9137583
Niedersachsen				
Hannover Peter Wiganowski	Di. Do.	10.00–13.00 15.00–18.00	Ostdeutsche Str. 21 31319 Sehnde/Höver	Tel.: 05132/8303060 Fax: 05132/8303061 pa_hannover@htp-tel.de
Niedersachsen-Nord Jürgen Brandenburg	Mo. und Di., Do. + Fr.	11.00–13.00 15.00–17.00 11.00–13.00	An der Waldschule 45 26605 Aurich	Tel.: 04941/180149 Fax: 04941/180449 Mobil: 0170/5427147
Nordrhein-Westfalen				
Attendorn Karl-Heinz Prinz	Di. + Do.–Sa.	08.00–12.00	Hohenhagen 3 57439 Attendorn	Tel.: 02722/7585 Fax: 02722/70426 www.dsv-pa-attendorn.de
Bochum Dietmar Fritzenkötter	Mo.–Do.	09.00–15.00	Blumenau 7 44801 Bochum	Tel.: 0234/9789703 Fax: 0234/9789704 info@dsv-pa-bochum.de
Köln–Aachen Klaus Müller	Di., Mi. + Do.	09.00–12.00	Zum Hedelsberg 36 50999 Köln	Tel.: 02236/69756 Fax: 02236/379804 dsv-pa-koeln-aachen@t-online.de
Möhnesee Hans-Werner Wienand	Mo.–Fr.	09.00–16.00	Rosemarie Midderhoff Erntestraße 19 59759 Arnsberg	Tel.: 02932/53571 Fax: 02932/53572 h-w.wienand@t-online.de

Prüfungsausschuss/ Leiter	Geschäftszeiten		Geschäftsstelle	Telefon/Fax/E-Mail
Nordrhein-Westfalen				
Münster Hans-Joachim Kröll	Mo., Di., Do.	16.00–19.00	Heidestraße 11c 48167 Münster	Tel.: 02 51/7 47 46 35 Fax: 02 51/9 61 91 23 pamuenster@t-online.de
Rhein-Ruhr Eberhard Dreyer	Mo.–Do. Fr.	09.00–14.00 09.00–12.00	Frau Wolf Butlerstraße 21 47058 Duisburg	Tel.: 02 03/33 39 77 + 33 27 23 Fax: 02 03/34 35 65 dreyer@dsv-pa-rhein-ruhr.de www.dsv-pa-rhein-ruhr.de
Unterbacher See Dieter Buchholtz	Mo.–Do. Fr.	08.00–16.00 08.00–14.30	Helmut Wolff Kleiner Torfbruch 31 40627 Düsseldorf	Tel.: 02 11/20 20 21 Fax: 02 11/8 92 91 32
Rheinland-Pfalz				
Rheinland-Pfalz Dr. Ulrich Hutzelmann	Mo., Mi. + Fr.	10.00–12.00	Ute Hutzelmann Rheinufer 19 56322 Spay	Tel.: 0 26 28/98 77 17 Fax: 0 26 28/98 77 16 hutzelmann-pa-rlp@rz-online.de
Saarland				
Saarbrücken Dietmar Kuhn	Di.	17.00–20.00	Schwabenstraße 16 66557 Illingen	Tel.: 0 68 25/41 02 16 Fax: 0 68 25/41 02 13 info@dsv-pa-saarland.de www.dsv-pa-saarland.de
Schleswig-Holstein				
Kiel Dieter Diesel	Di., Do. Do.	10.00–12.00 15.00–18.00	Gina Keane Soling 34, Olympiahafen 24159 Kiel	Tel.: 04 31/37 18 46 Fax: 04 31/3 05 22 17 pa-kiel.dmyv-dsv@t-online.de
Lübeck Jörg Budahn	Di.–Fr.	09.00–13.00	Moorredder 45 23570 Lübeck	Tel.: 0 45 02/30 20 47 + 30 99 90 Fax: 0 45 02/30 20 48

4. Behörden der Wasser- und Schifffahrtsverwaltung (WSV)

4.1* **Wasser- und Schifffahrtsdirektion Nord,** Hindenburgufer 247, **24106 Kiel,** Tel. 04 31 / 33 94 - 0, Telefax: 04 31 / 33 94 - 3 48, E-Mail-Adresse: Poststelle@wsdnord.de
Wasser- und Schifffahrtsamt Stralsund, Greifswalder Chaussee 65b, **18439 Stralsund,** Tel. 0 38 31 / 24 90, Telefax: 0 38 31 / 24 93 09, E-Mail-Adresse: Poststelle-hst@hst.wsdnord.de
Wasser- und Schifffahrtsamt Lübeck, Moltkeplatz 17, **23566 Lübeck,** Tel. 04 51 / 6 20 80, Telefax: 04 51 / 6 20 81 90, E-Mail-Adresse: Poststelle-hl@hl.wsd-nord.de
Wasser- und Schifffahrtsamt Hamburg, Moorweidenstraße 14, **20148 Hamburg,** Tel. 0 40 / 4 41 10 - 0, Telefax: 0 40 / 4 41 10 - 3 65, E-Mail-Adresse: Poststelle-hh@hh.wsdnord.de
Wasser- und Schifffahrtsamt Cuxhaven, Am Alten Hafen 2, **27472 Cuxhaven,** Tel. 0 47 21 / 5 67-0, Telefax: 0 47 21 / 5 67 - 1 03, E-Mail-Adresse: Poststelle-cux@cux.wsdnord.de

4.2 **Wasser- und Schifffahrtsdirektion Nordwest,** Schlossplatz 9, **26603 Aurich,** Tel. 0 49 41 / 6 02 - 0, Telefax: 0 49 41 / 60 23-78, E-Mail-Adresse: wsd-nordwest@aur.wsdnw.de
Wasser- und Schifffahrtsamt Bremen, Franziuseck 5, **28199 Bremen,** Tel. 04 21 / 53 78 - 0, Telefax: 04 21 / 53 78 - 4 00, E-Mail-Adresse: wsa-bremen@hb.wsdnw.de
Wasser- und Schifffahrtsamt Bremerhaven, Am Alten Vorhafen 1, **27568 Bremerhaven,** Tel. 04 71 / 48 35 - 0, Telefax: 04 71 / 48 35 - 2 10, E-Mail-Adresse: wsa-bremerhaven@bhv.wsdnw.de
Wasser- und Schifffahrtsamt Wilhelmshaven, Mozartstraße 32, **26382 Wilhelmshaven,** Tel. 0 44 21 / 1 86 - 0, Telefax: 0 44 21 / 1 86 - 3 08, E-Mail-Adresse: wsa-wilhelmshaven@whv.wsdnw.de
Wasser- und Schifffahrtsamt Emden, Am Eisenbahndock 3, **26725 Emden,** Tel. 0 49 21 / 8 02 - 1, Telefax: 0 49 21 / 8 02 - 3 79, E-Mail-Adresse: wsa-emden@emd.wsdnw.de

4.3 **Wasser- und Schifffahrtsdirektion Mitte,** Am Waterlooplatz 5, **30169 Hannover,** Tel. 05 11 / 91 15 - 0, Telefax: 05 11 / 91 15 - 4 00, E-Mail-Adresse: postfach@wsd-m.wsv.de
Wasser- und Schifffahrtsamt Hann. Münden, Kasseler Straße 5, **34346 Hann. Münden,** Tel. 0 55 41 / 9 52-0, Telefax: 0 55 41 / 9 52 - 4 00, E-Mail-Adresse: Postfach@wsa-hmue.wsw.de
Wasser- und Schifffahrtsamt Verden, Hohe Leuchte 30, **27283 Verden,** Tel. 0 42 31 / 8 98 - 0, Telefax: 0 42 31 / 8 98 - 13 33, E-Mail-Adresse: Postfach@wsa-ver.wsv.de
Wasser- und Schifffahrtsamt Minden, Am Hohen Ufer 1, **32425 Minden,** Tel. 05 71 / 64 58-0, Telefax: 05 71 / 64 58 - 1 05, E-Mail-Adresse: reg@wsa-mi.wsv.de
Wasser- und Schifffahrtsamt Braunschweig, Ludwig-Winter-Straße 5, **38120 Braunschweig,** Tel. 05 31 / 8 66 03 - 0, Telefax: 05 31 / 8 66 03 - 4 00, E-Mail-Adresse: wsa-bs@t-online.de
Wasser- und Schifffahrtsamt Uelzen, Greyer Straße 12, **29525 Uelzen,** Tel. 05 81 / 9 07 90, Telefax: 05 81 / 90 79 - 12 77, E-Mail-Adresse: info@wsa-ue.wsv.de

4.4 **Wasser- und Schifffahrtsdirektion West,** Cheruskerring 11, **48147 Münster,** Tel. 02 51 / 27 08 - 0, Telefax: 02 51 / 27 08 - 1 15, E-Mail-Adresse: poststelle@wsd-w.wsv.de
Wasser- und Schifffahrtsamt Köln, An der Münze 8, **50668 Köln,** Tel. 02 21 / 9 73 50-0, Telefax: 02 21 / 9 73 50 - 2 22, E-Mail-Adresse: Poststelle@wsa-k.wsv.de
Wasser- und Schifffahrtsamt Duisburg-Meiderich, Emmericher Straße 201, **47138 Duisburg,** Tel. 02 03 / 45 04-0, Telefax: 02 03 / 45 04 - 3 33, E-Mail-Adresse: Poststelle@wsa-dm.wsv.de
Wasser- und Schifffahrtsamt Duisburg-Rhein, Königstraße 84, **47198 Duisburg,** Tel. 0 21 36 / 20 06-0, Telefax: 0 21 36 / 20 06-44, E-Mail-Adresse: Poststelle@wsa.dr.wsv.de
Wasser- und Schifffahrtsamt Rheine, Münsterstraße 75–77, **48431 Rheine,** Tel. 0 59 71 / 9 16-0, Telefax: 0 59 71 / 9 16 - 2 22, E-Mail-Adresse: Poststelle: wsa-rheine@was-st.wsv.de

* soweit für die Binnenschifffahrtsstraßen zuständig

Wasser- und Schifffahrtsamt Meppen, Herzog-Arenberg-Straße 66, **49716 Meppen,** Tel. 0 59 31 / 4 94-0, Telefax: 0 59 31 / 4 94 - 2 22, E-Mail-Adresse: Posteingang@wsa-el.wsv.de

4.5 **Wasser- und Schifffahrtsdirektion Südwest,** Brucknerstraße 2, **55127 Mainz,** Tel. 0 61 31 / 9 79 - 0, Telefax: 0 61 31 / 97 91 55, E-Mail-Adresse: Poststelle@wsd-sw.wsv.de
Wasser- und Schifffahrtsamt Freiburg, Stefan-Meier-Straße 4–6, **79104 Freiburg,** Tel. 07 61 / 27 18 - 0, Telefax: 07 61 / 27 18 - 1 55, E-Mail-Adresse: Poststelle@wsa-fr.wsv.de
Wasser- und Schifffahrtsamt Mannheim, C 8, 3, **68159 Mannheim,** Tel. 06 21 / 15 05 - 0, Telefax: 06 21 / 15 05 - 1 55, E-Mail-Adresse: wsa-mannheim@wsa-ma.wsv.de
Wasser- und Schifffahrtsamt Bingen, Schlossstraße 36, **55411 Bingen,** Tel. 0 67 21 / 3 06 - 0, Telefax: 0 67 21 / 30 61 - 55, E-Mail-Adresse: wsa-bingen@wsa-bi.wsv.de
Wasser- und Schifffahrtsamt Heidelberg, Vangerowstraße 12, **69115 Heidelberg,** Tel. 0 62 21 / 5 07 - 0, Telefax: 0 62 61 / 5 07 - 1 55, E-Mail-Adresse: wsa-heidelberg@wsa-hd.wsv.de
Wasser- und Schifffahrtsamt Stuttgart, Birkenwaldstraße 38, **70191 Stuttgart,** Tel. 07 11 / 2 55 52-0, Telefax: 07 11 / 2 55 52 - 1 55, E-Mail-Adresse: wsa-stuttgart@wsa-s.wsv.de
Wasser- und Schifffahrtsamt Koblenz, Schartwiesenweg 4, **56070 Koblenz,** Tel. 02 61 / 98 19 - 0, Telefax: 02 61 / 98 19 - 31 55, E-Mail-Adresse: wsa-koblenz@wsa-ko.wsv.de
Wasser- und Schifffahrtsamt Trier, Pacelli-Ufer 16, **54290 Trier,** Tel. 06 51 / 36 09 - 0, Telefax: 36 09 - 1 55, E-Mail-Adresse: wsa-trier@wsa-tr.wsv.de
Wasser- und Schifffahrtsamt Saarbrücken, Bismarckstraße 133, **66121 Saarbrücken,** Tel. 06 81 / 60 02 - 1, Telefax: 06 81 / 60 02 - 1 55, E-Mail-Adresse: wsa-saarbruecken@wsa-sb.wsv.de

4.6 **Wasser- und Schifffahrtsdirektion Süd,** Wörthstraße 19, **97082 Würzburg,** Tel. 09 31 / 41 05 - 0, Telefax: 09 31 / 41 05 - 3 80, E-Mail-Adresse: poststelle@wsd-s.wsv.de
Wasser- und Schifffahrtsamt Aschaffenburg, Obernauer Straße 19, **63739 Aschaffenburg,** Tel. 0 60 21 / 3 85 - 0, Telefax: 0 60 21 / 3 85 - 1 01, E-Mail-Adresse: wsa-abg.sb1@t-online.de
Wasser- und Schifffahrtsamt Schweinfurt, Mainberger Straße 8, **97422 Schweinfurt,** Tel. 0 97 21 / 20 60, Telefax: 0 97 21 / 20 61 01, E-Mail-Adresse: wsa@wsa-sw.wsv.de
Wasser- und Schifffahrtsamt Nürnberg, Marientorgraben 1, **90402 Nürnberg,** Tel. 09 11 / 20 00 - 0, Telefax: 09 11 / 20 00 - 1 01
Wasser- und Schifffahrtsamt Regensburg, Erlanger Straße 1, **93059 Regensburg,** Tel. 09 41 / 81 09-0, Telefax: 09 41 / 81 09 - 1 60, E-Mail-Adresse: wsa-rgb.l@t-online.de

4.7 **Wasser- und Schifffahrtsdirektion Ost,** Stresemannstraße 92, **10963 Berlin,** Tel. 0 30 / 2 69 90-20, Telefax: 0 30 / 2 69 90 - 2 70, E-Mail-Adresse: h.poststelle@wsd-o.wsv.de
Wasser- und Schifffahrtsamt Dresden, Moritzburger Straße 1, **01127 Dresden,** Tel. 03 51 / 84 32-50, Telefax: 03 51 / 8 48 90 20, E-Mail-Adresse: Poststelle@wsa-dd.wsv.de
Wasser- und Schifffahrtsamt Magdeburg, Fürstenwallstraße 19/20, **39104 Magdeburg,** Tel. 03 91 / 5 30-0, Telefax: 03 91 / 5 30 - 24 17 / 24 18, E-Mail-Adresse: Poststelle@wsa-md.wsv.de
Wasser- und Schifffahrtsamt Lauenburg, Grünstraße 16, **21481 Lauenburg,** Tel. 0 41 53 / 59 40, Telefax: 0 41 53 / 5 94 - 3 30, E-Mail-Adresse: Poststelle@wsa-lauenburg.wsv.de
Wasser- und Schifffahrtsamt Brandenburg, Brielower Landstraße 1, **14772 Brandenburg,** Tel. 0 33 81 / 26 60, Telefax: 0 38 81 / 26 63 21, E-Mail-Adresse: Post@wsa-brb.wsv.de
Wasser- und Schifffahrtsamt Berlin, Poststraße 21/22, **10178 Berlin,** Tel. 0 30 / 2 38 05-0, Telefax: 0 30 / 24 72 - 99 18, E-Mail-Adresse: Poststelle@wsa-b.wsv.de

4.8 **Bundesamt für Seeschifffahrt und Hydrographie,** Bernhard-Nocht-Straße 78, **20359 Hamburg,** Tel. 0 40 / 3 19 00-0, Telefax: 0 40 / 31 90 / 50 00, E-Mail-Adresse: posteingang@bsh.d400.de, und Neptunallee 5, **18057 Rostock,** Tel. 03 81 / 4 56 35, Telefax: 03 81 / 4 56 39 48, E-Mail-Adresse: posteingang.rostock@bsh.d400.de

5. Wasserschutzpolizei

5.1 Baden-Württemberg

Wasserschutzpolizeidirektion Baden-Württemberg,
L 6, 10–12, 68161 Mannheim, Postfach 10 00 12, 68149 Mannheim,
Tel.: 06 21 / 1 74 - 1, Fax: 06 21 / 1 74 - 37 70,
E-Mail: poststelle@wspd.bwi.de
WSP-Inspektion Rhein,
Werfthallenstraße 41, 68159 Mannheim, Postfach 10 00 12,
68149 Mannheim, Tel.: 06 21 / 16 87 - 0, Fax: 06 21 / 16 87 - 2 09
WSP-Station Kehl,
Hafenstraße 21, 77694 Kehl, Postfach 12 41, 77672 Kehl,
Tel.: 0 78 51 / 94 49 - 0, Fax: 0 78 51 / 94 49 - 33
WSP-Station Breisach, Hafenstraße 1, 79206 Breisach,
Tel.: 0 76 67 / 9 11 79 - 0, Fax: 0 76 67 / 9 11 79 - 1 20
WSP-Station Karlsruhe,
Nordbeckenstraße 19, 76167 Karlsruhe, Postfach 21 14 48,
76164 Karlsruhe, Tel.: 07 21 / 5 97 15 - 0, Fax: 07 21 / 5 97 15 - 29,
Fachdienst Gefahrgut, Tel. 07 21 / 5 73 11, Fax: 07 21 / 56 23 79
WSP-Posten Mannheim-Rheinauhafen,
Graßmannstraße 3–5, 68219 Mannheim, Postfach 10 00 12,
68219 Mannheim, Tel.: 06 21 / 89 24 33, Fax: 06 21 / 8 62 37 14
WSP-Inspektion Neckar,
Böckinger Straße 11, 74078 Heilbronn-Neckargartach,
Tel.: 0 71 31 / 92 18 - 0, Fax: 0 71 31 / 92 18 - 3 00
WSP-Station Heidelberg, Vangerowstraße 10, 69115 Heidelberg,
Tel.: 0 62 21 / 1 37 48 - 3, Fax: 0 62 21 / 1 37 48 - 4 99
WSP-Posten Eberbach,
Rockenauer Straße 13, 69412 Eberbach,
Tel.: 0 62 71 / 53 54, Fax: 0 62 71 / 8 07 98 68
WSP-Station Stuttgart, Am Mittelkai 62, 70329 Stuttgart,
Tel.: 07 11 / 91 89 59 - 0, Fax: 07 11 / 91 89 59 - 3 00
WSP-Inspektion Bodernsee, Seestraße 7,
88045 Friedrichshafen, Postfach 24 45, 88015 Friedrichshafen,
Tel.: 0 75 41 / 28 93 - 0, Fax: 0 75 41 / 28 93 - 1 10
WSP-Posten Langenargen,
Obere Seestraße 2/1, 88085 Langenargen,
Tel.: 0 75 43 / 93 15 - 0, Fax: 0 75 43 / 93 15 - 31
WSP-Station Überlingen,
Seepromenade 23, 88662 Überlingen,
Tel.: 0 75 51 / 9 49 59 - 0, Fax: 0 75 51 / 9 49 59 - 2 09
WSP-Station Konstanz
Stromeyersdorfstraße 7, 78467 Konstanz,
Tel.: 0 75 31 / 59 02 - 1 00, Fax: 0 75 31 / 59 02 - 1 09
WSP-Posten Reichenau
An der Schiffslände 3, 79479 Reichenau,
Tel.: 0 75 34 / 97 19 - 0, Fax: 0 75 34 / 97 19 - 1

5.2 Bayern

Wasserschutzpolizeidirektion Bayern,
Rotterdamer Straße 2, 90451 Nürnberg,
Tel.: 09 11 / 2 11 - 24 82, Fax: 09 11 / 2 11 - 24 90,
E-Mail: pp.mfr.nuernberg.wspd@polizei.bayern.de
WSP-Station Aschaffenburg, Werftstraße 1, 63741 Aschaffenburg,
Tel.: 0 60 21 / 8 57 - 2 81, Fax: 0 60 21 / 8 57 - 2 89,
E-Mail: wsp.aschaffenburg@polizei.bayern.de
WSP-Station Lohr, Hauptstraße 52, 97816 Lohr am Main,
Tel.: 0 93 52 / 87 41 - 56, Fax: 0 93 52 / 87 41 - 69,
E-Mail: pp-ufr.lohr.wsp@polizei.bayern.de
WSP-Station Würzburg, Veithöchheimer Straße 3R,
97080 Würzburg, Tel.: 09 31 / 4 57 - 15 91, Fax: 09 31 / 4 57 - 15 99,
E-Mail: wsp.wuerzburg@polizei.bayern.de
WSP-Station Schweinfurt, Hafenstraße 20, 97424 Schweinfurt,
Tel.: 0 97 21 / 20 - 22 81, Fax: 0 97 21 / 20 - 22 89,
E-Mail: wsp.schweinfurt@polizei.bayern.de
WSP-Station Bamberg, Lagerhausstraße 3b, 96052 Bamberg,
Tel.: 09 51 / 91 29 - 5 90, Fax: 09 51 / 91 29 - 5 91
E-Mail: pp-ofr.bamberg.wsp@polizei.bayern.de
WSP-Station Nürnberg, Rotterdamer Straße 2, 90451 Nürnberg,
Tel.: 09 11 / 2 11 - 24 96, Fax: 09 11 / 11 - 24 93,
E-Mail: pp-mfr.nuernberg.wsp-s@polizei.bayern.de
WSP-Station Beilngries, Eichstätter Straße 3, 92339 Beilngries,
Tel.: 0 84 61 / 64 03 - 1 55, Fax: 0 84 61 / 64 03 - 1 59,
E-Mail: pp-obb.beilngries.wsps@polizei.bayern.de
WSP-Station Regensburg, Osthafenstraße 5, 93055 Regensburg,
Tel.: 09 41 / 5 06 - 24 72, Fax: 09 41 / 5 06 - 24 79,
E-Mail: wsp-s.regensburg@baypol.bayern.de
WSP-Station Deggendorf, Josef-Wallner-Straße 2, 94469 Deggendorf,
Tel.: 09 91 / 38 96 - 1 45, Fax: 09 91 / 3 29 73,
E-Mail: pp.nopf.wsp.deggendorf@baypol.bayern.de
WSP-Station Passau, Regensburger Straße 16, 94036 Passau,
Tel.: 08 51 / 95 11 - 5 72, Fax: 08 51 / 95 11 - 5 91,
E-Mail: pp-nopf.wsp.passau@polizei.bayern.de
WSP-Station Lindau/Bodensee, Segelhafen 2, 88131 Lindau,
Tel.: 0 83 82 / 9 10 - 1 60, Fax: 0 83 82 / 9 10 - 1 62,
E-Mail: pp-schw.lindau.wsps@polizei.bayern.de

5.3 Berlin

Der Polizeipräsident in Berlin, Referat Wasserschutzpolizei,
Baumschulenstraße 1, 12437 Berlin (Treptow),
Tel.: 0 30 / 46 64 - 2 94 03, Fax: 0 30 / 46 64 - 2 94 88,
E-Mail: wasserschutz@polizei.berlin.de
Der Polizeipräsident in Berlin, Wache 1 (Spandau)
Mertensstraße 140, 13587 Berlin,
Tel.: 0 30 / 46 64 - 5 36 63, Fax: 0 30 / 46 64 - 5 36 78
Der Polizeipräsident in Berlin, Wache 2 (Innerstädtische Gewässer),
Neues Ufer 1, 10553 Berlin (Tiergarten),
Tel.: 0 30 / 46 64 - 6 15 04, Fax: 0 30 / 46 64 - 6 15 28
Der Polizeipräsident in Berlin, Wache 3 (Unterhavel),
Inselstraße 8, 14129 Berlin (Zehlendorf),
Tel.: 0 30 / 46 64 - 5 85 04, Fax: 0 30 / 46 64 - 5 85 18
Der Polizeipräsident in Berlin, Wache 4 (Gewässr im Südosten),
Baumschulenstraße 1, 12437 Berlin (Treptow),
Tel.: 0 30 / 46 64 - 2 94 43, Fax: 0 30 / 46 64 - 2 94 88

5.4 Land Brandenburg

Direktor der Wasserschutzpolizei, Ministerium des Innern,
Henning-von-Tresckow-Straße 9–13, 14467 Potsdam,
Tel.: 03 31/8 66-24 62, Fax: 03 31/8 66-27 79,
E-Mail: Sachbearbeiter Wasserschutzpolizei:
hans-juergen.karge@mi.brandenburg.de
WSP-Wache Potsdam (*SB Potsdam) mit Außenbereich Ketzin,
An der Pirschheide 11, 14471 Potsdam,
Tel.: 03 31/96 88-4 24, Fax: 03 31/96 88-4 62
WSP-Wache Brandenburg (SB Brandenburg) mit Außenbereich Rathenow, Plauer Hof, 14774 Brandenburg, Tel.: 0 33 81/40 49-0,
Fax: 0 33 81/40 49-29
WSP-Wache Wittenberge (SB Prignitz), Elbstraße,
19322 Wittenberge, Tel.: 0 38 77/92 89-0, Fax: 0 38 77/92 89-2 00
WSP-Wache Lehnitz (SB Oberhavel),
Bernauer Straße 146, 16515 Oranienburg,
Tel.: 0 33 01/81 90-0, Fax: 0 33 01/32 02
WSP-Wache Erkner (SB Oder Spree)
mit Außenbereich Fürstenwalde und Bad Saarow
Hessenwinkler Straße 9b, 15537 Erkner,
Tel.: 0 33 62/7 90-2 64, Fax: 0 33 62/7 90-2 69
WSP-Wache Zeuthen (SB Dahme Spreewald)
mit Außenbezirk Neubrück, Fontane Straße 7, 15738 Zeuthen,
Tel.: 03 37 62/7 11 92, Fax: 03 37 62/71 19 92
WSP-Wache Hohensaaten (SB Barmim) mit Außenbereich Templin und Werbelinsee, Eichrähne 3a, 16248 Hohensaaten,
Tel.: 03 33 68/5 39-0, Fax: 03 33 68/5 39-2 69
WSP-Wache Eisenhüttenstadt (SB Oder Spree) mit Außenbereich Frankfurt (Oder) und Goyatz, Neue Brückenstraße 1,
15890 Eisenhüttenstadt, Tel.: 0 33 64/4 21-0, Fax: 0 33 64/4 21-2 69
WSP-Wache Spreewald (SB Oberpreewald-Lausitz) mit Außenbereich Lübben, Kirstraße 5, 03222 Lübbenau, Tel.: 0 35 42/87 00, Fax;
0 35 42/4 36 77

5.5 Bremen

Wasserschutzpolizeidirektion Bremen-Überseehafen,
Hafenkopf II, Nr. 2, 28217 Bremen, Telefon 04 21/3 62-98 88 (Verm.),
Fax: 04 21/3 62-98 09, E-Mail: office@wasserschutzpol.bremen.de
WSP-Inspektion Bremen, Hafenkopf II, Nr. 2, 28217 Bremen,
Tel.: 04 21/3 62-98 88 (Verm.), Fax: 04 21/3 62-98 29,
E-Mail: wsp-inspektion.hb@wasserschutzpol.bremen.de
WSP-Station Brake, Hinrich-Schnittger-Straße 13,
26919 Brake/Unterweser, Tel.: 0 44 01/97 82-0, Fax: 0 44 01/97 82-19,
E-Mail: wsp.Brake.hb@wasserschutzpol.bremen.de
WSP-Inspektion Bremerhaven,
Senator-Borttscheller Straße 1b, Gatehouse 3, 27568 Bremerhaven,
Tel.: 04 71/94 66-7 (Verm.), Fax: 04 71/94 66-5 09,
E-Mail: office@wasserschutzbhv.bremen.de

5.6 Hamburg

Wasserschutzpolizei Hamburg,
Wilstorfer Straße 100, 21073 Hamburg,
Tel.: 0 40/42 86-0, Fax: 0 40/42 86-6 50 19,
Tel.: 0 40/42 86-6 50 00, E-Mail: P-WSP-HH@bfi-pol.hamburg.de
WSP 01, Wilstorfer Straße 100, 21073 Hamburg,
Tel.: 0 40/42 86-6 50 10, Fax: 0 40/42 86-6 50 19
WSP 020, Wilstorfer Straße 100, 21073 Hamburg,
Tel.: 0 40/42 86-6 50 20, Fax: 0 40/42 86-6 50 19
WSP 021, Wilstorfer Straße 100, 21073 Hamburg,
Tel.: 0 40/42 86-6 50 30, Fax: 0 40/42 86-6 50 19
WSP 022, Wilstorfer Straße 100, 21073 Hamburg,
Tel.: 0 40/42 86-6 50 40, Fax: 0 40/42 86-6 50 19
WSPK 1 – Waltershof –, Waltershofer Damm 1, 21129 Hamburg,
Leiter: 0 40/42 86-6 51 00, Fax: 0 40/42 86-6 51 19,
Handy: 01 79/6 06 71 83, E-Mail: wspk1@polizei.hamburg.de
WSPK 2 – Steinwerder –, Roßdamm 10, 20457 Hamburg,
Leiter: 0 40/42 86-6 52 00, Fax: 0 40/42 86-6 52 19,
E-Mail: wspk2@polizei.hamburg.de
Außenstelle Speicherstadt, Brooktor 2–4, 20457 Hamburg,
Tel.: 0 40/42 86-6 52 65 u. 2 66, Fax: 0 40/42 86-6 52 68
Außenstelle Landungsbrücken,
Bei den St. Pauli Landungsbrücken 3a, 20359 Hamburg,
Tel.: 0 40/42 86-6 52 60, Fax: 0 40/42 86-6 52 61
Außenstelle Alster, Harvestehuder Weg 1a, 20148 Hamburg,
Tel.: 0 40/42 86-6 52 42, Fax: 0 40/42 86-6 52 42
WSPK 3 – Harburg –, Harburger Hauptdeich 8, 21079 Hamburg,
Leiter: 0 40/42 86-6 53 00, Fax: 0 40/42 86-6 53 19,
E-Mail: wspk3@polizei.hamburg.de
Außenstelle Lauenburg, Elbstraße 2, 21481 Lauenburg,
Wache: 0 41 53/22 91, Fax: 0 41 53-5 13 76,
E-Mail: wspk3ast.lbg@polizei.hamburg.de
WSP-Revier 4 – Cuxhaven –, Lentzkai, 27472 Cuxhaven,
Tel. 0 47 21/7 45 93-18, Fax: 0 47 21/6 33 00,
E-Mail: wspk4@polizei-hamburg.de
WSPF 21, Brooktor 2–4, 20457 Hamburg,
Tel.: 0:40/4 28 76-6 54 56, Fax: 0 40/42 86-65 09,
E-Mail: p-umweltpolizei@bfi-pol.hamburg.de
WSPF 22, Kehrwiederspitze 1, 20457 Hamburg,
Tel.: 0 40/42 86-6 54 66, Fax: 0 40/3 74 37 04,
E-Mail: wspf22@polizei.hamburg.de
WSPF 23, Van-der-Smissen-Straße 4, 22765 Hamburg,
Tel.: 0 40/42 86-6 54 92, Fax: 0 40/42 86-6 54 99,
E-Mail: p-ws23grenzpol@bfi-pol.hamburg.de
WSPF 24 Einsatzzug, Großmoorring 14, 21079 Hamburg,
Tel.: 0 40/42 86-6 50 51, Fax: 0 40/42 86-6 50 59

5.7 Hessen

Hessisches Bereitschaftspolizeipräsidium
Wasserschutzpolizeiabteilung, Biebricher Straße 1,
55252 Mainz-Kastel, Tel.: 0 61 34/6 02-0, Fax: 0 61 34/49 37,
E-Mail: wsp-hessen@t-online.de
Zentrale Ermittlungsgruppe, Biebricher Straße 1,
55252 Mainz-Kastel, Tel.: 0 61 34/6 02-8 10, Fax: 0 61 34/49 37
WSP-Station Frankfurt, Hessisches Bereitschaftspolizeipräsidium,
Wasserschutzpolizeiabteilung,
WSPSt Frankfurt/M., Lindleystraße 14, 60314 Frankfurt/M.,
Tel.: 0 69/94 34 59-0, Fax: 0 69/94 34 59-50

WSP-Station Gernsheim, Rheinstraße 30, 64579 Gernsheim, Tel.: 0 62 58/93 40-0, Fax: 0 62 58/93 40-16
WSP-Station Wiesbaden, Maaraue, 55252 Mainz-Kastel, Tel.: 0 61 34/55 66-0, Fax: 0 61 34/55 66-40
WSP-Station Rüdesheim, Am Hafen, 65385 Rüdesheim am Rhein, Tel.: 0 67 22/40 36-0, Fax: 0 67 22/40 36-15
WSP-Posten Kassel, Knorrstraße 32a, 34134 Kassel, Tel.: 05 61/2 07 69-44, Fax: 05 61/2 07 69-45
WSP-Posten Weilburg, An der Backstania 3, 35781 Wetzlar, Tel.: 0 64 71/93 86 50-51, Fax: 0 64 71/93 86 52
WSP-Posten Waldeck, Am Strandbad, 34513 Waldeck, Tel.: 0 56 23/54 37, Fax: 0 56 23/54 45

5.8 Mecklenburg-Vorpommern

Wasserschutzpolizeidirektion Mecklenburg-Vorpommern, Klenow Tor, Schiffbauerring 59, 18109 Rostock, Tel.: 03 81/12 36-0, Fax: 03 81/12 36-3 34 E-Mail: wspd-mv@t-online.de
Wasserschutzpolizei-Inspektion Wismar, Kopenhagener Straße 1, Bürocenter, 23966 Wismar, Tel.: 0 38 41/25 53-0, Fax: 0 38 41/25 53-20
WSP-Station Rerik, Wustrower Straße, 18230 Rerik, Tel.: 03 82 96/7 83 80
WSP-Station Boltenhagen, Kastanienallee 2a, 23946 Boltenhagen, Tel.: 03 88 25/2 93 04
WSP-Station Poel, Wismarsche Straße 1, 23999 Kirchdorf/Poel, Tel. 03 84 25/2 18 10, Fax: 03 84 25/2 18 10
Wasserschutzpolizei-Inspektion Rostock, Warnow Enn 1, 18109 Rostock, Tel.: 03 81/12 70 40, Fax: 03 81/12 70-4 22
WSP-Station Rostock-Überseehafen, Ost-West-Straße 30, 18147 Rostock-Seehafen, Tel.: 03 81/35 05-8 60, Fax: 03 81/35 05-8 61
WSP-Station Schwaan, August-Bebel-Straße 2, 18259 Schwaan, Tel.: 0 38 44/81 46 78
Wasserschutzpolizei-Inspektion Stralsund, Am Querkanal 6, 18439 Stralsund, Tel.: 0 38 31/2 61 40, Fax: 0 38 31/2 61-4 11
WSP-Station Ribnitz-Damgarten, Damgartner Chaussee 43, 18311 Ribnitz-Damgarten, Tel.: 0 38 21/87 52 36
WSP-Station Barth, Baustraße 16, 18356 Barth, Tel.: 03 82 31/33 67, Fax: 03 82 31/6 72 25
Wasserschutzpolizei-Inspektion Sassnitz mit Zweigstelle Mukran Bahnhofstraße 3, 18546 Sassnitz, Tel. 03 83 92/3 08 34, Fax: 03 83 92/3 08 29
WSP-Station Ralswiek, Störtebekerweg, 18528 Ralswiek, Tel.: 0 38 38/31 33 00
WSP-Station Lauterbach, Lauterbacher Chaussee, 18581 Lauterbach, Tel.: 03 83 01/6 09 60
WSP-Station Schaprode, Streuer Weg, 18569 Schaprode, Tel.: 03 83 09/14 17
Wasserschutzpolizei-Inspektion Wolgast, Breite Straße 21, 17438 Wolgast, Tel.: 0 38 36/23 72-0, Fax: 0 38 36/23 72-19
WSP-Station Anklam, Mauerstraße 13a, 17389 Anklam, Tel.: 0 39 71/21 00 48
WSP-Station Ueckermünde, Altes Bollwerk 9–11, 17373 Ueckermünde, Tel.: 03 97 71/2 42 18
WSP-Station Greifswald, An der Mühle 4, 17493 Greifswald, Tel.: 0 38 34/84 00 99, FeSoNe: 7/650/295
WSP-Station Malchin, Parkstraße 3, 17139 Malchin, Tel.: 0 39 94/23 12 05, Fax: 0 39 94/23 12 05
WSP-Station Demmin, Klara-Zetkin-Straße 14a, 17109 Demmin, Tel.: 0 39 98/25 42 51, Fax: 0 39 98/25 42 25
Wasserschutzpolizei-Inspektion Waren, Gerhard-Hauptmann-Allee 6, 17192 Waren, Tel.: 0 39 91/74 73-0, Fax: 0 39 91/74 73-25
WSP-Station Neubrandenburg, Schillerstraße 20, 17033 Neubrandenburg, Tel.: 03 95/5 66 67 85
WSP-Station Krakow am See, Güstrower Chaussee 4, 18292 Krakow am See, Tel.: 03 84 57/2 23 46
WSP-Station Mirow, Am Mühlendamm 15, 17252 Mirow, Tel.: 03 98 33/2 23 14, Fax: 03 98 33/2 23 15
Wasserschutzpolizei-Inspektion Schwerin, Am Werder 22, 19055 Schwerin, Tel.: 03 85/5 81 31 94, Fax: 03 85/5 81 31 94
WSP-Station Dömitz, Bahnhofstraße 1, 19303 Dömitz, Tel.: 03 87 58/2 21 64
WSP-Station Zarrentin, Pampriner Straße 6, 19246 Zarrentin, Tel.: 03 88 51/2 61 59
WSP-Station Boizenburg, Am Markt 2, 19258 Boizenburg, Tel.: 03 88 47/5 24 29
WSP-Station Plau, Am Kalkofen, PF 18, 19395 Plau, Tel.: 03 87 35/4 43 89

5.9 Niedersachsen

Direktor der Wasserschutzpolizei Niedersachsen bei der Bezirksregierung Weser-Ems, Theodor-Tantzen-Platz 8, 26106 Oldenburg, BR Weser-Ems: 04 41/7 99-0, Polizei: 04 41/7 90-30 73, Fax: 04 41/7 90-30 70, E-Mail: dir.wspn@br-we.niedersachsen.de
Wasserschutzpolizeikommissariat Emden, Am Seemannsheim 4, 26723 Emden, Wache: 0 49 21/9 03 33-1 15/-1 16, Fax: 0 49 21/9 03 33-1 50, E-Mail: wspk-emden@t-online.de
WS-Polizeistation Borkum, Neuer Hafen 16, 26757 Borkum, Tel.: 0 49 22/16 22, Fax: 0 49 22/92 42 41
WS-Polizeistation Norddeich, Osthafen, 26506 Norden, Tel.: 0 49 31/8 11 77, Fax 0 49 31/8 19 47
WS-Polizeistation Leer, Groninger Straße 43, 26789 Leer, Tel.: 04 91/9 25 48-1 15, Fax: 04 91/9 25 48-1 50
WS-Polizeitstation Papenburg, Deverhafen, 26781 Papenburg, Tel.: 0 49 61/41 44, Fax: 0 49 61/9 82 38 53
Wasserschutzpolizeikommissariat Wilhelmshaven, Ebertstraße 80, 26382 Wilhelmshaven, Wache: 0 44 21/9 42-3 58, Fax: 0 44 21/9 42-3 70, E-Mail: wsp.wilhelmshaven@freenet.de
WS-Polizeistation Stade, Stadersand 1b, 21683 Stade, Tel.: 0 41 41/1 02-82-0,

Wache: 04141/102-40/-41, Fax: 04141/102-82-45,
E-Mail: poststelle@wspst-stade.polizei.niedersachsen.de
Wasserschutzpolizeikommissariat Oldenburg, Stau 169, 26122 Oldenburg, Wache: 0441/790-2815, Fax: 0441/790-2850, E-Mail: poststelle@wspk-oldenburg.polizei.niedersachsen.de
WS-Polizeistation Elsfleth, Weserstraße 14, 26931 Elsfleth, Tel.: 04404/2377, Fax: 04404/5101
WS-Polizeistation Bad Zwischenahn, Am Delf 41, 26160 Bad Zwischenahn, Tel.: 04403/927-0/-155, Fax: 04403/927-155
Wasserschutzpolizeikommissariat Meppen, Kolpingstraße 1, 49716 Meppen, Wache: 05931/949-158, Fax: 05931/949-251, E-Mail: info@wspk-meppen.polizei.niedersachsen.de
WS-Polizeistation Dörpen, An der Schleuse, 26892 Dörpen, Tel.: 04963/8930, Fax: 04963/2147
WS-Polizeistation Lingen, Meppener Straße 161, 49808 Lingen, Tel.: 0591/63280, Fax: 0591/63280
Wasserschutzpolizeikommissariat Hannover, Vahrenwalder Straße 212, 30165 Hannover, Wache: 0511/9695-2615/-2628, Fax: 0511/9695-2650, E-Mail: poststelle@wspk-hannover.polizei.niedersachsen.de
WS-Polizeistation Hildesheim, Hafenstraße 20, 31137 Hildesheim, Tel.: 05121/53048, Fax: 05121/53048
WS-Polizeistation Steinhude, Leinenweberstraße 18, 31515 Wunstorf OT Steinhude, Tel.: 05033/8626, Fax: 05033/939324, E-Mail: poststelle@wspst-steinhude.niedersachsen.de
WS-Polizeistation Braunschweig, Hafenstraße 16, 38112 Braunschweig-Veltenhof, Tel.: 0531/311640, Fax: 0531/3102185
WS-Polizeistation Salzgitter, Hafenstraße 16, 38239 Salzgitter, Tel.: 05341/25151, Fax: 05341/229205
WS-Polizeistation Wolfsburg, Borsigstraße 3a, 38446 Wolfsburg, Tel.: 05361/4646-0/-231, Fax: 05361/4646-230, E-Mail: poststelle@wspst-wolfsburg.polizei.niedersachsen.de
Wasserschutzpolizeikommissariat Nienburg, Brückenstraße 8, 31682 Nienburg, Wache: 05021/9778-715, Fax: 05021/9778-750, E-Mail: poststelle@wspk-nienburg.niedersachsen.de
WS-Polizeistation Langwedel, Schleuse, 27299 Langwedel, Tel.: 04235/310, Fax: 04235/310
WS-Polizeistation Dümmer, Seestraße 36, 49459 Lembruch, Tel.: 05447/232, Fax: 05447/232, E-Mail: martin.spreen@polizei.niedersachsen.de
WS-Polizeistation Hameln, Inselstraße 3, 31787 Hameln, Tel.: 05151/407-292, Fax: 05151/407-293
WS-Polizeistation Hann. Münden, Tanzwerder 3, 34346 Hann. Münden, Tel.: 05541/951-0/-155, Fax: 05541/5257
Wasserschutzpolizeikommissariat Uelzen, Ronnewiesen 31, 29525 Uelzen, Wache: 0581/930-415, Fax: 0581/930-450, E-Mail: poststelle@wspk-uelzen.polizei.niedersachsen.de
WS-Polizeistation Scharnebeck, Hülsenberg 12, 21379 Scharnebeck, Wache: 04136/91239-58, Fax: 04136/91239-50, E-Mail: poststelle@wspst-scharnebeck.polizei.niedersachsen.de

5.10 Nordrhein-Westfalen

Präsidium der Wasserschutzpolizei Nordrhein-Westfalen, Moerser Str. 217–219, 47198 Duisburg, Postfach 170364, 47183 Duisburg, Tel.: 02066/228-8, Fax: 02066/228-279, E-Mail: wsp.nrw.vl@t-online.de
WSP-Inspektion Rhein, Vinckeufer 16, 47119 Duisburg, Tel.: 0203/80077-13, Fax: 0203/80077-48
Zentrale Kriminalitätsbekämpfung, Dammstraße 28, 41719 Duisburg, Tel.: 0203/80869-30, Fax: 0203/80869-31
WSP-Hauptwache Duisburg, Vinckeufer 16, 47119 Duisburg, Tel.: 0203/80077-0, Fax: 0203/80077-29
WSP-Wache Bonn, Reinaustraße 132, 53225 Bonn, Tel.: 0228/15-1410/-1411, Fax: 0228/15-1449
WSP-Wache Köln, Alfred-Schütte-Allee 2–6, 50679 Köln, Tel. 0221/887916-22
WSP-Wache Düsseldorf, Stromstraße 22, 40221 Düsseldorf, Tel.: 0211/862035-00/-11, Fax: 0211/862035-14
WSP-Wache Wesel, Werftstraße 9, 46483 Wesel, Tel.: 0281/33901-0, Fax: 0281/33901-33
WSP-Wache Emmerich, Wassertor 4, 46446 Emmerich, Tel.: 02822/914078-0, Fax: 02822/18720
WSP-Inspektion Kanäle, Wilhelmshavenufer 20, 48155 Münster/Westf., Tel.: 0251/3785-1332, Fax: 0251/3785-1396
WSP-Hauptwache Münster, Wilhelmshavenufer 20, 48155 Münster/Westf., Tel.: 0251/3785-0, Fax: 0251/3785-1396
WSP-Wache Bergeshövede (mit Wachdienstgruppe Bramsche), Kanalstr. 135, 48477 Hörstel, Tel.: 05459/6051/-8047, Fax: 05459/4685
Wachdienstgruppe Bramsche, Am Sperrtor, 49565 Bramsche, Tel.: 05461/91235/-1236, Fax: 05461/91237
WSP-Wache Minden, Marienstraße 82, 32425 Minden/Westfalen, Tel.: 0571/85107/-85109, Fax: 0571/8866-1599
WSP-Wache Essen, Ostuferstraße 19, 45356 Essen, Tel.: 0201/829-4061/-4062, Fax: 0201/829-4055
WSP-Wache Datteln (mit Wachdienstgruppe Dorsten und ausgelagertem Wachdienst in Dortmund und Hamm), Kanalweg 17, 45711 Datteln, Postfach 1421, 45705 Datteln, Tel.: 02363/8046/-51999, Fax: 02363/8434
Wachdienstgruppe Dorsten, Hammer Weg 2, 46282 Dorsten, Tel.: 02362/2156/-2157, Fax: 02362/44725
Wachdienst Dortmund, Sunderweg 130, 44147 Dortmund, Tel.: 0231/98222-37/-38, Fax: 0231/98222-89
Wachdienst Hamm, Hafenstraße 26, 59067 Hamm, Tel.: 02381/94435-0/-1, Fax: 02381/94435-2

5.11 Rheinland-Pfalz

Wasserschutzpolizeiamt Rheinland-Pfalz, Am Winterhafen 21, 55131 Mainz, Tel.: 06131/658023, Fax 06131/658009, E-Mail: wasserschutzpolizeiamt@polizei.rlp.de
WSP-Station Germersheim, Alte Schiffsbrückenstraße 1, 76726 Germersheim, Tel.: 07274/9467-0, Fax: 07274/9467-20, E-Mail: wspstation.germersheim@polizei.rlp.de
WSP-Station Ludwigshafen, Unteres Rheinufer 4, 67061 Ludwigshafen, Tel.: 0621/52059-0, Fax: 0621/52059-20, E-Mail: wspstation.ludwigshafen@polizei.rlp.de

WSP-Station Mainz, Am Getreidespeicher 29, 55120 Mainz,
Tel.: 0 61 31/9 65 20-10, Fax: 0 61 31/9 65 20-49,
E-Mail: wspstation.mainz@polizei.rlp.de
WSP-Station Bingen, Hafenstraße 1, 55411 Bingen,
Tel.: 0 67 21/91 97-10, Fax: 0 67 21/91 97-49,
E-Mail: wspstation.bingen@polizei.rlp.de
WSP-Station St. Goar, Am Hafen 8, 56329 St. Goar,
Tel.: 0 67 41/92 04-0, Fax 0 67 41/92 04-49,
E-Mail: wspstation.sanktgoar@polizei.rlp.de
WSP-Station Koblenz, Emser Straße 21, 56076 Koblenz,
Tel.: 02 61/9 72 86-0, Fax: 02 61/9 72 86-49,
E-Mail: wspstation.koblenz@polizei.rlp.de
WSP-Station Neuwied, Rheinstraße 54, 56564 Neuwied,
Tel.: 0 26 31/83 85-0, Fax: 0 26 31/3 22 87,
E-Mail: wspstation.neuwied@polizei.rlp.de
WSP-Station Trier, Pacelliufer 15, 54290 Trier,
Tel.: 06 51/9 38 19-0, Fax: 06 51/30 93 71,
E-Mail: wspstation.trier@polizei.rlp.de
WSP-Station Bernkastel, Schulstraße 13, 54470 Bernkastel,
Tel.: 0 65 31/96 18-0, Fax: 0 65 31/98 93 90,
E-Mail: wspstation.bernkastel@polizei.rlp.de
WSP-Station Cochem, Moselstraße 31, 56812 Cochem,
Tel.: 0 26 71/9 84-2 00, Fax: 0 26 71/9 84-2 49,
E-Mail: wspstation.cochem@polizei.rlp.de

5.12 Saarland

Wasserschutzpolizei des Saarlandes, Reiherbergstraße 3,
66701 Beckingen, Tel.: 0 68 35/9 33 83, Fax: 0 68 35/9 33 85,
E-Mail: WSP@slpol.de

5.13 Sachsen

Landespolizeidirektion Zentrale Dienste, Sachsen,
Fachdienst Wasserschutzpolizei, Neuländer Straße 60, 01129 Dresden,
Tel.: 03 51/85 01-99 o. 85 01-4 40 bis 43, Fax: 03 51/85 01-1 06 o. 4 49
Wasserschutzpolizeiposten Pirna, An der Elbe 12, 01796 Pirna,
Tel.: 0 35 01/56 84-0, Fax: 0 35 01/56 84-29 oder 1 29
Wasserschutzpolizeiposten Dresden, Magdeburger Straße 58,
01067 Dresden, Tel.: 03 51/8 66 35-0, Fax: 03 51/8 66 35-29
Wasserschutzpolizeiposten Riesa, Paul-Greifzu-Straße 8a,
01591 Riesa, Tel. 0 35 25/72 28-0, Fax: 0 35 25/72 28-29
Wasserschutzpolizeiposten Torgau, Am Wasserturm 3,
04860 Torgau, Tel.: 0 34 21/72 74-0, Fax: 0 34 21/72 74-29 oder 1 29

5.14 Sachsen-Anhalt

Polizeidirektion Magdeburg
Wasserschutzpolizei des Landes Sachsen-Anhalt,
Markgrafenstraße 12, 39114 Magdeburg,
Tel.: 03 91/5 46-0, 03 91/5 46-25 94, Fax: 03 91/5 46-25 82,
E-Mail: WSP-LSA@MD.POL.LSA-NET.DE
Wasserschutzpolizeirevier Magdeburg, Markgrafenstraße 12,
39114 Magdeburg, Tel.: 03 91/5 46-0, 03 91/5 46-26 91,
Fax: 03 91/5 46-26 26
Wasserschutzpolizeistation Haldensleben, Hafenstraße 42,
39240 Haldensleben, Tel.: 0 39 04/4 50 25, Fax: 0 39 04/4 50 25
Wasserschutzpolizeistation Burg, Tieferwisch 20a, 39288 Burg,
Tel.: 0 39 21/53 16, Fax: 0 39 21/53 16
Wasserschutzpolizeistation Genthin, Friedrich-Ebert-Straße,
39307 Genthin, Tel.: 0 39 33/80 32 96, Fax: 0 39 33/80 32 96
Wasserschutzpolizeistation Schönebeck, Burgwall 2,
39218 Schönebeck, Tel.: 0 39 28/40 10 87, Fax: 0 39 28/40 10 87
Wasserschutzpolizeirevier Dessau, Am Leopoldhafen,
06846 Dessau, Tel.: 03 40/65 07-0, Fax: 03 40/65 07-2 90
Wasserschutzpolizeistation Wittenberg, Dessauer Straße 6a,
06886 Wittenberg, Tel.: 0 34 91/61 17 65, Fax: 0 34 91/61 17 65
Wasserschutzpolizeistation Halle,
Am Saalehafen 1, 06118 Halle, Tel.: 03 45/5 22 98 88,
Wasserschutzpolizeistation Bernburg, Mühlenstraße 14,
06406 Bernburg, Tel.: 0 34 71/37 00 95, Fax: 0 34 71/37 00 95
Wasserschutzpolizeirevier Havelberg, Bahnhofstraße 40,
39539 Havelberg, Tel.: 03 93 87/72-2 00, Fax: 03 93 87/72-2 39
Wasserschutzpolizeistation Tangermünde, Zollensteig 13a,
39590 Tangermünde, Tel.: 03 93 22/25 12, Fax: 03 93 22/25 12

5.15 Schleswig-Holstein

Wasserschutzpolizeidirektion Schleswig-Holstein,
Mühlenweg 166, Haus 10, 24116 Kiel, Leitung: 04 31/1 60-61 00,
Fax: 04 31/1 60-61 29, E-Mail: wspd.sh@t-online.de
WSP-Revier Flensburg, Schiffbrücke 66, 24939 Flensburg,
Tel.: 04 61/4 84-63 00, Fax: 04 61/4 84-63 90
WSP-Station Maasholm, Uleweg 31, 24404 Maasholm,
Leitung: 0 46 42/10 84, Fax: 0 46 42/73 42
WSP-Revier Kiel, Düsternbrooker Weg 82, 24105 Kiel,
Leitung: 04 31/1 60-63 00 Fax: 04 31/1 60-63 09
WSP-Revier Heiligenhafen, Am Yachthafen, 23774 Heiligenhafen,
Leitung: 0 43 62/73 42, Fax: 0 43 62/58 88
WSP-Station Puttgarden, Fährbahnhof, 23769 Puttgarden,
Leitung: 0 43 71/38 90, Fax: 0 43 71/14 18
WSP-Revier Lübeck-Travemünde,
Am Leuchtenfeld, 23570 Lübeck-Travemünde,
Leitung: 0 45 02/8 62 83-34, Fax: 0 45 02/8 62 83-48
WSP-Station Lübeck, Hafenstraße 2, 23568 Lübeck,
Leitung: 04 51/3 89 71-0, Fax: 04 51/3 89 71-19
WSP-Station Ratzeburg, Seestraße 12–14, 23909 Ratzeburg,
Leitung: 0 45 41/8 09-1 90, Fax: 0 45 41/8 09-2 19
WSP-Revier Brunsbüttel, Schleuse, 25534 Brunsbüttel,
Leitung: 0 48 52/9 00-20, Fax: 0 48 52/9 00-2 19
WSPSt Rendsburg, Am Kreishafen 3, 24768 Rendsburg,
Leitung: 0 43 31/5 56 03, Fax: 0 43 31/14 92 30
WSP-Station Glückstadt, Am Neuendeich 48, 25348 Glückstadt,
Leitung: 0 41 24/7 01 40, Fax: 0 41 24/30 11 19
WSP-Revier Husum, Am Außenhafen, 25813 Husum,
Leitung: 0 48 41/83 06 60, Fax: 0 48 41/83 06 68,
E-Mail: husum.wsprv@polizei.landsh.de
WSPSt Büsum, Alte Hafeninsel, 25761 Büsum,
Leitung: 0 48 34/95 98-0, Fax: 0 48 34/95 98-25
WSP-Station Helgoland, Hafenstraße, 27498 Helgoland,
Leitung: 0 47 25/6 07, Fax: 0 47 25/15 88
WSP-Station List/Sylt, Am Hafen, 25992 List,
Leitung: 0 46 51/87 04 60, Fax: 0 46 51/95 70 23
WSP-Station Wyk/Föhr, Hafendeich, 25938 Wyk auf Föhr,
Leitung: 0 46 81/12 80, Fax: 0 46 81/58 04 72

6. Antrag auf Zulassung zur Prüfung

Antrag auf Zulassung zur Prüfung für den Sportbootführerschein nach der Sportbootführerscheinverordnung – Binnen

Der Antragsteller wird ausdrücklich darauf hingewiesen, dass das Führen von Sportbooten unter Segel und als Segelsurfbrett gem. § 2 Abs. 1 i. V. mit § 3 Abs. 1 Nr. 2 Sportboot-FüV–Bin auf den Binnenschifffahrtsstraßen nur im Land Berlin einer Fahrerlaubnis bedarf.

Zutreffendes ist angekreuzt ☐ oder ausgefüllt

Prüfungsausschuss:

Erwerb des Sportbootführerscheines

○ mit Antriebsmaschine ab 16 Jahre ○ unter Segel ab 14 Jahre ○ als Segelsurfbrett ab 14 Jahre

Name, Vorname	Geburtsdatum
Straße	Geburtsort
PLZ Wohnort	Beruf
Telefon	Staatsangehörigkeit

(Bitte in Block- oder Maschinenschrift ausfüllen)

- Meinem Antrag füge ich folgende Unterlagen bei:
  1. ein ärztliches Zeugnis gemäß Vordruck (nicht älter als 12 Monate),
  2. eine Kopie eines gültigen Kfz-Führerscheines, wenn spätestens bei der Prüfung der Führerschein vorgelegt wird, andernfalls eine beglaubigte Kopie (nicht älter als 6 Monate), oder auf Verlangen des Prüfungsausschusses eine Erklärung (oder Nachweis), dass die Erteilung eines Führungszeugnisses nach den Vorschriften des Bundeszentralregistergesetzes zur Vorlage beim Prüfungsausschuss beantragt worden ist,
  3. ein Lichtbild (38 mm x 45 mm, Halbprofil ohne Kopfbedeckung, nicht älter als 12 Monate).
  4. Ich bin im Besitz des Sportbootführerscheines–See Nr.: ______________ vom ______________ Eine Kopie füge ich bei. (Ist der Sportbootführerschein–See am Prüfungstag nicht älter als 12 Monate, ersetzt er das ärztliche Zeugnis.)
  5. Eine Erlaubnis zum Führen von Sportbooten auf Binnenschifffahrtsstraßen/Seeschifffahrtsstraßen ist mir – bereits einmal – noch nicht – entzogen worden.
- Ich habe noch nicht an einer Prüfung teilgenommen. Ich habe am __________ beim Prüfungsausschuss ______________ an einer Prüfung teilgenommen, die ich nicht bestanden habe.
- Neben diesem Antrag habe ich keinen weiteren Antrag auf Zulassung zur Prüfung für den Sportbootführerschein bei einem Prüfungsausschuss des DMYV/DSV für den Sportbootführerschein gestellt.

____

(Ort und Datum)

- Mir ist bekannt, dass die Prüfungsunterlagen einschließlich der Gebühren mindestens zwei Wochen vor dem beantragten Prüfungstermin vorliegen müssen, damit die Prüfung durchgeführt werden kann.
- Der Prüfungstermin wurde mir bereits mitgeteilt. Auf eine weitere Ladung verzichte ich.
  Ich bitte um schriftliche/mündliche Ladung zu einem Prüfungstermin ab ____________________
- Wenn ich zum festgesetzten Termin nicht erscheine, werden trotzdem anteilige Reisekosten der Mitglieder der Prüfungskommission erhoben und von mir entrichtet.
- Falls ich trotz erneuter Ladung zur Prüfung nicht erscheine, ist mein Antrag als zurückgenommen anzusehen. In diesem Falle beträgt die Gebühr 75 % der Prüfungsgebühr zuzüglich der entstandenen Auslagen (§ 10 Verwaltungskostengesetz) und Mehrwertsteuer. Die Kosten werden vom Prüfungsausschuss festgesetzt.
- Mir ist bekannt, dass die Prüfung bei Nichtbestehen frühestens nach Ablauf von 1 Monat wiederholt werden kann.
  Mir ist weiterhin bekannt, dass bei wissentlich falschen Angaben die Fahrerlaubnis durch die Wasser- und Schifffahrtsdirektion Mitte entzogen werden kann.

____

(Unterschrift des Bewerbers und des gesetzlichen Vertreters, wenn der Antrag vor Vollendung des 14. bzw. 16. Lebensjahres gestellt wird.)

____

(Gesetzl. Vertreter)

Ärztliches Zeugnis
Sportbootführerscheinbewerber

Der/Die durch Reisepass oder Personalausweis ausgewiesene

____

(Vor- und Zuname)

geboren am ______________ in ______________
wurde heute auf die Eignung/Tauglichkeit zur Führung eines Sportbootes auf den See-/Binnenschifffahrtsstraßen untersucht.
Die Untersuchung hatte folgendes Ergebnis:

1. Sehschärfe geprüft nach DIN 58220 (vgl. Nr. 5.1.1)

1.1 Sehschärfe ohne Sehhilfe rechts ________ links ________
(Angaben in Dezimalzahlen)
beidäugig ______________
(Angaben in Dezimalzahlen)

1.2 Sehschärfe mit Sehhilfe rechts ________ links ________
(Angaben in Dezimalzahlen)
beidäugig ______________
(Angaben in Dezimalzahlen)

1.3 ausreichendes Orientierungsvermögen des Auges mit der geringeren Sehschärfe ohne Korrektur ja ☐ nein ☐

Nur für Bewerber mit beschränkter Sehschärfe (vgl. Nr. 5.1.3)
(Nur gültig, wenn von einem Augenarzt bescheinigt)

1.4 Hat das Auge mit der besseren Sehschärfe eine fortschreitende Augenerkrankung? ja ☐ nein ☐

1.5 Hat das Gesichtsfeld des Auges mit der besseren Sehschärfe freie Außengrenzen ja ☐ nein ☐

1.6 oder hat es Skotome? ja ☐ nein ☐

2. Farbunterscheidungsvermögen (vgl. Nr. 5.1.2)

2.1 nach Velhagen Aufl. und Aufl.
(Ishihara oder Bostroem)
Benutzte Farbtafel eintragen!
oder nach der Farbentestscheibe Nr. 173
Befund: ausreichend ☐ nicht ausreichend ☐

2.2 ggf. Ergebnis der Untersuchung mit dem Anomaloskop (nur gültig, wenn von einem Augenarzt bescheinigt)

2.2.1 Farbtüchtigkeit: Anomalquotient ______________

2.2.2 Grünschwäche: Anomalquotient ______________

3. Hörvermögen (vgl. Nr. 5.2)

3.1 Hörvermögen für Sprache gewöhnlicher Lautstärke
rechts ________ m
links ________ m
mit beiden Ohren zugleich ________ m

3.2 Bei Bewerbern mit beschränktem Hörvermögen ist das ausreichende Hörvermögen von einem Arzt für Hals-Nasen-Ohren-Heilkunde zu bescheinigen (vgl. Nr. 5.2.2).

4. Sonstige die Eignung/Tauglichkeit beeinträchtigende Befunde

4.1 Liegen bei dem/der Untersuchten Anzeichen für das Vorhandensein sonstiger Mängel oder Krankheiten vor, die die Eignung/Tauglichkeit zum Führen eines Sportbootes einschränken oder ausschließen (vgl. Nr. 5.3)?
nein ☐ ja, nämlich ☐

____

____

4.2 Der/Die Untersuchte ist zum Führen eines Sportbootes geeignet/tauglich:
ja ☐ eingeschränkt ☐ nein ☐

4.3 Bei eingeschränkter Eignung/Tauglichkeit kommt/en folgende Auflage(n) in Betracht:

5. Anforderungen an die körperliche und geistige Eignung/Tauglichkeit (siehe Rückseite)

____________, den ____________ ______________________

(Ort) (Stempel mit Anschrift Unterschrift des Arztes)

5. Anforderungen an die körperliche und geistige Eignung/Tauglichkeit

5.1 SEHVERMÖGEN

5.1.1 Sehschärfe

Die Sehschärfe muss mit oder ohne Sehhilfe mindestens noch 0,7 auf dem einen und 0,5 auf dem anderen Auge betragen. Dabei muss auch das Auge mit der geringeren Sehschärfe ohne Korrektur noch ein ausreichendes Orientierungsvermögen besitzen. Als Sehhilfe sind auch Kontaktlinsen oder Haftschalen zugelassen. Die ärztliche bzw. augenärztliche Untersuchung der Sehschärfe muss nach DIN 58220 und ein- und beidäugig erfolgen. Ist die beidäugige Sehschärfe besser als die jedes Einzelauges, kann die beidäugige Sehschärfe als die des Auges mit der besseren Sehschärfe angesetzt werden.

5.1.2 Farbunterscheidungsvermögen

Das Farbunterscheidungsvermögen ist ausreichend, wenn die Farbtafeln zweier anerkannter Systeme (Farbtafeln nach Velhagen, Ishihara oder Bostroem) oder die Farbentestscheibe Nr. 173 richtig und schnell erkannt werden. In Zweifelsfällen muss eine augenärztliche Untersuchung mit dem Anomalskop durchgeführt werden. Ergibt diese Untersuchung keine Farbentüchtigkeit (normale Trichromasie mit einem Anomalquotienten zwischen 0,7 und 1,4), ist nur eine Grünschwäche (Deuteranomalie mit einem Anomalquotienten zwischen 1,4 und 6,0) zulässig.

5.1.3 Ausnahmen

Erreicht die Sehschärfe die Werte nach Nr. 1.1 nicht, sind folgende Mindestanforderungen zu erfüllen:

5.1.3.1 Die Sehschärfe eines Auges muss mit oder ohne Sehhilfe mindestens 1,0 betragen.

5.1.3.2 Die campimetrische Untersuchung des Auges mit der besseren Sehschärfe muss freie Gesichtsfeldaußengrenzen und darf keine pathologischen Skotome ergeben.

5.1.3.3 Das Auge mit der besseren Sehschärfe darf keine fortschreitende Augenerkrankung haben.

5.2 HÖRVERMÖGEN

5.2.1 Das erforderliche Hörvermögen ist vorhanden, wenn Sprache in gewöhnlicher Lautstärke in 3 m Entfernung mit dem jeweils dem Untersucher zugewandten Ohr und in 5 m Entfernung mit beiden Ohren zugleich ohne Hörhilfe verstanden wird.

5.2.2 Ausnahmen

Werden die Mindestanforderungen für das Hörvermögen nach Nr. 2.1 nicht erreicht, muss auf dem besseren Ohr mindestens Umgangssprache aus 5 m Entfernung verstanden werden.

5.2.3 Untersuchungen, die vergleichbare Werte mittels eines audiometrischen Verfahrens bestätigen, sind zulässig.

5.3 KÖRPERLICHE UND GEISTIGE MÄNGEL

Anzeichen für Krankheiten oder körperliche Mängel, die den Bewerber als Schiffsführer untauglich erscheinen lassen, können sein:

- Anfallsleiden jeglicher Ursache
- Krankheiten jeglicher Ursache, die mit Bewusstseins- und/oder Gleichgewichtsstörungen einhergehen
- Erkrankungen oder Schäden des zentralen oder peripheren Nervensystems mit wesentlichen Funktionsstörungen, insbesondere organische Krankheiten des Gehirns oder des Rückenmarks und deren Folgezustände, funktionelle Störungen nach Schädel- oder Hirnverletzungen, Hirndurchblutungsstörungen
- Störungen oder erhebliche Beeinträchtigungen der zentralnervösen Belastbarkeit und/oder der Vigilanz
- Gemüts- und/oder Geisteskrankheiten, auch außerhalb eines akuten Schubes
- Diabetes mellitus mit nicht regulierbaren, erheblichen Schwankungen der Blutzuckerwerte
- erhebliche Störung der Drüsen mit innerer Sekretion, insbesondere der Schilddrüse, der Epithelkörperchen oder der Nebennieren
- schwere Erkrankungen der blutbildenden Systeme
- Bronchialasthma mit Anfällen
- Erkrankungen und/oder Veränderungen des Herzens und/oder des Kreislaufes mit Einschränkungen der Leistungs- bzw. Regulationsfähigkeit, Blutdruckveränderungen stärkeren Grades, Zustand nach Herzinfarkt mit erheblicher Reinfarktgefährdung
- Neigung zu Gallen- oder Nierenkoliken
- Gliedmaßenmissbildungen sowie Teilverlust von Gliedmaßen mit Beeinträchtigung der Greiffähigkeit und/oder der Stand- bzw. Gangsicherheit
- Erkrankungen bzw. Unfallfolgen, die zu erheblichen Einschränkungen der Beweglichkeit, Verlust oder Herabsetzung der groben Kraft eines für die Durchführung der Tätigkeit wichtigen Gliedes führen
- chronischer Alkoholmissbrauch bzw. Alkoholkrankheit, Betäubungsmittelsucht und/oder andere Suchtformen

8. Sportbootführerscheinverordnung – Binnen

Verordnung
über das Führen von Sportbooten auf den Binnenwasserstraßen
(Sportbootführerscheinverordnung – Binnen – Sportboot-FüV-Bin)
Vom 22. März 1989
(Bundesgesetzbl. I S. 536, 1102)
zuletzt geändert durch Art. 2 der Verordnung vom 8. Mai 2000 (BGBl. I S. 644)

Auf Grund des § 3 Abs. 1 Nr. 6 und des § 3a des Binnenschifffahrtsaufgabengesetzes in der Fassung der Bekanntmachung vom 4. August 1986 (BGBl. I S.1270) wird vom Bundesministerium für Verkehr, Bau- und Wohnungswesen (BMVBW) und auf Grund des § 4 Abs. 2 des Binnenschifffahrtsaufgabengesetzes vom BMVBW im Einvernehmen mit dem Bundesministerium der Finanzen verordnet:

§ 1
Begriffsbestimmungen

Im Sinne dieser Verordnung sind

1. Binnenschifffahrtsstraßen die Wasserstraßen (§ I Abs. 1 Nr. 2 des Binnenschifffahrtsaufgabengesetzes) mit Ausnahme der Seeschifffahrtsstraßen und der Elbe im Hamburger Hafen,
2. Sportboote von ihren Bootsführern nicht gewerbsmäßig, gewöhnlich für Sport- oder Erholungszwecke verwendete Fahrzeuge von weniger als 15 m Länge (ohne Ruder und Bugspriet), ausgenommen Fahrzeuge, die durch Muskelkraft oder nur hilfsweise mit einem Treibsegel von höchstens 3 m^2 Fläche fortbewegt werden.

§ 2
Fahrerlaubnis

(1) Wer ein Sportboot mit Antriebsmaschine oder unter Segel auf den Binnenschifffahrtsstraßen führen will, bedarf einer Fahrerlaubnis für die jeweilige Antriebsart. Dies gilt abweichend von § 2 der Verordnung zur Anwendung und Ergänzung der Sportbootführerscheinverordnung – Binnen sowie der Binnenschifferpatentverordnung vom 5. Juni 1990 der Senatsverwaltung für Arbeit, Verkehr und Betriebe des Landes Berlin (GVBl. S. 1276) auf Binnenschifffahrtsstraßen im Land Berlin auch für Führer von Sportbooten mit Wohnsitz im Geltungsbereich dieser Verordnung außerhalb des Landes Berlin.

(2) Die Fahrerlaubnis wird, unbeschadet des § 4, durch den Sportbootführerschein–Binnen nach dieser Verordnung nachgewiesen (Anlage 1).

(3) Die in Absatz 2, § 3 Abs. 1 Nr. 1 Satz 2, Abs. 2 und § 4 bezeichneten Befähigungsnachweise sind beim Führen von Sportbooten mitzuführen und den zur Kontrolle befugten Personen auf Verlangen zur Prüfung auszuhändigen.

(4) Der Eigentümer oder Führer eines Sportbootes darf nicht anordnen oder zulassen, dass jemand das Boot führt, der nicht Inhaber der erforderlichen Fahrerlaubnis (Absatz 1) ist oder gegen den das Ruhen der Erlaubnis (§ 10a Abs. 1) vollziehbar angeordnet wurde. Ein Sportboot im Sinne dieser Vorschrift führt nicht, wer es unter Aufsicht des Inhabers einer Fahrerlaubnis für die jeweilige Antriebsart fortbewegt. In diesem Fall ist Führer allein der Beaufsichtigende.

(5) Die Erlaubnis zum Führen eines Sportbootes kann auf Segelboote oder Segelsurfbretter beschränkt werden.

§ 3
Ausnahmen

(1) Keiner Fahrerlaubnis nach dieser Verordnung bedürfen

1. Personen mit Wohnsitz außerhalb des Geltungsbereiches dieser Verordnung, die sich nicht länger als 1 Jahr im Geltungsbereich dieser Verordnung aufhalten. Ist in dem Staat ihres Wohnsitzes für das Führen von Sportbooten auf Binnengewässern ein Befähigungsnachweis amtlich vorgeschrieben oder wendet die-

ser Staat die Resolution Nr. 40 ECE (TRANS/SC. 3/147, VkBl. 2000 S. 197) an, gilt Satz 1 nur, wenn diese Personen Inhaber des Befähigungsnachweises oder des Internationalen Zertifikats nach der Resolution Nr. 40 ECE für die jeweilige Antriebsart sind, und nur, soweit Gegenseitigkeit gewährleistet ist; das Bundesministerium für Verkehr, Bau- und Wohnungswesen macht im Verkehrsblatt bekannt, welche Staaten die Resolution Nr. 40 ECE anwenden;

2. gestrichen.

(2) Keiner Fahrerlaubnis nach dieser Verordnung bedürfen beim Führen eines Sportbootes mit Antriebsmaschine die Inhaber

1. eines Schifferpatents für den Bodensee der Kategorien B und C oder den Hochrhein;

2. eines im Geltungsbereich dieser Verordnung erteilten amtlichen Berechtigungsscheines zum Führen eines mit Antriebsmaschine ausgerüsteten Dienstfahrzeugs auf den Binnenschifffahrtsstraßen oder anderen Binnengewässern außerhalb der Seeschifffahrtsstraßen;

3. eines amtlichen Berechtigungsscheines zum Führen eines mit Antriebsmaschine ausgerüsteten Dienstfahrzeugs auf den Seeschifffahrtsstraßen, der im Geltungsbereich dieser Verordnung vor dem 1. April 1978 erteilt worden ist;

4. eines Befähigungszeugnisses der Gruppen A und B der Schiffsbesetzungs- und Ausbildungsordnung vom 19. August 1970 (BGBl. I S.1253), das vor dem 1. April 1978 erteilt worden ist;

5. eines Rhein- oder Binnenschifferpatents.

(3) Der für die Fahrerlaubnis nach dieser Verordnung erforderliche Befähigungsnachweis gilt als erbracht

1. für die Inhaber
   a) eines im Geltungsbereich dieser Verordnung nach anderen Vorschriften erteilten amtlichen Befähigungsnachweises zum Führen eines Fahrzeugs mit Antriebsmaschine oder unter Segel auf Binnengewässern außerhalb der Seeschifffahrtsstraßen für die jeweilige Antriebsart, soweit das Bundesministerium für Verkehr, Bau- und Wohnungswesen diesen als Befähigungsnachweis anerkannt hat;

   b) eines Schifferpatents für den Bodensee der Kategorien A und D für die jeweilige Antriebsart;

2. beim Führen eines Sportbootes mit Antriebsmaschine für die Inhaber eines von einer als gemeinnützig anerkannten Körperschaft erteilten Berechtigungsscheines zum Führen von Wasserrettungsfahrzeugen, soweit das Bundesministerium für Verkehr, Bau- und Wohnungswesen diesen als Befähigungsnachweis anerkannt hat.

Eine Übersicht über die durch die Nummern 1 und 2 erfassten Befähigungsnachweise und Berechtigungsscheine wird im Verkehrsblatt – Amtsblatt des Bundesministeriums für Verkehr, Bau- und Wohnungswesen der Bundesrepublik Deutschland – veröffentlicht.

(4) Eine Fahrerlaubnis nach dieser Verordnung ist erforderlich für das Führen von Sportbooten

1. unter Segel nur auf den Binnenschifffahrtsstraßen nach Anlage 2,

2. mit Antriebsmaschine, deren größte Nutzleistung weniger als 3,69 kW beträgt, nur auf den Binnenschifffahrtsstraßen nach Anlage 3.

§ 4
Fortgeltung anderer Befähigungsnachweise

(1) Ein amtlich vorgeschriebener Befähigungsnachweis nach der Sportbootführerscheinverordnung–Binnen vom 21. März 1978 (BGBl. I S. 420), zuletzt geändert durch Artikel 48 Abs. 4 des Gesetzes vom 18. Februar 1986 (BGBl. I S. 265), oder ein Sportbootführerschein nach der Sportbootführerscheinverordnung – See vom 20. Dezember 1973 (BGBl. I S. 1988), zuletzt geändert durch Artikel 5 der Vierten Schiffssicherheitsanpassungsverordnung vom 25. September 2002 (BGBl. I S. 3762) in der Fassung der Bekanntmachung vom 19. März 2003 (BGBl. I S. 367), der vor dem 1. April 1978, im Land Berlin bis zum Inkrafttreten dieser Verordnung, erteilt worden ist, oder ein Motorbootführerschein nach der Motorbootführerscheinverordnung vom 17. Januar 1967 (BGBl. I S. 1107) ersetzen die nach dieser Verordnung vorgeschriebene Fahrerlaubnis.

5
Allgemeine Anforderungen für die Erteilung der Fahrerlaubnis

(1) Der Antragsteller muss für die Erteilung einer Fahrerlaubnis

1. a) für das Führen eines Sportbootes mit Antriebsmaschine das 16. Lebensjahr,
   b) für das Führen eines Sportbootes unter Segel das 14. Lebensjahr

vollendet haben;
2. körperlich und geistig zum Führen eines Sportbootes tauglich sein;
3. zuverlässig sein;

4. die erforderliche Befähigung in einer Prüfung nachgewiesen haben (§ 7).

(2) Untauglich zum Führen eines Sportbootes ist insbesondere, wer nicht über ein ausreichendes Seh- oder Hörvermögen verfügt. Bestehen Zweifel an der Tauglichkeit, kann die Vorlage amts- oder fachärztlicher Zeugnisse verlangt werden.

(3) Bewerbern, die bedingt tauglich sind, kann die Fahrerlaubnis unter Auflagen erteilt werden. Tritt eine Einschränkung der Tauglichkeit nach der Erteilung der Fahrerlaubnis ein, können nachträglich Auflagen erteilt werden. Die Auflagen werden im Sportbootführerschein – Binnen eingetragen. Auflagen, die in einem der in § 3 Abs. 2 genannten Befähigungsnachweise eingetragen sind, sind auch beim Führen eines Sportbootes zu beachten.

(4) Unzuverlässig ist insbesondere, wer gegen verkehrsstrafrechtliche Vorschriften erheblich verstoßen hat und deswegen rechtskräftig verurteilt worden ist.

§ 6
Prüfungsvoraussetzungen

(1) Der Bewerber hat den Antrag auf Zulassung zur Prüfung und Erteilung der Fahrerlaubnis mit folgenden Angaben an den Prüfungsausschuss (§ 11 Abs. 2) zu richten:

1. Vor- und Zuname, Geburtstag, Geburtsort und Anschrift,
2. Antriebsart, für die die Fahrerlaubnis erworben werden soll.

(2) Dem Antrag sind beizufügen:

1. ein Lichtbild aus neuerer Zeit in der Größe 38 x 45 mm, das den Bewerber ohne Kopfbedeckung im Halbprofil zeigt,
2. ein ärztliches Zeugnis über ein ausreichendes Seh- und Hörvermögen; in den Richtlinien nach § 11 Abs. 1 Satz 3 kann auch bestimmt werden, in welchen Fällen der Nachweis über ein ausreichendes Sehvermögen auch mit einer Sehtestbescheinigung einer amtlich anerkannten Sehteststelle geführt werden kann.

(3) Der Bewerber hat auf Verlangen des Prüfungsausschusses die Erteilung eines Führungszeugnisses nach den Vorschriften des Bundeszentralregistergesetzes zu beantragen und dem Prüfungsausschuss vorzulegen, wenn er keinen gültigen amtlichen Kraftfahrzeugführerschein nachweist,

(4) Der Bewerber wird zur Prüfung zugelassen, wenn die Voraussetzungen nach § 5 Abs. 1 Nr. 1 bis 3 sowie nach Absatz 2 und 3 erfüllt und die Gebühren nach § 12 Abs. 1 Nr. 1 oder 2 und 3 bezahlt sind.

§ 7
Prüfung

(1) Der Bewerber hat in einer Prüfung nachzuweisen, dass er

1. über ausreichende Kenntnisse der für das Führen eines Sportbootes maßgebenden Vorschriften und die zu seiner sicheren Führung auf den Binnenschifffahrtsstraßen erforderlichen nautischen und technischen Kenntnisse verfügt (theoretischer Teil) und
2. zu ihrer praktischen Anwendung fähig ist (praktischer Teil).

Wird die Prüfung aus wichtigem Grund nicht an einem Tag abgeschlossen, muss der fehlende Prüfungsteil spätestens innerhalb eines Jahres nachgeholt werden.

(2) Der Vorsitzende des Prüfungsausschusses oder sein Stellvertreter bestimmt den Prüfungstermin und beruft die Prüfungskommission, die aus drei Prüfern besteht. Die Prüfung wird von der Prüfungskommission abgenommen, die mit Stimmenmehrheit beschließt. Der Vorsitzende der Prüfungskommission leitet die Prüfung. Über den Prüfungsverlauf ist eine Niederschrift aufzunehmen.

(3) Für die Abnahme des praktischen Teils der Prüfung hat der Bewerber ein geeignetes Sportboot der Antriebsart zu stellen, für die er die Fahrerlaubnis beantragt hat. Das Sportboot muss neben dem Bewerber und dem Schiffsführer mindestens einem Mitglied der Prüfungskommission Platz bieten. Die Prüfungskommission kann Ausnahmen bei der Abnahme von Prüfungen auf Sportbooten ohne Antriebsmaschine zulassen.

(4) Hat der Bewerber in der Prüfung die Befähigung zum Führen eines Sportbootes nachgewiesen, wird ihm die Fahrerlaubnis erteilt und ein Sportbootführerschein – Binnen unter Verwendung eines Vordrucks nach dem Muster der Anlage ausgestellt. Besteht der Bewerber den theoretischen oder praktischen Teil der Prüfung nicht, kann er diesen Teil der Prüfung frühestens nach vier Wochen und spätestens nach einem Jahr wiederholen.

(5) Inhaber eines Befähigungsnachweises nach § 3 Abs. 2 Nr. 3 und 4 oder eines Sportbootführerscheines nach § 4, der nach dem 31. März 1978 erteilt worden ist, sind beim Erwerb einer Fahrerlaubnis für Sportboote mit Antriebsmaschine von dem praktischen Teil der Prüfung befreit. Dies gilt für Inhaber eines Befähigungszeugnisses nach der Schiffsoffiziers-Ausbildungsverordnung vom 11. Februar 1985 (BGBl. I S. 323) in der jeweils geltenden Fassung entsprechend.

Inhaber eines nach der Resolution Nr. 40 ECE ordnungsgemäß ausgestellten internationalen Zertifikats sind beim Erwerb einer

Fahrerlaubnis vom praktischen Teil der Prüfung für die jeweilige Antriebsart befreit.

§ 8
Erteilung einer Fahrerlaubnis ohne Prüfung

Gegen Vorlage eines der in § 3 Abs. 3 genannten Befähigungsnachweise wird dem Inhaber auf Antrag ohne Ablegung einer Prüfung eine Fahrerlaubnis erteilt und ein Sportbootführerschein – Binnen ausgestellt, sofern die Voraussetzungen des § 5 Abs. 1 Nr. 1 bis 3 vorliegen. Gegen Vorlage eines der in § 3 Abs. 2 und § 4 genannten Befähigungsnachweise wird dem Inhaber auf Antrag ein Sportbootführerschein – Binnen für die jeweilige Antriebsart ausgestellt.

§ 9
Ersatzausfertigung

Ist ein Sportbootführerschein – Binnen unbrauchbar geworden, verloren gegangen oder sonst abhanden gekommen, stellen die beauftragten Verbände auf Antrag eine Ersatzausfertigung aus, die als solche zu kennzeichnen ist. Ein unbrauchbar gewordener oder wieder aufgefundener Sportbootführerschein – Binnen ist bei der nach § 11 Abs. 3 zuständigen Wasser- und Schifffahrtsdirektion abzuliefern.

§ 10
Entziehung der Fahrerlaubnis

(1) Erweist sich der Inhaber der Fahrerlaubnis zum Führen von Sportbooten als untauglich oder unzuverlässig, ist sie ihm zu entziehen. Bestehen Zweifel an der Tauglichkeit, kann die Vorlage eines amts- oder fachärztlichen Zeugnisses verlangt werden. Der Inhaber eines Sportbootführerscheines – Binnen gilt als widerleglich unzuverlässig, wenn er seiner Verpflichtung nach § 10a Abs. 6 nicht innerhalb einer Woche, nachdem die Anordnung über das Ruhen der Erlaubnis vollziehbar geworden ist, nachgekommen ist.

(2) Die Fahrerlaubnis kann entzogen werden, wenn der Inhaber wiederholt einer Auflage nach § 5 Abs. 3 nicht nachkommt.

(3) Die Fahrerlaubnis erlischt mit der Entziehung. Der Sportbootführerschein – Binnen ist unverzüglich bei der nach § 11 Abs. 3 zuständigen Wasser- und Schifffahrtsdirektion abzuliefern. Satz 2 gilt auch dann, wenn die Entziehung der Fahrerlaubnis angefochten und der sofortige Vollzug der Entziehung angeordnet worden ist.

(4) Die nach § 11 Abs. 3 zuständige Wasser- und Schifffahrtsdirektion kann die Neuerteilung einer Fahrerlaubnis an Auflagen und Bedingungen binden.

(5) Die zuständige Behörde teilt die Entziehung der Fahrerlaubnis den beauftragten Verbänden und, sofern der Inhaber des Sportbootführerscheins–Binnen seine Verpflichtung nach Absatz 3 nicht erfüllt hat, auch den Wasserschutzpolizeien der Länder unverzüglich mit. Die übrigen Wasser- und Schifffahrtsdirektionen und die Wasserschutzpolizeien der Länder teilen der zuständigen Behörde die ihnen bekannten Tatsachen mit, die eine Entziehung rechtfertigen können.

§ 10a
Ruhen der Fahrerlaubnis

(1) Der Inhaber einer Fahrerlaubnis nach § 2 Abs. 1 oder eines Befähigungszeugnisses nach § 4 darf ein Sportboot nicht führen, wenn die nach § 11 Abs. 3 zuständige Behörde das Ruhen der Erlaubnis vollziehbar angeordnet hat.

(2) Sie kann das Ruhen der Erlaubnis befristet anordnen, wenn bei dem Inhaber einer Fahrerlaubnis oder eines Befähigungszeugnisses nach § 4 die Voraussetzungen für eine Entziehung noch nicht vorliegen, aber Zweifel an seiner Zuverlässigkeit oder Tauglichkeit bestehen. Werden diese Zweifel vor Ablauf der Frist ausgeräumt, ist die Anordnung aufzuheben.

(3) Mit der Anordnung kann befristet verboten werden, ein Sportboot auf allen oder bestimmten Wasserstraßen zu führen.

(4) Zweifel an der Zuverlässigkeit können insbesondere bestehen, wenn gegen den Inhaber einer Fahrerlaubnis oder eines Befähigungszeugnisses nach § 4 wegen einer Ordnungswidrigkeit nach § 7 Abs. 1 oder 2 des Binnenschifffahrtsaufgabengesetzes, die er unter grober oder beharrlicher Verletzung der Pflichten eines Schiffsführers oder einer Person, die selbstständig Kurs und Geschwindigkeit bestimmt, begangen hat, eine Geldbuße festgesetzt worden ist. Davon ist in der Regel auszugehen, wenn die Geldbuße wegen einer Ordnungswidrigkeit festgesetzt worden ist, weil der Betroffene mehrfach

1. mit einer Blutalkoholkonzentration von 0,8 Promille oder mehr ein Sportboot geführt hat,
2. eine vorgeschriebene Höchstgeschwindigkeit überschritten hat.

(5) In den Fällen des § 3 Abs. 1 Nr. 1 und Abs. 2 Nr. 1 bis 4 kann die nach § 11 Abs. 3 zuständige Behörde das unbefristete Ruhen der Erlaubnis anordnen, wenn die Voraussetzungen des § 10 Abs. 1 vorliegen. Sie kann das befristete Ruhen der Erlaubnis nach Maßgabe der Absätze 2 bis 4 anord-

nen. Sie darf die Anordnung über das unbefristete Ruhen der Erlaubnis nur aufheben, wenn die Voraussetzungen des § 5 Abs. 1 Nr. 2 und 3 erfüllt sind. Absatz 1 gilt entsprechend.

(6) Das Befähigungszeugnis ist der nach § 11 Abs. 3 zuständigen Behörde spätestens mit der Vollziehbarkeit der Anordnung

1. im Falle des Absatzes 1 zur amtlichen Verwahrung,

2. im Falle des Absatzes 5 zur Eintragung der Anordnung über das Ruhen der Erlaubnis vorzulegen. Die Dauer, während der das Verbot nach Absatz 2 gilt, wird von dem Tag an berechnet, an dem das Befähigungszeugnis vorgelegt wird.

(6a) Die zuständige Behörde teilt die Anordnung über das Ruhen der Erlaubnis den übrigen Wasser- und Schifffahrtsdirektionen und den Wasserschutzpolizeien der Länder, im Falle des Absatzes 5 auch der ausstellenden Behörde, mit, wenn der Inhaber des Befähigungszeugnisses seiner Verpflichtung nach Absatz 6 nicht innerhalb einer Woche, nachdem die Anordnung vollziehbar geworden ist, nachgekommen ist. § 10 Abs. 5 Satz 2 gilt entsprechend.

(7) Ein nach anderen Vorschriften angeordnetes Verbot, Fahrzeuge auf dem Wasser zu führen, ist auch beim Führen von Sportbooten zu beachten.

§ 10b
Sicherstellung von Befähigungszeugnissen

(1) Sind dringende Gründe für die Annahme vorhanden, dass eine Erlaubnis entzogen (§ 10) oder das Ruhen der Erlaubnis angeordnet (§ 10a Abs. 2 oder 5) wird, so kann der Sportbootführerschein–Binnen oder ein anderes Befähigungszeugnis durch die Wasserschutzpolizeien der Länder oder durch die nach § 11 Abs. 3 zuständige Behörde vorläufig sichergestellt werden.

(2) Ein vorläufig sichergestellter Sportbootführerschein–Binnen oder ein vorläufig sichergestelltes Befähigungszeugnis ist der für die Entscheidung nach § 10 Abs. 1 und 2 oder nach § 10a Abs. 2 und 5 zuständigen Behörde unter Angabe der Gründe zur amtlichen Verwahrung zu übergeben.

(3) Die vorläufige Sicherstellung des Sportbootführerscheins–Binnen oder des Befähigungszeugnisses ist aufzuheben und der Sportbootführerschein–Binnen oder das Befähigungszeugnis dem Inhaber zurückzugeben, wenn ihr Grund weggefallen ist oder wenn die zuständige Behörde die Erlaubnis nicht entzieht oder nicht deren Ruhen anordnet.

§ 11
Zuständige Stellen

(1) Der Deutsche Motoryachtverband e.V. und der Deutsche Segler-Verband e.V. werden beauftragt,

1. über Anträge auf Zulassung zur Prüfung und Erteilung der Fahrerlaubnis zu entscheiden (§ 6 Abs. 1),

2. Prüfungen abzunehmen, Fahrerlaubnisse zu erteilen und Sportbootführerscheine auszustellen (§§ 7 und 8),

3. Ersatzausfertigungen auszustellen (§ 9),

4. erforderliche Auflagen zu erteilen (§ 5 Abs. 3) und

5. nach Maßgabe des § 12 Kosten zu erheben.

Die beauftragten Verbände unterstehen bei der Erfüllung der übertragenen Aufgaben der Rechts- und Fachaufsicht des Bundesministeriums für Verkehr, Bau- und Wohnungswesen. Sie haben diese Aufgaben nach Maßgabe dieser Verordnung und der vom Bundesministerium für Verkehr, Bau- und Wohnungswesen erlassenen Richtlinien wahrzunehmen und können sie ganz oder teilweise gemeinsam durchführen.

(2) Der Prüfungsausschuss besteht aus einem Vorsitzenden und Stellvertretern nach Bedarf. Das Bundesministerium für Verkehr, Bau- und Wohnungswesen bestellt und entlässt die Prüfer auf Vorschlag der Verbände.

(3) Über die Entziehung der Fahrerlaubnis nach § 10 oder die Anordnung über das Ruhen der Fahrerlaubnis nach § 10a Abs. 1 oder 5 entscheiden die Wasser- und Schifffahrtsdirektionen. Die Entscheidung ist, soweit der Inhaber eines Befähigungsnachweises betroffen ist, unter Angabe der Gründe der Stelle mitzuteilen, die den Befähigungsnachweis erteilt hat. Für die Bezirke der Wasser- und Schifffahrtsdirektionen Nord, Nordwest, West, Südwest, Süd und Ost nimmt die Wasser- und Schifffahrtsdirektion Mitte in Hannover die Aufgaben nach Satz 1 und § 9 Satz 2 wahr.

§ 12
Kosten

(1) An Kosten (Gebühren und Auslagen) werden erhoben:

1. für die Abnahme der Prüfung eines Bewerbers (§ 7 Abs. l) € 38,35

2. für die Abnahme nur des

3. a) theoretischen € 19,17
   b) praktischen Prüfungsteils (§ 7 Abs. 4 Satz 2, § 7 Abs. 5) € 19,17

4. für die Erteilung der Fahrerlaubnis und die Ausstellung des Sportbootführerscheins (§ 7 Abs. 4 Satz 1) oder einer Ersatzausfertigung (§ 9 Satz 1) € 15,34

5. für die Erteilung einer Fahrerlaubnis ohne Prüfung (§ 8) € 10,23

6. für nachträglich erteilte Auflagen (§ 5 Abs. 3 Satz 2) € 5,88

7. für die Ablehnung eines Antrages € 9,71

8. für die Entziehung der Fahrerlaubnis (§ 10 Abs. 1 oder 2) oder die Anordnung über das Ruhen der Fahrerlaubnis (§ 10a Abs. 2 Satz 1, Abs. 5 Satz 1 und 2) € 43,46 bis 127,82

9. Reisekosten der Prüfer

10. Kosten für die Bereitstellung von Prüfungsräumen

(2) Die Kosten nach Absatz 1 Nr. 7 werden von der nach § 11 Abs. 3 zuständigen Wasser- und Schifffahrtsdirektion, im Übrigen von den beauftragten Verbänden festgesetzt und eingezogen.

§ 13
Ordnungswidrigkeiten

Ordnungswidrig im Sinne des § 7 Abs. 1 des Binnenschifffahrtsaufgabengesetzes handelt, wer vorsätzlich oder fahrlässig

1. ein Sportboot ohne Fahrerlaubnis nach § 2 Abs. 1 führt,

2. entgegen § 2 Abs. 3 einen Befähigungsnachweis nicht mitführt,

3. entgegen § 2 Abs. 4 Satz 1 das Führen eines Sportbootes anordnet oder zulässt,

4. einer vollziehbaren Auflage nach § 5 Abs. 3 Satz 1, 2 oder 4 zuwider handelt,

5. entgegen § 10 Abs. 3 Satz 2 oder 3 den Sportbootführerschein – Binnen nicht oder nicht rechtzeitig abliefert oder

6. entgegen § 10a Abs. 1, auch in Verbindung mit Abs. 5 Satz 4, ein Sportboot führt.

§ 14
Berlin-Klausel

aufgehoben

§ 15
Inkrafttreten

Diese Verordnung tritt am 1. April 1989 in Kraft; gleichzeitig tritt die Sportbootführerscheinverordnung – Binnen vom 21. März 1978 (BGBl. I S. 420), zuletzt geändert durch Artikel 48 Abs. 4 des Gesetzes vom 18. Februar 1986 (BGBl. I S. 265), außer Kraft.

Kloster Munsterschwarzach/Main

Anlage 1
(zu § 2 Abs. 2)

BUNDESREPUBLIK DEUTSCHLAND
FEDERAL REPUBLIC OF GERMANY

INTERNATIONALES ZERTIFIKAT
FÜR FÜHRER VON SPORT- UND FREIZEITFAHRZEUGEN

In Übereinstimmung mit der Resolution Nr. 40 der Hauptarbeitsgruppe „Binnenschifffahrt" Wirtschaftskommission der Vereinten Nationen für Europa

INTERNATIONAL CERTIFICATE
FOR OPERATORS OF PLEASURE CRAFT
IN INLAND WATERS

In conformity with resolution No. 40 of the Working Party on Inland Water Transport United Nations Economic Commission for Europe

Fahrerlaubnis/Licence/Permis de navigation/Vaarbewijs

Dem Inhaber (Angaben umstehend) wird hiermit im Auftrage des Bundesministeriums für Verkehr, Bau- und Wohnungswesen der Bundesrepublik Deutschland die Fahrerlaubnis (§ 2 Abs. 1 und 5 der Sportbootführerscheinverordnung-Binnen) zum Führen von Sportbooten mit einer Länge von weniger als 15 Metern mit Antriebsmaschine*/unter Segel*/als Segelsurfbrett* auf den Binnenschifffahrtsstraßen erteilt.

On behalf of the Federal Ministry of Transport Building and Housing of the Federal Republic of Germany, the holder (personal data overleaf) is herewith granted the licence (§ 2 paras. 1 and 5 of the Ordinance on Pleasure Craft Skipper's Licence) to operate motorized*/sailing pleasure craft/sailboard with a length of less than 15 metres on inland waterways.

Le titulaire du présent permis (donnees personnelles au verso) est autorisé, au nom du Ministere fedéral des Transports, de la Construction et du Logement de la République fedérate d'Allemagne et conformément au § 2, alinéas 1 et 5, du règlement relatif au permis de navigation pour la conduite des bateaux de plaisance sur les voies navigables intérieures, à conduire des bateaux de plaisance motorisés /à voile /des planches a voile d'une longueur inférieure à 15 mètres sur les voies de navigation intérieure.

Hierbij wordt de houder (personalia ommestaand) in opdracht van het ministerie van Verkeer, Bouw en Huisvesting van de Bondsrepubliek Duitsland het vaarbewijs (§ 2, lid 1 en 5 van het Besluit vaarbewijzen binnenvaart) tot het besturen van pleziervaartuigen met een lengte van minder dan 15 m met een aandrijfmotor*/onder zeil*/als zeilplank* op vaarwegen op de binnenwateren verleend.

* Siehe Innenseite/See inside/Voir page intérieure/Zie binnenzijde

BUNDESREPUBLIK DEUTSCHLAND

SPORTBOOT-
FÜHRERSCHEIN BINNEN

Eigenhändige Unterschrift des Inhabers/Holder's Signature

Vor- und Zuname/Name and Surname

Geburtsland und -ort/Place and Country of Birth

Geburtsdatum/Date of Birth

Staatsangehörigkeit/Nationality

Anschrift/Address

Anschrift/Address

* Nichtzutreffendes bitte streichen
* Cancel if not applicable

ZERTIFIKAT/CERTIFICATE
Nr. 000000 -A
GÜLTIG FÜR/VALID FOR
BINNENSCHIFFFAHRTSSTRASSEN/INLAND WATERS
SPORTBOOTE MIT ANTRIEBSMASCHINE*/UNTER SEGEL*/ALS SEGELSURFBRETT*
MOTORIZED*/SAILING* PLEASURE CRAFT/SAILBOARD*
LÄNGE/LENGTH < 15 M

Lichtbild des Inhabers

Ort und Datum der Ausstellung/Place and Date of Issue

Ausgestellt durch/Issued by
DEUTSCHER MOTORYACHTVERBAND E.V.
DEUTSCHER SEGLER-VERBAND E.V.

Unterschrift/Signature

Ermächtigt durch/Authorized by
BUNDESMINISTERIUM FÜR VERKEHR, BAU- UND WOHNUNGSWESEN

Auflagen nach § 5 Abs. 3 Sportbootführerscheinverordnung-Binnen
Conditions:

Raum für weitere amtliche Eintragungen.

Anlage 2
(zu § 3 Abs. 4)

Havel-Oder-Wasserstraße von der Spreemündung bei Spandau bis km 6,40
einschließlich: Spandauer Havel
mit: Tegeler See

Untere Havel-Wasserstraße von der Spreemündung bei Spandau bis zur Nordspitze der Pfaueninsel bei km 13,10
einschließlich: Pichelsdorfer Havel
mit: Großem Wannsee

Spree-Oder-Wasserstraße von der Abzweigung aus der Havel bei Spandau bis Oder-Spree-Kanal (km 45,10)
einschließlich: Untere Spree
Berliner Spree
Treptower Spree
mit: Ruhlebener Altarm
Landwehrkanal
Spreekanal
Rummelsburger See
Müggelspree von der Einmündung in die Spree-Oder-Wasserstraße (Köpenick) bis km 11,40 einschließlich
Großem und Kleinem Müggelsee sowie „Die Bänke"
Langer See
Großer Krampe
Seddinsee
Gosener Kanal

Berlin-Spandauer Schifffahrtskanal von der Abzweigung aus der Havel-Oder-Wasserstraße bis zur Einmündung in die Spree-Oder-Wasserstraße
mit: Westhafen-Verbindungskanal
Westhafenkanal
Charlottenburger Verbindungskanal

Teltowkanal
einschließlich: Griebnitzsee
Kleinmachnower See

Griebnitzkanal
einschließlich: Stölpchensee
Pohlesee
Kleiner Wannsee

Britzer Verbindungskanal

Anlage 3
(zu § 3 Abs. 4 Nr. 2)

Westhafenkanal mit Westhafenverbindungskanal

Charlottenburger Verbindungskanal

Spreekanal

Berlin-Spandauer Schifffahrtskanal von km 7,45 (Schleusengruppe Plötzensee) bis km 12,2 (Abzweig aus der Spree-Oder-Wasserstraße)

Spree-Oder-Wasserstraße von km 9,1 (Mündung Landwehrkanal) bis km 20,7 (Oberbaumbrücke)

9. Kommandotafel

Manöver	Kommando	Rückmeldung
Segelsetzen	Fock/Großsegel/Alle Segel klar zum Setzen! Heiß Fock/Großsegel!	Fock/Großsegel/Alle Segel ist/sind klar zum Setzen!
Segelbergen	Fock/Großsegel/Alle klar zum Bergen! Klar bei Fock-/Großfall! Hol nieder Fock/Großsegel!	Fock/Großsegel/Alle Segel ist/sind klar zum Bergen! Fock-/Großfall ist klar!
Dirken	Klar bei Dirk!	Dirk ist klar!
Segelbedienung		
Anluven Abfallen	Hol an die Schoten/Großschot/Fockschot Neuer Kurs: Halber Wind!/Vor dem Wind! Fest die Schot/Schoten! Fier auf die Schoten/Großschot/Fockschot! Neuer Kurs: Halber Wind/Vor dem Wind! Fest die Schot/Schoten! Fock an Backbord/Steuerbord!	
Aufschießen	Klar zum Aufschießen! Schoten los!	Schoten sind klar!
Wenden	(Hol an die Schoten!) Klar zum Wenden! Ree! Über die Fock! Neuer Kurs:	Fock ist klar!
Halsen	Klar zum Halsen! (Fier auf die Schoten!) Hol dicht Großschot! Rund achtern! Über vorn! Fier auf die Großschot! Neuer Kurs:	Fockschot ist klar! Großschot ist klar!
Schiften	Klar zum Schiften des . . . . ! Hol dicht . . . . . -Segel! Fier auf . . . . . -Schot!	. . . . .-Schot ist klar!

Kommandotafel

Manöver	Kommando	Rückmeldung
Reffen	Klar zum Reffen! Klar bei Großfall! Lose auf Großfall! . . . . .-Törns reffen! Dicht Großfall!	 Großfall ist klar! Ist klar zum Reffen! Ist gerefft! Ist dicht!
Ruderführung	Backbord-/Steuerbordruder! Hart Backbord/Steuerbord! Komm auf! Mittschiffs! Recht so! Stütz! Kurs zwei drei Null! Neuer Kurs zwei drei Null! Nach Backbord/Steuerbord auf zwei drei Null gehen!	Backbord-/Steuerbordruder! Hart Backbord/Steuerbord! Aufkommen! Mittschiffs! Recht so! . . . . . Grad! Stütz! Kurs zwei drei Null! Zwei drei Null liegen an! Nach Backbord/Steuerbord auf zwei drei Null gehen! Zwei drei Null liegen an!
Ablegen		
Vom Steg	Klar zum Ablegen über Backbord-/Steuerbordbug! Klar bei Vor-/Achterleine! Klar bei Vor-/Achterspring! Los die . . . . Leine/Spring! Alle Leinen los und ein! Fock/Großsegel back an . . . . .! Über die Fock/das Groß!	 Vor-/Achterleine ist klar! Vor-/Achterspring ist klar! . . . . . Leine/Spring ist los! Alles ist los und ein!
Von der Boje	Klar zum Loswerfen! Klar bei Vorleine! Hol dicht Vorleine! Fock/Großsegel dicht an . . . Los die Vorleine! Über die Fock/das Groß!	 Vorleine ist klar! Vorleine ist dicht! Vorleine ist los! Vorleine ist ein!

Kommandotafel

Manöver	Kommando	Rückmeldung
Anlegen		
Am Steg (gegen den Wind)	Klar zum Anlegen an Backbord/Steuerbord! Klar zum Bergen der Fock! Klar bei Fockfall! Hol nieder Fock! Klar zum Aufschießen! Klar bei Großschot! Großschot los! Klar bei Vor-/Achterleine, Vor-/Achterspring! ..... Leine/..... Spring an Land! ..... Leine/..... Spring langsam festhalten! Boot so festmachen! Großsegel bergen! Alles aufklaren!	Fockfall ist klar! Großschot ist klar! Großschot ist los! ..... ist klar! Boot so festmachen!
An der Boje (gegen den Wind)	Klar zum an die Boje gehen! Weitere Kommandos etwa wie zuvor	
Am Steg (vor dem Wind)	Großsegel klar zum Bergen! Klar bei Dirk! Andirken! Klar bei Großfall! Klar zum Aufschießen! Nach .....-Bord in den Wind gehen! Hol nieder Großsegel! Weiter drehen bis vor den Wind! Großsegel auftuchen und bezeisen! Fock an .....-Bord! Fock klar zum Bergen! Klar bei Fockfall! Klar zum Anlegen an Backbord/Steuerbord! Hol nieder Fock! Klar bei Achterleine! Klar bei Vorspring! .....-Leine/ .....-Spring an Land! Boot langsam aufstoppen! Vorleine/Achterspring an Land! Boot so festmachen! Alles aufklaren!	Großsegel klar zum Bergen! Dirk ist klar! Großfall ist klar! Hol nieder Großsegel! Weiter drehen bis vor den Wind! Fock an .....-Bord! Fock klar zum Bergen! Fockfall ist klar! Klar zum Anlegen an ..... Hol nieder Fock! Klar bei Achterleine! Klar bei Vorspring! .....-Leine/ .....-Spring an Land! Vorleine/Achterspring an Land! Boot so festmachen!

Kommandotafel

Manöver	Kommando
Ankermanöver	Die Kommandos richten sich nach den zu fahrenden Manövern, das heißt, dass es zu einer Folge von Kommandos kommt, wie sie etwa bei den Manövern Wenden Anluven Abfallen Aufschießen Segelbergen Segelsetzen Halsen u. Ä. angewendet werden.
Boje über Bord, im Ernstfall: Mann über Bord	Das/die Manöver werden eingeleitet durch den Ruf: „Boje über Bord!“ im Ernstfall „Mann über Bord!“ Danach ergibt sich eine Folge von Kommandos, die sich nach den zu fahrenden Manövern richtet (siehe oben).

Beachte:
Die Reihenfolge der Kommandos richtet sich nach der Situation, dem Vorhaben und den zu fahrenden Manövern.
Eine Kommandoabsprache sollte schon während der Grundausbildung – wo es angebracht erscheint – geübt werden.
Sie ist auch beim Manövrieren unter Motor sinngemäß anzuwenden.
Diese Kommandosprache ist ganz besonders auf Hochseetörns, Regatten und Sturmfahrten bei Nacht aus Sicherheitsgründen eine zwingende Notwendigkeit.
Alle Anweisungen sind laut, kurz und klar verständlich zu geben (Kommando).
Sie sind vom „Empfänger“ zu wiederholen.
Ihre vollzogene Ausführung ist wiederum laut, kurz und klar verständlich mit einer Rückmeldung anzuzeigen.